王化与山险

中古边裔论集

罗新 著

图书在版编目（CIP）数据

王化与山险：中古边裔论集 / 罗新著．—北京：北京大学出版社，2019.7

（未名中国史丛刊）

ISBN 978-7-301-30583-6

Ⅰ.①王…　Ⅱ.①罗…　Ⅲ.①古代民族—民族历史—中国—中古—文集　Ⅳ.①K289-53

中国版本图书馆 CIP 数据核字（2019）第 133625 号

书　　名　王化与山险：中古边裔论集
　　　　　WANGHUA YU SHANXIAN: ZHONGGU BIANYI LUNJI
著作责任者　罗　新　著
责任编辑　张　晗
标准书号　ISBN 978-7-301-30583-6
出版发行　北京大学出版社
地　　址　北京市海淀区成府路 205 号　100871
网　　址　http://www.pup.cn　　新浪微博：@ 北京大学出版社
电子信箱　zpup@pup.cn
电　　话　邮购部 010-62752015　发行部 010-62750672
　　　　　编辑部 010-62767315
印 刷 者　三河市北燕印装有限公司
经 销 者　新华书店
　　　　　650 毫米 ×980 毫米　16 开本　25.5 印张　405 千字
　　　　　2019 年 7 月第 1 版　2023 年 7 月第 4 次印刷
定　　价　75.00 元

出版弁言

北京大学中国古代史研究中心，自20世纪80年代初一路走来，已经将近而立之年。

中心创立伊始，我们的前辈邓广铭、周一良、王永兴、宿白、田余庆、张广达等先生曾经共同制定了“多出人才，快出人才；多出成果，快出成果”的方针。全体同人在这片清新自由的学术天地中勤勉奋励，从容涵育，术业各自有专精，道并行而不相悖。

为有效凝聚学术力量，积极推动中国古代史研究的持续发展，并集中展示以本中心科研人员为主的学术成果，我们决定编辑“未名中国史丛刊”。“丛刊”将收入位于前沿、专业质量一流的研究成果，包括中心科研人员、兼职人员、参加中心项目成员和海外长期合作者的个人专著、文集及重大项目集体研究成果等。

致广大，尽精微，这是中心学人共同的方向。我们将为此而努力。

北京大学中国古代史研究中心

2011年7月

未名中国史丛刊

（第十三种）

目　录

边裔与中心

发现与想象

名号与传统

墓志与历史

边裔与中心

王化与山险

——中古早期南方诸蛮历史命运之概观

和田清考证文献中周代“蛮貊”一词，认定貊或貉是指中原农耕文明的华夏民族与内亚草原地带的游牧民族之间高寒森林地区的诸民族，蛮则指华夏民族与滨海越人之间广大区域内的、包括楚人在内的南方诸民族[①]。这一理解尽管是非常笼统和不精确的，但却宏观地描绘出周秦之际东亚大陆主要人群的分布状况，即内亚草原的游牧民（其核心族群说古突厥语族和古蒙古语族各语言，所谓“胡”）；东北亚森林地带诸民族，包括今俄罗斯的西伯利亚和滨海诸州，及今中国东北全境与长城地带的渔猎民族（其核心族群说古通古斯语族各语言，所谓“貊”或“貉”）；以黄河中下游为中心正在急剧扩张的华夏民族集团（其核心族群说古典汉语并使用汉字书写系统，所谓“华”或“夏”）；汉水、大别山以南至南岭以北的稻作区的诸蛮（其核心族群说苗瑶语族诸语言，所谓“蛮”）；以南方滨海地带的古代诸越民族（其核心族群说南岛语系百越语族诸语言，所谓“越”）。这种各主要族群集团在空间上各自连续分布并覆盖广大地区的格局，到战国后期已经有了显著的改观。华夏集团首先在政治上控制了越来越多的原非华夏地区，接着在这些地区开始了华夏化运动[②]。

经秦汉400年的演变，到东汉末年，华夏民族在江南和华南广大地区内的政治、军事与文化存在，不仅早已不可动摇，而且由于六朝历史从此肇始，这种加速度进行的华夏化运动还以前所未有的幅度和深度，

---

① 和田清:《周代の蛮貊について》,《東洋学报》第29卷3、4合并号（1944年），第639—654页。

② 渡部武:《秦漢時代の巴蜀开発》，松田壽男博士古稀记念出版委员会编:《東西文化交流史》，东京：雄山閣，1975年，第201—213页。

深刻地改变着江南与华南的族群结构及其文化面貌。因此，六朝时代诸土著民族华夏化的历史进程，自是研究中国中古史的学者应当给予格外关注的题目[①]。本文在中外学者已有研究的基础上，概括地讨论中古早期长江中游（汉代荆州范围内）诸蛮社会的变迁轨迹，以期有助于加深对六朝历史的理解与认识。

一、汉晋之际江南与华南的民族形势

蒲立本（E. G. Pulleyblank）描述历史上华南苗瑶语诸民族的华夏化历程，是从楚国开始的[②]。他认为楚文明是长江中游的一部分非华夏民族（苗瑶语族之“蛮”）受到北方华夏文明影响而创造出来的[③]，楚国的建立及其文化的成熟说明楚人先采用汉语的书面语，后又采用了汉语作为口语，造成楚人抛弃了对于“蛮”的认同从而区别于周围的蛮人，并最终完成了华夏化[④]。值得注意的是，周人及后来的秦人从西戎中分化出来（即华夏化），以及吴人和越人从长江下游的越族社会中分化出来的时候，都经历了差不多相同的过程[⑤]。不过应当看到，楚、吴、越三国或三个南

① 蒙默：《魏晋南北朝时期的“蛮”》，《南方民族史论集》，成都：四川民族出版社，1993 年，第 273—305 页；周伟洲：《南朝蛮族的分布及其对长江中下游地区的开发》，江苏省六朝史研究会、江苏省社科院历史所编：《古代长江下游的经济开发》，西安：三秦出版社，1989 年，第 36—53 页；鲁西奇：《释“蛮”》，《文史》2008 年第 3 辑，第 55—75 页。

② 这种把近代以来华南社会中的苗瑶民族与古代的蛮族联系起来，进而与楚国联系起来的观点，是许多研究苗瑶民族的学者所共有的。比如苏联学者伊茨（P. Ф. Итс）论证苗瑶民族的形成即古代蛮族在历史时期分化的结果，而其中瑶族更是蛮的直系后裔，保留了蛮的语言基础和古老文化。具见其专题论文《苗瑶与蛮的族属关系》（Мань в Этногенезе Мяо и Яо），李佩娟译，中国社会科学院民族研究所历史研究室资料组编译：《民族史译文集》第 5 集（1978 年），第 45—50 页。

③ 从原始萨满信仰的角度探讨楚文化特性的研究，请参看 John S. Major, Research Priorities in the Study of Ch'u Religion, in: *History of Religions*, vol. 17, No. 3/4 (Feb. – May, 1978), pp. 226-243。

④ Edwin G. Pulleyblank, The Chinese and Their Neighbors in Prehistoric and Early Historic Times, in: David. N. Keightley ed., *The Origins of Chinese Civilization*, Berkeley / Los Angeles, CA: University of California Press, 1983. pp. 411-466.

⑤ 王明珂：《华夏边缘——历史记忆与族群认同》，北京：社会科学文献出版社，2006 年，第 163—184 页。

方政治集团的华夏化，并不意味着其统治区域全体人口的华夏化，甚至也不意味着其统治区域大多数人口的华夏化。事实上华夏化是一个缓慢的过程，是从局部地区和部分人群开始逐渐在空间和社会中扩散的过程。可以这样想象，先秦至秦汉时代，当中国北方（以中原和华北为中心）的非华夏人群如同零星的孤岛被华夏海洋所包围的时候，在中国南方却呈现相反的局面，即华夏化地区和人口有如孤岛一般点缀在非华夏的海洋中[①]。可是，历史的基本轨迹却是，中国南方的这些华夏孤岛一直在成长和扩张，并最终逆转了孤岛与海洋的关系[②]。

中古早期历史文献中出现较多的"蛮夷"，除了那些作为泛称所指的不确定的非华夏民族以外，主要是指南方诸蛮，包括共有槃瓠信仰的诸蛮族集团[③]，其中最著名的是武陵郡的五溪蛮。无论是板楯蛮还是廪

---

① 到目前为止，利用残缺的史料试图复原南方非华夏民族人口数量的研究很多，说法甚多且莫衷一是，表明这一领域的工作困难极大，比如：白翠琴《论魏晋南北朝民族融合对汉族发展的影响》，《民族研究》1990年第3期，第47—56页；张泽洪《魏晋南朝蛮、僚、俚族对南方经济发展的贡献》，《中国社会经济史研究》1989年第2期，第88—94页；方高峰《六朝少数民族人口蠡测》，《中国经济史研究》2007年第3期，第121—123页；等等。

② 金裕哲：《魏晋南北朝时代江南社会与种族问题——从蛮夷的"边缘"到中华的"江南"社会》，杭州大学韩国研究所编：《中国江南社会与中韩文化交流》，杭州：杭州出版社，1997年，第18—50页。

③ 关于槃瓠信仰与先民社会的关系，请参看杨宽《中国上古史导论》第三篇《盘古槃瓠与犬戎犬封》，《古史辨》第7册上编，上海：上海古籍出版社影印版，1982年，第156—175页。关于槃瓠信仰与武陵蛮的关系，请参看谷口房男《古代中国における蛮族の諸伝説をめぐって》，《東洋大学アジア・アフリカ文化研究所研究年报》，1968年，后收入谷口房男《華南民族史研究》，东京：緑蔭書房，1997年，第81—111页。关于槃瓠信仰与华南更广大地区古代先民社会的关系，另请参看松本信広《槃瓠伝説の一資料》，和田清主编：《加藤博士還暦記念東洋史集说》，东京：富山房，1941年，第769—784页。此外，关于槃瓠神话在历史后期苗瑶人群中的发展演变，请参看百田弥栄子《盤瓠をめぐる神話——传承曼荼罗への投影図》，白鳥芳郎教授古稀记念论丛刊行会编：《アジア諸民族の歴史と文化》，东京：六興出版，1990年，第53—70页。中国学者有关槃瓠、盘古问题的研究，可参看王仲孚《盘古传说来自南方各族——兼论我国古史系统的开端》，史式主编：《中华民族史研究》第1辑，南宁：广西人民出版社、广西教育出版社，1993年，第281—307页。

君蛮[①],研究者一般都归入苗瑶系民族[②]。如林惠祥在1936年出版的《中国民族史》中即明确将两汉六朝的南蛮归入“苗猺系”[③]。马长寿早期对南方民族所进行的分类中,专门列出了“苗猺系”,空间上显然也涵盖了南蛮地区[④]。虽然艾伯华(W. Eberhard)把后世所说湖北、湖南的“蛮獠”归入古老的澳-亚(Austro-Asiatic)种群[⑤],但这只不过反映了他对华南先民有不同的分类而已[⑥]。一般地说,把包括秦汉至六朝时代的“南蛮”在内的南方许多民族划入苗瑶系的观点[⑦],即使在理论框架上仍然存在争议和进一步讨论的余地,但从确认南蛮等南方民族在民族系谱上清楚地区别于古代华夏民族的角度看,可以说已经没有疑问[⑧]。正是共有的槃瓠信仰,使许多学者相信如今正在绝迹的畲族与苗瑶民族也有亲缘关系[⑨]。这就展示了华南广大地区内苗瑶及其亲属族群的连续分布,这种连续分布的事实本身证明了苗瑶民族在该地区存在的古老性[⑩]。

熟悉三国史的人都知道,山越、武陵蛮和交趾豪族是长期困扰孙吴政治的三个主要的国内因素。傅乐成把这三者明确地说成三个“异族”,并强调“(武陵蛮和交趾豪族)远处边陲,为害尚小;独山越居腹心之地,

---

① 一些研究者认为板楯蛮就是廪君蛮,参看章冠英《两晋南北朝时期民族大变动中的廪君蛮》,《历史研究》1957年第2期,第68—70页。

② 对这一分类本身所作的历史分析,请参看王明珂《英雄祖先与弟兄民族——根基历史的文本与情境》,台北:允晨文化实业股份有限公司,2006年,第215—240页。

③ 林惠祥:《中国民族史》下册,上海:上海书店影印版,1984年,第188—196页。

④ 马长寿:《中国西南民族分类》,《民族学研究集刊》第1期(1936年),第183页。

⑤ Wolfram Eberhard, *Settlement and Social Change in Asia*, Hong Kong: Hong Kong University Press, 1967, pp. 19-20.

⑥ 尽管历来从语言学和民族系谱上的分类不尽一致,但把巴蛮归入苗瑶系的论点很早就在西方的语言学家中确立了。参看 Paul K. Benedict, Languages and Literatures of Indochina, in *The Far Eastern Quarterly*, Vol. 6, No. 4 (Aug., 1947), pp. 379-389。

⑦ 李永燧:《关于苗瑶族的自称——兼说“蛮”》,《民族语文》1983年第6期,第16—22页。

⑧ 白鳥芳郎:《華南土着住民の種族＝民族分類とその史的背景》,《上智史学》第12号(1967年),第24—49页。

⑨ Frank M. Lebar, Gerald C. Hickey, and John K. Musgrave, *Ethnic Groups of Mainland Southeast Asia*, New Haven: Human Relations Area Files Press, 1964, p. 85. 另请参看凌纯声《畲民图腾文化的研究》,《历史语言研究所集刊》第16本(1947年),第127—172页。

⑩ 白鳥芳郎:《民族系谱から見た華南史の構成試論》,金関丈夫博士古稀记念委员会编:《日本民族と南方文化》,东京:平凡社,1968年,第845—869页。

为孙吴大患"[①]。他有关山越最重要这一说法无论是否合乎史实,但基本可以得到现存史料和现代学者研究的佐证。现存山越的史料远远多于武陵蛮和交趾豪族的史料，而且在三者之中，现代学者有关山越的研究也一枝独秀。1935 年叶国庆发表《二国时山越分布之区域》一文，通过整理有关孙吴时期山越的史料，排比山越活动的地域范围，发现山越所在的地区，正是西汉时闽越、东越和南越之旧壤，由此得出结论"吴之山越当为汉之越",即山越为西汉越族之后裔[②]。1937 年李子信发表《三国时孙吴的开发江南》一文，称那时的南方"地有未辟，民有未化"，并说当时南方的异族主要是"蛮夷"（包括荆州诸蛮和交州土民）和山越，山越开化度较高而蛮夷较低,故孙吴与山越的冲突最为惨烈[③]。在德文版初版于 1948 年，两年后即译成英文，曾经在西方颇有影响的《中国史》（*A History of China*）中，艾伯华说孙吴及东晋南朝治下的底层人口主要是"非华夏"（non-Chincse）[④]。这种把山越看作非华夏民族的思路,到陈可畏 1964 年发表的《东越、山越的来源和发展》中仍然得到坚持和发扬，他认为汉代东越即春秋越国的遗族，尽管遭到汉朝打击，东越并未消失，而是逃入山区、扩大了空间分布，其后裔即孙吴时期的山越，而山越完全与汉族融合是到了唐代以后的事情了[⑤]。

不过是否把山越看作非华夏民族，在研究者中并不一致。1938 年日本学者井上晃发表《三国时代の山越に就て》，就强调山越固然有古越人遗民的成分，但成为孙吴政权打击对象的所谓山越，主要是那些逃避政府控制而遁入"深险之地"的汉人[⑥]。吕思勉也说，山越主要是在乱世"依阻山谷，与越相杂"的华夏旧民,"其所居者虽越地，其人固多华

---

① 傅乐成:《孙吴与山越之开发》，原载《台湾大学文史哲学报》第 3 期（1951 年），后收入作者的论文集《汉唐史论集》，台北：联经出版事业公司，1977 年，第 81 页。

② 叶国庆:《三国时山越分布之区域》,《禹贡》第 2 卷第 8 期（1935 年），第 10—16 页。

③ 李子信:《三国时孙吴的开发江南》，第 15—21 页。

④ Wolfram Eberhard, *A History of China*, translated by E. W. Dickes, 4th edition, Berkeley and Los Angeles, CA: 1977, p. 113 and p. 154.

⑤ 陈可畏:《东越、山越的来源和发展》，中国科学院历史研究所编:《历史论丛》第 1 辑，北京：中华书局，1964 年，第 161—176 页。

⑥ 井上晃:《三国時代の山越に就て》,《史观》第 17 册（1938 年），第 57—68 页。

夏也”[①]。曾从吕思勉受业的唐长孺先生持完全一样的观点,他在那篇著名的《孙吴建国及汉末江南的宗部与山越》一文中,一方面承认山越的分布状况大体上和西汉越族居地相同,另一方面却断言由于两汉数百年的民族融合,三国时代的山越已不能视为异民族,因而“只能是南方土著,其中固有古代越人的后裔,但与汉人已很少区别,而更多地则是逃避赋役与避罪入山的人民”;汉末的江南大族控制了平地与山区的人民,“在险阻地区组成武装集团,于是宗部与山越完全成为一体”[②]。田余庆先生在《暨艳案及相关问题》一文中,也强调孙吴在政治上的主要异己力量即出于阻险反抗的“山民”,其“魁帅往往是大姓英豪”,虽然“有的地方也有山越人包括在内”[③]。这些学者并非否认山越中(特别是偏远地区的山越中)可能包含着一定数量的非汉族人群,但宁可更多地从地方豪强组织的立场来分析孙吴与山越的长期斗争,因为这种分析的确为认识孙吴国家的政治和经济特质提供了新的视角。

然而,这种分析的前提是山越的华夏化程度已经很高,民族差异几近泯灭,其风险则是过高估计了南方社会的民族融合程度,把华夏化局部的点夸大成了整体的面,从而造成解读史料时有意无意地忽略那些有关非华夏民族的信息。比如,《后汉书》记东汉桓帝时丹阳人抗徐“试守宣城长,悉移深林远薮椎髻鸟语之人置于县下”[④]。“深林远薮椎髻鸟语”分别从居住地、发式和语言三个方面对抗徐强行迁徙的这批人进行描述,即使从近代民族志调查的角度来要求,也可以认为这句话既简洁又准确。“鸟语”是古代华夏民族从汉语中心的立场描述西南及南方非华夏民族语言时常用的歧视性词汇[⑤]。可是吕思勉却认为这些人是“华人之

① 吕思勉:《吕思勉读史札记》乙帙“山越”条,上海:上海古籍出版社,1982年,第576—582页。

② 唐长孺:《孙吴建国及汉末江南的宗部与山越》,《魏晋南北朝史论丛》,北京:三联书店,第3—29页。

③ 田余庆:《暨艳案及相关问题——再论孙吴政权的江东化》,《秦汉魏晋史探微》(重订本),北京:中华书局,2004年,第296—327页。

④《后汉书》卷三八《度尚传》,北京:中华书局,1965年,第1286页。

⑤ 比如《后汉书》卷八六《西南夷传》记哀牢夷的始祖沙壹“鸟语”,卷末范晔史论则概称西南夷“缓耳雕脚之伦,兽居鸟语之类”,第2860页。南朝宋文帝时始兴太守徐豁上表称“俚民皆巢居鸟语”,见《宋书》卷九二《良吏传·徐豁传》,北京:中华书局,1974年,第2266页。把这类歧视性词汇用在南方语言或语音上,也许有相当古老的传统,如孟子就说过“南蛮鴃舌之人”,见《孟子·滕文公上》,据朱熹《四书章句集注》,北京:中华书局,1983年,第261页。

入越地者”，已从其土俗为椎髻，并且认为“鸟语”一词是《后汉书》“徒讲藻采,不顾事实”而随意添加的[1]。这明显是对史料的一种想当然的批评。《后汉书》又记桂阳郡所辖含洭、浈阳和曲江三县“民居深山、滨溪谷，习其风土，不出田租。……流民稍还，渐成聚邑，使输租赋，同之平民”[2]。这里就是讲原本不承担国家赋役负担的夷民如何渐渐被纳入接受国家剥削的“平民”范围之内,“民”与“平民”对举，前者实是“夷民”的省称。可是吕思勉却举“习其风土”一语，认为“习”是指外来汉民接受了夷民的传统，而忽视了这里“习”本是传承因袭的意思[3]。

认为孙吴对山越的斗争，就是孙吴集团把汉末动荡中在江南形成的各种地方性华夏力量渐次强制吸纳进孙吴政治秩序之中，这种理解固然有深刻和正确的一面，但也因受制于史料中对山越与豪族政治联系的夸大而未能免于片面。这类夸大正是官方记录不可避免的缺陷，因为与山越有关的记载都出现在山越与孙吴政权的利益或政策相冲突的时候，所有记录并不关心山越如何存在并如何成为孙吴政权的心腹大患，而只关心孙吴一方是如何取得胜利的。这使得对山越的认识如同在黑夜中举着火把观察山林，所得的印象自然仅限于火光所及的山林边缘，而这个边缘，恰恰是华夏与非华夏剧烈混杂、难分彼我的地带。边境“亡人”现象自古以来就是边疆政策所要面对的问题[4]。逃避政府欺压的华夏百姓之所以要进入山越社会（即进入混合地带)，正是由于相对于华夏百姓而言，山越在制度上仍然能部分地享有独立和自由，不必如编户一样承受过度沉重的赋役负担。华夏豪强在这一混合地带十分活跃甚至有时发挥主导作用，也正是因为他们要充分利用这个地区制度上的多重空隙。混合地带的存在，恰恰证明了历史上和现实中华夏与非华夏严格区分的存在。

---

① 吕思勉:《吕思勉读史札记》乙帙“山越”条，第580页。

②《后汉书》卷七六《循吏传・卫飒传》，第2459页。

③ 吕思勉:《吕思勉读史札记》乙帙“山越”条，第578页。

④ 王子今:《汉代北边“亡人”：民族立场与文化表现》,《南都学坛》2008年第2期，第1—8页；同氏《略论秦汉时期朝鲜“亡人”问题》,《社会科学战线》2008年第1期，第76—89页。

基于以上分析，尽管争论似乎仍在继续[①]，我同意川胜义雄对于吕思勉、唐长孺两先生的批评，在不否认孙吴所打击的山越中包含有部分华夏豪族大姓的同时，更多地看到山越问题的核心，仍然是江南地区族群多样及政治经济政策不统一与孙吴政权渴求更多赋役承担者和更多兵源之间的矛盾[②]。可以说，这个矛盾正是孙吴对扬州的山越和荆州的诸蛮反复用兵的主要原因，也是江南社会在较短时期内发生深刻变化（即华夏化）的基本动力。而这一理解的前提，是认识到东汉末年和六朝之初的江南与华南地区，尽管华夏民族已经占有一定的人口比例（其中包括已经土著化了的华夏殖民者和已经华夏化了的土著族群），但底层社会主要还是非华夏人群，而这些非华夏人群按照当时华夏社会的民族分类习惯，主要是荆州苗瑶系的诸蛮[③]、扬州百越系的山越，以及交州南越系的越人。

二、诸蛮民族的族群多样性问题

正如鲁西奇所说："南北朝时期，长江中游及其周围地区的蛮民户口数，当远远超越同一地区著籍的华夏户口数。"[④] 南朝时如此，早于南朝的汉魏时代华夏与蛮族的人口比例自然更加悬殊，甚至可以推想，非

---

① 川本芳昭与関尾史郎针锋相对的讨论是这一争论的继续。1986 年川本芳昭在《史学雑誌》第 95 编 8 号上发表《六朝における蛮の理解についての一考察——山越・蛮漢融合の問題を中心として見た》，重申山越是逃亡汉人与汉化越人的主张。此文后收入川本芳昭《魏晋南北朝時代の民族問題》，东京：汲古書院，1998 年，第 443—486 页。针对川本此文，関尾史郎发表文章《山越の"漢化"についての覚書——川本芳昭〈六朝における蛮の理解についての一考察〉を読む》，指出山越的民族性在这个历史阶段并未丧失，见《上智史学》第 34 号（1989 年），第 149—155 页。另外请参看川本对関尾的反批评文章《山越再論》，《佐贺大学教养部研究纪要》第 23 卷（1991 年），第 15—28 页。

② 川勝義雄：《貴族制社会と孙吴政权下の江南》，原载中国中世史研究会编《中国中世史研究》，东京：东海大学出版会，1970 年，第 135—173 页。该文的后半部分修改后以《孫吳政権と江南の開発領主制》为题收入川勝氏《六朝貴族制・会の研究》，东京：岩波書店，1982 年，第 143—170 页。后者已经有中文译本《六朝贵族制社会研究》，徐谷梵、李济沧译，上海：上海古籍出版社，2007 年，第 103—123 页。

③ 伍新副、龙伯亚：《苗族史》，成都：四川人民出版社，1992 年，第 75—169 页。

④ 鲁西奇：《释"蛮"》，第 67 页。

华夏人口在相当长的时期内还居于多数。从语言上来说，华夏民族一定是使用汉语的，而不使用汉语的民族（比如苗瑶语诸民族）一定不是华夏族[①]。可是使用汉语的人口不一定就是华夏民族，也就是说，有些非华夏民族正在或刚刚放弃他们原先使用的语言（主要是蛮人所说的苗瑶语和山越所说的越语）[②]，其中绝大部分正在改变的过程中，改变的方向当然是融入华夏社会，变成华夏民族[③]。秦汉以后的中国南方，一方面汉语人口在政治上居于统治地位，另一方面非汉语人口并没有构成一个或多个规模较大的、超越狭隘地域限制的政治集团，因此汉语人口在经济、政治和文化上占据着绝对优势。汉语人口对非汉语人口的渗透、淹没、同化和取代，是先秦以来中国南方历史的基本特征，尽管不同时期在不同地区表现出速度、程度和形式的差异[④]。也许可以断言，如果不是由于近代欧洲人的介入，这种特征还将持续地表现在东南亚更广大的地区范围内。

汉语在中国南方这种扩张的历史[⑤]，表现在社会变迁中是华夏族对于非华夏族的民族同化，表现在政治上就是非汉语人口被强行吸纳进由华夏王朝所主导的政治体制之中。从中国历史的实践看，中国南方广大非华夏民族的华夏化，主要是一个政治过程，这个政治过程通常都与华夏政权的国家意志和国家利益紧密相关。对比一下秦代与隋代南方地

---

① 白鳥芳郎:《華南非汉民族言語研究に関する覚書》,《中国大陆古文化研究》第2集（1965年），第45—57页。

② 大林太良:《ミャオ族、ャオ族の民族形成論の若干の問題》,《中国大陆古文化研究》第4集（1967年），第11—20页。

③ 有关汉语在华南等广大地区扩张的历史，最通俗明快的解说可见于贾雷德・戴蒙德（Jared Diamond）的名著《枪炮、病菌与钢铁——人类社会的命运》（*Guns, Germs, and Steel: The Fates of Human Societies*）的第16章，谢延光译，上海：上海译文出版社，2000年，第358—372页。

④ 白鳥芳郎:《西南シナ少数民族の一考察》,《和田博士古稀記念東洋史論叢》，东京：講談社，1961年，第525—536页。

⑤ 需要说明的是，这种汉语人口淹没非汉语人口的历史，既是汉语人口数量持续增长、汉语人口覆盖地区持续扩大和汉语社会同质性持续加深的过程，同时也是汉语自身诞生、变异和发展的过程。请参看李葆嘉《从同源性到亲缘度：历史比较语言学的重大转折——〈汉语的祖先〉译序》，王士元主编:《汉语的祖先》，北京：中华书局，2005年，第87—91页。

区的政区图，就能直观地感受到这一政治过程的深刻后果[①]。正是在这个意义上，我们应当格外注意六朝时代中国南方所经历的这种无论在强度还是在速度上都大大超过以往的华夏化进程[②]。

无论是荆州的诸蛮还是扬州的山越，都不能理解为各自统一的民族集团，因为山越内部和诸蛮内部的族群多样性一定是十分突出的，而这种多样性通常都会被华夏等外部观察者有意无意地忽略。尽管如此，从一些笼统简略的叙述中，我们也能推想某些实情。《魏书》说东晋控制的南方诸族如巴、蜀、蛮、獠、谿、俚、楚、越等，“鸟声禽呼，言语不同，猴蛇鱼鼈，嗜欲皆异。江山辽阔将数千里，(司马)叡羁縻而已，未能制服其民”[③]。《南齐书》称蛮人“种类繁多，言语不一”，而且发式也不统一，“或椎髻，或翦发”[④]。应当看到，这些都是颇有价值的民族志材料。

一般地说，越语属于南岛语(Austronesian)，蛮语属于苗瑶语，两者之间确有显著的分别，能否算作同一个语言联合体(Sprachbund)还是应当再研究的[⑤]。不过即使在山越及诸蛮社会之内，同一语系甚至同一语族之下，语言或方言的差别也一定因地区和族群的不同而普遍地存在着，有时这种差别甚至大到足以阻断交流，使在外界看来同属一个民族的族群之间无法沟通。发式作为甄别族群属性的重要参数之一，在这里似乎也面临复杂的多样性问题了，因为习惯上把椎髻看作苗瑶等南方和

---

① 较早研究孙吴开发江南的李子信，在他1937年发表的《三国时孙吴的开发江南》一文中，制作了“东汉与晋代江南郡数比较表”“江南郡数在东汉和晋代所占全国郡国比数比较表”“东汉和晋代江南户数比较表”“江南户数在东汉和晋代所占全国户数百分比之比较表”“东汉和晋代江南人物比较表”及“江南人物在东汉和晋代所占比数之比较表”，虽然参考到的文献及数据远非充分与准确，但仍然能够直观地显示不算很长的时期之内江南所发生的巨大变化。文载《食货》第5卷第4期(1937年)，第14—28页。

② 周一良先生在这一领域有开拓之功，请参看《南朝境内之各种人及政府对待之政策》，原载《历史语言研究所集刊》第七本第四分(1934年)，后收入周先生的文集《魏晋南北朝史论集》，北京：中华书局，1963年，第30—93页。

③《魏书》卷九六《僭晋司马叡传》，北京：中华书局，1974年，第2093页。

④《南齐书》卷五八《蛮传》，北京：中华书局，1972年，第1007—1009页。

⑤ Gordon B. Downer, Chinese, Thai, and Yao-Miao, in: Harry L. Shorto ed., *Linguistic Comparison in South East Asia and the Pacific*, London: School of Oriental & African Studies, University of London, 1963, pp. 133-139.

西南民族的发式，翦发（断发）则是古代越人的传统发式[①]。而南齐时代的蛮人中两种发式都存在，一方面说明被华夏笼统划归蛮族的各人群之间也许存在着不小的族群差异，另一方面也许暗示了在江左华夏政权的政治作用之下，古老的蛮、越民族之间已经出现混融的情况。

在历史时期的时间维度之内，多样性与古老性有着紧密的正相关的关系。如《南齐书》所说，诸蛮民族的多样性问题在萧齐时依然如此突出，在孙吴时则只有更加严重；诸蛮如此，山越也绝不例外。虽然政治集团与族群集团通常都不是重合的关系，但过度稀疏的文化关联以及相当封闭的古老传统，势必阻碍了超地域和长时期的南方土著民族政治体的出现，限制了土著族群的政治发育，使土著社会呈现零碎分散的状态。也许这可以部分地解释六朝政权何以在将近400年间，在承受北方巨大的军事压力的同时，却能够成功地维持其对于华南广大地区的稳定统治。

南方社会这种文化与族群的古老多样性，因华夏力量的进入又形成新的格局。《隋书》记以江汉平原为中心的长江中游各郡（南郡、夷陵等十四郡）“多杂蛮左，其与夏人杂居者，则与诸华不别；其僻处山谷者，则言语不通、嗜好居处全异，颇与巴、渝同俗”[②]。南北朝末年的蛮人中“与夏人杂居者”已基本华夏化，而“僻处山谷者”，仍然保留其传统的语言和习俗。这说明蛮人社会华夏化的过程及其族群要素的表现都是不均匀的。如同山地的植被气候等地理特征随海拔高度的不同而呈现垂直方向的变动，山间居民也随其居地“深险”程度的不同而表现出轻重不等的族群特性。这一点恰如王明珂所分析过的羌寨“一截骂一截”的族群体系一样[③]。

当然我们不应天真地认为这种格局是古老的、自然的和合理的，即不能相信华夏力量进入前后的南方族群体系竟然未曾发生过显著的变动。但是对于颇为流行的迁徙论，我们也要保持警惕，不能迷信种种迁徙说。从最早发表的一批有关南方蛮夷历史研究的文章开始，有关民族

---

① 李思纯：《说民族发式》，原载《民族学研究集刊》第3期（1943年），修改后收入作者论文集《江村十论》，上海：上海人民出版社，1957年，第45—62页。

②《隋书》卷三一《地理志下》，北京：中华书局，1973年，第897页。

③ 王明珂：《羌在汉藏之间——一个华夏边缘的历史人类学研究》，台北：联经出版事业公司，2003年，第86—92页。

迁徙的说法一直有人反复提及[①]。迁徙说倾向于用民族迁徙来解释当前的族群分布格局，把当前的族群体系看成不久前发生的某种外来族群流动的结果。这或许是部分地受到了现存史料的局限，因为这些史料几乎都是外部观察者对于突发性政治事件的记录，而为了解释该事件之前的时间空白，就容易用更大的事实空白去填充。比如，《魏书》为了解释北魏时期伊洛以南至南阳盆地周围山区和大别山北麓蛮夷纵横的局面，说“自刘石乱后，诸蛮无所忌惮，故其族类渐得北迁”[②]。十六国时期外部压力的骤减固然会深刻地刺激秦岭大别山一线诸蛮社会内部的政治发育，包括部分族群的重新组合与有限度的流动和迁徙[③]，但过度关注这些迁徙，就容易忽视历史上这些族群在同一地区的古老存在。胡三省说：“自春秋之时，伊洛以南，巴巫汉沔以北，大山长谷，皆蛮居之。”[④]这个判断是非常准确的，尽管“自春秋之时”不应理解为蛮族在此一地区存在的起点，而应理解为华夏对蛮族存在于此一地区进行记录的开始。

蛮族占据“大山长谷”的原因不是他们对这种地形地貌有所偏爱，而是因为他们过去占据的江湖平原地区已经被北来华夏力量所控制、所侵吞，本来生活在这些最好地段的族群要么被华夏所同化，要么逃入华夏势力一时尚无力进入的“深险之地”。中古时期有关山越和蛮族的描述充满了深险山谷一类的词汇，最典型的如《宋书》所谓“所居皆深山重阻，人迹罕至焉”[⑤]。这些描述在中古历史的某一个时间剖面上是准确的，但并不能提供时间长河中蛮族与南方的完整画面。因为在中古以前，蛮越未必都在山上；中古以后，许多山谷中的蛮越已经华夏化，孤岛与海洋的关系已经被彻底逆转。

值得注意的是，山谷深处蛮族的华夏化过程，相当一部分是通过走出山谷、到华夏政权所控制的河湖平原上定居来实现的。如刘宋时刘道产处理雍州蛮，诸蛮“皆引出平土，多缘沔为居”[⑥]。从被先秦秦汉华夏

---

① 金宝祥：《汉末至南北朝南方蛮夷的迁徙》，《禹贡》第5卷第12期（1936年），第17—20页。

②《魏书》卷一〇一《蛮传》，第2246页。

③ 金裕哲：《魏晋南北朝时期“蛮”的北迁及其种族正体性问题》，中国魏晋南北朝史学会、四川大学历史文化学院编：《魏晋南北朝史论文集》，成都：巴蜀书社，2006年，第228—236页。

④《资治通鉴》卷一〇四晋孝武帝太元元年三月胡注，北京：中华书局，1956年，第3273页。

⑤《宋书》卷九七《夷蛮传》，第2396页。

⑥ 同上。

殖民力量挤压、阻隔在山谷中，到被六朝政权引诱或强制赶出山谷（当然其中一部分不肯接受政府法令的只好向更深的山谷中移动），南方社会的华夏化经历了许多个阶段。无论在时间上还是在空间上，无论在蛮越社会的各族群之内还是在同一族群的不同单元之间，华夏化都是以不均匀的速度和幅度，在不同层面和不同程度上分阶段进行的。

三、“霑沐王化”与“依阻山险”

《梁书》记孙谦之言曰：“蛮夷不宾，盖待之失节耳。”[①] 怎样才是不失节？从孙谦自己所做出的正面表率来看，就是不接受“蛮獠”进奉的金宝，并放还所掠得的“生口”，如此而已。收受蛮獠的金宝、掠取蛮獠的人口，显然是一般长吏都要做的，不过似乎都并不符合制度和法令。那么，按照当时的制度和法令，三峡地区的蛮獠对政府究竟要承担哪些义务呢？不幸的是，不仅是南朝的三峡蛮獠，而且中古绝大多数地区的非华夏编户，其赋役方面的资料都极为稀缺。胡三省说：“山越本亦越人，依阻山险，不纳王租，故曰山越。”[②] 依胡三省的看法，山越是不向政府承担任何义务的。对一部分深山重阻王化不及的山越来说，这种理解可能是正确的。《宋书》说荆、雍州蛮“种类稍多，户口不可知也”[③]。如果完全不了解蛮夷的户口情况，政府自然也无法有效地向蛮人行使管理权。不过从史料来看，即使对于相当僻远的非华夏人口，只要不是处在军事对抗状态，华夏政权也能够摊派一定的义务。史书记各类非华夏民族投降或归附中原政权，通常会明载其户数与口数，这个数字显然不是中央政权正常户口统计的结果，但很可能并非仅仅具有象征意义，也就是说，各族群对中央承担的义务，可能就基于他们自己所上报的户口数。

《隋书》记东晋南朝“诸蛮陬俚洞，霑沐王化者，各随轻重收其赕物，以裨国用”[④]。根据川本芳昭的研究，“赕”是中古时期用于指称南方非华夏民族对中央政府所承担的赋调义务的专用名词，这部分收入要计入中

① 《梁书》卷五三《孙谦传》，北京：中华书局，1973 年，第 772 页。

② 《资治通鉴》卷五六汉灵帝建宁二年九月胡注，第 1817 页。

③ 《宋书》卷九七《夷蛮传》，第 2396 页。

④ 《隋书》卷二四《食货志》，第 673 页。

央和地方财政[1]。只要政治上接受政府管理，形式上就要承担一定的义务。《后汉书》卷八六《南蛮传》记西汉武陵蛮“岁令大人输布一匹，小口二丈，是谓賨布”；巴郡和南郡蛮“其君长岁出赋二千一十六钱，三岁一出义赋千八百钱，其民户出幏布八丈二尺，鸡羽三十鍭”；板楯蛮的普通民户“岁入賨钱，口四十”[2]。不同族群在不同时期所承担的义务显然是有差别的，这种差别或许就是“各随轻重”原则下的产物。但什么是“各随轻重”呢？我认为，轻重就是指接受华夏政权统治程度的深浅，换一句话，即“霑沐王化”时间的长短。

《宋书》称“蛮民顺附者，一户输谷数斛，其余无杂调，而宋民赋役严苦”，又说“蛮无徭役，强者又不供官税”，由此造成一些宋民逃入蛮中以避赋役[3]。这里所说的蛮民既无徭役、赋调又轻的情况，并不普遍适用于刘宋时代诸蛮各族群，甚至也不适用于同一族群的不同时期。刚刚“顺附”王化的蛮民，往往承担仅具象征意义的义务，随着国家管理的深入，这些义务会变得越来越重，最终不仅赋调大大增加，而且还要承担各类名目的徭役。《后汉书》记板楯蛮七姓贵族长期“不输租赋，余户乃岁入賨钱，口四十”，负担较轻，可是到汉顺帝时，“武陵太守上书，以蛮夷率服，可比汉人，增其租赋”，结果引起反叛[4]。随着武陵蛮归化日久，政府就要考虑增加他们的义务。《魏书》记南朝治下的梁益二州之獠人“与夏人参居者颇输租赋，在深山者仍不为编户”[5]，同样的獠人因其归化程度的不同而承担轻重不等的国家义务。

《晋书》所记的“户调式”有涉及夷人义务者：“夷人输賨布，户一匹，远者或一丈……远夷不课田者输义米，户三斛，远者五斗，极远者输算

① 川本芳昭：《魏晋南北朝時代の民族問題》，第416—419页。

②《后汉书》卷八六《南蛮传》，第2831—2842页。

③《宋书》卷九七《夷蛮传》，第2396页。

④《后汉书》卷八六《南蛮传》，第2833页。

⑤《魏书》卷一〇一《蛮传》，第2249页。

钱，人二十八文。”[①] 尽管对“远夷”一词是否衍误存在着争论[②]，但西晋户调法令中对不同的夷人有不同的义务规定，却是确切无疑的。这些不同从字面上看仅仅在于远近，夷人承担国家义务的轻重与远近成正比，越远就越轻，越近就越重。而这里的远近显然不仅仅是空间意义上的，还主要体现在政府管理程度的不同，也就是与原夷人社会结构的分解状况紧密相关。唐长孺先生认为西晋户调式虽然是武帝统一后的办法，但可能三国时已然如此[③]。《三国志》记曹魏时牵招“表复乌丸五百余家租调”[④]，说明雁门乌丸除了承担兵役以外，还要缴纳租调[⑤]。这令人联想到南匈奴在东汉和魏晋的变化，绝不仅仅是在政治上丧失其独立地位而已，实现这一变化的主要途径则是南匈奴原有政治组织形式的破坏，以及东汉地方政权对于南匈奴社会的深入侵蚀[⑥]。前引《隋书》所谓“各随轻重”之轻重，其真实意义就在于各族群接受政府管理程度的深浅不等。

西晋户调式所说的“远夷”“远者”和“极远者”，尽管义务轻重有别，毕竟都已接受政府管辖，和前引胡三省所谓“依阻山险，不纳王租”的山越，以及前引《宋书》所谓“户口不可知”“不供官税”的强蛮，显然是有很大区别的。那种完全不承担国家义务的蛮人诸族群，在中古史书中有时被称为“生蛮”。《魏书》记尔朱荣之言，称欲“仍出鲁阳，历三荆，悉用生蛮北填六镇”[⑦]。胡三省解释说：“生蛮，谓诸蛮户之未附于魏者。”[⑧] 不顺附政府，即不缴纳任何形式的租调，这样的蛮人被称为生蛮，“生”的意思就是尚未驯化。《北齐书》记元景安于北齐末年为豫州刺史时，“又

---

① 《晋书》卷二六《食货志》，北京：中华书局，1974 年，第 790 页。

② 宫崎市定认为“远夷”二字是衍文，米田贤次郎等人附和此说，而河原正博怀疑“远夷”当是“边夷”的讹误。相关讨论见河原正博《晋の户調式の远夷について》，《鈴木俊教授還曆記念東洋史論叢》，东京：鈴木俊教授還曆記念会，1964 年，第 197—211 页；此文后改题《西晋の户調式に見える远夷——“远夷不課田者”を中心として》，收入河原正博《漢民族華南発展史研究》，东京：吉川弘文館，1984 年，第 47—65 页。

③ 唐长孺：《晋代北境各族“变乱”的性质及五胡政权在中国的统治》，《魏晋南北朝史论丛》第 138 页。

④ 《三国志》卷二六《魏书・牵招传》，北京：中华书局，1959 年，第 731 页。

⑤ 马长寿：《乌桓与鲜卑》，上海：上海人民出版社，1962 年，第 160—161 页。

⑥ 罗新：《匈奴单于号研究》，《中国史研究》2006 年第 2 期，第 23—36 页。

⑦ 《魏书》卷七四《尔朱荣传》，第 1653 页。

⑧ 《资治通鉴》卷一五四梁武帝中大通二年八月，第 4779 页。

管内蛮多华少……比至武平末，招慰生蛮输租赋者数万户”[①]。开始缴纳租赋，意味着生蛮进入了驯化程序，也就意味着他们不再是生蛮了。《宋书》记沈庆之讨伐诸蛮，“大破诸山，斩首三千级，虏生蛮二万八千余口，降蛮二万五千口”[②]。这里把生蛮与降蛮对举，降蛮指过去已经接受政府管理、可是最近又抗拒这种管理的那些蛮人，而生蛮是过去从来没有接受过政府管理的蛮人。

按照唐长孺先生的解释，前引西晋户调式所谓“远夷不课田者”，对应的可能是“近夷课田者”，这种“近夷课田者”的蛮人已经等同编户，赋调徭役的负担与一般华夏民应当已无甚区别[③]。也就是说，从政府管理目标的角度看，这些“近夷”的华夏化过程已经完成。政府需要考虑的是如何把生蛮变成降蛮，而降蛮之中，又需要把“极远者”变成“远者”，“远者”变成普通的“远夷不课田者”，最终要把所有的“远夷”改造成“近夷课田者”。从蛮人诸族群的立场来看这一过程，就是逐渐丧失其原有政治结构、并被逐渐吸收进华夏政治体系的过程。也就是说，一些底层蛮人被迫在原有的蛮族社会内的种种负担之外，添加新的、越来越沉重的经济负担；一部分蛮人贵族将被迫与政府分享他们在蛮人社会内的特权和利益。同时，十分可能的情况还包括：一部分底层蛮人脱离了原来的族群内部的束缚和压迫，转而接受政府至少暂时相对松弛的控制和剥削；一部分蛮人贵族受到政府的收买和笼络，主动带领他们治下的蛮人去“霑沐王化”，并在相当一个时期内既不丧失原有利益，还获得来自政府的更多经济和政治奖励。尽管没有很多资料供我们细致考察这些变迁，但可以相信这些过程是非常复杂的。中央政府的政策、地方官员的私利、蛮人贵族的欲望、普通蛮人的得失等等，都会在这些过程中此一时彼一时地发挥作用[④]。

当然，不应当美化土著各族群在归附王化之前的生活，即不能认为华夏侵入之前的蛮族社会享受着现代意义上的自由和独立，更不能认为华夏政权对蛮人施加了单方面的挤压和殖民。但是，对大多数蛮人来说，

---

① 《北齐书》卷四一《元景安传》，北京：中华书局，1972 年，第 543 页。

② 《宋书》卷七七《沈庆之传》，第 1998 页。

③ 唐长孺：《晋代北境各族“变乱”的性质及五胡政权在中国的统治》，第 138 页。

④ 川本芳昭在《魏晋南北朝時代の民族問題》一书的第四篇《蛮漢抗争と融合の軌跡》里，用了三章的篇幅从不同角度讨论这个问题，见该书第 413—534 页。

当他们越来越深地进入到华夏政权的管理体系之下，也就意味着他们一步步陷入到愈来愈严酷的赋调徭役的深渊中。面对这种局面，相当一部分蛮民选择了抗拒。而这些难以成功的抗拒通常也仅仅局限于逃入深山，依凭险阻，躲避暂时的灾难。在华夏政权一方，理所当然视这种对政府管理的抗拒为政治反叛，因而对策只有武力镇压一种选择。应当注意到，每一次成功地平定叛乱后，政府会更深地侵入蛮人社会及其政治体，前面所说的那种华夏化"改造"进程会更快速、更猛烈[①]，最显著的表现就是蛮族传统地域被纳入到国家的行政区规划中，尽管最初阶段只是设置具有自治色彩的左郡和左县[②]。

史书中常常把南方土著各族群描述成某种天然的威胁，例如：《三国志》称"山越好为叛乱，难安易动"[③]；《宋书》称蛮族"前世以来屡为民患……历世为盗贼……患深自古，蛮僰殊杂，种众特繁，依深傍岨，充积畿甸，咫尺华氓，易兴狡毒，略财据土，岁月滋深"[④]；《水经注》称五水蛮"蛮左凭居，阻藉山川，世为抄暴"[⑤]。这类反映了华夏立场（主要是政权立场）的叙述，有力地形塑了后世对蛮越等南方非华夏民族历史问题的认识，这种认识倾向于忽略华夏势力南进过程中给南方土著族群带来的巨大冲击，而把注意力集中于南方土著族群对华夏侵入所施加的反作用力。但是，史书也保存了一些材料，使我们清楚地了解华夏政权侵入南方土著族群的经济动机。唐长孺先生早已指出，孙吴伐山越的主要动机是满足其对于劳动力和兵源的需求[⑥]。川胜义雄对唐先生此一论

---

① 谷口房男：《宋齐時代の蛮について》，《白山史学》第 14 号（1968 年），后改题《宋・齐時代の蛮》，收入谷口房南《華南民族史研究》，第 57—80 页。

② 周一良：《南朝境内之各种人及政府对待之政策》，第 41—46 页；河原正博：《宋書州郡志に見える左郡・左县の"左"の意味について》，《法政史学》第 14 号（1961 年），第 39—52 页，此文后改题《宋书州郡志に見える左郡・左县》，收入河原正博《漢民族華南発展史研究》，第 65—81 页。

③《三国志》卷六〇《吴书・贺全吕周锺离传》"史评"，第 1395 页。

④《宋书》卷九七《夷蛮传》，第 2396—2399 页。

⑤ 郦道元：《水经注》卷三二"蕲水"条，据杨守敬《水经注疏》，南京：江苏古籍出版社，1989 年，第 2658 页。

⑥ 唐长孺：《孙吴建国及汉末江南的宗部与山越》，《魏晋南北朝史论丛》，第 3—29 页。

点表示完全支持[①]。谷口房男也讨论过诸葛亮征伐南中对于蜀汉统治的重要经济意义[②]。《三国志》记蜀汉张嶷为越嶲太守时，对于治内“夷缴久自固食”的“盐铁及漆”等重要资源，“率所领夺取，署长吏焉”，控制这些本来属于土著族群的经济资源以后，“遂获盐铁，器用周赡”[③]。《晋书》称“元后渡江，军事草创，蛮陬赕布，不有恒准，中府所储，数四千匹”[④]。既然把“蛮陬赕布，不有恒准”看作东晋初财政紧张的原因之一，那么此后财政状况的好转应当包括了“蛮陬赕布”的大量赋入，这也印证了陶侃“夷中利深”的判断[⑤]。

对土著经济利益的夺取是依靠武力作为保障的。根据北魏人的观察，“萧衍梁、益二州，岁岁伐獠以自裨润，公私颇藉为利”[⑥]。《南齐书》记“沈攸之责赕，伐荆州界内诸蛮，遂及五溪，禁断鱼盐”[⑦]。正是这样的粗暴敛夺激起土著族群的一再反抗。《后汉书》记汉中上计吏程苞论地方政权欺压土著族群之言曰：“长吏乡亭，更赋至重，仆役箠楚，过于奴虏，亦有嫁妻卖子，或乃至自刭割。”[⑧]《宋书》记宗矫之为天门、溇中二县令，“徭赋过重，蛮不堪命”，引起蛮人暴动[⑨]。南朝前期频繁发生的诸蛮反叛几乎都有同样的背景[⑩]。更进一步，把相当数量的土著民强制变成华夏政权及其上层社会的官私依附劳动力（及兵源），是中古时期南方土著族群迅速华夏化的重要途径之一。《宋书》记刘宋时代对诸蛮的用兵，“自江汉以北，庐江以南，搜山荡谷，穷兵罄武，系颈囚俘，盖以数百万计”[⑪]，数量巨大的被俘土著，成为南朝依附劳动力“营户”的主要来源。据《周书》，北周控制巴蜀之后不久，獠人就成了北周主要的奴隶来源，“每

---

① 川勝義雄：《貴族制社会と孫呉政権下の江南》，《中国中世史研究》，第163页；《六朝貴族制社会の研究》，第161页。

② 谷口房男：《諸葛孔明の异民族対策》，《華南民族史研究》，第143—154页。

③《三国志》卷四三《蜀书·张嶷传》，第1053页。

④《晋书》卷二六《食货志》，第783页。

⑤《晋书》卷六六《陶侃传》，第1778页。

⑥《魏书》卷一〇一《蛮传》，第2249页。

⑦《南齐书》卷二二《豫章文献王传》，第405页。

⑧《后汉书》卷八六《南蛮传》，第2843页。

⑨《宋书》卷九七《夷蛮传》，第2396页。

⑩ 谷口房男：《宋·齐時代の蛮》，第57—80页。

⑪《宋书》卷九七《夷蛮传》，第2399页。

岁命随近州镇出兵讨之，获其口以充贱隶……公卿逮于民庶之家，有獠口者多矣”[①]。

要么“霑沐王化”，要么“依阻山险”，而“依阻山险”往往会招致强度大得多的、更为暴烈的打击，其后果则是更为深入、更为彻底的“霑沐王化”。在中古时期南方社会华夏化的历史浪潮中，“依阻山险”的土著族群为日益浩瀚的王化海洋所包围，真正变成了越来越边缘、越来越疏隔的一个个孤岛。

附论：吴简中的“部伍夷民”问题

《长沙走马楼三国吴简·竹简》(壹)里有两条简提到“夷民”[②]：

> [凵][中]⌊尚⌋(?)……部伍夷民(1.984)
> 其卌一斛五斗付区业给禀夷(?)民(1.1648)

王素在《说“夷民”——读长沙走马楼三国吴简札记》一文中[③]，非常敏锐地注意到这两条简文可能透露了重要的历史信息，并根据《三国志》相关记载，指出吴简的“夷民”一定与充当军士有关，与夷民相对应的应是夷兵，而夷民是官府控制的一种特殊依附人口。他还进一步推论，所谓夷民、夷兵，可能是孙吴地方官府或私人控制的一种少数民族“民兵”，正因为是“民兵”，所以既可以称为“夷民”，也可以称为“夷兵”。王素这一研究，得到新出版的《长沙走马楼三国吴简·竹简》(叁)两条简文的支持[④]：

---

① 《周书》卷四九《异域·獠传》，北京：中华书局，1971年，第891页。

② 长沙市文物考古研究所、中国文物研究所、北京大学历史系“走马楼简牍整理组”：《长沙走马楼三国吴简·竹简》(壹)下册，北京：文物出版社，2003年。所引简文后注明简号，故不再标示页码。

③ 王素：《说“夷民”——读长沙走马楼三国吴简札记》，《故宫博物院院刊》2004年第5期，第49—52页。

④ 长沙市文物考古研究所、中国文物研究所、北京大学历史系“走马楼简牍整理组”：《长沙走马楼三国吴简·竹简》(叁)下册，北京：文物出版社，2008年。

入吏邓佃番端备夷民嘉禾元年粢栗准入米三斛九斗口升（3.1926）

夷新兵五十六人人二斛起嘉禾二年正月讫二月卅日其年四月十六日付杝师市（3.2169）

第一条提到“夷民”,第二条提到“夷新兵”,证实了王素对“夷兵”的推测。另外,《竹简》(贰)第448号简虽然文字残损严重，不过可以辨识其中有“部伍”字样,极可能也与前引各简有关①。根据《竹简》(叁)这两条新材料，联系上述《竹简》(壹)那条有关“部伍夷民”的简文，我们还应当对孙吴政权处理荆州地区诸土著族群的政策，以及孙吴军队中的非华夏诸土著族群士兵作进一步的探讨。

我们知道,“部伍”是个军事用语，因为部是秦汉时期常规军事编制的高级单位，伍是低级单位，部伍连称可概指军队②，又引申指军队的实际编配、训练、纪律和秩序。《史记》说李广行军“无部伍行阵”③,《魏氏春秋》称刘虞“兵无部伍，不习战”④,《三国志》记贾逵“自为儿童，戏弄常设部伍”⑤，等等，都是这种用法。不过，在三国史料里,“部伍”又引申出新的意义，即以军事编制的手段管理人口并组建军队，如朱桓“部伍吴会二郡，鸠合遗散，期年之间，得万余人”⑥。正是在这一个义项下,“部伍”还发展出了孙吴政权对南方土著族群进行军事化管理的引申义。张温曾受命“入豫章，部伍出兵”⑦；陆逊“部伍东三郡，强者为兵，羸者补户”⑧；诸葛恪为丹阳太守,“明立部伍”⑨，大出山越；等等，都是研究

---

① 这条简文是:“■□□兵……部伍并□应作吏民贾（？）□□”，见长沙市文物考古研究所、中国文物研究所、北京大学历史系“走马楼简牍整理组”:《长沙走马楼三国吴简·竹简》(贰)下册，北京：文物出版社，2007年，第727页。

② 东汉帝时，马融上《广成颂》，中有“校队案部，前后有屯；甲乙相伍，戊己为坚”，亦取部、伍为军事单位的两极。见《后汉书》卷六〇上《马融传》，第1959页。

③《史记》卷一〇九《李广传》，北京：中华书局，1959年，第2869页。

④《三国志》卷八《魏书·公孙瓒传》注引《魏氏春秋》，第244页。

⑤《三国志》卷一五《魏书·贾逵传》，第479页。

⑥《三国志》卷五六《吴书·朱桓传》，第1312页。

⑦《三国志》卷五七《吴书·张温传》，第1330页。

⑧《三国志》卷五八《吴书·陆逊传》，第1344页。

⑨《三国志》卷六四《吴书·诸葛恪传》，第1431页。

者十分熟悉的。讨伐并部伍山越是孙吴的重要国策，孙吴军队中有大量出自山越的士兵，也是无可置疑的[①]。

虽然孙吴对包括武陵蛮在内的荆州诸蛮的用兵记录并不少[②]，但史料中并不见对蛮族进行“部伍”一类的提法。从上引吴简简文可知，荆州诸蛮也是孙吴“部伍”的对象，对荆州诸蛮的处理方式和对扬州山越并没有什么不同，只是史书中遗漏了相关资料。前述王素一文列举了《三国志·吴书》中提到的几个“夷兵”的用例，可以证明孙吴军队中有一定数量的蛮族士兵。可是，由于《陆抗传》记陆抗与西晋杨肇战于西陵，提到陆抗军中有“夷民”和“夷兵”[③]，王素据此认定这些“夷民”“夷兵”是“少数民族‘民兵’，所以既可以称为‘夷民’，又可以称为‘夷兵’”，并且断言这类民兵“不可能是孙吴的正规军，有可能是孙吴地方官府或私人控制的一种少数民族”。这一理解恐怕不准确，兵、民的差别在法律意义上是相当明显的。《周鲂传》所谓“并使潘濬发夷民”[④]，应理解为发夷民为夷兵。而《陆抗传》含混地说“夷民”“夷兵”，不是在严格意义上使用这些概念。我们可以推想，“部伍夷民”的结果与“部伍山越”一样，即“强者为兵，羸者补户”，为兵者就是吴简中的“夷兵”，补户者就是吴简中的“夷民”，二者同源异流，不应混淆。

和“部伍山越”一样，“部伍夷民”是对仍然“依阻山险”的诸蛮部族进行强制性征发、编组和迁徙，“强者为兵，羸者补户”。对于那些积极合作或仍有利用价值的诸蛮贵族，政府除了授予地方民政系统的官爵以外，还授予军事职务。魏晋时期的官印中，有“魏蛮夷率善邑长”“晋蛮夷王”“晋蛮夷归义王”“晋蛮夷归义侯”“晋蛮夷率善邑长”“蛮夷邑君”“蛮夷邑长”“蛮夷里长”“板楯夷长”等等，此外，还有“晋蛮夷率善仟长”“晋蛮夷率善佰长”等印[⑤]。印文中的“仟长”“佰长”，显然属于已经从五进制改为十进制的中原军事系统，也就是说，这些官印属于被“部伍”之

---

① 村田哲也:《孫呉政権の軍事力形成と山越討伐の　考察》,《東洋史苑》(龙谷大学)第47卷(1996年), 第58—87页。

② 谷口房男:《三国時代の武陵蛮》,《華南民族史研究》, 第33—55页。

③《三国志》卷五八《吴书·陆逊传》附《陆抗传》, 第1357页。

④《三国志》卷六〇《吴书·周鲂传》, 第1390页。

⑤ 王人聪、叶其峰:《秦汉魏晋南北朝官印研究》, 香港: 香港中文大学文物馆, 1990年, 第156—162页。

后的"夷兵"系列，其赐予对象应当是在新组建的"夷兵"中担任军官的原蛮族贵族。以归化的非华夏诸族群为兵，并以其贵族为军官，魏晋时期并非只针对蛮族，而是其他各族也都适用的政策[①]。吉林大学历史系收藏的魏晋官印中，有"魏率义氐佰长""晋率义叟仟长""晋鲜卑率义佰长"等印，反映氐、叟、鲜卑等族也都如此[②]。

吴简中的"夷民"和"夷新兵"，究竟是来自什么地方的什么族群呢？当然不排除这些夷民是与长沙郡相邻的地区（如武陵郡）的蛮族，但从吴简涉及的军政事务来看，这里提到的"夷民"和"新夷兵"更可能来自长沙郡郡界以内。尽管长沙是战国以来南方华夏化程度最深的地区之一[③]，但除了湘江中下游谷地等几个主要的稻作区以及重要的交通线沿线之外，大量山地和丘陵地区仍然是土著族群的世界。特别是长沙郡西南部（与武陵、零陵接境）和南部（与桂阳、豫章接境），即使到隋唐时期，其民族形势仍然是十分复杂的。据《汉书》，王莽曾经改长沙为填蛮，即取镇制诸蛮之义[④]。《后汉书》记载，东汉桓帝时期"长沙蛮"曾经发动声势浩大的叛乱，永寿三年（157）冬，"长沙蛮叛，寇益阳"[⑤]；尽管遭到东汉大军的打击，这次牵连甚广的蛮族动荡起起伏伏地持续了十多年，还带动了相邻各郡的蛮族。长沙蛮起兵之初即攻击益阳，说明这支蛮族可能来自资水中上游的山区。到汉末孙坚为长沙太守时，还有"长沙贼区

---

① 华夏政权的军队中有异族士兵，可以说是历史上的常态，请参看王子今《两汉军队中的"胡骑"》，《中国史研究》2007年第3期，第23—33页。

② 吉林大学历史系文物陈列室编：《吉林大学藏古玺印选》，北京：文物出版社，1987年，第22页。

③ 何德章：《建康与六朝江南经济区域的变迁》，《六朝文化国际学术研讨会暨中国魏晋南北朝史学会第六届年会论文集》，《东南文化》1998年增刊2，第48—52页。在这篇文章中，何德章统计了两汉时期扬州（会稽与丹阳两郡）、赣江流域（豫章郡）和湘江流域（桂阳、零陵、武陵和长沙四郡）三个地区的户口数，得出结论说，"扬州区在西汉时人口密度高于湘、赣流域，而东汉后期大大低于湘、赣流域"，并认为六朝之初"江南经济最发达的地区并不在扬州三吴、会稽，而是在湘江流域的长沙、零陵"。何德章的这一论点当然还有进一步讨论的余地，但他指出长江中游荆州诸郡（特别是其中的南郡、长沙和零陵等郡）的发展水平绝不低于长江下游的扬州诸郡，可以说是正确的和有价值的。

④《汉书》卷二八下《地理志下》，北京：中华书局，1962年，第1639页。

⑤《后汉书》卷七《桓帝纪》，第303页。

星”活跃在长沙郡[1]。也许正是汉末蛮族的持续暴动，使得长沙郡三个督邮区中的西部督邮区和东部督邮区都升级变成了都尉区，即长沙西部都尉和东部都尉[2]。孙权时张承“出为长沙西部都尉，讨平山寇，得精兵万五千人”[3]。张承在长沙西部所讨平的“山寇”，无疑与东汉桓帝时起兵反叛的“长沙蛮”有密切的关系。他的“讨平山寇”之举，其实正是吴简中的“部伍夷民”；他所获得的“精兵万五千人”，可能即吴简中的“夷新兵”的来历。

孙亮太平二年（257），“以长沙东部为湘东郡，西部为衡阳郡”[4]，即分别以长沙东部都尉区升级为湘东郡，以长沙西部都尉区升级为衡阳郡。民族地区的政区升级通常意味着政府管理的深入和华夏化程度的提高，特别是收取赋税和征发徭役的能力的提高。正如渡部武所说，华夏化的进程主要有两方面的内容，一是华夏殖民者（包括政府组织的移民与民间自发的流民）的土著化，一是土著族群的华夏化[5]。华夏化程度不足的地区如果仓促立郡，也难免由于财政困难而降级。《后汉书》记汉武帝时以冉駹夷立汶山郡，“至地节三年，夷人以立郡赋重，宣帝乃省并蜀郡为北部都尉”[6]。立郡意味着更大的财政需求，而财政负担无疑主要是落在郡民头上的。长沙东部与西部两个都尉区能够上升为郡，说明在汉末及孙吴时期当土著族群的反抗趋于激烈的时候，他们经受的打击和控制也变得更为严厉起来了，而且其后果显然就是更深刻的社会变迁，“强者为兵，羸者补户”，相当数量的土著族群经此打击，其原来族群的政治与社会结构都被摧毁了[7]。

不过长沙地区的土著族群并没有因此消失。《搜神记》“盘瓠”条载

---

① 《三国志》卷四六《吴书·孙破虏传》，第 1095 页。关于东汉末年的长沙蛮与长沙贼，请参看王素《汉末吴初长沙郡纪年》附二《关于汉末吴初的长沙蛮、长沙贼和长沙山贼》，北京吴简研讨班编：《吴简研究》第 1 辑，武汉：崇文书局，2004 年，第 81—83 页。

② 罗新：《吴简所见之督邮制度》，北京吴简研讨班编：《吴简研究》第 1 辑，第 314—315 页。

③ 《三国志》卷五二《吴书·张昭传》附《张承传》，第 1224 页。

④ 《三国志》卷四八《吴书·三嗣主传》，第 1153 页。

⑤ 渡部武：《秦汉時代の巴蜀开発》，第 209 页。

⑥ 《后汉书》卷八六《西南夷传》，第 2857—2858 页。

⑦ 华夏行政区划的稠密与土著族群政治和社会组织的破坏有着正相关的关系。有关汉末三国时期南方郡县的增长及其与秦汉时代的对比，请参看杨远《西汉至北宋中国经济文化之向南发展》，台北：台湾商务印书馆，1991 年，第 206 页。

蛮族起源传说，有对于蛮族习俗的重要记录，如“衣服褊裢，言语侏僪，饮食蹲踞，好山恶都”等，又说：

> 蛮夷者，外痴内黠，安土重旧，以其受异气于天命，故待以不常之律。田作贾贩，无关繻符传租税之赋；有邑，君长皆赐印绶；冠用獭皮，取其游食于水。今即梁、汉、巴、蜀、武陵、长沙、庐江郡夷是也。用糁，杂鱼肉，叩槽而号，以祭盘瓠，其俗至今。故世称“赤髀横裙，盘瓠子孙”。①

干宝特别提到长沙郡也有这类蛮夷，可见长沙郡是中古时期土著蛮夷比较活跃的地区之一。而且直到隋唐之时，长沙地区的蛮族仍然出现在官方记录之中。《隋书》云：“长沙郡又杂有夷蜒，名曰莫徭，自云其先祖有功，常免徭役，故以为名。其男子但著白布裈衫，更无巾袴；其女子青布衫、班布裙，通无鞋屩。”② 所谓莫徭，其实是取“常免徭役”的汉语语音与苗瑶族称的谐音③。据本文前所论述，“常免徭役”当然并不是由于蛮夷“先祖有功”，而是南方土著“霑沐王化”之初的一般常态④。《通典》卷六记唐代有关少数民族课役的法令曰：“诸边远诸州，有夷獠杂类之所，应输课役者，随事斟量，不必同之华夏。”⑤ 仁井田陞《唐令拾遗》据以复原为唐赋役令第十二条⑥。根据天一阁藏明钞本宋《天圣令》，知道宋令中保留了同样的内容⑦。《通典》还记曰：“外蕃人投化者，复十年。”⑧ 据《天圣

---

① 干宝：《搜神记》卷一四，汪绍楹校注，北京：中华书局，1979 年，第 168—169 页。

②《隋书》卷三一《地理志下》，第 898 页。

③ 伊藤宏明：《唐代における莫徭について——中国南部少數民族に関する研究ノート》，《名古屋大学文学部研究论集》(史学) 第 31 号 (1985 年)，第 105—120 页。

④ 相当一部分学者过度采信了后代资料（如瑶族的《评皇券牒》等），对于“莫徭”的说法缺乏历史的考察。如法国学者雅克·勒穆瓦纳（Jacques Lemoine）《论瑶族文化及有关问题》这样解释“莫徭”名称：“瑶族所获得的是一种特权，他们在凝固为一个民族之前，很可能也是在征税之列，而在皇命下得到了豁免。”文见乔健、谢剑、胡起望编《瑶族研究论文集》，北京：民族出版社，1988 年，第 189—200 页。

⑤ 杜佑：《通典》卷六《食货典》“赋税”下，王文锦等点校本，北京：中华书局，1988 年，第 109 页。

⑥ 仁井田陞：《唐令拾遗》，东京：东京大学出版会，1964 年，第 679—680 页。

⑦ 天一阁博物馆、中国社会科学院历史研究所天圣令整理课题组校证：《天一阁藏明钞本天圣令校证》，北京：中华书局，2006 年，第 50 页。

⑧ 杜佑：《通典》卷六《食货典》“赋税”下，第 109 页。

令》，知唐令于此句下还有“其夷獠新招慰及部曲、奴被放附户贯者，复三年”一句[①]。《文献通考》卷一三记相关“唐制”曰：“四夷降户附以宽乡，给复十年。”[②]可见华夏政权对投归王化、接受政府管理的南方土著族群给予某些优待，是一个古老的传统。

《隋书》称“长沙郡又杂有夷蜒”，夷蜒是什么民族呢？蜒即蜑。据桑田六郎研究，《淮南子》中的“但”，《世本》中的“巫诞”，《华阳国志》中的“蜑”，以及东晋南朝史料中的“蛮蜑”，都是指长江流域的蛮族；而唐代史料中常见的“蛮蜑”或“蛮蛋”，及宋代史料中所谓“蜑户”，则是指居住在更南方如云贵高原和岭南地区的各少数民族[③]。时间越往后，“蜑”的指称对象就越向南方移动[④]。《隋书》所说长沙郡的“夷蜒”，可能主要指隋代长沙郡西南部，即资水及其支流夫水流域的土著族群。这一地区秦代没有置县，而资水上游既不似沅水上游那样可以通向云贵高原，也不似湘水上游那样可以经灵渠通向岭南（因而设置零陵县），可以说没有特殊的战略价值，因此未设县、道加以控制。西汉在资水上游设昭陵、夫夷和都梁三县，显然已经开始对这一地区的土著族群进行管理，而在这一地区与临湘之间的涟水流域，还设有连道。连道之称道，应当源自秦代在新征服的民族地区设置属邦和道的传统[⑤]。东汉这一地区没有增置新县，但如前所论，东汉末年的蛮族暴动可能使长沙郡三个督邮区中的两个升级变成了都尉区，到孙亮时期更从都尉区上升变成了郡，显然反映了民族形势的重大变化。

---

① 李锦绣：《唐赋役令复原研究》，载天一阁博物馆、中国社会科学院历史研究所天圣令整理课题组校证《天一阁藏明钞本天圣令校证》，第464—465页。

② 马端临：《文献通考》卷一三《职役考二》，北京：中华书局影印商务印书馆《万有文库》十通本，1986年，第142页。

③ 桑田六郎：《蜑族の源流に關する文献的考察》，《南亚细亚学报》第1号（1943年），第1—16页。

④ 可兒弘明：《“蜑民”の异民族出自説をめぐって》，《中国大陆古文化研究》第6集（1972年），第19—27页。

⑤ 工藤元男：《睡虎地秦墓竹簡の属邦律をめぐって》，《東洋史研究》第43卷1号，第60—87页。此文后改题《秦の领土拡大と国際秩序の形成》，收入工藤氏《睡虎地秦簡よりみた秦代の国家と社会》，东京：創文社，1998年，第85—118页。

吴简中还有一些涉及“生口买卖”的简文[①]：

领郎中王毅所买生口贾钱二万七千三百六十五钱（4.1213）

领督军粮都尉陈□所买生口价钱四万五百九十（4.1216）

□士丈卖女生口易直钱四万嘉禾六年正月廿□日贷（？）男子唐调收中外做具钱八千（4.1759、4.1760）

大女依汝卖女生口叶直钱六万嘉禾六年正月廿日贷男子宙莲收中外具做钱九（？）千（4.1761、4.1762）

大女刘佃卖男生口得直钱五万嘉禾六年三月廿八日□县吏口口收中外做□□（4.1763）

尽管这些生口的族群属性是不清楚的，但孙吴时期生口买卖市场上的这种失去自由身份的依附人口中，有相当一部分来自“部伍夷民”的官方行动，应该是没有什么疑问的。目前正在整理的吴简中，与上举格式相同的简文中提到这类生口是“夷生口”，就明确标明了这些生口的族群属性。前引《宋书》记刘宋时对诸蛮用兵，俘获“盖以数百万计”[②]，这些人口即南朝依附劳动力“营户”的主要来源。《周书》称北周控制巴蜀后，巴蜀土著族群之獠人成为北周主要的奴隶来源，“公卿逮于民庶之家，有獠口者多矣”[③]。军事行动中获得的土著族群人口，更容易被投放到奴隶市场上。而孙吴时代对扬州和荆州各土族族群的大规模军事行动，就是所谓“部伍”。

吴简中“部伍夷民”简文的重要价值，就在于让我们认识到孙吴时期处理荆州诸蛮的政策，与其处理扬州山越的政策是完全一样的。不同的是，到东晋南朝时期，蛮族问题依然突出，山越问题似乎已不复存在。这个差别反映了三吴及其周边原越族地区的华夏化进程比上游诸蛮地区更加深入和顺利，原因何在，是需要今后做进一步研究的。

（原载《历史研究》2009年第2期）

---

① 李均明、宋少华：《〈长沙走马楼三国吴简〉竹简（四）内容解析八则》，中国文物研究所编：《出土文献研究》第8辑，上海：上海古籍出版社，2007年，第182—195页。根据我们引用走马楼吴简竹简简文的习惯，在各卷书内的编号前加注阿拉伯数字以标识各编号所属卷次，并且各简之简文均不加标点。

②《宋书》卷九七《夷蛮传》，第2399页。

③《周书》卷四九《异域·獠传》，北京：中华书局，1971年，第891页。

“真吏”新解

《长沙走马楼三国吴简·竹简（壹）》[①]（下称“竹简壹”）有一些简文涉及“真吏”，下面仅举8例：

宜阳里户人公乘信化年卌五真吏盲左目（1.2872）（图1）
宜阳里户人公乘利豫年卅四真吏（1.5387）（图2）
宜阳里户人公乘刘桓年卅九真吏（1.8928）
宜阳里户人公乘区规年廿二真吏（1.8962）
宜阳里户人公乘番霸年廿二真吏（1.9007）
宜阳里户人公乘徐熙年卌四真吏（1.9085）
宜阳里户人公乘陈颜年五十六真吏（1.9156）
宜阳里户人公乘黄阿年八十一真吏（1.9360）

韩树峰第一个对吴简中的“真吏”问题进行了研究，他总结有关“真吏”的所有简文，指出：除了一条不清楚里名的简以外，所有的真吏都来自宜阳里；同样除了这条简以外，所有真吏都不承担口算义务；真吏似乎不受年龄限制，有61岁和81岁的老者仍然是真吏。对于真吏的性质，韩树峰推测说，真吏即正式的吏，真吏在官府中正式服役，与“给吏”相比，是一种真正具有身份性的吏；州吏、郡吏、县吏可能是它的组成部分，换言之，凡以州吏、郡吏、县吏为称者，均系在政府中正式服役

① 长沙市文物考古研究所、中国文物研究所、北京大学历史系“走马楼吴简整理组”：《长沙走马楼三国吴简·竹简（壹）》，北京：文物出版社，2003年。本文引用吴简简文，但于简文后标明简号，不一一举出页码。简号分为两个部分，前一部分是指书的序号，后一部分则指书内的简号，例如“1.5387”是指《长沙走马楼三国吴简·竹简（壹）》之第5387号简；“3.6173”是指《长沙走马楼三国吴简·竹简（叁）》之6173号简。

图1 “真吏”1.2872 图2 “真吏”1.5387

的身份性的吏，与“给吏”存在本质区别[①]。

韩树峰做出以上推测，最重要的出发点就是真吏之“真”，他把这个“真”看成了真假之真。如果韩树峰的推测是正确的，那么我们必须解释为什么只有宜阳里有“正式的吏”，别的里就没有或不这样提呢？显然，这个推测是难以让人满意的。本文试图从另外一个角度，给出一个对于真吏的新解说，并由此为我们理解孙吴时期长沙地区的社会状况提供新的资料。

在已经出版的三部走马楼吴简的竹简中，真吏主要见于第一部（下称“竹简壹”），第二部（下称“竹简贰”）里没有[②]，第三部（下称“竹简叁”）只有一条[③]：

宜阳里户人公乘□□年廿八真吏（3.6173）

值得注意的是，和竹简壹“真吏”各简的情况一样，竹简叁所载的这位真吏不仅著籍宜阳里，而且简文中同样没有提到他的口算义务。真吏究竟是什么吏呢？解答这个问题自然应当从理解“真”字着手。

睡虎地秦简《法律答问》有两条分别提到“臣邦真戎君长”和“真臣

---

① 韩树峰：《走马楼吴简中的“真吏”与“给吏”》，北京吴简研讨班编：《吴简研究》第2辑，武汉：崇文书局，2006年，第25—40页。

② 长沙市文物考古研究所、中国文物研究所、北京大学历史系“走马楼吴简整理组”：《长沙走马楼三国吴简·竹简（贰）》，北京：文物出版社，2007年。

③ 长沙市文物考古研究所、中国文物研究所、北京大学历史系“走马楼吴简整理组”：《长沙走马楼三国吴简·竹简（叁）》，北京：文物出版社，2008年。

邦君公”[1]：

其一：

> 可(何)谓“赎鬼薪鋈足”？可(何)谓“赎宫”？·臣邦真戎君长，爵当上造以上，有罪当赎者，其为群盗，令赎鬼薪鋈足；其有府(腐)罪，赎宫。其它罪比群盗者亦如此。

其二：

> “真臣邦君公有罪，致耐罪以上，令赎。”可(何)谓“真”？臣邦父母产子及产它邦而是谓“真”。·可(何)谓“夏子”？·臣邦父、秦母谓殹(也)。

据整理者解释，“真，指纯属少数民族血统”，前一条的“臣邦真戎君长”即是后一条的“真臣邦君公”。臣邦，整理者认为是“臣属于秦的少数民族”[2]。君公与君长都是指臣邦的首领。根据后一条文字的内容，“真”是与“夏子”相对而言的。父母双方都为华夏的，其后代当然是夏子；父母双方有一方属于华夏的也是夏子。显然这是法律意义上确认夏子的重要标准。但是，为什么要在这里提出夏子的标准问题呢？我认为，这是因为涉及了“臣邦”，只有在臣邦与华夏混合地带，才会发生这样的问题。

什么地方是华夏与臣邦的混合地带呢？当然就是华夏（即秦国）的势力向非华夏地区扩张的边疆地带。这一条里对“真”的定义是，“臣邦父母产子及产它邦而是谓真”。这里“臣邦”与“它邦”相对而言，显然“它邦”是指不臣之邦。由此我们看到秦代的国际秩序是如右图这样的。

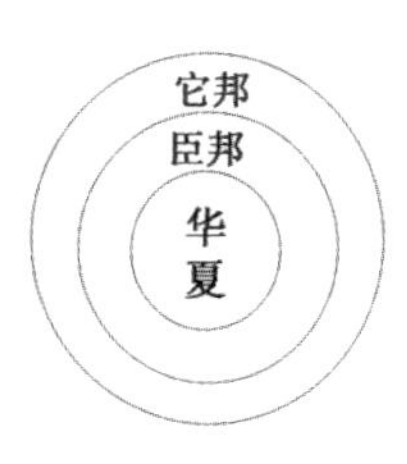

华夏扩张所至，无论是依靠武力征服还是依靠外交手段，那些承认华夏宗主地位、投归华夏统治的非华夏各族群、各政治体，都被划归“臣邦”，臣邦以外的便是它邦。

秦对臣邦有优待政策，如前举《法律答问》有关“赎鬼薪鋈足”的解

---

① 睡虎地秦墓竹简整理小组:《睡虎地秦墓竹简》,北京:文物出版社,1978年,第200页、第227页。

② 睡虎地秦墓竹简整理小组:《睡虎地秦墓竹简》,第182页。

答，对“臣邦真戎君长”明显是放宽了刑罚标准的。《后汉书》卷八六《南蛮传》：“及秦惠王并巴中，以巴氏为蛮夷君长，世尚秦女，其民爵比不更，有罪得以爵除。其君长岁出赋二千一十六钱，三岁一出义赋千八百钱。其民户出幏布八丈二尺，鸡羽三十鍭。汉兴，南郡太守靳强请一依秦时故事。”[①]

张家山247号汉墓所出《奏谳书》之第一条，记男子毋忧自称“变（蛮）夷大男子，岁出五十六钱以当徭赋，不当为屯”，又称“有君长，岁出賨钱，不当徭赋”[②]。《奏谳书》和《后汉书》所记的这类蛮夷，都是“自有君长”，即保持了旧有的社会和政治构造，同时却又在政治上归属西汉朝廷。这类蛮夷应当就是秦律所说的“臣邦”，其政治首领就是“臣邦真戎君长”和“真臣邦君公”。臣邦之民虽然对国家有一定的义务，但义务较轻，因而会有本来不享有这一权益的人要钻空子以躲避国家义务，法律上严加区别就变得非常重要了。

依据前列《法律答问》中有关“夏子”与“真”的分辨标准，尽管秦汉以同样的优待政策治理巴蛮上层，但是这些蛮夷君长由于“世尚秦女”，他们的子嗣就面临变成“夏子”的问题，作为夏子就会丧失那些优待条款。《法律答问》强调只有“真臣邦君公”才能享受这样的优待，并且认定只有那些其父母血统都与华夏无关的臣邦“君公”（无论他们出生在臣邦还是出生在它邦）才可以算作“真”。不过需要注意，这里的优待对象，并不包括臣邦那些没有“君公”身份的人，也不包括它邦的人[③]。

《法律答问》还有一条提到“外臣邦”：

> “使者（诸）侯、外臣邦，其邦徒及伪吏不来，弗坐。”可（何）谓“邦徒”“伪吏”？·徒、吏与偕使而弗为私舍人，是谓“邦徒”“伪使”。[④]

这里的外臣邦与诸侯并举，显然是秦统一以前形成的律文，而外臣邦应

---

① 《后汉书》卷八六《南蛮传》，北京：中华书局，1965年，第2841页。

② 张家山二四七号汉墓竹简整理小组：《张家山汉墓竹简（二四七号墓）》（释文修订本），北京：文物出版社，2006年，第89页。

③ 于豪亮：《秦王朝关于少数民族的法律及其历史作用》，中华书局编辑部编：《云梦秦简研究》，北京：中华书局，1981年，第316—323页。此文后收入《于豪亮学术文存》，北京：中华书局，1985年，第124—130页。

④ 睡虎地秦墓竹简整理小组：《睡虎地秦墓竹简》，第229页。

当就是前面说到过的它邦。工藤元男对于前引各简文的理解是很不一样的。他认为，所谓臣邦是指六国旧地、附庸以及属邦；原秦国所辖的封建制和郡县制下的人民才是内臣，内臣即是“夏子”；所谓“真”则包含了外臣邦与臣邦之民[①]。

而我的理解是大大不同的。我认为，秦与诸侯都是夏，其人民便是“夏人”；秦所征服的非华夏族群是“臣邦”；秦尚未征服的非华夏族群是“它邦”或“外臣邦”。因此，“真”是指臣邦民众中绝无华夏血统的那些人，包括出生地不在臣邦而在它邦但后来进入臣邦的那些人。我的理解可以图示如右。

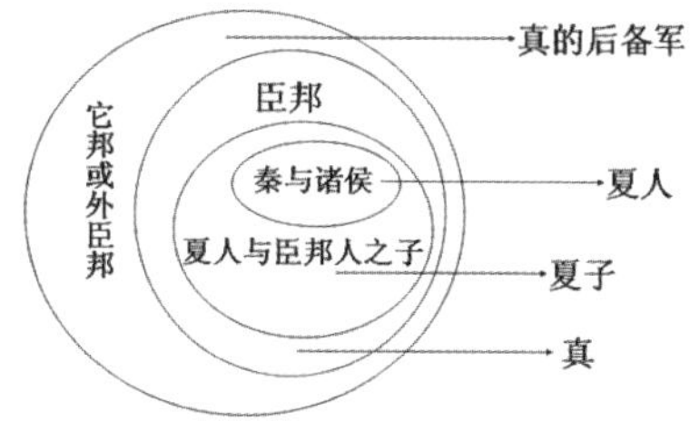

为什么要把臣邦那些父母血统都与华夏无关的人称为“真”呢？工藤元男推测，“真”这个法律用语的语源，可能是由《庄子》所谓“谨守而勿失，是谓反其真”一语中的“真”派生而来的，即郭象所谓“真在性分之内”[②]。他这样理解，是因为他相信它邦父母所生的后裔也被算作真。而在我看来，秦律所讨论的“真”只与臣邦有关，而与它邦无关。秦律为什么用“真”来指这种已经在政治上归附，但却保留了相当独立性的蛮夷组织呢？这与秦代“真”字所具有的的字义有关。云梦睡虎地所出秦简《为吏之道》有一条说：“凡戾人，表以身，民将望表以戾真。”[③]在这里“真”与“表”相对而言，真是内，表是外。由此可以理解，秦律把已归附的蛮夷称为“真”，是与尚未归附的“外臣邦”相对而言的。以华夏为中心的世界秩序是这样的：华夏以外的世界都不是华夏，但后者之间是有分别的，分别就在于有些已经归附，有些还没有；归附了的可以看作“内臣邦”，没有归附的则是“外臣邦”。内臣邦，即是真臣邦。这种分别，与后世所谓“生番”“熟番”是一样的。

《史记》记卫满朝鲜“自始全燕时，尝略属真番、朝鲜”[④]。汉武帝平

---

① 工藤元男：《睡虎地秦墓竹簡の属邦律をめぐって》，《東洋史研究》第43卷1号，第60—87页。此文后改题《秦の領土拡大と国際秩序の形成》，收入工藤氏《睡虎地秦簡よりみた秦代の国家と社会》，东京：創文社，1998年，第85—118页。

② 工藤元男：《秦の領土拡大と国際秩序の形成》，第116—117页。

③ 睡虎地秦墓竹简整理小组：《睡虎地秦墓竹简》，第291页。

④《史记》卷一一五《朝鲜列传》，北京：中华书局，1959年，第2985页。

朝鲜之后置真番等四郡，真番之名当源于六国时已经以“臣邦”身份进入燕国统治圈的真番[①]。徐广在解释真番地名时，强调“辽东有番汗县”[②]。照徐广的理解，真番之“番”，来自“番汗”地名，是音译的节略形式。那么真番之“真”呢？很有可能，真番之真，即秦律“真臣邦”之真。如果这一联想成立，那么可以推断，秦律中“真”的用法，至少在战国时代的燕国也是存在的。也就是说，“真”字的这一字义，可能并不孤立地存在于秦国。

正是在这个意义上，我想提出对吴简中的“真吏”的新解释。

吴简中的“真吏”，应是那些出自土著族群，而且在已经成为编户的非华夏族群社区中担任基层行政管理人员的人。正因为这种特殊的身份，他们享受不缴口算、复除徭役、不受年龄限制等等优待。

归化蛮族享受某些优待的资料是很多的。《隋书》云：“长沙郡又杂有夷蜒，名曰莫徭，自云其先祖有功，常免徭役，故以为名。其男子但著白布裈衫，更无巾袴；其女子青布衫、班布裙，通无鞋屩。”[③]所谓莫徭，其实是取“常免徭役”的汉语语音与苗瑶族称的谐音[④]。“常免徭役”当然并不是由于蛮夷“先祖有功”，而是南方土著“霑沐王化”之初的常态。《通典》卷六记唐代有关少数民族课役的法令曰：“诸边远诸州，有夷獠杂类之所，应输课役者，随事斟量，不必同之华夏。”[⑤]仁井田陞《唐令拾遗》据以复原为唐赋役令第十二条。[⑥]根据天一阁藏明钞本宋《天圣令》，知道宋令中保留了同样的内容[⑦]。《通典》还记曰：“外蕃人投化者，复十年。”[⑧]据《天圣令》，知唐令于此句下还应有“其夷獠新招慰及部曲、

---

① 今西龍：《真番郡考》，《史林》第1卷第1号（1916年），第55—89页；收入氏著《朝鮮古史の研究》，东京：国書刊行會，1970年，第231—268页。

②《史记》卷一一五《朝鲜列传》，第2985页。

③《隋书》卷三一《地理志下》，北京：中华书局，1973年，第898页。

④ 伊藤宏明：《唐代における莫徭について——中国南部少數民族に関する研究ノート》，《名古屋大学文学部研究論集》（史学）第31号（1985年），第105—120页。

⑤ 杜佑：《通典》卷六《食货典》“赋税”下，王文锦等点校本，北京：中华书局，1988年，第109页。

⑥ 仁井田陞：《唐令拾遗》，东京：东京大学出版会，1964年，第679—680页。

⑦ 天一阁博物馆、中国社会科学院历史研究所天圣令整理课题组校证：《天一阁藏明钞本天圣令校证》，北京：中华书局，2006年，第50页。

⑧ 杜佑：《通典》卷六《食货典》“赋税”下，第109页。

奴被放附户贯者,复三年"一句[1]。《文献通考》卷一三记相关"唐制"曰:"四夷降户附以宽乡,给复十年。"[2]可见华夏政权对投归王化、接受政府管理的非华夏土著族群给予某些优待,乃是一个古老的传统。真吏不缴口算,只是他们所享受的种种优待中的一项而已。

吴简中只有一条身为真吏却要交口算钱的简文:

> 子公乘生年廿三算一真吏复(1.3346)

该简与其他"真吏"简的不同,不仅是记录了口算义务,而且还在于这个真吏不是户主。也许可以推想,按照法令,只有身为户主的真吏是不承担口算义务的,而家庭其他成员都不能够免除?不过在韩树峰所复原的宜阳里真吏陈颜的家庭户籍中,也有这一条:

> 颜子男格年卅一真吏(1.9084)

这位"格"就没有口算义务。说明已知宜阳里有真吏身份的人都是不需要交口算钱的。当然存在另一种可能,即在法律上所有人都需要交口算钱,但身为真吏者一概免除,或在某个年限内(如前引唐令中的三年或十年)免除,故书写户籍时干脆不写口算了。如果是这样,上举简1.3346反倒是最正规的书写。

真吏只见于宜阳里,说明宜阳里是归化蛮夷的聚居地(或落籍地)。根据竹简资料,可以确知宜阳里属于临湘南乡:

> 入南乡宜阳里调布一匹嘉禾元年九月十四日大男□■(1.1295)
> 入南乡宜阳里元年调布■(2.3939)

南乡在哪里呢?根据汉代县下立乡的习惯,南乡理应在县境的南部。我们现在已经不能确切知道东汉临湘的四至,但其南境应当与醴陵、湘南二县相接,西境应当与益阳、连道相接。孙吴时在沩水流域设新阳县,在醴陵、湘南之间设建宁县,很可能与相关地区蛮族的华夏化有关,在

---

① 李锦绣:《唐赋役令复原研究》,天一阁博物馆、中国社会科学院历史研究所天圣令整理课题组校证:《天一阁藏明钞本天圣令校证》,第464—465页。

② 马端临:《文献通考》卷一三《职役考二》,北京:中华书局影印商务印书馆《万有文库》十通本,1986年,第142页。

汉代可能大部分是属于临湘县的。湘江以西的广大地区属于以蛮族为主体的土著族群的世界（西与武陵相接），这个事实是大家都熟悉的。而在临湘以南仅仅20公里的建宁，同样有很多蛮夷。据《晋书》卷九〇《良吏传》，杜轸曾经担任建宁县令：

> 杜轸，字超宗，蜀郡成都人也。……察孝廉，除建宁令，导以德政，风化大行，夷夏悦服。秩满将归，群蛮追送，赂遗甚多，轸一无所受，去如初至。

建宁设县的时间，《宋书》说是“吴立”[①]。《水经注》卷三八“湘水”条更是明确地称“晋太始中立”，杨守敬认为“晋太始中”四字下应当有“吴”字[②]。泰始是西晋武帝的年号，那时吴国已是孙皓为帝了。不过由于吴简中已经记载有建宁县，可以肯定建宁立县的时间不会晚于嘉禾。无论临湘南乡的宜阳里是否曾经与建宁县境有过重合，后来二者境土紧邻是毫无疑问的。由此，南乡与建宁一样杂有“夷夏”，也有“群蛮”，应当是可以理解的。当然，这些“群蛮”早已归化成为编户了[③]，只是他们的基层行政管理者仍然保留着古老的“真吏”之名。

（原载《中华文史论丛》2009年第1期）

---

①《宋书》卷三七《州郡志三》，北京：中华书局，1974年，第1129页。

② 郦道元：《水经注》卷三八“湘水”条，据杨守敬《水经注疏》，南京：江苏古籍出版社，1989年，第3141—3142页。

③ 吴简中的大量姓氏中，必定有许多源自蛮夷的姓氏。如宜阳里多见的“区”姓，就被满田刚看作蛮姓，见满田剛《長沙走馬樓吏民田家莂に見える姓について》，载《嘉禾吏民田家莂研究——長沙吳簡研究報告第1集》，东京：長沙吳簡研究會，2001年，第80—93页。王子今等认为吴简中的烝姓与“夷蛮”“俚族”有关，见王子今、马振智《烝姓的源流——读〈嘉禾吏民田家莂〉札记》，《文博》2003年第3期，第46—49页。

始建国二年诏书册与新莽分立匈奴十五单于

2000年从额济纳汉代居延第九隧房舍遗址出土的一组木简（编号 2000ES9SF4:1 至 2000ES9SF4:12）[①]，李均明先生明确地辨识为“新莽诏书行下文残篇”[②]，马怡先生称之为“‘始建国二年诏书’册”[③]。经马怡和邬文玲两先生重新排定简序[④]，该册书虽然仍然残损，但已经大致可读了。有关该诏书册所涉及的新莽与匈奴间由和平转向战争的史事等问题，邬文玲先生的文章已结合文献做出了深入研究。本文只想就该诏书册所提到的王莽分立匈奴十五单于的问题略作补充，以见该诏书册史料价值之一斑。

始建国二年诏书册中的两枚简提到了分立匈奴十五单于之事，兹参照邬文玲的释文，间以已意，重做释文如次：

> 者之罪恶，深藏发之。□匈奴国土人民以为十五，封稽侯廄子孙十五人皆为单手〈于〉，左致庐儿侯山见在常安朝郎南，为单手〈于〉，郎将、作士大夫，廄南手〈于〉子，蔺苞副，有书（2000ES9SF4:11）
>
> 校尉苞□□度远郡益寿塞，檄召馀十三人当为单手〈于〉者。苞上书，谨□□为单手〈于〉者十三人，其一人葆塞，稽朝侯咸妻子家属及与同郡虏智之将业（2000ES9SF4:10）

---

① 魏坚主编：《额济纳汉简》，桂林：广西师范大学出版社，2005 年，第 231—238 页。

② 李均明：《额济纳汉简法制史料考》，载魏坚主编《额济纳汉简》，第 58 页。

③ 马怡：《“始建国二年诏书”册所见诏书之下行》，《历史研究》2006 年第 5 期，第 166—171 页。

④ 邬文玲：《始建国二年新莽与匈奴关系史事考辨》，《历史研究》2006 年第 2 期，第 177—181 页。

正如邬文玲已经指出的，稽侯廄即呼韩邪单于稽侯狦。左致庐儿侯山之"左"，过去都释为"在"，我以为应释作"左"。他应当就是《汉书·匈奴传》中的"右致庐儿王醯谐屠奴侯"。文献中左右混淆相当常见，比如《汉书·匈奴传》记上引简文中的"咸"的职务，或作"左犁汗王"，或作"右犁汗王"，揆以史事，"右"字实为"左"字之讹误。简中"左致庐儿侯"在《汉书·匈奴传》中写作"右致庐儿王"，正如简中的"稽朝侯咸"在《汉书·匈奴传》中写作"右犁汗王"一样，是因为王莽登基之初就下令"四夷僭号称王者皆更为侯"[①]，匈奴诸王在新莽官方文书中都要称为侯。"醯谐屠奴侯"之更名"山"，更是王莽执政时要求匈奴"为一名"的结果，"山"与"醯谐"的发音比较接近。

尽管上引两简的文字还有不少窒塞难通的地方，但根据可以通解的部分文字，我们对王莽分立匈奴十五单于的史事，已经可以有更具体、更明确的认识了。

首先，有关新立的十五单于的候选资格，简文说"封稽侯廄子孙十五人皆为单手〈于〉"，亦即这十五名单于是从呼韩邪单于的子孙范围内产生的。《汉书·王莽传》记始建国二年（10）十二月王莽诏书，亦称"今分匈奴国土人民以为十五，立稽侯狦子孙十五人为单于"[②]。可是《汉书·匈奴传》却说"于是大分匈奴为十五单于……诱呼韩邪单于诸子，欲以次拜之"，又说"因分其地，立呼韩邪十五子"[③]。一则为"子孙"，一则为"诸子"，明显不同。额济纳简诏书册与《王莽传》所记诏书，都具有原始文献的性质，因而仅仅从文献学的意义上也比《匈奴传》相关纪事更为可靠。而且，依据现有匈奴史料，我认为呼韩邪单于诸子中，到始建国二年还在世的已经远远凑不够十五个了。

《匈奴传》记呼韩邪单于除颛渠阏氏和大阏氏所生的六子以外，还有王昭君所生一子，此外"又它阏氏子十余人"[④]。呼韩邪的儿子本来是不止十七八个的，但呼韩邪在位凡二十八年（前58—前31），从他去世到始建国二年，又有四十二年了。这么长的时间内，诸子物故者必多，比如，仅仅在单于位上死去的就有三位。呼韩邪死前确定了诸子轮流继

① 《汉书》卷九九中《王莽传中》，北京：中华书局，1962年，第4105页。

② 《汉书》卷九九中《王莽传中》，第4121页。

③ 《汉书》卷九四下《匈奴传下》，第3823—3824页。

④ 《汉书》卷九四下《匈奴传下》，第3806—3807页。

承单于位的制度,“约令传国于弟”。诸子中最后一个当单于的是第五阏氏子舆,舆为单于时,兄弟中只剩下王昭君所生的伊屠知牙师[①],可以推测伊屠知牙师是呼韩邪最小的儿子,或最小的儿子之一。

呼韩邪在诸子中确立了“传国于弟”的继承制度,但是决定继承次序的,主要不是年龄,而是前单于在位时的安排。比如呼韩邪本来打算让且莫车继位,在颛渠阏氏的坚持下,才让年龄居长的雕陶莫皋即位。此后也出现过不按年龄顺序的事例,比如囊知牙斯即位后,以乐为左贤王,以舆为右贤王,决定了在他之后继承单于位的次序。而此时乐的同母兄咸却只做了左犁汗王,显然其继承次序被排在他的两个弟弟的后面了,这也是为什么在囊知牙斯死后(那时乐也已经死了),当王昭君的女儿云与其夫须卜当立咸为单于时,《匈奴传》称“越舆而立咸”。虽然按年龄来说咸理应排在舆的前面,谈不上越次,但从政治制度上说,舆早就获得了优先权,所以现在立咸就是破坏法定次序。从这个意义上说,年龄并非单于继承顺序的决定因素。然而,我们看实践中呼韩邪诸子的继承次序,包括南匈奴时期在内[②],竟然没有一例是弟在兄先的。那么是不是可以说,年龄即使不是决定性的因素,也是非常重要的因素,或者说是基本的因素?从这个思路出发,我们通过观察呼韩邪诸子在继承实践中的出现情况,来计算始建国二年呼韩邪诸子仍然在世的人数。

排比《汉书》及《后汉书》的相关材料,可以确定始建国二年仍然在世的呼韩邪诸子还有至少五人(以年龄为序):囊知牙斯(颛渠阏氏次子)、咸(大阏氏第三子)、乐(大阏氏第四子)、舆(第五阏氏子)和伊屠知牙师(王昭君子)[③]。即使另有漏记的两三个,总数也决不会超过十人,无论如何不能满足“十五单于”之数。以当时西汉和新莽朝廷与匈奴交通往来的密切程度来说,长安方面能够了解匈奴的重要人事情况。而且,在决定分立匈奴十五单于的时候,对哪些人应当担任单于一定有清楚的计划,故《王莽传》记王莽诏书称“遣中郎将蔺苞、戴级驰之塞下,召拜

---

① 《后汉书》卷八九《南匈奴列传》,北京:中华书局,1965年,第2941页。

② 罗新:《匈奴单于号研究》,原载《中国史研究》2006年第2期,后收入《中古北族名号研究》,北京:北京大学出版社,2009年,第27—48页。

③ 《汉书》卷九四下《匈奴传下》记囊知牙斯晚年“子苏屠胡本为左贤王,以弟屠耆阏氏子卢浑为右贤王”,见第3827页。这里的“弟”不知是指囊知牙斯之弟,还是苏屠胡之弟。如果是前者,那么说明当时呼韩邪有第六个儿子在世。不过我觉得还是指苏屠胡之弟的可能性为大。

当为单于者”[1]。而且,《匈奴传》明确记载,当蔺苞和戴级二人在云中塞下诱胁咸父子三人时,不仅拜咸为孝单于,还拜咸子助为顺单于,这显然是符合原定的分立十五单于方案的,可见原方案中就不仅有呼韩邪的儿子,还有他的孙子。因此可以肯定,《王莽传》和额济纳简始建国二年诏书册中的“立稽侯𤣤(简文中作‘廄’)子孙十五人”反映了王莽诏书的原始面貌,《匈奴传》只提呼韩邪诸子是错误的。

那么,是不是说呼韩邪所有的子孙都在“当为单于者”的范围之内呢?当然不是的,如果算上孙辈,呼韩邪的“子孙”在世者数量一定远远多于十五人。事实上,当蔺苞和戴级胁拜咸为孝单于,拜咸子登为顺单于时,咸的另一个儿子助也在场,并没有被立为单于。后来登、助被胁迫到长安,登病死,助才得以继为单于,以足十五之数。可见所谓的“子孙”是有具体指向的,并非呼韩邪的子孙人人都可得立为单于。到底是哪些“子孙”进入了王莽的方案呢?在额济纳简始建国二年诏书册出土以前,我们只知道咸和登两人,当然还可以推测咸的弟弟乐、舆和伊屠知牙师都理应进入王莽的名单,但对其他人选就难以猜测了。幸运的是,现在依靠新出土的诏书册,我们不仅确切地得知在咸与登之外一个被封为单于的人,而且还可以由此推测其他人选都大致具备什么条件。

始建国二年诏书册说得非常清楚,在确定分立匈奴十五单于的政策时,进入名单的十五人中,有一个本来就在长安,蔺苞和戴级的任务是招诱另外十四人。这个人就是左致庐儿侯山,亦即《汉书》里的右致庐儿王醯谐屠奴侯。右致庐儿王醯谐屠奴侯是复株絫如鞮单于(雕陶莫皋)即位之初派到长安的侍子。问题在于,每当单于更换时,新单于必须派出自己的儿子作侍子,而且在同一个单于任内,侍子通常也会有更换。复株絫如鞮单于在位十年,这期间侍子理应有过更换。即使一直没有更换,当搜谐若鞮单于(且靡胥)即位后,立即派其子左祝都韩王朐留斯侯到长安为侍子,醯谐屠奴侯自动失去侍子身份,为什么到三十二年以后居然还在长安呢?当然存在其他的可能,即醯谐屠奴侯本来早已返回匈奴,后因故(或许是政治避难)而重返长安并定居下来。无论他因为什么而恰好在始建国二年出现在长安,他是王莽名单中第一个被封立为单于的人,则毫无疑问。

---

① 《汉书》卷九九中《王莽传中》,第4121页。

从醯谐屠奴侯进入王莽的十五单于名单，加上咸之子登也被封为单于，我推测，十五单于的名单中除了呼韩邪诸子仍然健在者以外，还包括了已经去世的诸子中较为重要的那些人（比如担任过单于者）的长子。当然要明确一句：这十五人中不会有现任单于屠知牙斯本人及其诸子。在屠知牙斯之前担任过单于的呼韩邪诸子有三个人，因此至少他们每人都有一个儿子（通常是长子）会进入王莽的名单。呼韩邪诸子仍然健在者除了屠知牙斯以外还有至少四人，他们加上他们每人一个儿子进入名单，那么进入王莽名单的就至少有十一个人了。虽然尚不足十五之数，但考虑到文献记载的阙漏，我们也不能期望能够完全确认名单的构成情况。不过现在我们已经基本明确了该名单的构成原则：仍然健在的呼韩邪诸子及其长子，以及已经故去的呼韩邪诸子中那些比较重要者（担任过单于者）的长子。

始建国二年诏书册称扬蔺苞和戴级的功劳，说他们在益寿塞招诱十四个"当为单于者"颇有成绩，十四人中有一人葆塞，一人带领妻子家属以及部众共万余人表示归降。这里所说的葆塞，就是在政治上已经归附，来到长城一带依托朝廷的威力，其实就是指咸。而另外那个归降的，是指咸之子登。咸父子明明是被诱骗到塞下与蔺苞、戴级见面并被胁迫立为单于的，后来咸被放归草原，登与弟助则被当作人质胁至长安。到了王莽诏书中，咸成了"葆塞"，登成了"凡万余人皆降"，以示分立匈奴十五单于决策的辉煌胜利。不过从史实来看，除了这三个人被立为单于以外，似乎并没有第四个进入王莽名单的呼韩邪子孙前来接受封拜。而且，这三个人中的"孝单于咸"一旦获得人身自由，立即"驰出塞归庭"，还是向屠知牙斯效忠去了。分立十五单于的本意是要制造匈奴的分裂，不过这个目标并没有实现。

诏书册中"益寿塞"之前有"度远郡"，不见于史。我怀疑这个度远郡即云中郡，是王莽所改的郡名之一。《汉书》记云中郡"莽曰受降"[1]，但王莽更改官名地名的次数很多，度远或许是早期所改的名称。

（原载黄留珠、魏全瑞主编《周秦汉唐文化研究》第5辑，西安：三秦出版社，2007年）

① 《汉书》卷二八下《地理志下》，第1620页。

墨山国之路

《汉书·西域传》“山国”条：

> 山国，王去长安七千一百七十里，户四百五十，口五千，胜兵千人。辅国侯、左右将、左右都尉、译长各一人。西至尉犁二百四十里，西北至焉耆百六十里，西至危须二百六十里，东南与鄯善、且末接。山出铁，民山居，寄田籴谷于焉耆、危须。

这一段话里可能有脱文，道里数也颇多疑问[①]。山国，亦作墨山国[②]。《水经注》卷二河水注：“河水又东，迳墨山国南，治墨山城，西至尉犁二百四十里。”杨守敬引赵一清和董佑诚之说，以郦书驳正《汉书》前引文之脱讹[③]，可以信从。荀悦《汉纪》列西域三十六国，中有山国。其地在今新疆库鲁克塔格山间，介于焉耆盆地、吐鲁番盆地与罗布洼地之间。斯坦因等学者认为今尉犁县境内的辛格尔（Singer）小绿洲，即是古墨

---

① 王先谦《汉书补注》引王念孙曰：“此山国亦当作墨山国，王下当有治墨山城四字。”至焉耆道里，则引《西域图考》曰：“当云三百六十里，乃与诸传合。”徐松《汉书西域传补注》卷下：“以去尉犁计之，当作去长安六千六百九十八里。”依据《汉书·西域传》所记尉犁、焉耆和危须距长安的道里数及其相互的距离，勘比山国（即墨山国）与这三地的空间关系，就会发现许多矛盾、抵牾之处。请参看岑仲勉《汉书西域传地里校释》下册，北京：中华书局，1981 年，第 473—477 页。

② 徐松《汉书西域传补正》卷上及丁谦《汉书各外国传地理考证》，均主张山国当作墨山国，分见《二十五史三编》第 3 册，长沙：岳麓书社，1994 年，第 835 页、第 1033 页。

③ 杨守敬：《水经注疏》卷二“河水”条，南京：江苏古籍出版社，1989 年，第 117—118 页。

山国之地[①]。

根据这些信息，我们知道西汉时代的墨山国，乃是介居楼兰、车师（姑师）、焉耆、尉犁和危须诸国间的一个山间游牧小国[②]。这个小国很难保持其独立地位，大概总是要依附于周边某一个大国的[③]，因此，在两汉魏晋时代波澜壮阔的西域历史中，我们几乎看不出墨山国曾扮演了什么角色。

然而，墨山国曾经起过的作用是不应被忽视的，这种作用就是，作为楼兰古国所在的罗布洼地与车师古国所在的吐鲁番盆地之间最重要的纽带，墨山国曾经把这两个地理单元间的民族与国家，聚密地联系起来。北朝以后，由于孔雀河改道，曾经长期繁荣的罗布洼地西北部逐渐衰废，墨山国的影子也随之从汉文史料中消失。可是在北朝以前，通过墨山国一带，沟通罗布洼地与吐鲁番盆地的这条道路，不仅是存在的，而且有时是非常重要的。虽然已经有学者对这条道路加以注意[④]，但研究还可以更加深入。本文尝试依据各种文献及考古调查资料，理清这一在丝路史上非常有趣的问题。

这条经过墨山国故地、沟通罗布洼地和吐鲁番盆地的重要道路，我

---

① A. Stein, *Serindia*, Vol. I, Chapter IX, Sec. IV, Oxford, Clarendon Press, 1921, p. 334. 根据同书同页注释 6，较早讨论山国方位并推定辛格尔（Singer）或克孜尔辛格尔（Kizil-sangir，又写作 Kyzyr-sanghyr）绿洲一带，即是两汉山国的其他一些西方学者，还有 Grenard 和 Herrmann 等。又请参看沙畹（E. Chavannes）《魏略西戎传笺注》，冯承均译，收入《西域南海史地考证译丛七编》，北京：商务印书馆，1962 年，第 49 页。近来新疆考古工作者，依据实地调查，提出在辛格尔以东，库鲁克塔格南麓苏盖提布拉克山谷中的夏尔托卡依古城，才是山国故址，见羊毅勇《论汉晋时期罗布淖尔地区与外界的交通》，穆舜英等编《楼兰文化研究论集》，乌鲁木齐：新疆人民出版社，1995 年，第 300—315 页。我认为，山国既是游牧小国，最初并非城居，库鲁克塔格东西一线皆其放牧之地，其实不能定死某地为其故址。既然辛格尔绿洲的水草条件相对更好，以其为山国中心当无大谬。

② 荀悦《汉记》卷十二列三十六国，分为次大国和小国两等，山国与车师皆小国，尉犁、危须和焉耆为次大国。案据《汉书·西域传》，车师前国有胜兵千八百六十五人，略少于尉犁和危须，比墨山国的实力要强得多。

③《三国志·魏志》卷三〇注引《魏略·西戎传》，谓山王国（即墨山国）与尉犁、危须"皆并属焉耆"。见《三国志》卷三〇，北京：中华书局，1959 年，第 858 页。所述可能是东汉末年的情况，但揆以情理，更早时候的墨山国，总会役属于某一个或者某几个强大势力的。

④ 松田寿男：《古代天山历史地理学研究》，陈俊谋译，北京：中央民族学院出版社，1987 年，第 59—70 页。此外中外学者有零星言及这条道路的论著，我们在后文中还要一一提及。

们称之为“墨山国之路”。

一、从吕光西征路线说起

《太平御览》卷一二五引崔鸿《十六国春秋·后凉录》:“(前秦)建元十九年……率将军姜飞、彭晃、杜进等步骑七万,讨西域。”[①] 吕光这次进军的路线,史书没有明确的记载。《晋书·吕光载记》中提到吕光的大军曾到达高昌。《资治通鉴》卷一〇五晋孝武帝太元八年(383)条:“秦吕光行越流沙三百余里,焉耆等诸国皆降。”胡注:“自玉门出,渡流沙,西行至鄯善,北行至车师。”胡三省认为,吕光西征大军从敦煌出玉门,向西进入罗布洼地(鄯善国境),然后向北翻过库鲁克塔格,进入吐鲁番盆地(高昌郡、车师国),然后由吐鲁番盆地出发,向西南攻入焉耆盆地,再向西攻击龟兹国。

胡三省这个观点,得到一些现代学者的支持[②],但也受到了质疑。余太山《两汉魏晋南北朝与西域关系史研究》上编有“前秦、后凉与西域”一章,讨论了吕光西征的路线,认为吕光若从鄯善赴焉耆,决不会绕道高昌。他判断吕光很可能是取《魏略·西戎传》所载出玉门经五船北向西北直入高昌的所谓“新道”[③]。这种质疑最重要的根据就是,如果出玉门进入罗布泊地区,要向西攻击焉耆和龟兹,为什么不直接沿孔雀河谷向西北进军,却要向北到高昌去呢?史书中关于通西域各条主要道路的叙述,并没有提到要这样曲折盘绕。再说,从鄯善到高昌,中间横亘着高大干旱的库鲁克塔格山脉[④]。

但是,我们应当再考虑一下,为什么胡三省会断言吕光大军是先至鄯善,再到高昌呢?我认为他是有理由的。

《晋书·苻坚载记》:

---

① 今本梁释慧皎《高僧传》卷二《鸠摩罗什传》谓吕光西征在十八年九月。可是成书略早的梁释僧祐《出三藏记集》卷十四《鸠摩罗什传》:“(建元)十九年,即遣骁骑将军吕光将兵伐龟兹及焉耆诸国。”唐释智昇《开元释教录》同。知《高僧传》误。

② 蒋福亚:《前秦史》,北京:北京师范学院出版社,1993年,第168—169页。

③ 余太山:《两汉魏晋南北朝与西域关系史》,北京:中国社会科学出版社,1995年,第136—137页。

④ 库鲁克塔格(Kuruk-tagh),维语即干山之意。

> 车师前部王弥窴、鄯善王休密驮朝于坚，坚赐以朝服，引见西堂。……窴等请曰："大宛诸国虽通贡献，然诚节未纯，请乞依汉置都护故事。若王师出关，请为向导。"坚于是以骁骑吕光为持节、都督西讨诸军事，与陵江将军姜飞、轻骑将军彭晃等，配兵七万，以讨定西域。

《资治通鉴》载此事于东晋孝武帝太元七年（382），其文曰：

> 九月，车师前部王弥窴、鄯善王休密驮入朝于秦，请为向导，以伐西域之不服者，因如汉法置都护以统理之。秦王坚以骁骑将军吕光为使持节、都督西域征讨诸军事，与凌江将军姜飞、轻骑将军彭晃、将军杜进、康盛等，总兵十万，铁骑五千，以伐西域。

比较两书记事之异同，不仅在兵员数目、官号名称诸端，更在于这次西征的军事打击目标。依《资治通鉴》，此时西域诸绿洲城郭之国，拒不附属前秦，才有吕光西征之举。依《晋书》，是因为在西域出现了一种外来势力"大宛"。案大宛地在葱岭东北，十六国时已经式微，与天山南麓诸国除疏勒外，并不相接。中外史籍中见不到大宛在这一时期把势力发展到塔里木盆地的证据。大概正是因此，《通鉴》才避免直录《晋书》，改成了现在这种说法，可是这样一来，却使得一个重要的历史信息被剔除了，这种信息就是，西域政治格局所发生的问题，在于新兴的外来势力，即所谓大宛①。从后来吕光西征的军事实践来看，这个"大宛"乃是猃胡。

吕光发自高昌，焉耆不战而降，所向披靡，可是在龟兹却遇到了顽强的抵抗。龟兹国力虽强，即便加有附近各绿洲附庸邦国的助阵，本来也不会对吕光大军构成多大的阻碍，真正的威胁来自猃胡。《晋书·吕

① 日本学者对于吕光西征的历史背景也有一些探讨，大致上是认为西域部分国家如鄯善、车师前部等，希望借助苻秦的军事力量，打通西域商路，活跃东西贸易，于其间求利。见伊瀬仙太郎《中国西域経営史研究》，东京：巖南堂書店，1968 年，第 106 页；松田寿男也暗示性地提到苻秦西征历史中鄯善与车师前部的行为出于贸易的动机，见《古代天山历史地理学研究》，第 157 页。余太山先生更进一步认定当时垄断丝路利益、阻梗商路的势力就是后来吕光西征所重点打击的龟兹，见《两汉魏晋南北朝与西域关系史》，第 133 页。我倒认为应从西域历史的一般情形出发，把发生在绿洲国家间的恩怨离合、势力消长，同天山以北或葱岭以西的草原游牧国家的发展联系起来观察。这样，所谓"大宛"的说法才会有着落。

光载记》:“光攻城既急，帛纯乃倾国财宝请救猃胡。猃胡弟纳龙、侯将馗率骑二十余万，并引温宿、尉头等国王，合七十余万以救之。胡便弓马，善矛矟，铠如连锁，射不可入，以革索为羂，策马掷人，多有中者。众甚惮之。”史书中猃胡最早出现，是在晋武帝太康时期。《晋书·四夷·焉耆传》，晋初焉耆王龙安娶猃胡女为夫人，生子龙会，后继位。龙会承乃父遗命，终于西灭龟兹，曾在塔里木盆地称雄一时。可以推测，这支前来助战的猃胡应当来自裕尔都斯草原。距吕光西征不过五十年的北魏前期，活跃在裕尔都斯草原、纳伦河谷及其以西以北地区的，是所谓“悦般”[1]。我赞成把猃胡与悦般联系起来的思路[2]。也就是说，吕光西征时主要的军事对手猃胡，即是《魏书 · 西域传》中的悦般国。

如果以上推测不误，那么我们可以进一步作以下概括。大约在魏晋时期，原隶属北匈奴的猃胡（悦般）部族，在乌孙东南的天山中西部，以裕尔都斯草原为核心，逐渐发展壮大起来。魏晋时期，这支部族还不怎么强大，在中原王朝、乌孙和鲜卑（也许只是役属鲜卑的某个部族）的夹缝中还不够显眼，但已经开始卷入绿洲国家间的纷争。从焉耆与猃胡联姻而灭龟兹看，猃胡的态度和倾向相当重要。从这个意义上说，西晋及十六国前期，与裕尔都斯草原有着直接地理联系的塔里木北缘诸国，如焉耆、龟兹、姑墨等，其政治动向、国力消长，背后都有着猃胡的作用。到苻秦灭前凉，猃胡已控制了龟兹、焉耆、温宿、尉头等天山南麓绿洲国家，很可能也已控制疏勒、于阗等国。随着猃胡势力的发展，东部的车师和鄯善感到了压力，才向苻坚提出请伐西域，并主动要求担当向导之责。这正是吕光西征的历史背景。

---

① 松田寿男:《古代天山历史地理学研究》，第 220—228 页。

② 齐思和:《匈奴西迁及其在欧洲的活动》,《中国史探研》，北京：中华书局，1981 年，第 270—287 页；郭平梁:《匈奴西迁及一些有关问题》,《民族史论丛》第 1 辑，北京：中华书局，1987 年，第 103—114 页。余太山先生对这种观点还提出了新的论证方法，见《两汉魏晋南北朝与西域关系史研究》，第 138—139 页。但是我不敢轻信《魏书 · 西域传》中称悦般为北匈奴余部的说法，也许松田寿男的意见更可取，见前注。

吕光大军的确切人数，史籍有七千、七万和十万三种不同记载[①]。从后来在龟兹城外所遭遇的反击力量的总人数看，即使十万也不算很多。但是，根据汉魏以来中原政权经略西域的传统，我们相信，吕光到达龟兹时，他的军队里必定加入了沿途的增援力量，特别是加入了那些反对猃胡扩张的绿洲国家的兵力。鄯善和车师既然积极促成和推动了这次西征，当然就不会仅仅充任向导，两国还要提供军队、补充给养。吕光大军发自长安，万里西征，最大的问题就是军队必须沿途获得休整并补充给养。要获得鄯善的兵力增援和给养补充，吕光大军经行鄯善国，不仅是可能的，而且也是必要的。因此，吕光西征的军队自敦煌出玉门关之后，在向猃胡势力范围内的西域诸国进行攻击之前，应该是到达了鄯善和车师两个地方的。所以我们坚持认为，吕光的确是先到鄯善，后到车师，胡三省所猜测的行军路线并没有错。

《洛阳伽蓝记》卷五所载北魏孝明帝神龟年间宋云、惠生《行记》有云："从鄯善西行一千六百四十里，至左末城……城中图佛与菩萨，乃无胡貌，访古老，云是吕光伐胡所作。"左末即且末[②]。沙畹《宋云行记笺注》于此条下云："按三八二年，前秦主苻坚遣其将吕光征西域，取焉耆（Karachar）、龟兹（Koutcha）。"[③] 且末为鄯善西邻古国，东汉已并入鄯

① 《太平御览》卷一二五引崔鸿《十六国春秋·后凉录》："（前秦）建元十九年……率将军姜飞、彭晃、杜进等步骑七万，讨西域。"见《太平御览》卷一二五，北京：中华书局影印宋本，第604页。《魏书·略阳氏吕光传》："坚以光为骁骑将军，率众七千讨西域。"见《魏书》卷九五，北京：中华书局，1974年，第2085页。《晋书·苻坚载记》："坚于是以骁骑吕光为持节、都督西讨诸军事，与陵江将军姜飞、轻骑将军彭晃等，配兵七万，以讨定西域。"见《晋书》卷一一四，北京：中华书局，1974年，第2911页。《高僧传》卷二《鸠摩罗什传》："十八年（案当作十九年）九月，坚遣骁骑将军吕光、陵江将军姜飞，将前部王及车师王（案车师当作鄯善）等，率兵七万，西伐龟兹及乌（案当作焉）耆诸国。"《晋书·艺术·鸠摩罗什传》及《晋书·四夷·龟兹传》同。《资治通鉴》东晋孝武帝太元七年（382）："秦王坚以骁骑将军吕光为使持节、都督西域征讨诸军事，与凌江将军姜飞、轻骑将军彭晃、将军杜进、康盛等，总兵十万，铁骑五千，以伐西域。"见《资治通鉴》卷一四〇，北京：中华书局，1956年，第3300页。

② 范祥雍：《洛阳伽蓝记校注》，上海：上海古籍出版社，1958年，第256—268页。

③ 沙畹（E. Chavannes）：《宋云行记笺注》（*Voyage de Song Yun dans l'Udyana et le Gandhara.* pp. 518-522），冯承钧译，收入《西域南海史地考证译丛六编》，北京：商务印书馆，1962年，第13页。

善，十六国时是鄯善西部重镇，后来还一度成为鄯善国的中心[①]。沙畹此注，表明他认为吕光西征大军曾经到达且末。当然这还是不能轻易就赞同的，因为从鄯善到且末，要跨越巨大的戈壁，军队会付出不必要的牺牲。《晋书·吕光载记》记载吕光征服龟兹以后之事，曰："光抚宁西域，威恩甚著，桀黠胡王昔所未宾者，不远万里皆来归附，上汉所赐节传，光皆表而易之。"吕光成功地把猃胡势力逐出塔里木盆地之后，可能也采取了一些诸如向各国派遣使节之类的措施。且末地方的吕光遗迹有可能是这样留下来的。

吕光的军队从敦煌出玉门关，沿疏勒河故道（即阿奇克谷地）西进，经羊塔克库都克、库木库都克，擦着库姆塔格沙漠的北缘西南行，可抵罗布泊西南的米兰绿洲[②]。很有可能，这时的鄯善国都已经从扜泥（今若羌）迁到伊循（今米兰）了[③]。在鄯善国获得休整，补充给养之后，军队应当是向北，循罗布泊西岸，到达楼兰古城（LA）一带，再集结休整，由这里北渡孔雀河，然后翻越库鲁克塔格，经柳中到达前秦的高昌郡，再向西进入车师[④]。吕光大军翻越库鲁克塔格所行经的道路，应当是自古就已存在，而在汉魏以来又得到官方保护，沟通楼兰（罗布泊地区）与车师（吐鲁番地区）两地的主要孔道，即本文所要讨论的墨山国之路。

---

① 《魏书·西域传》"且末国"条："真君三年，鄯善王比龙避沮渠安周之难，率国人之半奔且末，后役属鄯善。"

② 黄文弼：《罗布泊地区古代丝绸之路的研究》，中国科学院新疆分院罗布泊综合科学考察队编：《罗布泊科学考察与研究》，北京：科学出版社，1987年，第306—314页。

③ 关于伊循与扜泥的相对位置，请参考以下论著：冯承钧《楼兰鄯善问题》，《西域南海史地考证论著汇辑》，北京：中华书局，1957年，第25—35页；大谷胜真《鄯善国都考》，《西北古地研究》，杨炼译，上海：商务印书馆，1935年，第1—17页；藤田丰八《扜泥城与伊循城》，《西域研究》，杨炼译，上海：商务印书馆，1937年，第1—9页；孟凡人《楼兰新史》，北京：光明日报出版社，1990年，第90—114页。这些论著观点很不一致，但都富有启发性，引人深思。我大致上采用通常的观点，即认为伊循为今米兰（Miran），扜泥为今若羌（Charkhlik）。近读王炳华先生关于丝绸之路新疆段考古新材料的文章，其中述及1989年秋在米兰的考察、对伊循屯城的调查和推想等等，都是极为有趣的，见《"丝路"考古新收获》，《新疆文物》1991年第2期，第21—41页。

④ 我不同意目前所流行的认为前凉后期楼兰古城（LA、LK）一带已经废弃的观点，我认为楼兰古城的废弃要更晚一些。对这个问题，我将另撰文予以论证。

二、西汉时期楼兰与车师的交通

《汉书·西域传》鄯善条:“(鄯善)西北去都护治所七百八十五里,至山国千三百六十五里,西北至车师千八百九十里。”这段话表明了鄯善(即楼兰)与车师交通中山国(即墨山国)的中介地位。马雍先生在概述汉代通西域路线的北道时,简明地指出:“北道出敦煌,往西,绕过三陇沙(今疏勒河西端沙漠)之北,横越白龙堆(今罗布淖尔东北岸之盐碛地),经楼兰(今罗布淖尔北岸),折向北至车师前国(今吐鲁番附近),再转向西南……”[①]余太山先生也曾有过基本类似的描述:“西汉通北道诸国,以及天山北麓和东端诸国,更多地是先从楼兰古城遗址一带,经山国抵达交河城。”[②]从西汉时期一些历史事件中反映的车师与楼兰的交通来看,通过墨山国所在的库鲁克塔格,楼兰与车师的联系是相当频繁的。

最早向中原政权正式报告西域情况的张骞,提到了楼兰与姑师(车师)间特殊的空间关系。《史记·大宛列传》载其言曰:“而楼兰、姑师邑有城郭,临盐泽,盐泽去长安可五千里。”由于这里强调了姑师也靠近罗布泊(盐泽),与后来车师局限于吐鲁番盆地的地理状况不符,所以有学者提出了非常大胆的设想,认为姑师本来在罗布泊西北、孔雀河下游一带,至汉武帝元封三年(前108)遭到汉军打击之后,才北逾库鲁克塔格,进入吐鲁番盆地[③]。然而这种设想得不到文献与考古学的支持,因此难以成立。那么怎样解释张骞关于姑师“临盐泽”的描述呢?

研究两汉与西域交通的基本历史框架,不难发现这样一个事实:由于汉朝势力的西进,由于汉朝与匈奴对西域的争夺,西域的历史面貌发生了很大的、急剧的变化,一些古国消失了,一些绿洲迁移了,还有一些古国萎缩了,而西域东部各国所受影响最深。从更长的历史阶段考察,可以发现西汉时期不断萎缩的鄯善(楼兰)和车师(姑师),作为完整的绿洲古国,到南北朝时期,也最终从历史上消失了,这两个地区最终被中原势力划入郡县范围[④]。

---

① 马雍:《从新疆历史文物看汉代在西域的政治措施和经济建设》,《西域史地文物丛考》,北京:文物出版社,1990年,第1—10页。

② 余太山:《汉魏通西域路线及其变迁》,《西域研究》1994年第1期,第14—20页。

③ 余太山:《塞种史研究》,北京:中国社会科学出版社,1992年,第215—217页。

④ 冯承钧:《高车之西徙与车师鄯善国人之分散》,《西域南海史地考证论著汇辑》,第36—47页。

有了这个基本认识，我们可以概括地说，姑师古国最初（前108年以前）的地盘，包括了很大的范围，大概北起今天山以北的阜康、吉木萨尔、奇台、木垒，南至今库鲁克塔格山间或山北各小型草场（墨山国可能就是其附属小国），其核心地区是吐鲁番盆地和天山牧场。天山牧场（指山北及山间草场）可以看成车师（姑师）国主要的夏牧场，而吐鲁番盆地各绿洲则是这个以畜牧业为主要经济生产方式的国家的冬牧场。天山一线的许多古国，大致都是这样包含着山南绿洲与山北草原两个组成部分。在某种外来力量，尤其是如同汉朝这样的农业文明力量的强行介入之后，这种主要由冬牧场和夏牧场两个地理单元巧妙组成的国土结构，终于被迫发生一些可能很深刻的变化。前108年遭到汉军打击之后，姑师势力从库鲁克塔格一线北退，其后发生内部分化，汉宣帝时分别形成以吐鲁番盆地为核心的车师前王国和以天山北麓各牧场为核心的车师后王国等山北诸国。其后随着汉朝经营西域力度加大，车帅前王国的势力在吐鲁番盆地内也受到压制，基本只能以交河一带为核心，而退出了东部的高昌壁和柳中(鲁克沁)[①] 等绿洲。北朝后期车师亡国。鄯善国也经历了一个基本类似、更加起伏的历史命运。至此，我们可以清楚地理解，张骞所谓姑师“临盐泽”的描述，是符合汉武帝元封三年（前108）以前姑师国的实际国境状况的。

无论楼兰古国的国都是否一直设在罗布泊西南的扜泥[②]，我认为孔雀河尾闾地带包括LA、LK地区，必定属于古楼兰的范围。楼兰与姑师境土相接，两国间的联系当然是直接的、频繁的。正因如此，当汉军攻击楼兰之后，姑师自然成为紧接下来的军事目标。汉武帝元封三年（前108），这种情况就发生了。《汉书·西域传》：

于是武帝遣从票侯赵破奴将属国骑及郡兵数万击姑师。王恢数

① 可参冯承钧《高昌城镇与唐代蒲昌》,《西域南海史地考证论著汇辑》，第94页。承巫新华先生见告，维吾尔语之鲁克沁（Lukchun），很有可能就是汉语“柳中城”的转音。

② 关于楼兰古都的方位，至今都是一个热门话题，学界讨论之多，不胜缕举。大致上有两种意见，即：1. LA是楼兰国古都，前77年后迁都扜泥；2. 楼兰古都本在扜泥，前77年以后没有发生迁都问题。近来林梅村先生又提出第三种意见，认为罗布泊以北的LE城是楼兰始都，见林文《楼兰国始都考》,《文物》1995年第6期，第79—85页。目前对林文否定性的意见比较多，突出的文章如黄盛璋先生《初论楼兰国始都楼兰城与LE城问题》,《文物》1996年第8期，第62—72页。在这个问题上，我倾向于孟凡人先生的研究，见孟著《楼兰新史》，第168—198页。

为楼兰所苦，上令恢佐破奴将兵。破奴与轻骑七百人先至，虏楼兰王，遂破姑师，因暴兵威以动乌孙、大宛之属。还，封破奴为浞野侯，恢为浩侯，于是汉列亭障至玉门矣。

根据《汉书·景武昭宣元成功臣表》，从票侯赵破奴以匈河将军击楼兰，封浞野侯，在元封三年；王恢以故中郎将将兵捕得车师王，封浩侯，在元封四年（前107）正月甲申。可见元封三年赵破奴率兵先破楼兰，俘虏楼兰王之后，王恢于次年率兵北上，把姑师势力从库鲁克塔格一线逐出，并捕得其王。从现存史料中得不出汉军曾经全面扫荡吐鲁番盆地的结论，姑师兵败以及其王被捕，可能只是一次遭遇战的结果。但是无论如何，我们要承认，汉朝军队在元封三年和元封四年的军事行动中，曾经征服了罗布泊地区的楼兰王国，并从楼兰国出发，向北翻越了库鲁克塔格，兵锋直指姑师王国的腹心。

没有理由认为王恢的行军路线是绕开库鲁克塔格的。这时候哈密盆地、巴里坤草原为匈奴控制，焉耆盆地诸国受到乌孙和匈奴的双重影响，都不可能提供进军吐鲁番盆地的通畅大道。从楼兰到车师，唯一可能的道路就是翻越库鲁克塔格的墨山国之路。这条路本来就是楼兰与姑师紧密联系的纽带，经过元封年间的战役，当西汉与楼兰结成比较亲密的盟约关系之后，就成为西汉对车师地区加强政治和军事影响的主要渠道。

汉武帝时期，汉朝曾两次动员楼兰的武装与匈奴争车师，时间分别是天汉二年（前99）和征和三年（前90）[1]。《汉书·西域传》："武帝天汉二年，以匈奴降者介和王为开陵侯，将楼兰国兵始击车师，匈奴遣右贤王将数万骑救之，汉兵不利，引去。"汉这次对车师的争夺以失败告终，第二次却取得了大胜。《汉书·西域传》："征和四年（案当作三年），遣重合侯马通将四万骑击匈奴，道过车师北，后遣开陵侯将楼兰、尉犁、危须凡六国兵别击车师，勿令得遮重合侯。诸国兵共围车师，车师王降服，臣属汉。"天汉二年发楼兰国兵击车师，行军路线无疑是经墨山国之路，越库鲁克塔格入吐鲁番盆地。征和三年之役，所发六国除楼兰、尉犁和危须外，还有哪三个国家呢？我估计还应当有焉耆、渠犁和山国（墨

---

① 《汉书·西域传》载第二次在征和四年（前89），兹据《汉书·武帝纪》改。参看余太山《两汉魏晋南北朝与西域关系史》，第37页。

山国)。如果进一步推测,第二次行军路线可能分为东西两支。尉犁、危须和焉耆的军队行经今榆树沟、库米什、苏巴什一线进迫车师交河城,这条交通线是汉代西域北道的干线,即唐代的银山道[①],是为西线。而以楼兰国士兵为主的楼兰、渠犁和墨山三国联军,当是循墨山国之路,越库鲁克塔格,直捣车师后方,是为东线。

楼兰与西域其他绿洲国家一样,当北方游牧地区存在着强大的草原民族时,就很难保持独立地位,依附或役属外来势力,几乎成为一种历史传统[②]。前 92 年匈奴日逐王设僮仆都尉于焉耆盆地时,楼兰只有同时遣子质汉与匈奴。匈奴日逐王设僮仆都尉,表明匈奴加紧了对西域绿洲国家的争夺,以获取必要的绿洲物产,来缓解由于在东方遭受汉朝打击和压制(包括物资封锁)所造成的物资危机[③]。同时也表明,这时候匈奴可能已经进入甚或控制了裕尔都斯草原。僮仆都尉既设在危须、尉犁与焉耆三国间,则焉耆盆地就成了日逐王在西域的政治代理中心。要把匈奴势力逐出焉耆盆地,战略上需要控制车师。由于匈奴控制了伊吾(哈密盆地),阻断了由敦煌出玉门经伊吾直接进军车师的道路,所以汉朝只能经营楼兰,从楼兰北进,以求控制车师。西汉与匈奴展开了长达二十多年的对车师控制权的争夺,而这场争夺的关键就在经营楼兰与渠犁。

汉武帝之后,对西域的经营有以下两个重要步骤:一是改易楼兰君主,建立亲汉政权,彻底控制楼兰地区;二是屯田渠犁[④],准备军粮,积极筹划对车师的军事攻击。汉昭帝元凤四年(前 77),传介子刺楼兰王,楼兰改名鄯善,完成了第一个步骤,其事为学者所熟知,具见《汉书·西域传》,今不备叙。鄯善归汉,遂成为汉与匈奴争夺车师的前哨。《汉书·西

① 伯希和敦煌文书 P.2009《西州图经》残卷,其“银山道”一条曰:“右道出天山县界,西南向焉耆国七百里,多沙碛卤,唯近烽足水草,通车马行。”参看王仲荦《敦煌石室地志残卷考释》,上海:上海古籍出版社,1993 年,第 212 页。

② 匈奴影响在楼兰地区的存在,考古工作者的报告也有反映。米兰遗址出土的鎏金铜卧鹿,具有鲜明的鄂尔多斯青铜器特征,为战国至西汉时期的作品,生动地暗示了匈奴文化在古代楼兰地区的存在。参看王炳华《“丝路”考古新收获》,第 23 页。

③ 苗普生:《匈奴日逐王考》,《新疆文物》1991 年第 3 期,第 80—85 页。

④ 渠犁屯田,始于汉武帝时期。《汉书·西域传》“渠犁”条:“自武帝初通西域,置校尉,屯田渠犁。”见《汉书》卷九六下,北京:中华书局,1962 年,第 3912 页。

域传》"鄯善"条载鄯善国职官制度，有却胡侯、击车师都尉、击车师君各一人，反映了鄯善在争夺车师的政治和军事形势中的特殊地位。宣帝时期完成了第二个步骤。《汉书·西域传》："地节二年，汉遣侍郎郑吉、校尉司马熹将免刑罪人田渠犁，积谷，欲以攻车师。"在渠犁的屯田至少有田士一千五百人，其规模是两汉西域屯田史上最大的。为什么要在渠犁开展如此规模的屯田呢？

首先，是渠犁有进行大规模屯田的条件。《汉书·西域传》"渠犁"条，载桑弘羊奏请屯田轮台以东，有"故轮台以东捷枝、渠犁皆故国，地广，饶水草，有溉田五千顷以上，处温和，田美"等语，可见渠犁和轮台一样，已经成了"故国"。轮台于贰师西征时遭屠，而渠犁何时何故沦为"故国"，还不清楚[①]。要之，正由于渠犁国家残破，人口锐减（户百三十，口千四百八十），屯田乃有可能。其次，我们知道，汉军从敦煌西征，路途远，时间长，军队自备的粮食不能满足漫长的行军需求，所以经常遇到的困难就是军粮供应问题。征和三年（前 90）开陵侯发六国兵共击车师之役，汉军得到了六国的物资援助，破车师后还取得车师的军粮畜产，结果回军途中，还是因为军粮不继饿死数千人。在武帝著名的"轮台罪己诏"中，对此有沉痛的回忆[②]。1930 年，黄文弼先生在罗布泊地区考察时，发掘到一批汉宣帝时期的汉简，其中有一简云："敦煌去渠犁二千八百里，更沙版，绝水草，不能致。"[③]其背景就是宣帝时以渠犁为基地与匈奴争车师的艰苦状况。屯田积谷，是为了保障军事行动的有效性，是汉朝维持其在西域军事存在和军事威慑的前提。而楼兰（鄯善）地区，据《汉书·西域传》鄯善条，"地沙卤，少田，寄田仰谷旁国"，显然不宜开展大规模屯田，所以只好到鄯善以西人少田多的渠犁进行这项计划。

据《汉书·西域传》，地节二年（前 68）秋收之后，郑吉与司马熹"发城郭诸国兵万余人，自与所将田士千五百人共击车师，攻交河城，破之。王尚在其北石城中，未得，会军食尽，吉等且罢兵，归渠犁田"。虽然军

---

① 关于轮台、渠犁屯田与这两地沦为"故国"间之关系，就我阅读所及，似乎还没有人正式予以论述。我怀疑，渠犁与轮台可能是前后同时为西征大宛的汉军所灭。这种情形，只会发生在汉通西域的前期。这个问题有待今后进一步研究。

② 武帝末年"轮台罪己诏"，载《汉书·西域传》"渠犁"条，第 3913—1914 页。

③ 黄文弼：《罗布淖尔考古记》，中国西北科学考察专丛刊之一，北京：国立北京大学出版部，1948 年，简二二，第 176 页。

事上获得胜利，但仍然因军粮问题，放弃了车师。现在我们关心的是郑吉进军车师的行军路线。前面已经指出，焉耆盆地为匈奴僮仆都尉所控制，郑吉的行军路线只有一条，那就是本文所讨论的墨山国之路。郑吉所动员的“城郭诸国”，除鄯善、渠犁、墨山国之外，还有哪些国家呢？根据这时西域的政治格局，我认为主要是南道诸国。这些国家的军队在鄯善集结，与郑吉会师以后，向北翻越库鲁克塔格，经行墨山国之路，发起对车师的攻击。黄文弼先生在罗布泊地区找到的西汉宣帝至成帝时期的汉简中，有“交河壁”“车师戊校”“交河曲仓”之类的字样，反映的就是汉军自楼兰与交河间的联系情况。①

可以说，宣帝时期，郑吉经营西域，目标是争夺车师，基地设在渠犁，而行军道路一直是墨山国之路。地节三年（前 67）秋收后，郑吉再次进军车师，终于逼降车师王，取得阶段性的胜利。此后郑吉屯田车师，与匈奴周旋。在此期间，车师与渠犁间的交通，仍然是通过墨山国之路，经过鄯善国东北境。直到宣帝神爵二年（前 60），匈奴日逐王降汉，僮仆都尉罢，焉耆盆地摆脱匈奴控制，经焉耆通车师的所谓“银山道”开通，墨山国之路的地位可能有所下降。

新莽始建国天凤三年（前 16），新室在西域的权威遭到质疑，发动对焉耆的战争又告失败。《汉书·王莽传》载其事曰：

> 是岁，遣大使五威将王骏、西域都护李崇将戊己校尉出西域，诸国皆郊迎贡献焉。诸国前杀都护但钦，骏欲袭之，命佐帅何封、戊己校尉郭钦别将。焉耆诈降，伏兵击骏等，皆死。钦、封后到，袭击老弱，从车师还入塞。…… 西域从此绝。

我们关心的问题，是何封与郭钦“从车师还入塞”所走的路线。根据 1979 年在敦煌马圈湾出土的汉简，何、郭二人从焉耆退入车师后，并没有立即撤退，而是坚守了相当一个时期②。马圈湾汉简具体而生动地记录了他们在车师期间所遭受的困难③。这期间，匈奴活跃地天山东部，焉

① 黄文弼：《罗布淖尔考古记》，简一六、一五，第 192 页。

② 吴礽骧等：《敦煌汉简释文》，兰州：甘肃人民出版社，1991 年，第 343—344 页。

③ 马圈湾汉简原始编号 T5:96（释文编号 135）的简文曰：“粮食孚尽，吏士饥餧，马畜物故什五，人以食为命，兵……”这反映何封、郭钦二人遭到焉耆与匈奴围攻，困守车师时的情况，见吴礽骧等《敦煌汉简释文》，第 13 页。

耆又成死路，何封与郭钦只有从车师直接向东南撤退回到敦煌。但是，他们是经行后代所谓大海道[①]，还是走墨山国之路，尚不能肯定。

三、东汉时期楼兰与柳中的交通

一般来说，东汉的西域经营比起西汉来，似乎要相对消极。如果这种印象符合实际，我们应该承认这是由于东汉时期国防形势已经发生了很大的变化。最大的变化是匈奴开始衰弱，已经不再能够像对西汉那样，对东汉的国家安全构成威胁。匈奴分裂为南北匈奴，使匈奴作为汉朝主要边患和外部压力的时代宣告结束。东汉朝廷对于经营西域、向西拓展缺乏持久热情和一贯政策，归根结底是因为不复存在汉武帝时候那种“断匈奴右臂”的战略需要了。

但是对于西域绿洲国家来说，匈奴分裂为南北匈奴以后，匈奴的威胁不是削弱了，而是加强了。北匈奴势力被迫西迁，使得西域对北匈奴来说更加重要，争夺也就更加激烈。东汉与北匈奴对伊吾和车师的反复争夺，就是这个背景下的产物。实力已经大不如前的北匈奴，在保卫西域咽喉和游牧民族的膏腴之地伊吾（巴里坤草原）方面，可以称得上艰苦卓绝，使汉朝屡得屡失，无法有效控制这个战略上极为重要的地区。同时，北匈奴的势力伸展到天山中部，从裕尔都斯草原对天山南麓以龟兹为首的各绿洲国家施加影响，获取其游牧经济生活中所必需的绿洲农业物产和商业物资。另外，通过南北向纵贯塔克拉玛干沙漠的今和田河等河谷，匈奴的影响还一直伸展到于阗和莎车等主要的南道绿洲[②]。

另一方面，当两汉之际来自汉朝中央的控御暂时消失，匈奴势力还没有及时进入时，塔里木地区的形势有一些重要的变化，这时各绿洲国家间的关系获得了一个不受外来干预、只凭各国实力进行重新调整的机会。主要绿洲国家如莎车、于阗、鄯善、龟兹、焉耆等，以军事兼并或政治联盟为手段，分别建立包括了邻近绿洲邦国的几个较大的集团。各地区大国间发生了一系列兼并战争。所以当匈奴和汉朝势力再次进入

---

① 王去非:《关于大海道》，阎文儒、陈玉龙编:《向达先生纪念论文集》，乌鲁木齐：新疆人民出版社，1986 年，第 485—493 页。

② 殷晴:《古代新疆的南北交通及经济文化交流》,《新疆文物》1990 年第 4 期，第 111—128 页。

西域展开争夺时，西域的地缘政治状况比起西汉后期来，已经有了很大的不同。《后汉书·西域传》曰：

> 光武以天下初定，未遑外事，竟不许之。会匈奴衰弱，莎车王贤诛灭诸国，贤死之后，遂更相攻伐。小宛、精绝、戎庐、且末为鄯善所并。渠勒、皮山为于阗所统，悉有其地。郁立、单桓、狐胡、乌贪訾离为车师所灭。后其国并复立。

与本文论旨相关的一个问题，就是焉耆在这个时期，确立了它对于焉耆盆地内危须和尉犁的统治权[①]，同时它还把势力向东伸展到库鲁克塔格山间，使得山国（墨山国）在很长一个时期内附属于焉耆，其间只有不长的时间附汉。《后汉书·杨终传》载终于章帝建初元年上疏，言及永平以来（明帝时期）西域经营，称屯田之地有伊吾、楼兰、车师戊己。如果这里提到的楼兰不误，那么是否可以认为，东汉在开通伊吾道的同时（占领车师），从楼兰方向也曾打通墨山国之路呢？如果是这样，那么这一时期山国可能是服属汉朝的，时间是从明帝永平十六年到章帝建初元年，只有三四年时间。另外，《后汉书·耿恭传》，章帝即位，遣耿恭等发"张掖、酒泉、敦煌及鄯善兵，合七千余人，建初元年正月，会柳中击车师"。此处提到有鄯善兵参战。鄯善兵极可能就是由墨山国之路越库鲁克塔格前往柳中的。不久汉弃西域，山国即役属焉耆。

和帝永元六年（94）秋，班超以龟兹为基地，发动对焉耆的战役。《后汉书·西域传》焉耆条记其事曰：

> 至永元六年，都护班超发诸国兵讨焉耆、危须、尉犁、山国，遂斩焉耆、尉犁二王首，传送京师，县蛮夷邸。超乃立焉耆左候元孟为王，尉犁、危须、山国皆更立其王。

这则材料证实，这个时期内山国一直附属焉耆集团。班超把山国从焉耆的统御中解放出来以后，虽然焉耆在匈奴支持下一再坚持反汉朝的立

---

① 比较《汉书·西域传》与《后汉书·西域传》"焉耆国"条，可以发现焉耆在后汉的巨大发展，"户万五千，口五万二千，胜兵二万余人"。见《后汉书》卷八八，北京：中华书局，1965年，第2938页。而在西汉，"户四千，口三万二千一百，胜兵六千人"。见《汉书》卷九六下，第3917页。《后汉书·西域传》无危须、尉犁，其实焉耆国的力量，差不多就是《汉书·西域传》中焉耆、危须和尉犁三国的总和。同样的情形也发生在鄯善国。

场，山国却似乎没有再卷入焉耆的势力范围。《后汉书·班勇传》，记载顺帝永建二年（127）班勇与张朗击焉耆一役，军事目标是焉耆、尉犁和危须三国，而没有提到山国，说明此时山国与焉耆集团没有联系[①]。我们讨论山国与焉耆的关系，其意义在于，山国政治上亲匈奴或亲汉的立场，决定着墨山国之路的开通与关闭。同时，墨山国之路的开通和关闭，又直接影响着东汉经营西域的具体安排。

在这里我要讨论东汉对伊吾地区的关注。西汉抗击匈奴，经营西域，并没有把军事进攻的矛头指向伊吾和蒲类海地区。《史记·匈奴列传》载武帝元狩二年（前121）霍去病"过居延，攻祁连山"。《汉书·霍去病传》也有类似记载，颜师古注以为祁连山即天山，指天山东部今哈密境内一段。现代学者中，颇有人信从其说[②]。但我们认真思考武帝元狩时期汉匈力量的分布，实在不能同意这种说法，而要赞成以藤田丰八为代表的认为祁连山即今河西走廊祁连山的观点[③]。西汉与匈奴争西域，表现在争北道控制权，特别是争车师与焉耆，但汉军从没有取伊吾道，而是重点保障南道和楼兰道，主要取墨山国之路进兵车师。这时如果取道伊吾，则必须与巴里坤草原的匈奴发生直接冲突，甚至可能不得不面对大规模决战。

可是到东汉，经营西域的情形有了一些变化，伊吾成为汉军一个非常重要的攻击目标，伊吾屯田也反复多次地进行。明帝永平十六年（73）、十七年（74），窦固两次出兵伊吾及蒲类海，设宜禾都尉，进兵车师，置西域都护（可能屯于龟兹与焉耆之间）、戊己校尉（屯田柳中）。打开伊吾路，就打开了通往车师的大门，为进一步经营西域准备了条件，伊吾屯田的意义在此。可是不到一年，匈奴控制下的焉耆、龟兹就攻没都护，车师与匈奴也围攻戊己校尉。接下来两年之间，东汉接连失去了对车师和伊吾的控制权。事具《后汉书·西域传》。和帝永元元年（89），为班超在西域南道取得的成功所鼓励，汉朝重开西域经营，窦宪大破北匈奴。次年（90），再取伊吾，车师前后王归汉。此后汉军与匈奴在伊吾的争

---

① 《三国志·魏志》卷三〇注引《魏略·西戎传》，谓山国与尉犁及危须"皆并属焉耆"，见第858页。这大概是东汉末年以后的情况。

② 岑仲勉：《汉书西域传地里校释》下册，第518—533页；余太山：《塞种史研究》，第53—56页。

③ 藤田丰八：《焉支与祁连》，《西域研究》，第97—117页。

夺大约又有四五个回合，旋得旋失，汉军一直没有能够稳定地控制住伊吾[①]。在巴里坤及哈密地区保存至今的东汉石刻文字，记录了汉朝争夺伊吾的历史的某些篇章[②]。

现在我们来看看伊吾问题与墨山国之路的关系。前面指出，直到汉和帝永元六年（94）班超攻取焉耆盆地以前，除了三四年的时间以外，山国是役属于焉耆的，因而也就是站在匈奴一边，与汉朝为敌的。这一时期内，墨山国之路当然不对汉朝开放。这一情况与西汉时期是很不一样的。西汉能够在伊吾、焉耆均为匈奴所控制的情况下，出兵车师，经营柳中和高昌壁，基本控制吐鲁番盆地，所依赖的就是墨山国之路的畅通。而东汉中期以前的墨山国之路长期闭塞，汉朝要经营西域北道，只剩下两个选择：一，强行打通伊吾路；二，从经营南道开始，向西发展，迂回北进，再由西向东发展。窦固、窦宪是前者，班超是后者。从以上分析，我们可以明了墨山国之路对于汉朝的西域经营所具有的特殊意义。

永元六年（94），班超攻取焉耆，山国归汉，墨山国之路再度开放。从此东汉在与匈奴争夺车师的斗争中，就不再受伊吾路闭塞的限制。这突出地表现在班勇以西域长史经营西域的时期。安帝永初元年（107），罢都护及伊吾、柳中屯田，再弃西域。虽然元初六年（119）有敦煌行长史索班伊吾屯田之举，但仅维持数月。直到延光二年（123）班勇以西域长史出屯柳中，匈奴控制西域的局面竟延续了十五六年，这期间史书明确提到附汉的西域诸国只有鄯善。我推测，除鄯善外，还应有山国和逃亡的车师前部。理由是《后汉书·西域传》中载敦煌太守张珰上三策，其第一、第二两策都涉及经墨山国之路以图车师。其策曰：

> 今以酒泉属国吏士二千余人集昆仑塞，先击呼延王，绝其根本，因发鄯善兵五千人胁车师后部，此上计也。若不能出兵，可置军司马，将士五百人，四郡供其犁牛、谷食，出据柳中，此中计也。

发鄯善国兵以击车师，或屯田柳中，都必须经由墨山国之路，可见此时山国附汉，墨山国之路畅通，库鲁克塔格及其以南的罗布泊地区都还是东汉的势力范围。据《后汉书·班勇传》，在张珰上策的前两三年，班勇

① 余太山：《两汉魏晋南北朝与西域关系史》，第70—71页。

② 马雍：《新疆巴里坤、哈密汉唐石刻丛考》，第16—23页。

上议曰：

> 旧敦煌郡有营兵三百人，今宜复之，复置护西域副校尉，居于敦煌，如永元故事。又宜遣西域长史将五百人屯楼兰，西当焉耆、龟兹径路，南强鄯善、于阗心胆，北捍匈奴，东近敦煌。如此诚便。

从班勇的话看，似乎南道的于阗国亦附于汉。既能屯田楼兰，则山国附汉当确切无疑。但由于匈奴与车师后部已经攻占吐鲁番盆地，山国和鄯善事实上都处在威胁之中。故《后汉书·西域传》载尚书陈忠上疏曰："今北虏已破车师，势必南攻鄯善，弃而不救，则诸国从矣。"在这种形势下，安帝"乃以班勇为西域长史，将弛刑士五百人，西屯柳中"。这最后的决定看起来比班勇当初请求屯田楼兰的计划还要积极一些。但是无论屯田柳中还是楼兰，山国的附汉乃是先决条件。

现在我们来看班勇是怎样到达楼兰的。《后汉书·班勇传》：

> 延光二年夏，复以勇为西域长史，将兵五百人屯柳中。明年正月，勇至楼兰，以鄯善归附，特加三绶。而龟兹王白英犹自疑未下，勇开以恩信，白英乃率姑墨、温宿自缚诣勇降。勇因发其兵步骑万余人到车师前王庭，击走匈奴伊蠡王于伊和谷，收得前部五千余人，于是前部始复开通。

对上引史料的理解，涉及对这一时期西域形势的把握。黄烈先生说："班勇活动的路线是先屯柳中，再至楼兰，继击车师，还屯柳中。柳中在高昌东南，无疑先经伊吾再至柳中，与索班进入西域路线相同。"[①] 孟凡人先生也大致持同一观点，只是鉴于伊吾路不通，所以认为班勇是经大海道至柳中[②]。我认为，这种理解恐怕有误。

班勇所以提出屯田楼兰，经营柳中，就是惩索班之败，不欲与匈奴再争伊吾，所以他不可能经伊吾路到柳中。正确的理解应当是，延光二年（123）夏，朝廷决定以班勇为西域长史，率兵西屯柳中，班勇即由洛阳西发，至次年正月，始抵楼兰。此前班勇并没有到柳中去。班勇出现在楼兰，意味着汉朝再次经营西域，政治上对西域各国是有很大影响力

---

① 黄烈：《中国古代民族史研究》，北京：人民出版社，1987 年，第 446 页。

② 孟凡人：《楼兰新史》，第 53 页。

的，所以鄯善、龟兹先后归附。班勇以楼兰为根据，发鄯善、龟兹等国兵，集结到楼兰地区，北逾库鲁克塔格，经墨山国之路，进入车师前王庭（这时为车师后部所占）。这是我对上引文的理解。斯坦因在其名著《西域》中讨论鄯善和楼兰问题时，对这段史料也提出了近似的理解，并特别强调了班勇到达楼兰的月份与气候条件的关系①。也许有人会提出，鄯善之兵自楼兰北逾库鲁克塔格攻车师，尚在情理之中；为什么龟兹等西部国家的军队也要迂回到楼兰来呢？为什么不经焉耆直接到车师前王庭呢？这是因为，经焉耆盆地走银山道进车师的道路是闭塞的，焉耆盆地内焉耆、危须和尉犁三国此时正附于匈奴。三年以后，班勇和张朗才联兵击降焉耆等三国，北道于是开通。

班勇屯田柳中时期，墨山国之路在东汉经营西域的战略格局中，具有非常关键的地位。柳中作为东汉在西域的政治中心，正是通过墨山国之路，穿越库鲁克塔格，与楼兰地区联系起来，进而实现其对整个塔里木盆地的影响。这个时期虽然并不很长，但却是东汉经营西域的又一个高峰。那种认为东汉时期楼兰道的重要地位已经让位于伊吾路的观点，恐怕是站不住的②。当然，随着匈奴的衰弱和对西域交通知识的积累，汉朝理应选择自然条件更好的伊吾路，并为此不断努力，所以会有很多学者倾向于重视这个时期的伊吾路和所谓“新道”（大海道）③。但是，这并

---

① A. Stein, *Serindia*, Vol. I, Chapter IX, Sec. IV, p. 332. 作者依据自己1914年从罗布泊（Lop-nor）西北的楼兰前往敦煌的旅行经验，说明班勇正月进入楼兰是最佳选择，因为这条路上，很长一段，只有少量的泉水，而且含盐较重（brackish water），而且还有约120英里的距离完全没有水源（wholly waterless），所以应在深冬（in the very depth of winter）进入这个地区，以求减少蒸发。

② 黄文弼：《两汉通西域路线之变迁》，《黄文弼历史考古论集》，北京：文物出版社，1989年，第39—42页。案黄先生较早指出楼兰地区为西汉通西域之关键，其功甚伟，然而主张东汉时期此道萧条，至魏晋始复繁荣，则未免为考古材料所拘。后来学者多从此说。

③ 大海道的名称，见于伯希和P.2009文书《西州图经》残卷。原则上可以说，这个大海，是指今鄯善县境内的库姆塔格沙漠及其东南方向的噶顺戈壁（即唐代的莫贺延碛）。黄文弼先生在吐鲁番地区考察时，从鲁克沁出发，西南行，渡鲁克沁河，调查了穷阿萨与克其克阿萨两个城址，并注意到附近的古道遗迹，同时又调查了得格尔（底坎）附近的古墩，曰：“据此，则此道或为汉唐以来通西域之大道。盖鲁克沁东为大沙漠区域，余已考证此沙碛，即唐之大沙海，宋之大患鬼魅碛。”见黄著《吐鲁番考古记》，考古学特刊第三号，北京：中国科学院印行，1954年，第12—13页。当代考古学者对大海道的研究已经相当深入，请参看王炳华《从考古资料看丝路开拓及路线变迁》，《西域研究》1991年第3期，第13—14页。

不意味着楼兰道就会衰落。以上我们依据历史文献所作的分析，正说明在东汉时期，楼兰道并不比伊吾道更冷清，相反，在某些时候可能更热闹。

四、魏晋十六国时期楼兰与高昌的交通

东汉末年中原地区的战乱削弱了华夏文明对西域地区的影响，特别表现在政治方面。魏晋时期的西域经略，一般地说，很难与激扬慷慨的两汉相比。但绝不能认为，中原的影响，甚至包括其政治和军事存在，都已退出西域。有学者搜罗了正史中关于西域诸国向魏晋中央朝贡的记载，今据此列表如下[①]。

朝贡时间	国家	朝贡方式	资料出处	公元纪年
魏黄初三年	鄯善、龟兹、于阗	遣使奉献	《三国志·魏志·文帝纪》	A.D.222
魏太和元年	焉耆	遣子入侍	《三国志·魏志·明帝纪》	227
魏太和三年	大月氏	遣使奉献	《三国志·魏志·明帝纪》	229
魏景初三年	西域(不著国名)	献火浣布	《三国志·魏志·三少帝纪》	239
魏正始元年	焉耆、危须	遣使来献	《晋书·宣帝纪》	240
魏咸熙二年	康居、大宛	献名马	《三国志·魏志·三少帝纪》	265
晋泰始六年	大宛、焉耆	献汗血马、方物	《晋书·武帝纪》	270
晋泰始中	康居	遣使上封事	《晋书·西戎传》	265—274
晋太康元年	车师前部	遣子入侍	《晋书·武帝纪》	280
晋太康四年	鄯善	遣子入侍	《晋书·武帝纪》	283
晋太康五年	大秦	遣使奉献	《晋书·武帝纪》[②]	284
晋太康六年	龟兹、焉耆	遣子入侍	《晋书·武帝纪》	285
晋太康间	大宛	贡汗血马	《晋书·西戎传》	285—288
晋太康八年	康居	遣使来献	《晋书·武帝纪》	287

① 余太山:《两汉魏晋南北朝与西域关系史研究》,第104页、第112—113页。

从表中看，那些塔里木盆地以外的西域诸国，如康居、大宛和大秦等，其遣使奉献可能只具有经济贸易方面的意义，决不能过高估计其政治方面的含义。正如蜀汉后主时期曾有所谓“凉州诸国王各遣月氏、康居胡侯支富、康植等二十余人”欲助诸葛亮北伐一样[②]，只能当作粟特商人的贸易行为，不存在国家间的外交含义。但是这种行为对于鄯善、车师前部、焉耆、于阗、龟兹等塔里木绿洲国家来说，可能是具有非常现实的政治动机的。

东汉后期以来，西域绿洲国家所承受的匈奴的压力，似乎已经基本解除。当匈奴和汉朝两种强大势力，都因自身问题而逐步从西域淡出，西域绿洲国家间势必出现新一轮的纷争和组合。余太山先生关于魏晋时期前来中原进行朝献的西域国家数目虽然不多，却已经代表了西域大部分的分析，是比较精当的[③]。这些绿洲大国前来朝献，很大程度上是由于魏晋政府在西域的军事和政治存在。正史中明确记载，魏晋都置戊己校尉于高昌；楼兰晋简显示，西晋置西域长史于楼兰，这多少表明魏晋的西域政策是维持着汉代传统的。

现在我们来看看，魏晋时期的中西交通在塔里木盆地东部，究竟是怎样一个状况。《魏略·西戎传》中，南道一仍汉旧，中道即两汉的楼兰道，都不必再述。可是所谓“新道”，到底是指后来的“大海道”，还是指伊吾道呢？首先我们假定《魏略·西戎传》作为曹魏时期史料的可靠性，我认为，澄清这一问题，有必要弄清楚，曹魏时期的伊吾路是否通畅？虽然没有直接的材料说明这一时期伊吾地区的政治归属问题，但有间接的材料告诉我们，伊吾地区处在敌对势力的控制之下。唐李吉甫《元和郡县图志》卷四十陇右道下伊州条：

> 至魏立伊吾县，晋立伊吾都尉，并寄理敦煌北界，非今之伊州。[④]

---

① 《初学记》卷二六引《晋永安起居注》：“太康四年，有司奏，鄯善国遣子元英入侍，以英为骑都尉，佩假归义侯印，青紫绶各一具。”见《初学记》卷二六，北京：中华书局点校本，1962年，第626页。

② 《三国志·蜀志·后主传》注引《诸葛亮集》所载后主于建兴五年（227）三月诏书。见《三国志》卷三三，第895页。

③ 余太山：《两汉魏晋南北朝与西域关系史研究》，第105—107页。

④ 李吉甫：《元和郡县图志》下册，贺次君点校，北京：中华书局，1983年，第1029页。

魏晋似乎继承了东汉对伊吾地区特别关注的传统，所以在无法控制该地区的情况下，依然设置了地方机构，侨治（寄理）于敦煌北界[①]。案《晋书·地理志》敦煌郡有伊吾县，惠帝时分置晋昌郡，伊吾属焉。依据《元和郡县图志》，此伊吾仅设都尉，治在敦煌县界。《三国志·魏志·鲜卑传》注引《魏书》，檀石槐时期，鲜卑“兵马甚盛，南钞汉边，北拒丁零，东却夫余，西击乌孙，尽据匈奴故地”。据此，王国维先生主张这一时期天山东部为鲜卑控制，车师后国已经役属鲜卑，是可以接受的[②]。同理，控制伊吾地区（以山北巴里坤草原为根据地）的势力，我猜想应当是从蒙古中部草原或漠北草原迁来的鲜卑[③]，或来自同一地区的役属于鲜卑的敕勒等族[④]。伊吾路事实上是不通的。那么，《魏略·西戎传》的“新道”不应该是指伊吾路。再说，伊吾路开自东汉，到魏晋已谈不上新。所以，我同意那种认为“新道”是指唐代大海道的观点[⑤]。

北新道的最大价值，在于缩短了从敦煌到高昌间绕行楼兰的漫长距离，避开了罗布泊以东白龙堆雅丹地区的恶劣环境。但是这条连接高昌与敦煌的捷径，沿途连小型的绿洲也没有，水草供应有限，只适合人数较少的商旅和行使，基本上不能适应大规模的人员运动，《北史》中有一

① 魏晋设置伊吾地方机构的做法，也可能源于东汉。东汉以敦煌为基地，与匈奴争伊吾，会发生伊吾地方军政机构不得不反复在伊吾与敦煌搬迁的情况。如果这种推想不误，那么东汉时，就曾经有伊吾地方机构侨治（寄理）于敦煌。魏晋不过继承了这一传统而已。

② 王国维：《尼雅城北古城所出晋简跋》，《观堂集林》第3册，北京：中华书局，1984年，第865—869页。

③《晋书·天文志》载魏明帝青龙四年（236）戊己校尉张就，击败来犯的“凉州塞外胡阿必师”，《晋书·武帝纪》载咸宁元年（275）和二年，戊己校尉马循讨破鲜卑阿罗多等，都显示出这一时期，威胁吐鲁番地区的游牧民族是鲜卑。孟凡人先生怀疑阿罗多可能是曹魏时出现过的车师后部国君，这时大概已经亡于鲜卑。见孟著《北庭史地研究》，乌鲁木齐：新疆人民出版社，1985年，第47—48页。无论这种推测是否属实，我们可以深信，东部天山北麓，即原北匈奴控制的地区，已经沦为鲜卑势力范围。那么，我们有理由相信，巴里坤草原一带，一定在更早就为鲜卑所控制。

④ 从后来十六国北朝时期这一地区的民族分布看，鲜卑本部似乎并不很多，早先役属鲜卑的敕勒却相当活跃。所以我怀疑，敕勒可能很早就已在鲜卑驱使下进入巴里坤草原。

⑤ 吴礽骧：《汉代玉门关及其入西域路线之变迁》，《中亚学刊》第2辑，北京：中华书局，1987年，第1—15页。

段描述此道艰难的话，极为生动形象[①]。因此，对于魏晋官方来说，既然伊吾路闭塞，那么两汉以来传统的楼兰道，以及经由楼兰道连接高昌的墨山国之路，就是必不可少的要道了。

据王国维先生考证，曹魏与后来的西晋一样，也于楼兰置西域长史[②]。魏晋时期专门负责西域事务的机构一共有两个，即高昌的戊己校尉和楼兰的西域长史。但是我们必须知道，此外还有一个机构，就是驻屯玉门关的玉门都尉或类似名号的长吏。据《晋书·地理志》，前凉置沙州，其组成部分有所谓三营，即西域都护营、戊己校尉营和玉门大都护营。前凉的玉门大护军，当时承袭魏晋制度，只是我们已经无法知道魏晋时期玉门关有关机构的名称及具体制度了。后来张氏前凉的玉门大护军，据郑炳林先生说是在魏晋玉门县一带[③]，不确，应当在玉门关地区。

按照一般性的推想，玉门关长吏所在的地方要满足以下条件：一、可以屯田，屯田的收成要供应一定数量的军士和往来使节，这就要求有一定的水草和土壤条件；二、在交通要道上，使玉门关机构可以发挥作用；三、在敦煌郡的边界上。依此三个条件，我们认为，它当在玉门关外汉代的大煎都候辖境内[④]，其地即今之榆树泉盆地[⑤]。西汉贰师将军李广利初征大宛失利，回军即屯于此处。这里是西汉以来玉门关外最重要的屯兵之地，魏晋自然也要善加利用。玉门关长吏、戊己校尉和西域长史等三营，分别在楼兰、高昌和玉门关外（即榆树泉盆地）。这种军政格局可能早在东汉已经确立，魏晋与前凉不过是继承而已。

魏晋时期以楼兰（西域长史）、高昌（戊己校尉）和大煎都候故址（玉门关长吏）形成品字形布局，扼守西域与中土的交通咽喉，上承东汉，

---

① 《北史·西域传》“高昌国”条：“自敦煌向其国，多沙碛，茫然无有蹊径，欲往者寻其人畜骸骨而去。路中或闻歌哭声，行人寻之，多致亡失，盖魑魅魍魉也。故商客往来，多取伊吾路。”见《北史》卷九七，北京：中华书局，1974年，第3243页。

② 王国维：《“流沙坠简”序》，罗振玉、王国维：《流沙坠简》，北京：中华书局，1993年，第3—12页。

③ 郑炳林：《前凉行政地理区划初探（河州沙州）》，《敦煌学辑刊》1993年第2期，第69—80页。

④ 吴礽骧：《玉门关与玉门关候》，《文物》1981年第10期，第9—13页。

⑤ 关于大煎都候，最重要的资料是1979年马圈湾出土的汉简，请参看甘肃省文物工作队、甘肃省博物馆编《汉简研究文集》，兰州：甘肃人民出版社，1984年，第499—512页；吴礽骧等《敦煌汉简释文》，第336—339页。

下启前凉。在这个布局中，戊己校尉控守吐鲁番盆地，阻挡天山北部游牧势力的南侵，其军事意义较为突出；西域长史地处中西交通的十字路口，连接南北两路的绿洲国家，其政治意义更为显著；伊吾长吏驻屯玉门关外，北接高昌，西通楼兰，西南连通鄯善，乃是西域丝路东端的总枢纽。楼兰在这一战略格局中的特殊地位，很大程度上倚赖着它与高昌间的相互支持，而实现这一功能的，就是沟通高昌与楼兰的墨山国之路。

斯坦因、斯文赫定等人采自楼兰的魏晋简牍中，有反映楼兰地区与高昌相互联系的内容。编号 CH.928 的一简提到“高昌士兵梁秋等三人日食六升起九月一日尽卅日”[①]。王国维先生指出：“其（高昌）兵梁秋等三人，时殆以事留西域长史所，故其廪食由海头给之也。”并推定其时间在西晋泰始间[②]。编号 C.114 的一简曰：

兵曹泰始四年六月发讫部兵名至高昌留屯逃亡物故等事[③]

据唐长孺先生考证，此简是兵曹簿籍，记录泰始四年（268）发往高昌留屯兵士的逃亡、物故等事[④]。当然，对于西域长史和戊己校尉两营士兵的构成及来源，目前的研究还不够，从楼兰文书中只能得到一些暗示性的了解。这些都是反映魏晋时期西域长史营（楼兰）与戊己校尉营（高昌）间交通联系的间接材料。

西晋后期，中央政府放弃了对楼兰地区的经营，鄯善国势力进入楼兰，楼兰佉卢文书的发现以及学者对这些文书的研究，证明了这一点[⑤]。楼兰被放弃之后，高昌可能也会被放弃。但这种局面并没有保持很久，前凉早期就已恢复对楼兰地区的统治。对于前凉楼兰史，学者通过整理研究楼兰简牍，已经有了相当多的了解[⑥]。我们现在仍然把目光投放到这一时期楼兰与高昌的交通问题上。这里要提到“李柏文书”。1909 年

---

① 林海村：《楼兰尼雅出土文书》，北京：文物出版社，1985 年，第 28 页。

② 罗振玉、王国维：《流沙坠简》，第 170 页。

③ 林梅村：《楼兰尼雅出土文书》，第 57 页。

④ 唐长孺：《魏晋时期有关高昌的一些资料》，《山居存稿》，北京：中华书局，1989 年，第 333—343 页。

⑤ 孟凡人：《楼兰鄯善简牍年代学研究》，乌鲁木齐：新疆人民出版社，1995 年，第 286—542 页；孟凡人：《楼兰新史》，第 168—198 页。

⑥ 孟凡人：《楼兰新史》，“前凉楼兰史编年”，第 244—271 页。

日本僧人橘瑞超在楼兰发现的前凉西域长史李柏致焉耆王龙熙的书信草稿两件[①]，即所谓李柏文书，受到学者们极大重视。今录文书之二如下[②]：

五月七日海头西域长史关内侯
柏顿首顿首阔久不知问常
怀思想不知亲相念
便见忘也诏家见遣
来慰劳诸国此月二日来到
海头未知王问邑邑天热
想王国大小平安王使
□□俱共发从北虏中与
严参事往不知到未今
遣使苻太往通消息
书不尽意李柏顿
首顿首

《晋书·张骏传》："西域长史李柏请击叛将赵贞，为贞所败。……竟以减死论。"孟凡人先生认为，李柏文书写于击叛将赵贞之前，写信的目的，是为了联络焉耆，为出兵攻击赵贞做准备，时在325年[③]。案赵贞是驻屯高昌的戊己校尉，对张骏似乎有点离心，所以李柏要建议攻击他。根据文书内容分析，李柏刚刚从姑臧返回楼兰，他到姑臧可能就是为了同张骏商议击赵贞，得到同意后即回到任所着手准备。文书中还提到焉耆使者与"严参事"一起，"从北虏中"往焉耆。从凉州到焉耆，便捷又安全的路线是经楼兰道，为什么这里需要迂回"北虏"之地呢？看来也是为了击赵贞而安排的外交活动。北虏，指东部天山一带的鲜卑或由鲜卑所控制的其他游牧部族。赵贞驻屯高昌，与伊吾及车师后国故地的"北虏"接界，因此攻击赵贞，需要处理好吐鲁番周边地区的问题。

李柏向赵贞发起军事进攻，唐长孺先生认为在东晋太宁二年

① 金子民雄：《论大谷探险队——橘瑞超是怎样到达楼兰的》，马大正等编：《西域考察与研究》，乌鲁木齐：新疆人民出版社，1994年，第122—125页。

② 录文据孟凡人《楼兰鄯善简牍年代学研究》，第246—247页。

③ 孟凡人：《楼兰新史》，"李柏文书的年代"，第233—244页。

(324)[①]。无论李柏这时是否与焉耆达成联盟关系,他不太可能假道焉耆去攻击赵贞。李柏进兵的路线,当然只能是经由墨山国之路,向北翻越库鲁克塔格,直接进攻高昌。我们不知道赵贞与李柏的军事接触究竟发生在什么地方,可能在高昌城下,也可能在李柏进兵的路上,后者的可能性最大。李柏兵败,退回楼兰。楼兰与高昌的联系因而中断。三年以后,即东晋咸和二年(327)[②],前凉又一次进攻高昌,赵贞被擒,前凉于其地置高昌郡。前凉这一次出兵,自然也是经由墨山国之路。

高昌置郡后,似乎在吐鲁番盆地并存着三个互不统属的机构,即车师前国政府、高昌郡和戊己校尉营。驻屯楼兰的西域长史营,在与吐鲁番这三个权力机构的关系中,可能扮演着很特殊的角色。随着前凉对鄯善、焉耆用兵,楼兰的战略地位越发突出。也可能就是因此,西域长史改号曰西域都护,提高了级别[③]。东晋永和元年(345),前凉设沙州,下辖晋昌、敦煌、高昌三郡及玉门大护军、西域都护、戊己校尉三营。在这一军政格局下,墨山国之路的重要性,乃是不言自明的。

前凉之后,从历史文献中所能知道的关于墨山国之路的使用情况,已经不多。本文开头提到的吕光西征,即使不先至鄯善,也不可能避免经由墨山国之路。由于伊吾路为鲜卑控制,焉耆依附猃胡,所以要到车师和高昌,只剩了这一条路。我们在前面强调吕光大军先至鄯善,后到楼兰,还出于一种对楼兰地区交通线变迁的推想:很有可能,从西汉到前凉,由于孔雀河流入罗布泊的水口缓慢地由北向南摆动,孔雀河尾闾地带的绿洲也随之发生了由北向南的摆动。西汉遗址集中于罗布泊以北(以土垠为中心),而东汉至魏晋十六国时期的遗址,集中于罗布泊西北地带(以LA为中心),就是一个很好的证明。发生这样的地理变化,自然影响到交通线的变迁。西汉时期经常使用的穿越白龙堆至土垠向西的路线,到东汉以后,其地位很可能已经下降。而出玉门关经阳关绕道罗布泊西南至鄯善,再经喀拉库顺湖岸绿洲,沿罗布泊西岸北行到达LK、LA(楼兰城)的路线,似乎更适于已经变化的罗布淖尔地区的地理环境。当然这只是一个猜想,还有待考古调查的证实。

---

① 唐长孺:《高昌郡纪年》,《魏晋南北朝隋唐史资料》第3辑,1981年,第21—34页。

② 确定这一年代的重要依据,是《初学记》卷八所引萧梁顾野王《舆地广记》的一句话:"咸和二年,置高昌郡,立田地县。"见《初学记》卷八,第181页。

③ 孟凡人:《楼兰新史》,第266页。

北朝以后，随着孔雀河改道，楼兰地区的自然环境发生了急剧变化，楼兰绿洲消失了[①]。442年沮渠无讳受高昌太守阚爽降，将家户自鄯善奔赴高昌。《魏书·沮渠蒙逊传》："无讳留安周住鄯善，从焉耆东北趣高昌。"可见这时从鄯善到高昌不再经由墨山国之路了，沮渠无讳所走的路线，很可能就是今天南疆的所谓"绿色走廊"。楼兰绿洲的消失是交通路线发生这种变化的根本原因。但是，我们不能根据北朝以后的地理和环境状况，忽视在孔雀河改道、楼兰绿洲消失以前，墨山国之路曾经发挥过的重要作用。

五、墨山国与墨山国之路

墨山国的所在，依据《汉书·西域传》提供的与焉耆、危须、尉犁等国的距离及相对方位，最早由格伦纳德（Grenard）提出应当在库鲁克塔格西部[②]。1915年春，斯坦因从吐鲁番出发，跨托克逊河，向南直接翻越库鲁克塔格，深入其腹地，进行了多方面的科学考察，并详细记录于其名著《亚洲腹地》一书中[③]。其中他对辛格尔（Singer）及兴地（Shindi）两地的调查，对我们研究墨山国尤其有价值。根据斯坦因的报告，辛格尔绿洲在库鲁克塔格山间具有一些非常特别的地理学特征，最突出的特征是气候方面的。辛格尔不同于周围地区的气候特征是空气相对湿润，深冬相对温暖，即使在最干燥的季节，空中仍然能看到云雾；斯坦因还尝试探讨了这种小气候形成的地理条件[④]。这可以解释在库鲁克塔格山间，为什么会存在这样一个泉水丰沛、植被茂盛、农牧皆宜的小绿洲。把这里看作西汉墨山国的中心，当然是有理由的。

斯坦因还考察了辛格尔西北方向的破城子、干草湖一带[⑤]。那里比较优越的水草条件，也给斯坦因留下了很深的印象。现代学者对这一带

---

① 这个问题我将另外撰文研究。

② Grenard, *Mission Dutreuil De Rhins*, Ⅱ, p. 61.（据 A. Stein, *Serindia*, Vol. Ⅰ, Chap. Ⅸ, Sec, Ⅳ, p. 334。）

③ A. Stein, *Innermost Asia*, Vol. Ⅱ, Chap. XX, Explorations in the Kuruk-tagh, Oxford, Clarendon Press, 1928, pp. 719-748.

④ A. Stein, *Innermost Asia*, Vol. Ⅱ, Chap. XX, Sec, Ⅰ, From Turfan to Singer, p. 723.

⑤ A. Stein, *Innermost Asia*, Vol. Ⅱ, Chap. XX, Sec, Ⅱ, To Po-cheng-tzu and Shindi, pp.725-748.

的考察，证实了斯坦因报告的精确性。根据近年（1989）最新的调查，新疆考古工作者在尉犁县东部，干草湖以西的苏盖提布拉克山谷中，发现一座古城，从这里向北至焉耆，“沿途有胡杨林带和红柳，溪水潺潺，风景十分优美，不失为行旅的佳道”，并因此认定这里才是古墨山国故址[①]。

从这些材料看，库鲁克塔格中西部，存在着相当多的山间绿洲和草场，泉水出露地段甚多，是放牧和狩猎的好去处。1928年春，瑞典学者贝格曼（F. Bergman）考察了兴地山谷大量的岩画，这些岩画反映出古代墨山国（当然还有后代的库鲁克塔格居民）的狩猎和放牧生活，是研究库鲁克塔格古代历史的重要素材[②]。古墨山国居民主要的经济生活形式，正是放牧和狩猎。库鲁克塔格西部（包括辛格尔在内）的气候和水草条件，使这里可以四季放牧（即在山间不同地带分别形成冬牧场和夏牧场）。直到今天，库鲁克塔格一线仍然是猎户乐于光顾的地方。此外，这里还是野骆驼的主要繁息地之一。

可是，我认为，今天库鲁克塔格山地的水草条件，比起古代（唐代或北朝以前），已经有了很大的下降。据《汉书·西域传》，当时的墨山国有“户四百五十，口五千，胜兵千人”。在人口急剧增长的今天，库鲁克塔格山间的居民数量却远远不能达到西汉时代的水平，说明这个地区历史时期的自然环境是在逐步变得恶劣的。再以辛格尔为例，当斯坦因前往调查时，那里只有一户人家。清末的《辛卯侍行记》中，生额尔（即辛格尔）下注云：“或名五户地，有池及树，缠回一家，地三十亩，半耕半牧。”[③]以今天库鲁克塔格的自然状况，去想象西汉时代墨山国的面貌，是有些困难的。

在汉朝政府把经由墨山国主要绿洲、通往车师盆地的这条“墨山国之路”当作战略交通线以后，墨山国的历史文化发展受到了哪些影响，是一个很有趣味的课题。墨山国的君臣百姓，为路经此地的汉朝使节或军队担任向导，提供牲畜，补充给养，提供水草等等，有时还可能要派遣军队，协助汉军作战，这些，当然都是题中应有之义。可是问题可能

---

① 羊毅勇：《论汉晋时期罗布淖尔地区与外界的交通》，第300—315页。

② Folke Bergman, *Archaeological Researches in Sinkiang,* Stockholm, 1939, pp.183-193.

③ 陶保廉：《辛卯侍行记》卷六，光绪二十三年（1897）养树山房刻本，第42页。

还有另外一面。我想，由于汉朝对这条战略交通线的重视，墨山国会感受到一定压力，其主体可能逐步向西移动。研究这个问题还有待进一步的材料。

从楼兰城沿孔雀河向西，在营盘地方渡河，再向北行，可抵兴地山谷。这是墨山国之路在楼兰一边的起点。营盘古城遗迹及墓地，是此地古代繁盛的证明[①]。斯坦因在营盘以西发现的烽燧线，以及从营盘到兴地之间发现的烽燧线，都是古代（汉代）线路干道的标志。其中营盘与兴地山谷之间的烽燧，可以说是墨山国之路的南端，这一带的汉魏遗迹就是最坚强的证据[②]。

墨山国之路的北端，当然是汉魏的柳中（今鄯善县鲁克沁镇）。这条由鲁克沁出发，向南越库鲁克塔格入罗布淖尔地区的道路，虽然由于自然环境的恶化，早已不能如汉魏时代那样畅达，但自古以来，始终就是沟通罗布洼地与吐鲁番盆地的捷径。现代人比例尺地图上，也标示出这条古道。清代及民国的有关材料里，称这条道路为"吐鲁番歧路"。陶保廉《辛卯侍行记》卷六载此路甚明晰，今录其文于下[③]（其夹注略去）：

> 又自沙白特坎尔西南行，三十里入觉罗塔克山峡，七十里克子里山，八十里阿习布拉克，一百七十里乌宗布拉克，西南入孔木达坂，六十里帕沙布拉克，折西八十里生额尔，六十里阿子杆布拉克，转西南六十里托乎喇布拉可，五十里营盘海子。

民国初期的谢彬《新疆游记》于"新疆迪化道属"一章中附"鄯善歧路"，亦载此路，行程距离几乎全同《辛卯侍行记》[④]。可能所据的地方档案材料是一样的。所记各地名，今天大致可稽。沙白特坎尔，即今底坎。底坎是大海道与墨山国之路分歧的地方。

在乌宗布拉克与阿习布拉克之间，应该还有一些地方，在古代可能十分重要。可以指出来的就是梧桐沟。从名称上就反映出这里水草条件不错，曾经分布胡杨林。黄文弼先生 1930 年自鲁克沁南行，越库鲁克塔格至罗布泊，所走的路线并不是古代的墨山国之路，但其北段有一

---

① 羊毅勇：《尉犁县因半古墓调查及研究》，《楼兰文化研究论集》，第 155—169 页。

② 吐尔逊·艾沙：《罗布淖尔地区东汉墓发掘及调查》，《楼兰文化研究论集》，第 146—154 页。

③ 陶保廉：《辛卯侍行记》卷六，第 41—43 页。

④ 谢彬：《新疆游记》，乌鲁木齐：新疆人民出版社，1990 年，第 35—36 页。

部分是重合的。据黄先生自述，一个重要的石器遗址是英都尔库什（黄先生在日记中称之曰英都尔戈棋[①]），“有井一，位于芦苇丛中，胡桐交槎，风景颇优”[②]。这个地方也在梧桐沟一带。

这个梧桐沟，让我想起十六国时期的高桐关或高梧关。这涉及吕光西征之后回师凉州的路线。《晋书·吕光载记》，光自龟兹还军，未至高昌，前秦高昌郡太守杨翰“说其凉州刺史梁熙距守高桐伊吾二关，熙不从”，翰遂降光。《资治通鉴》卷一〇六晋孝武帝太元十年（385）载其事甚详，今录写如下：

> 吕光自龟兹还至宜禾，秦凉州刺史梁熙谋闭境拒之。高昌太守杨翰言于熙曰：“吕光西破西域，兵强气锐，闻中原丧乱，必有异图。河西地方万里，带甲十万，足以自保。若光出流沙，其势难敌。高梧谷口险阻之要，宜先守之而夺其水；彼既穷渴，可以坐制。如以为远，伊吾关亦可拒也。度此二阨，虽有子房之策，无所施矣。”熙弗听。……光闻杨翰之策，惧，不敢进。

是《晋书》之高桐，即《通鉴》之高梧。案宜禾为晋昌郡属县，位于河西走廊西部，敦煌以东，其地在今安西县南岔乡的六工破村[③]。因此，上引文中的宜禾或别有所指，或为史书错谬，二者必居其一。胡三省注高梧谷口曰：“当在高昌西界。”注伊吾关曰：“伊吾县，晋置，属晋昌郡，有伊吾关。”前面我们讨论过魏晋时代的伊吾问题，十六国前期的伊吾县，当仍魏晋之旧，寄治敦煌（西晋惠帝以后属晋昌），伊吾关，应当就是西晋伊吾都尉所在，其地在晋昌北境的北山（马鬃山）南麓。这个伊吾并不是东汉时候的伊吾。胡三省能见及此，殊为难得，清人赞胡注优于地理，不为无因。但是胡注谓伊吾有伊吾关，不见于他书，或别有所本。这里是否足以构成阻截敦煌与酒泉间交通的军事关隘，我们还不能遽下结论，请俟诸今后的研究。胡注高梧在高昌西界，就不成立了。吕光自龟兹向高昌，当然是走银山道。若高梧谷口在高昌以西，杨翰自可率军拒敌，又何必献策于梁熙？梁熙不听，不是不欲拒吕光，而是不欲派遣

① 黄文弼：《黄文弼蒙新考察日记（1927—1930）》，北京：文物出版社，1990年，第533页。

② 黄文弼：《罗布淖尔考古记》，第91—92页。

③ 李并成：《汉敦煌郡宜禾都尉府与曹魏敦煌郡宜禾县城考》，《敦煌学辑刊》1996年第2期，第94—98页。

大军前往这个名叫高梧的关口。思考焉耆与高昌间的地理形势，不存在一个这样的军事要地。那么，高梧在什么地方呢？

首先我们应该知道，吕光大军自高昌至玉门，走的是什么路线。这时巴里坤草原和哈密盆地为鲜卑势力所控制，伊吾路不通，吕光不可能走伊吾路。他可能选择的只有两条路：大海道或墨山国之路。大海道较为捷近，墨山国之路较为迂曲。冯承钧先生认为吕光东归是走大海道[①]。如果是这样，那么高梧谷口就应该在大海道的中间某处了。但是《北史·西域传》“高昌国”条描述大海道的情形曰：“多沙碛，茫然无有蹊径，欲往者寻其人畜骸骨而去。路中或闻歌哭声，行人寻之，多致亡失，盖魑魅魍魉也。”这条路上虽然也偶有泉水，但水量很小，不能供应大队人马，更不可能供应吕光那支庞大的军队。另外，如果把高梧安在大海道上，似乎也不符合杨翰语中所暗示的高梧谷口与伊吾关的距离。我认为，吕光大军自高昌向敦煌，所走的路线是墨山国之路，翻越库鲁克塔格之后，或循来路回玉门，或自楼兰经罗布泊北岸东至玉门。吕光西征与东归，都走了墨山国之路。因此，所谓高桐或高梧，就在墨山国之路的某一个重要位置上，我认为就是今乌宗布拉克东端的梧桐沟一带。

作为地名的高桐或高梧，所描述的都是生长良好的胡杨林带。从鲁克沁南出，经确洛塔格山峡，直至梧桐沟，三百多里之内，水草条件都很一般，所以梧桐沟一带实在是最好的行旅休整之地。如果在这里设关卡，对于长途跋涉、人马饿渴的军队来说，应当是相当有威胁的。杨翰本意，是请梁熙派遣军队到这里驻守，既可威慑东归的吕光，又可与高昌互为支援，壮自己的胆；只是担心梁熙嫌路程太远，才又建议驻守伊吾关。

高桐或高梧，即梧桐沟一带，在唐代可能还是一个重要地方。《通典》卷一四七《州郡四》“交河郡”条：“东至伊吾郡七百五十里。南至三百五十里，过荒山千余里至吐蕃。”按照《通典》行文的一般格式，在“南至”与“三百五十里”之间，应该有一个地名。“荒山”，指库鲁克塔格。所谓“过荒山千余里至吐蕃”，是指从库鲁克塔格到吐蕃屯城（今米兰）间，有一千余里。这些道里描述基本正确。那么，从交河向南（经墨山国之路）三百五十里，有一个什么地名呢？依据前面引述陶保廉《辛

① 冯承钧：《高昌事辑》，《西域南海史地考证论著汇辑》，第54页。

卯侍行记》，从底坎到乌宗布拉克恰好是三百五十里。案唐代交河郡即西州，治高昌。所以可以推定，《通典》此处所缺少的地名，很有可能就是高桐或高梧，其地即今之梧桐沟[①]。

墨山国之路的考述，到此基本结束。应该强调的是，以上讨论虽然注意到了文献与考古调查资料的结合，但都还是间接的。对于墨山国之路的认识，由于历史条件的变化，特别是由于地理环境的变化（主要是水资源的变化），现在很难作进一步的具体论证。1910年年底，日本年轻的探险家橘瑞超从鲁克沁出发，向南越库鲁克塔格，到达罗布沙漠。他在《中亚探险》一书中以“无人之地”为题记述这一经历，并声称：“（库鲁克塔格山间）自古以来没有听说过这一带有人居住。”[②] 当然他并不是循着古代墨山国之路南下，但是在古代，即使库鲁克塔格东部，也不可能就无人居住。只不过橘瑞超时代的库鲁克塔格山间环境，早已发生了巨大的变化，他面对水草条件异常恶劣的今日的库鲁克塔格，才会发出这样的感慨。

（原载《国学研究》第5卷，北京：北京大学出版社，1998年）

---

① 《太平寰宇记》卷一五六述此路程曰：“南三百六十里至荒过山，又千余里至吐蕃。”荒过山，是据《通典》别本（如朝鲜本）之误，不可通。参王文锦等点校本《通典》第5册，卷一七四校勘记第54条，北京：中华书局，1988年，第4569页。

② 橘瑞超：《中亚探险》，柳洪亮译，乌鲁木齐：新疆人民出版社，1993年，第20—21页。

茹茹公主

一、西魏文帝悼皇后

“茹茹公主”,《北史》写作“蠕蠕公主”,是指柔然可汗阿那瓌的女儿。阿那瓌一共有几个女儿已不可知,史书提到的两个,分别嫁给了西魏皇帝魏文帝和东魏权臣高欢。嫁给魏文帝的是阿那瓌的长女(525—540),嫁给高欢的则是比她小五岁(530—548)的次女。阿那瓌是历史上唯一一个投奔洛阳获得北魏支持以后重新在塞外崛起的柔然可汗(另一个柔然可汗、阿那瓌的堂兄婆罗门就客死在洛阳城南四夷馆之一的燕然馆了),其经历有点类似西汉的匈奴呼韩邪单于,不同的是阿那瓌后来趁着北魏分裂,摆脱了屈辱的依附地位,反倒凌驾于东、西两个元魏政权之上,造成“东、西魏竞结阿那瓌为婚好”[1],目的是借重柔然以图在东西对抗中占有优势。阿那瓌的两个女儿分别嫁到东魏和西魏,其历史背景就是这种“竞结婚好”的国际形势。

阿那瓌的长女嫁给西魏文帝时只有十四岁,两年后生孩子时可能遭遇难产,“产讫而崩”[2]。虽然只有短短的两年,这位死后被谥为悼皇后的茹茹公主却在魏文帝的后宫引起了重大危机。首先,魏文帝迎娶公主时已经三十二岁,与比他小三岁的正妻乙弗氏结婚已经很多年了。乙弗氏为文帝生了十二个儿女,活下来的有两个,就是太子元钦(拓跋钦)和武都王元戊(拓跋戊)。值得注意的是,乙弗氏的外祖父与魏文帝的祖父是同一个人,即北魏孝文帝。虽然他们夫妇恩爱甚笃,但为了国家利益,皇后地位必须让出来给茹茹公主。乙弗氏先是“逊居别宫”,即从正

---

① 《北史》卷九八《蠕蠕传》,北京:中华书局,1974年,第3264页。

② 《北史》卷一三《后妃传上》,第507页。

宫退出，接着“出家为尼”[①]。照说“逊居别宫”之后已经无碍于文帝迎娶茹茹公主，为什么乙弗氏一定要“出家为尼”呢？很可能这是柔然方面所要求的，护送公主南来的柔然官员会尽一切努力保证公主享有专房之宠。乙弗氏出家之后，甚至住在长安也不被允许，只好西至天水，和时任秦州刺史的武都王元戊住在一起。

不过，据说魏文帝还是非常想念乙弗氏。《北史》记魏文帝虽然被迫废乙弗氏，但“恩好不忘”，因此“密令养发，有追还之意”[②]，让乙弗氏重新蓄发，以便将来回到文帝身边。这种藕断丝连的爱情大概也瞒不了公主和陪同的柔然官员，势必会给乙弗氏带来祸患。大统六年（540）春，柔然“举国度河”，前锋部队已经过了夏州（即统万城，在今陕北靖边北），“颇有言虏为悼后之故兴此役”[③]，当时的说法是柔然乃是为了给茹茹公主打抱不平而发动这场战事，这当然使魏文帝承担了莫大的压力。

《北史》记魏文帝说：“岂有百万之众为一女子举也？虽然，致此物论，朕亦何颜以见将帅邪？”[④]虽然表达了对于柔然此次军事行动真实动机的强烈怀疑，但无可奈何，只好派宦官曹宠带着他的亲笔敕令到天水让乙弗氏自尽。三十一岁的乙弗氏接到敕令后，“挥泪”对曹宠说：“愿至尊享千万岁，天下康宁，死无恨也。”于是与武都王元戊诀别，又交待元戊给她的另一个儿子（即皇太子）元钦带话，“辞皆凄怆”，母子一场痛哭。然后，乙弗氏“召僧设供，令侍婢数十人出家”，还亲自为她们剃发。办完这一切，“乃入室，引被自覆而崩”[⑤]，是以被褥覆盖窒息而死的，当然一定需要有人协助。

从文献记载看，乙弗氏的遭遇在当时是颇有人同情的。这从《北史》所记的三个故事可以看出来。第一个是关于乙弗氏入葬的故事。她以比丘尼的身份而死，自然也按照佛教的办法安葬，“凿麦积崖为龛而葬”。麦积崖即天水麦积山石窟，该石窟的重要性就是在西魏北周之时开始的。龛凿好以后，该把乙弗氏的棺柩放进去的时候，“有二丛云先入龛中，

---

①《北史》卷一三《后妃传上》，第506页。

② 同上。

③ 同上书，第507页。

④ 同上。

⑤ 同上。

顷之,一灭一出”[①]。这像是对魏文帝和乙弗氏恩爱关系的一种赞扬和同情。第二个故事,讲乙弗氏死后,茹茹公主(悼皇后)怀孕住在瑶华殿将要生产,总听到殿上有狗吠声,十分烦恼,又看见有盛装妇人进入室内,可是旁边的侍者却什么也没有见到。当时议论,觉得这是乙弗氏的灵魂在作怪[②]。另一个故事,是说后来(551)安葬魏文帝的时候,要把十一年前同年死去的乙弗氏和茹茹公主迁来与文帝一起下葬,公主的棺车先到了鹿苑,等文帝的辒辌车来了以后,公主的棺车本应过去会齐,可是“轴折不进”,即车轴无缘无故地折断了[③]。这个故事所显露的对茹茹公主的怒恨情绪,一定是因为把她看成了乙弗氏悲惨命运的制造者。虽然三个故事都不应视作实录,但这类故事的流传毕竟代表了某种情感立场。

可是关于乙弗氏与悼皇后的史料中,一点也看不出所有事件真正的幕后推手——其实,决定魏文帝与茹茹公主这场政治联姻的,当然不是魏文帝本人,而是西魏的权臣宇文泰。不用说,废黜乙弗氏、让乙弗氏出家、把乙弗氏赶到天水、最后逼令乙弗氏自尽,所有这些事,都是由宇文泰决定的。魏文帝关于“岂有百万之众为一女子举也”的辩解,也是直接或间接讲给宇文泰听的。

不过最初柔然对长安朝廷的这种政治格局可能并不了解。阿那瓌把女儿嫁给魏文帝,或许还以为魏朝是可以一直延续下去的。柔然之所以一开始就在分裂的两个魏朝之间选择与西魏而不是东魏建立友好亲密关系,应该是因为孝武帝本人投奔了关中。孝武帝在洛阳时曾安排把范阳王元诲的女儿琅琊公主嫁给阿那瓌的长子,这桩婚事虽然因孝武帝西奔长安且不久被害而作罢,但继孝武帝之位的魏文帝迅即把孝武帝时的舍人元翌的女儿称作化政公主,嫁给阿那瓌的兄弟塔寒[④],算是对孝武帝时期政策的继承。阿那瓌所熟悉的北魏官员(如元孚等),也在西魏朝廷任职。所以,在阿那瓌等柔然人的观察中,西魏继承了洛阳朝廷的正统。更何况西魏还“以金帛诱之”[⑤]。只是,阿那瓌把女儿嫁给魏文帝时,并没有意识到西魏皇帝已是宇文泰手中的傀儡,魏朝的天命历运行将终

① 《北史》卷一三《后妃传上》,第 507 页。

② 同上。

③ 同上书,第 507—508 页。

④ 《北史》卷九八《蠕蠕传》,第 3264 页。

⑤ 同上。

止。后来与东魏修好之后,他坚持要高欢而不是东魏孝静帝娶他的爱女,一定是吸取了早先的教训。

大统三年(537)阿那瓌同意把长女嫁给魏文帝，公主的陪嫁可谓浩浩荡荡：车七百乘，马万匹，驼千头[①]。西魏派阿那瓌的老相识太保元孚前去迎接。腊月间，柔然的送亲大军和西魏的迎亲大军在寒冷多风的黑盐池（今宁夏盐池）会合，此后的行程就要配备西魏皇家的“卤簿文物”了。按照中原王朝的制度，茹茹公主以皇后之尊，居止动静，应该面朝正南方向，不仅庐帐南向开门，接见魏臣时也要南向而坐。因此元孚在献上“卤簿文物”时，请公主从此改变方向，以南向为正。

可是柔然的历史传统与大多数内亚游牧部族一样（其实拓跋鲜卑早期也是如此），是以太阳升起的东方为正的，庐帐东开，尊者东向而坐。公主从此时开始就面临着适应不同的文化环境的问题了。她回答元孚：在见到魏皇帝之前，我还是柔然的女儿，魏朝诸臣不妨向南，我还是向东吧[②]。史书记录公主的这个回答,可能本意是想表彰她善处礼法,可是却也显露了公主对母国传统的依恋，以及对适应异国文化的踌躇。史书没有说公主是否学习汉语，即使她并不排斥学说汉语，但在短短两年间，成效一定十分有限，与魏文帝及宫中官员的日常交流，只有靠她从草原上带来的那些侍从人员来传话、翻译了。

婚姻的目标是建立纽带关系，最主要的纽带就是子嗣，共同的子嗣会保障和强化政治婚姻的原初目的。因此魏文帝原有的女人必须被驱逐，甚至被消灭，专房之宠的目的是生育子女。才十四五岁的茹茹公主，就在长安的宫中专注于这项神圣的使命。可是事与愿违，公主产后就死了，宇文泰苦心经营的纽带瞬间就若有若无了。这对宇文泰、对阿那瓌，都是不小的打击。

无论西魏如何隆重治丧，阿那瓌一定会怪罪西魏君臣照顾不周。而这时，柔然对西魏政治的实际情况已经有了深入的了解，西魏的正统也已不复重要，同时西魏经济较弱、物资有限的问题进一步暴露。在东、西魏之间如何取舍，因公主的猝死而突然间成为摆在阿那瓌面前的新问题。

---

① 《北史》卷一三《后妃传上》，第 507 页。

② 同上。

二、从蠕蠕到茹茹

现在，让我们花点笔墨，交待有关茹茹和蠕蠕的问题。

蠕蠕、茹茹，就是现代史书中统一称呼的柔然。按照《北史·蠕蠕传》的说法，蠕蠕的始祖木骨闾死后，其子车鹿会“雄健”，政治上有了较大的发展，“始有部众，自号柔然”[①]。根据中古时期用汉字音译北族名号的规律，我猜想“车鹿会”这个名字所对应的阿尔泰名号应该是 Kül Qan[②]。按照这个说法，从车鹿会开始，柔然作为一个政治体就拥有了较为稳定的名称“柔然”。研究者相信，柔然的统治部族出自东胡系统，很可能本来是汉魏时期鲜卑集团的一个分支，因此和拓跋鲜卑一样是说古蒙古语（Proto-Mongolic）的[③]。可惜现在已经无法了解“柔然”一词的语源了。

虽然有了稳定的名称，但柔然国的精英们肯定顾不上给自己的国名确定正式的汉字译写方式，因此与柔然约略同时而且联系密切的各国理应各自确定一个标准译名用在官方文书中。那时与柔然有一定外交联系的，在中国南方有南朝（先后为宋、齐、梁三个王朝），在中国北方先有慕容鲜卑的后燕，后有拓跋鲜卑的北魏，在鄂尔多斯地区有赫连氏的大夏，在河西走廊和吐鲁番盆地有北凉及后来的高昌，在青藏高原及其边缘地带有吐谷浑，在辽东辽西地区有北燕，在朝鲜半岛有高句丽，在塔里木盆地中部及其以西的中亚有嚈哒。其中南朝各政权、后燕、大夏、北魏、北凉、高昌、北燕和高句丽，尽管不都是以汉语作为官方语言的，但在文书写作中却都是使用汉文的。大夏、北凉、高昌和高句丽是怎么译写柔然国名的，我们今天已经无从知晓了。后燕和北燕的译法应该是一致的，《晋书·冯跋载记》称柔然为蝚蠕，直接的依据应该是北魏崔鸿所编纂的《十六国春秋》，崔鸿的依据，应该是北魏高闾所编纂的《燕志》，而高闾的依据，则极可能是北魏时仍能见到的北燕的原始史料。非常可

---

① 《北史》卷九八《蠕蠕传》，第 3249 页。

② 参看罗新：《论阙特勤之“阙”》，原载《中国社会科学》2008 年第 3 期，后收入《中古北族名号研究》，北京：北京大学出版社，第 211 页。

③ Peter B. Golden, *An Introduction to the History of the Turkic Peoples: Ethnogenesis and State-Formation in Medieval and Early Modern Eurasia and Middle East*, Wiesbaden: Otto Harrassowitz Verlag, 1992, pp.76-77.

能的情况是，后燕与北燕都把柔然的国名写成“蝚蠕”。作为柔然盟友的南朝宋、齐、梁三朝，都采用“芮芮”这个译法。南朝是经由吐谷浑和北凉（后来是高昌）才能与漠北的柔然取得联系的，因此南朝的译法也许与北凉颇有关联。北魏自太武帝以后的译法是蠕蠕，之前则应该是柔然。

蝚蠕、柔然、芮芮和蠕蠕，显然只是同一个北族名号的不同汉字音译（transliteration）而已。

为什么现存北魏史料(《魏书》和《北史》)一概称柔然为蠕蠕呢？《北史·蠕蠕传》的解释是：“后太武帝以其无知，状类于虫，故改其号为蠕蠕。”[①] 从车鹿会自号柔然（始有国名），到太武帝改其号为蠕蠕，中间有差不多一个半世纪之久。虽然柔然、蠕蠕实际对应的是同一个北族名号，但蠕蠕作为汉字是明显含有贬义的，所谓“状类于虫”，仅仅是对汉字的解释，与蠕蠕和柔然所对应的原阿尔泰名号是没有关系的。作为一个草原游牧政治体（后来还发展成为游牧帝国）的柔然，自从车鹿会以后，从来没有改变过名称。但在汉语和汉文的环境下，如何用汉字音译柔然的国名，并不由柔然控制，或者说，在最初阶段，柔然也完全不在乎。

尽管北魏史料存在许多浑浊不清的地方，我们大致还是可以知道，在太武帝给柔然改名为蠕蠕之前，北魏对柔然国名的汉字音译，应该就是“柔然”。而到太武帝时期，柔然已成为北魏最危险的外敌，对北魏向鄂尔多斯（大夏）、河西（北凉）和辽东（北燕）的发展，一定起了极大的牵制作用，这就是太武帝改用蠕蠕来音译柔然国名的时代背景。这种用含有贬义的汉字来音译境外各族的族名、人名的做法，似乎是一种古老的华夏传统，如匈奴、鲜卑等等。虽然太武帝痛恨柔然，但他的汉文化修养是否好到了令他主动花功夫摆弄译名用字，当然是很可疑的，不过即使是出于崔浩等一班文臣的建议，最后确定“蠕蠕”这个译法的恐怕还是太武帝本人。

有意思的是，在北朝的几种正史中，《魏书》和《北史》使用的是蠕蠕，《北齐书》《周书》和《隋书》使用的却是“茹茹”。在大同云冈石窟第 18 窟窟门的西壁上，有所谓“茹茹造像铭记”，虽已颇为漫漶，但第一行的“大茹茹”，第二行的“可敦”等字还是可以辨识的。该窟开建于北魏文

---

① 《北史》卷九八《蠕蠕传》，第 3249 页。

成帝和平年间（460—465）[①]，但茹茹题名显然不是建窟时所刻写的，因为有清楚的痕迹显示这个题名是在削去西壁原有的浮雕千佛后刻写上去的，因此刻写的时间要比建窟时间晚得多。研究者都同意，茹茹乃是柔然为替代蠕蠕而设计出来的新译法，这种译法到北魏后期才为北魏所接受，因此云冈石窟上的"茹茹造像铭记"一定是北魏后期的作品[②]。但是，茹茹的译法是什么时候才正式为北魏官方所接受的呢？

可以肯定，柔然对蠕蠕这个译名所具有的侮辱意味是清楚的，但当双方处在战争状态的时候，柔然再不满，也无可奈何。北魏与柔然之间的对抗关系，从北魏道武帝攻击匹候跋开始（391），到柔然可汗阿那瓌内外交困之下南奔洛阳（520），前后差不多有130年之久。但是在这130年的最后15年，敌对的情形有了显著的改变，双方再也没有发生重大战事。北魏宣武帝正始三年（506），刚刚当上柔然可汗（他汗可汗）的伏图（这个名字表明那时柔然崇佛的风气很盛）遣使到洛阳"请求通和"，宣武帝"不报其使"，就是没有接见使者，但是却派人对使者传达了一些富有善意的话，北魏官方记录下来的有"若修藩礼，款诚昭著者，当不孤尔也"，等等[③]。伏图西征高车战死，其子丑奴继位为可汗，又派僧人到洛阳"奉献珠像"（这种宝物应该是出自南亚的，显示了草原丝绸之路活跃的贸易网络）[④]。宣武帝派骁骑将军马义舒出使柔然，只是因宣武帝突然驾崩，马义舒就停止了出使。种种迹象显示，宣武帝后期北魏与柔然的关系实际上已经大大改善。

因此，这个推论看起来是合乎逻辑的：柔然就是在这个时候向宣武帝提出把蠕蠕更改为茹茹，宣武帝予以接受，北魏官方此后使用的（应该）是茹茹而不是蠕蠕。——当然，并不是说蠕蠕的用法从此就绝迹了。

而这个推论也可以得到第一手史料的支撑。1984年公布的在陕西华阴五方乡出土的六方北魏弘农杨氏墓志中，有一方杨播墓志，记录

---

① 宿白：《云冈石窟分期试论》，原载《考古学报》1978年第1期，后收入氏著《中国石窟寺研究》，北京：文物出版社，1996年，第76—88页。

② 冯家昇：《蠕蠕国号考》，《禹贡》第7卷第8、9合期，第77—80页；周伟洲：《关于云岗石窟的〈茹茹造像铭记〉——兼谈柔然的名号问题》，《西北大学学报（哲学社会科学版）》1983年第1期，第70—74页。

③《北史》卷九八《蠕蠕传》，第3279页。

④ 同上。

了孝文帝时期的重要人物杨播的生平事迹[①]。杨播于孝文帝太和十六年（492）参加了北魏最后一次大规模进攻柔然的战役，而且还是三路进军的统帅之一。这三路统帅，史书记得不太清楚,《魏书·高祖纪》只记元颐（拓跋安寿）和陆叡[②],《南齐书·芮芮虏传》只记驾鹿浑和杨延[③],驾鹿浑其实应作贺鹿浑，是陆叡的鲜卑语本名，而杨延应作杨延庆，延庆是杨播的本名。可见这三路统帅应该分别是元颐、陆叡和杨播。根据杨播墓志，这一次北征蠕蠕，杨播是中路军的统帅，中路军三万骑从鸡鹿塞北进，横绝戈壁，深入漠北，但是似乎并没有遇到柔然的军队。值得注意的是墓志里提到柔然的时候并没有用“蠕蠕”之名，而是用了“茹茹”：“率骑三万出鸡鹿塞五千余里，迫逐茹茹而还。”[④]杨播墓志写作的时间是孝明帝熙平元年（516）秋，这说明北魏官方采用茹茹一词必在熙平元年秋以前。因此可以说，北魏接受柔然的提议放弃蠕蠕而采用茹茹，是在宣武帝在位的最后六七年间，这个推测大致上是站得住脚的。

虽然北魏朝廷接受茹茹一词并不晚，但在北魏末年六镇反乱之前，北魏与柔然和平关系的前提是柔然日趋衰弱不得不交好北魏，北魏采用茹茹只是一种友好的姿态。可是在六镇反乱以后，本来受北魏资助和保护的柔然，骤然间成为北魏朝廷镇压六镇的主要工具，双方的强弱主次态势开始出现微妙的变化。孝明帝正光元年（520），即位才十来天的柔然可汗阿那瓌外逼于高车反叛、内逼于贵族夺权，走投无路，只好南奔洛阳，以藩臣的身份出现在朝见北魏皇帝的百官亲贵行列里，意味着柔然正式向北魏称臣。次年正月间，阿那瓌在北魏军队的护送下北归，刚出六镇之一的怀朔镇，就因漠北形势复杂不敢北进，于是依托怀朔镇戍暂驻漠南。偏偏三年后爆发了六镇反乱，而北魏派来镇压的大军先后覆灭，北魏朝廷只好请附近的阿那瓌协助平叛。对于柔然来说，与六镇对抗那是由来已久的家常便饭。对六镇来说，正是因为柔然与北魏由战转和，造成北边国防形势松弛，六镇地位下降，各种矛盾才一触即发。

阿那瓌从镇压六镇中获得了巨大的好处。六镇数十万镇民在柔然

---

① 杜葆仁、夏振英：《华阴潼关出土的北魏杨氏墓志考证》,《考古与文物》1984年第5期，第17—27页。

② 《魏书》卷七下《高祖纪下》, 北京：中华书局，1974年，第170页。

③《南齐书》卷五九《芮芮虏传》, 北京：中华书局，1972年，第1025页。

④ 赵超：《汉魏南北朝墓志汇编》, 天津：天津古籍出版社，2008年，第86页。

大军和饥饿的双重打击下，纷纷东徙进入今山西北部和河北中北部，其结果，进入河北的六镇流民完全搅乱了北魏在这个重要地区的统治秩序（宇文泰就在这样的流民队伍里），进入山西北部的流民则加入到尔朱荣的军队中（高欢就这样开始了他在中原的传奇），大大增强了尔朱荣的实力，而六镇镇民的离去，则使北魏经营近百年的六镇地区忽然成为一片真空，把漠南拱手送给了在漠北越来越艰难的柔然。

北魏官方对阿那瓌帮助镇压六镇的感激，以及对柔然重新崛起事实的认识，表现在尔朱荣控制朝廷后孝庄帝的一份诏书上，这份诏书赞美阿那瓌“镇卫北藩，御侮朔表，遂使阴山息警，弱水无尘，刊迹狼山，铭功瀚海”，因而“自今以后，赞拜不言名，上书不称臣”[①]，等于正式承认了柔然与北魏的平等地位。不久北魏分裂为六镇人唱主角的东、西魏，柔然成为双方争相拉拢、不敢得罪的超级外部势力。至少在与中原王朝的关系方面，后期的阿那瓌终于为柔然争得了前所未有的光荣。当然，事实上这是柔然最后的光荣。当阿那瓌在高欢和宇文泰的眼中无比举足轻重的时候，高欢和宇文泰们不可能看到的历史大剧正在上演，在柔然的后花园里，即将改写内陆欧亚历史的突厥人已经从阿尔泰山里走出来，很快就要夺取柔然赖以虎视天下的鄂尔浑河河谷和塔米尔河河谷肥美广阔的大草原了。

史书（如《魏书》和《北史》）仍然以蠕蠕作为北魏后期的柔然国名，一方面是为求体例一致，另一方面则是因为史家对北魏的漠北宿敌抱有歧视。《北史》记柔然事，综合了《魏书》《北齐书》《周书》和《隋书》的相关内容，也可能本来是杂采两个名字的，表现在《北史》的古代版本上，就是茹茹和蠕蠕都用，但经过历代校勘家以体例一致为由加以整理，渐渐就只有蠕蠕而没有茹茹[②]，《北史》在这个问题上的原始面貌也就无从探寻了。而事实上，从宣武帝以来与柔然的关系已经大大改变，蠕蠕这个词至少在官方文件中早已被茹茹取代了。

值得注意的一个问题是，阿尔泰语言中也有公主这个词，当然是从

---

① 《北史》卷九八《蠕蠕传》，第 3263 页。

② 钱大昕指出：“《魏书》作‘蠕蠕’，宋、齐、梁书皆作‘芮芮’，《周书》作‘茹茹’，《北史》有《蠕蠕传》而诸传间有作‘茹茹’者，盖译音无定字。”见钱大昕：《廿二史考异》卷五“冯跋载记”条，方诗铭、周殿杰校点，上海：上海古籍出版社，2004 年，第 387 页。另请参看《北史》卷一三《后妃传上》“校勘记”第 2 条，第 509 页；卷一四《后妃传下》“校勘记”第 1 条，第 538 页。

汉语借入的，而率先把这个词从汉语借入草原社会大肆使用的，很可能正是柔然。虽然今天能够看到的阿尔泰语言中“公主”（qunčuy）一词的最早用例是古突厥文阙特勤碑，但可以推测把这个汉语词汇引入草原政治生活并使之在阿尔泰语言中沉淀下来的，应该是突厥之前的柔然。而且，柔然是历史上唯一效法中原王朝建立了年号制度的漠北游牧帝国，当然，征服并统治了中原地区的蒙元帝国不算在内。阿那瓌本人在洛阳生活过将近半年时间，“心慕中国”，模仿魏朝的制度，“遂有侍中、黄门之属”①。这样一个对中原制度比较向往的柔然，借入公主（qunčuy）作为可汗女儿的称号，是完全可以理解的。——当然，可汗的儿子们并不需要从南方借入什么词汇，因为他们本来就有“直勤”“特勤”（tegin）这样的古老称号。

元代《长春真人西游记》所记中亚人称呼汉人的“桃花石”一词②，也可以追溯到柔然。“桃花石”可能就是麻赫穆德·喀什噶里（Mahmud Kashgari）的《突厥语大辞典》中所收的tawγāč（中国）一词③，这个词的原型应该是鄂尔浑古突厥文碑铭中的tabγač（意指唐朝）④。研究者早已指出，tabγač本来是对应“拓跋”一词的，后来发展为指称拓跋魏所统治的北方中国，突厥用这个词指唐朝（在唐朝建立之前，突厥也应该曾经用这个词指隋朝）⑤。不难理解，正是与拓跋分据漠南漠北形成对抗局面的柔然，最早用tabγač（拓跋）这个词，先是指漠南的拓跋部，后来随着拓跋统治区域的扩大，这个词的词义也逐渐扩大，终于发展到指称拓跋鲜卑所统治的全部北方中国⑥。等突厥人继承tabγač这个词的时候，

---

①《北史》卷九八《蠕蠕传》，第3281页。

② 李志常：《长春真人西游记》卷上，党宝海译注，石家庄：河北人民出版社，2001年，第51页。

③ Mahmūd al-Kāšgari, *Compendium of the Turkic Dialects (Dwān Luγāt at-Turk)*, Edited and Translated with Introduction and Indices by Robert Dankoff, in Collaboration with James Kelly, Cambridge, MA: Harvard University Printing Office, 1982, part I, p. 341.

④ 张广达：《关于马合木·喀什噶里的〈突厥语词汇〉与见于此书的回形地图》，《西域史地丛稿初编》，上海：上海古籍出版社，1995年，第57—82页。

⑤ 伯希和：《支那名称之起源》，冯承钧译：《西域南海史地考证译丛》第1编，北京：商务印书馆，1962年，第40—41页；白鸟库吉：《东胡民族考》上编，方壮猷译，上海：商务印书馆，1934年，第130—132页。

⑥ 罗新：《论拓跋鲜卑之得名》，原载《历史研究》2006年第6期，后收入《中古北族名号研究》，第54页。

他们不会知道它本来是草原上一个游牧集团的名称。

仅仅从文化引入这个角度，也可以看出在内陆欧亚的历史上，柔然（或按照他们自己的译法，叫茹茹）是具有独特重要性的。

这就是为什么本文把阿那瓌嫁到南方来的两个女儿称作茹茹公主，而不是《北史》所称的蠕蠕公主。

三、高欢之妻茹茹公主

近年在河北磁县出土了一方额题为“魏故齐献武高王闾夫人墓志”（图 1）的石质墓志，现藏于河北正定的一个收藏家所办的私人博物馆。我的一个书法家朋友寄来了该墓志的拓片，实在令人欣喜，因为这方墓志的志主，就是阿那瓌嫁给高欢的爱女，是本文要讲述的第二个茹茹公主。“齐献武高王”就是高欢，他生前的爵位是齐王，献武是东魏朝廷给他的谥号。“闾夫人”就是茹茹公主，因为柔然的汗族本姓郁久闾氏，后来可能是在孝文帝姓氏改革时简化为闾氏了。北朝诸史在记录柔然姓氏时通常不写简化后的闾氏，反映了史臣的歧视态度。

现在把茹茹公主这方墓志的序辞部分转录在下面（铭辞部分略去）：

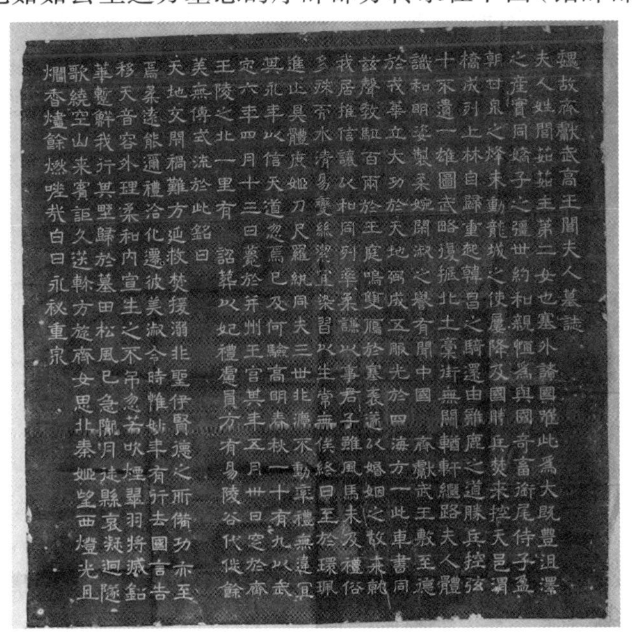

图 1　魏故齐献武高王闾夫人墓志

魏故齐献武高王间夫人墓志

夫人姓间，茹茹主第二女也。塞外诸国，唯此为大，既丰沮泽之产，实同娇子之强。世约和亲，恒为与国，奇畜衔尾，侍子盈朝，甘泉之烽未动，龙城之使屡降。及国胜兵焚，来控天邑，渭桥成列，上林自归。重起韩昌之骑，还由鸡鹿之道，胜兵控弦，十不遗一，雄图武略，复振北土，藁街无阙，辎轩继路。夫人体识和明，姿制柔婉，闲淑之誉，有闻中国。齐献武王敷至德于戎华，立大功于天地，弼成五服，光于四海，方一此车书，同兹声教，驱百两于王庭，鸣双雁于塞表。遂以婚姻之故，来就我居，推信让以和同列，率柔谦以事君子。虽风马未及，礼俗多殊，而水清易变，丝洁宜染，习以生常，无俟终日。至于环佩进止，具体庶姬，刀尺罗纨，同夫三世，非法不动，率礼无违。宜其永年，以信天道，忽焉已及，何验高明。春秋一十有九，以武定六年四月十三日，薨于并州王宫，其年五月卅日，窆于齐王陵之北一里。

“塞外诸国，唯此为大，既丰沮泽之产，实同娇子之强。世约和亲，恒为与国，奇畜衔尾，侍子盈朝，甘泉之烽未动，龙城之使屡降。”这是讲柔然曾经的强盛及其与魏朝的友好，只是在这个叙述中，两国间长达百年的敌对争战的历史就被忽略了。“及国胜兵焚，来控天邑，渭桥成列，上林自归。”这几句是讲北魏孝明帝时期柔然衰落、阿那瓌南投洛阳，渭桥、上林就是用西汉呼韩邪单于到长安朝谒汉宣帝的典故。有趣的是，《乐府诗集》记有一首北魏的杂曲歌辞，题为《阿那瓌》，直接把阿那瓌比作呼韩邪，也引用了汉宣帝在渭桥和长平坂接见呼韩邪的典故，显然就是阿那瓌在洛阳期间传唱开来的：

闻有匈奴主，
杂骑起尘埃。
列观长平坂，
驱马渭桥来。[①]

墓志接着讲北魏帮助阿那瓌在草原上振兴柔然的势力，“重起韩昌之骑，还由鸡鹿之道”，韩昌是汉宣帝派遣护送呼韩邪北归的将领之一，

① 郭茂倩：《乐府诗集》卷七八，北京：中华书局，1979年，第1094—1095页。

"鸡鹿"是汉代阴山西部的主要边关鸡鹿塞，墓志用这两个典故描述北魏以军队和物资帮助阿那瓌回到漠南，图谋夺取漠北。虽然这时柔然经历了很大的挫折，"胜兵控弦，十不遗一"，但阿那瓌"雄图武略，复振北土"。墓志接下来就要赞美志主了："夫人体识和明，姿制柔婉，闲淑之誉，有闻中国。"这样好的一位窈窕淑女，自然是君子好逑，而配得上公主的君子，理所当然就是"敷至德于戎华，立大功于天地，弼成五服，光于四海"的齐献武高王。"遂以婚姻之故，来就我居"，就是这样，公主从草原来到魏朝，嫁给了高欢。

作为齐王妃子的她表现如何呢？"推信让以和同列，率柔谦以事君子"，与高欢的其他女人相处非常融洽，对高欢本人也足够礼敬贴心。那么，文化、语言的差异（"风马未及，礼俗多殊"）是否会影响公主尽职尽责呢？不会的，因为"水清易变，丝洁宜染"，公主很快就适应了新的生活和角色。然而不幸的是，天道似乎并不"与善"，公主也未得"永年"，十九岁就在晋阳（太原）的齐王宫里去世了。

这方墓志的重要之处，当然不在于对公主品德方面的描述，那都是墓志常见的套话，不能当真的。但墓志提供了正史所没有的两条信息：第一，公主是阿那瓌的第二个女儿；第二，公主死于武定六年（548）四月，年十九，可知她应出生于北魏孝庄帝永安三年（530），比她的姐姐、西魏文帝悼皇后小五岁。

高欢娶茹茹公主的时间，《北史·后妃传》说是在东魏孝静帝武定三年（545）八月[①]，《北史·蠕蠕传》说是武定四年（546）[②]。综合考虑各种因素，前一种记载是更可靠的。武定三年，公主十六岁。按照草原上的传统，如果这是她的第一次婚姻，那么可以算是晚婚。而这一年高欢已经五十岁了。《北史·蠕蠕传》记载："阿那瓌有爱女，号为公主，以齐神武威德日盛，又请致之，静帝闻而诏神武纳之。"[③]按照这个说法，阿那瓌主动要求把爱女嫁给高欢，高欢是听从了皇帝的命令才与茹茹公主成婚的。不过那时孝静帝可绝对没有这样的权威，只有在高欢自己做出决定以后，才可能假借皇帝的名义下达一个让高欢迎娶公主的诏命。《北

① 《北史》卷一四《后妃传下》，第518页。

② 《北史》卷九八《蠕蠕传》，第3265页。

③ 同上。

史·后妃传》的记载是:"蠕蠕强盛,与西魏通和,欲连兵东伐。神武病之,令杜弼使蠕蠕,为世子求婚。阿那瓌曰:'高王自娶则可。'神武犹豫,尉景与武明皇后及文襄并劝请,乃从之。"[①] 据此,高欢先向阿那瓌为世子高澄求婚,阿那瓌却表示只能嫁给高欢本人。年过五十的高欢这时早已妻妾成群、儿女满堂,对于迎娶新妇当然会犹豫,在勋贵人物尉景、高欢的正妻娄氏和世子高澄这分别代表三个方面的重要人物都表态支持以后,高欢"乃从之"。

《北史·后妃传》记高欢迎娶茹茹公主:"武定三年,使慕容俨往娉之,号曰蠕蠕公主。八月,神武迎于下馆。"[②] 慕容俨大概是到柔然的可汗庭行迎聘之礼,而高欢本人则是一直到下馆相迎。下馆的确切位置已不清楚,大致在今晋北的恒山北麓,可以说已经出了东魏的北方边界了。据《北史·齐本纪》,高欢在武定三年正月"请于并州置晋阳宫[③],就是在高欢的常驻地、重兵所在的晋阳城(今山西太原)兴建宫殿。从后来的历史发展看,这次大兴土木便是为了当年秋天迎接茹茹公主的到来。武定三年三月,高欢对东魏首都邺城(今河南安阳北)进行了为时短暂的巡视,很显然半年后的大婚与此行多少也有些关系。从三月乙未(十六日)到丙午(二十七日),实在是匆匆忙忙。高欢回到晋阳后,一直到死,始终活动在今山西境内。从史书记载看,自武定三年三月至次年八月,似乎是高欢最无事可记的一年半时光。其实这一年半间,高欢用半年时间做各种安排、准备,再用一年时间在晋阳迎娶并侍奉茹茹公主,而对于高欢,这段时光并不是十分轻松的。

和七年前西魏文帝迎娶阿那瓌长女时的情况一样,高欢正妻的位置必须腾出来。而高欢的正妻娄氏,是高欢的结发妻子,自年轻时在怀朔镇识高欢于广众之中,演出了六镇版的富家女爱慕贫少年的故事。那时高欢还只是一名普通镇兵,而对屡屡上门提亲的各家"强族"一直看不上眼的娄氏,忽然瞧见在城上当差的"长头高颧、齿白如玉"的高欢,忍不住说:"此真吾夫也。"于是派女婢传话,还送给他钱财,好让他上门提亲[④]。娄家纵然不满意这位贫寒的青年,也架不住女儿如此痴心。高

---

①《北史》卷一四《后妃传下》,第517—518页。

② 同上书,第518页。

③《北史》卷六《齐本纪上》,第229页。

④《北史》卷一四《后妃传下》,第516页。

欢是在娶了娄氏之后才有马骑的，也正是因此，他才能当上“队主”的小军官。当高欢感觉到天下即将大乱时，娄氏带来的家产成为他投资未来的重要凭借，“倾产以结英豪”，在六镇起兵之前团聚了一批豪杰之士，这些人成为后来东魏、北齐的开国勋贵。而在这个过程中，娄氏不仅贡献了财富，而且参与了所有重要的谋划，“密谋秘策，后恒参预”。正是因此，在高欢所倚赖的军政显贵中，娄氏有极大的权威，事实上勋贵里还存在着一个以娄氏为中心的联姻圈子。更何况，高欢最年长的几个儿子，也都是娄氏所生。叫这样的娄氏让出正妻的位置，可比七年前让乙弗氏“逊居别宫”要复杂得多、困难得多。

好在已经四十四岁的娄氏深明大义，知道与茹茹公主的婚姻对她夫君的事业具有什么意义。《北史·后妃传》记高欢在决定迎娶茹茹公主之前，表现出犹豫和为难，于是娄氏主动对高欢表示“国家大计，愿不疑也”①，这正是高欢所需要的正确态度。因而，当茹茹公主到来后，娄氏只有“避正室处之”。而高欢当然不是木石心肠，更何况他也知道维持与娄氏的关系在政治上是何等重要。他终于找到一个机会，向娄氏表达歉意，“愧而谢焉”。娄氏顾不上接受他的歉意，只是说：“彼将有觉，愿绝勿顾。”② 这是非常有意思的回答，她并不担心高欢真的忘记了她，她担心的是高欢对她的情意会激怒茹茹公主。

和她的姐姐一样，茹茹公主不是孤身进入晋阳宫的。但是护送公主的主要人物，《北史》内部的记录则颇有歧异，《后妃传》说“阿那瓌使其弟秃突佳来送女”③，《蠕蠕传》则说“阿那瓌遣其吐豆发郁久闾汗拔姻姬等送女于晋阳”④。很可能，秃突佳本是吐豆发的音讹，而吐豆发（Tutuq Beg）是柔然的重要官职⑤，郁久闾汗拔姻姬则是这位吐豆发的姓名。这个吐豆发以可汗之弟的身份护送公主，他在晋阳宫的分量可想而知。从草原出发的时候，阿那瓌交待他的任务是保证公主早日生子：“待见外

---

①《北史》卷一四《后妃传下》，第 516 页。

② 同上。

③ 同上书，第 518 页。

④《北史》卷九八《蠕蠕传》，第 3265 页。

⑤ 罗新：《柔然官制续考》，原载《中华文史论丛》2007 年第 1 期，后收入《中古北族名号研究》，第 141—146 页。

孙，然后返国。”[1] 也就是说，公主生子之前，护送南来的这些人是不能北归的。为了完成这个任务，公主理所当然要完全占有高欢。据《北史》记载，有一天高欢“有病，不得往公主所”，引起秃突佳的不满和愤怒（“怨恚”）。看到秃突佳生气了，高欢不敢怠慢，“自射堂舆疾就公主”，等于是把病床搬到公主房中[2]。如果考虑到高欢已是暮年，一年多以后就会死去，在公主面前的高欢实在是狼狈得很。

虽然和她的姐姐逼死乙弗氏不同，嫁到东魏的这位茹茹公主并没有过度为难高欢的结发妻子娄氏，但是，她也绝不像墓志所写的那样“推信让以和同列”。很显然，除了独霸高欢以外，她也不曾与高欢的其他女人相安无事。一个最突出的例子就是史书所称的彭城太妃尔朱氏[3]。这个尔朱氏是尔朱荣的女儿，原先嫁给尔朱荣所立的北魏孝庄帝。孝庄帝因刺杀尔朱荣被推翻且被杀害，高欢便娶这位尔朱氏为侧室。史书说高欢对尔朱氏的态度非比寻常，“见必束带，自称下官”，“敬重逾于娄妃”，大概是因为她兼有尔朱荣之女和孝庄帝之后的双重身份，而尔朱荣是高欢的恩主，孝庄帝是高欢的皇帝。不过除了身份上的原因以外，尔朱氏能让高欢如此另眼相看，也许还因为她性格刚烈，有男子之风。武定三年八月，高欢迎娶茹茹公主回晋阳，尔朱氏也到木井城（今山西阳曲）迎接，一起南归晋阳。但不知为什么，尔朱氏和公主虽然同行却前后相隔，没有打照面。《北史·后妃传》记载：“公主引角弓仰射翔鸱，应弦而落。”颇见草原女性的风骨。尔朱氏也不含糊，立即“引长弓斜射飞乌，亦一发而中”。这自然是一次充满玄机的对话。史书记载高欢高兴地说：“我此二妇，并堪击贼。”其实高欢是在打圆场，而这次对话也不可能没有后果。不久，尔朱氏和西魏乙弗氏一样，出家为尼了，高欢为她盖了一座佛寺。史书没有解释尔朱氏为什么要出家，不过可以肯定，这是茹茹公主及其随行人员向高欢施压的结果。

高欢在晋阳宫如此曲意侍奉茹茹公主，整整一年，也许在外交上和战略上都取得了显著的成效。武定四年八月，当认为条件已经成熟时，高欢决定进攻西魏在晋南的战略据点玉壁城。不幸的是，仅仅巩固了与

---

① 《北史》卷一四《后妃传下》，第 518 页。

② 同上。

③ 同上。

柔然的友好关系并不意味着战场上一定会取胜。这场拖了两个多月的玉璧之战以东魏失败、高欢病倒而告终。十一月初一，高欢的大军在寒冷中北撤回到晋阳。两个月后的武定五年（547）正月初八，在娶茹茹公主仅仅一年四个月之后，高欢病死于晋阳宫。根据墓志我们知道，在高欢死去一年四个月之后，茹茹公主也病死于晋阳宫。她嫁到东魏来一共两年八个月，和高欢在一起的时间大约只有一年。

不过，高欢之死，并不意味着茹茹公主婚姻生活的结束。按照草原上收继婚的传统，高欢政治地位的继承人（无论是兄弟还是子侄）应该同时继承他的妻室。茹茹公主当然是要恪守草原传统的。史书称“公主性严毅，一生不肯华言”[①]，不仅性格很强，而且对中原文化没有兴趣，不肯学说汉语。这样一个认同草原文化的公主，以及护送她南来却一直没有等到公主生子的柔然官贵，当然会坚持要高欢的继承者高澄收继公主为妻，因为只有这样公主才可能生子，而无论是为高欢还是为高欢的继承人生子，维系两国关系的效果是一样的。《北史·后妃传》站在华夏文化传统的立场上描述此事：“神武崩，文襄从蠕蠕国法，蒸公主，产一女焉。”[②]可见高欢死后，高澄的确娶了公主，并且生有一女。正是因为高澄尊重了草原传统，史书称“自此东魏边塞无事，至于武定末，使贡相寻”[③]，从高欢迎娶茹茹公主，到高澄予以收继，柔然与东魏建立了稳定的盟友关系。

包括墓志在内，没有史料显示公主是和她姐姐一样因为难产而死的，不过在短短的一年零四个月的时间里为高澄生了一个女儿，似乎难产而死或因生产染病而死的可能也是难以排除的。这一对姐妹，都是作为政治婚姻的工具远涉异国，又都是不到三年就死去。姐姐去世时十六岁，妹妹去世时十九岁。正如墓志铭辞所感慨的：“彼美淑令，时惟妙年”，“生之不吊，忽若吹烟”。

---

①《北史》卷一四《后妃传下》，第518页。

② 同上。

③《北史》卷九八《蠕蠕传》，第3265页。

四、阿那瓌的孙女邻和公主

高欢娶茹茹公主，是东魏与柔然婚姻外交的一个高潮。不过在此之前的三四年间，两国婚姻外交已经紧锣密鼓地进行着了。在西魏文帝悼皇后（阿那瓌长女）死于长安的同一年（西魏文帝大统六年，东魏孝静帝兴和二年，即 540 年）稍后，当阿那瓌痛心爱女之死，因而迁怒于西魏君臣时，高欢及时地派出使者游说阿那瓌，离间柔然与西魏的关系。使者强调西魏文帝和宇文泰不仅杀害了与阿那瓌关系甚好的孝武帝，而且还杀害了阿那瓌的女儿（悼皇后）。阿那瓌于是决定改而与东魏交好[①]。作为这种正在建立中的友好关系的保障，古老的联姻手段立即就派上了用场。

首先是东魏嫁公主给阿那瓌的儿子、在继承序列里排在第一位的庵罗辰。孝静帝没有年龄合适的女儿，因此就把宗王元鸷的妹妹乐安公主改封为兰陵郡长公主，许嫁给庵罗辰。兴和三年（541）四月，柔然前来迎聘公主的人马到了晋阳。高欢对这次联姻极为重视，亲自过问一切细节，史称“资用器物，齐神武亲自经纪，咸出丰渥”。但他还是不放心，害怕柔然人变卦，“虑阿那瓌难信，又以国事加重，躬送公主于楼烦之北，接劳其使，每皆隆厚”，可谓无所不用其极。当然，他的努力收到了回报，“阿那瓌大喜，自是朝贡东魏相寻”[②]，柔然与东魏的友好关系正式确立，高欢不再因为北边的柔然骑兵而寝食难安了，而阿那瓌则可以顺利获得来自东魏农业社会的大量物资。不过兰陵郡长公主嫁给庵罗辰以后的事，我们一点线索也找不到了。几年以后突厥崛起，阿那瓌兵败自杀，庵罗辰率柔然余众奔走于草原与北周、北齐之间，苟延残喘，曾经极为强盛的大帝国最终不免于尽数覆灭。兰陵郡长公主是一直到最后都和庵罗辰在一起颠沛流离，还是和茹茹公主们一样早就魂归九泉？恐怕已经永远无从考知了。

在嫁走兰陵郡长公主的第二年（兴和四年，即 542 年），为了进一步巩固两国盟友关系，阿那瓌和高欢都同意继续婚姻外交，且提高联姻的等级。不过这时柔然对东魏的政治实态已经有所了解，知道与元氏联姻

---

① 《北史》卷九八《蠕蠕传》，第 3264—3265 页。

② 同上书，第 3265 页。

远不如与高氏联姻更有价值。可能就是在这一思路的指导下，阿那瓌的孙女（号邻和公主）嫁给了高欢的第九子长广公高湛。长广公高湛，就是后来的北齐世祖武成帝。据《北史·齐本纪》，他与邻和公主成婚时，虽然只有八岁，但“冠服端严，神情闲远，华戎叹异”[①]。八岁的儿童无论多么优秀早熟，论婚姻则必定如同儿戏。高欢让八岁的高湛如此完婚，自然不是为了替孩子考虑。

邻和公主的情况史书几乎完全没有记载。然而万分幸运的是，河北磁县文化馆 1978 年在磁县大冢营村发掘了她的墓，出土了墓志等文物[②]。现节录墓志的部分序辞如下：

> 魏骠骑大将军开府仪同三司长广郡开国公高公妻茹茹公主闾氏墓志铭
>
> 公主讳叱地连，茹茹主之孙，谙罗臣可汗之女也。……皇魏道映寰中，霸君威棱宇县。朔南被救，邀外来庭。茹主钦挹风猷，思结姻好，乃归女请和，作嫔公子。亦既来仪，载闲礼度，徽音岁茂，盛德日新。方亨遐期，永接难老，与善徒言，消亡奄及。以武定八年四月七日薨于晋阳，时年十三。即其年岁次庚午五月己酉朔十三日辛酉葬于釜水之阴，齐献武王之茔内。天子下诏曰：长广郡开国公妻茹茹邻和公主，奄至丧逝，良用嗟伤。既门勋世德，光被朝野。送终之礼，宜优常数。可敕并州造辒辌车，备依常式，礼也。[③]

由此墓志，我们不仅知道了高湛的这位儿童妻子本名叱地连，她是兰陵郡长公主所嫁的谙罗臣（即庵罗辰）的女儿，而且我们还知道她死于武定八年（550）四月七日，死时才十三岁，那么我们就知道她生于东魏孝静帝元象元年（538），兴和四年与高湛成婚时，她才五岁。五岁的柔然邻和公主叱地连嫁给八岁的东魏长广公高湛，的确是不可思议的景象。《北史》“华戎叹异”这一句话，透露出在高湛与邻和公主的婚礼上，不仅有东魏人士（华），也有柔然（戎），他们都一本正经地见证并参与着一场国际水准的娃娃婚。

---

① 《北史》卷八《齐本纪下》，第 281 页。

② 磁县文化馆：《河北磁县东魏茹茹公主墓发掘简报》，《文物》1984 年第 4 期，第 1—9 页。

③ 赵超：《汉魏南北朝墓志汇编》，第 382—383 页。

邻和公主嫁给高湛的那一年，后来嫁给高欢的那位茹茹公主才十三岁，依照她姐姐嫁给西魏文帝时才十四岁的标准，她本来也是可以出嫁的，但当时柔然与东魏的关系还没有热络到那一步，双方和亲的等级也还不够高，因此就需要让可汗的孙女先出马。不过，如果阿那瓌有年龄更合适的孙女或侄女，大概也不至于要上演娃娃婚了。

值得注意的是，在茹茹公主嫁给高欢的第二年或稍后，突厥的首领土门（Tümen，意思是一万）也派人前来向阿那瓌求婚。那时突厥在蒙古高原的西部，以阿尔泰山为中心，形成了强大的政治军事集团，他们主动出击打败了与柔然为敌的铁勒，自忖有了与柔然平起平坐的资本和实力，就向蒙古中部塔米尔河和鄂尔浑河一带的柔然可汗庭派出求婚的使者。阿那瓌当然理解，突厥事实上是要改变过去柔然与突厥间宗主与藩属的关系。就像把女儿嫁到西魏与东魏一样，柔然可汗当然常常把女儿嫁给柔然帝国内重要部族的首领，但在阿那瓌看来，土门还不具备那样的资格。因此，阿那瓌派人去辱骂土门道："尔是我锻奴，何敢发是言也?!"[①] 土门怒杀使者，起兵攻击柔然，不到八年的时间，就摧毁了柔然帝国，阿那瓌兵败自杀，突厥帝国由此宣告成立。这个改变了欧亚历史格局的大事件，就是从一次不成功的联姻开始的。

看起来，在阿那瓌以极大的热情建立并维护与北朝各政权间政治关系的时候，他对草原政治形势的判断却是错误的，原因也许是他对草原上的事情多少有点心不在焉。或者可以说，由于阿那瓌了解并欣赏中原的制度与文化，他在利用北魏衰落的机会重建柔然帝国之时，政策和政治的重心却并不在漠北草原，而在西魏和东魏之间。这固然在短期内给他带来了实际利益，但对于漠北突厥语（Turkic）各部族的政治觉醒，阿那瓌却完全顾不上有所准备，当然也许仅仅是无能为力。他嫁到南方的两个女儿、一个孙女，都死得非常早，可以说是夭折。不过，即使她们都健康长寿，子嗣成群，柔然帝国走向覆灭时她们也只能是无可奈何。如果柔然覆灭以后她们都健在，那么她们也难以逃脱地位下降，甚至被废黜的悲惨命运。邻和公主死后的第五年（555），西魏权臣宇文泰在突厥的压力下，把投奔西魏的柔然余众三千多人交给突厥使者，尽数杀戮

---

① 《周书》卷五〇《异域传下》，北京：中华书局，1971 年，第 908 页。

于长安城的青门之外[1]。在这样的形势下,茹茹公主们还可能保持过去那种优崇地位吗?从这个意义上说,她们死在自己极受宠爱的时刻,多少还是幸运的。

邻和公主墓志称邻和公主“葬于釜水之阴,齐献武王之茔内”,考古工作者由此猜测高欢的义平陵就是邻和公主墓西南300米的一座大冢[2]。如果这个猜测不误,我们还可以推测出,阿那瓌第二女即高欢妻茹茹公主的墓,必定与邻和公主墓相去不远,因为她的墓志说她“窆于齐王陵之北一里”。她们姑侄相伴于地下,倒也是不幸中的一幸了。

(原载《文景》2011年第4期)

---

①《周书》卷五〇《异域传下》,第910页。

② 磁县文化馆:《河北磁县东魏茹茹公主墓发掘简报》,第9页。

蒙古国出土的唐代仆固乙突墓志

2009年夏，由蒙古国游牧文化研究国际学院的敖其尔（A. Ochir）教授和俄罗斯考古学家丹尼洛夫（S. V. Danilov）率领的蒙-俄联合考古队，在蒙古国的中央省（Töv Aimag）扎马尔县（Zaamar Süm）的 Shoroon Bumbagar 地方，发掘了一座大型唐代墓葬，出土各类器物770余件。从所出墓志看，墓主人为仆固乙突（图1、图2）。仆固乙突墓的外垣长宽110米 ×90米。墓高5米—6米，墓封土堆的直径为30米。墓室底部距地表6米。墓室长宽3.6米 ×3.5米。墓室内的木质棺椁中有男性骨骸一具，棺椁外有陶俑和木俑70余件。陶质骑马俑和站立俑与唐墓通常所见者基本相类，木俑一部分带有麻布衣裙，一部分没有。木质俑中还有相当一部分动物俑，如山羊、马、鹅和鱼等等。

这是蒙古国境内首次发掘未经盗扰的、具有鲜明唐代风格的高规格大型墓葬。发掘完成之后，敖其尔教授把出土器物送到乌兰巴托的扎纳巴扎尔美术博物馆（Zanabazar Museum of Fine Arts），相关发掘报告可能于近年内完成。该博物馆于2010年夏已经陈列了部分器物，包括二十多具陶俑和木俑，当然最重要的是墓志。2010年8月，土耳其阿塔图克大学（Atatürk Üniversitesi）的 Cengiz Alyılmaz 教授专程到扎纳巴扎尔美术博物馆，拍摄了包括墓志在内的陈列器物，并于同年12月初在伊斯坦布尔召开的“从于都斤到伊斯坦布尔：突厥语1290年”（Ötüken'den İstanbul'a Türkçenin 1290 Yılı）会议上，以《扎纳巴扎尔美术博物馆的突厥文物》（Zanabazar Güzel Sanatlar Müzesindeki Türk Eserleri）为题，重点报告了上述发掘的成果[①]。会中 Cengiz Alyılmaz 教

---

① Cengiz Alyılmaz, Zanabazar Güzel Sanatlar Müzesindeki Türk Eserleri, in: Mehmet Ölmez ed., *Ötüken'den İstanbul'a Türkçenin 1290 Yılı (720-2010) Sempozyumu Bildiriler*, İstanbul: İstanbul Büyükşehir Belediyesi Kültür ve Sosyal İşler Daire Başkanlığı, 2011, pp. 87-109.

授还把他拍摄的全部墓志照片都送给我。我依据这些照片给墓志做了录文，下面就专门介绍这方墓志。

图 1　仆固乙突墓志

图 2　仆固乙突墓志志盖

墓志为正方形、石质，75 厘米 ×75 厘米。志盖篆体文字为“大唐金 / 微都督 / 仆固府 / 君墓志”，墓志首题为“大唐故右骁卫大将军金微州都督上柱国林中县开国公仆固府君墓志铭并序”。墓志共 28 行，行 31 字。据照片谨录文于下，为方便阅读，加上了现代标点。

大唐故右骁卫大将军金微州都督上柱国林中县开国公仆固府君墓志铭并序

公讳乙突，朔野金山人，盖铁勤之别部也。原夫石纽开基，金峰列构，疏枝布叶，拥 / □塞而推雄，茂族豪宗，跨龙城而表盛。亦有日磾纯孝，泣画像于汉宫，日逐输忠，/ 委□□于銮邳。求诸史谍，代有人焉。祖歌滥拔延，皇朝左武卫大将军、金 / 微州都督。父思匐，继袭金微州都督。并志识开敏，早归皇化，觇风请谒，匪 / 独美于奇肱，候日虔诚，本自知于稽颡。公幼而骁勇，便习驰射，弯弧挺妙，得自乘 / 羊之年，娇箭抽奇，见赏射雕之手。及父殁传嗣，遂授本部都督，统率部落，遵奉 / 声教。回首面内，倾心尽节。俄以贺鲁背诞，方事长羁，爰命熊罴之军，克剿犬羊之 / 众。公乃先鸣制胜，直践寇庭，无劳拔帜之谋，即取搴旗之效。策勋叙绩，方宠懋官，/ 诏授右武卫郎将，寻授护军，封林中县开国子，俄除左武卫大将军。至麟德二年，/ 銮驾将巡岱岳，既言从塞北，非有滞周南，遂以汗马之劳，预奉射牛之礼。服既荣 / 于饰玉，职且贵于衔珠，厚秩载隆，贞心逾励。及东征靺鞨，西讨吐蕃，并效忠勤，亟 / 摧凶丑。裒录功绩，前后居多，寻除右骁卫大将军，依旧都督，加上柱国，林中县开 / 国公，食邑一千户。频加宠授，载践崇班，迈彼毡裘之乡，参兹缨冕之列。光 / 膺启国，既锡茅土之封，趋步升朝，且曳桃花之绶。方谓高情壮志，媲金石而同坚，/ 岂图脆质小年，与风露而俱殒。奄辞白日，长归玄夜。以仪凤三年二月廿九日遘 / 疾，终于部落。春秋卌有四。/ 天子悼惜久之，敕朝散大夫、守都水使者天山郡开国公麴昭，监护吊祭，/ 赙物=百段，锦袍金装带弓箭胡禄鞍鞯等各一具。凡厥丧葬，并令官给，并为立 / 碑。即以其年岁次戊寅八月乙酉朔十八日壬寅，永窆于缬碖原，礼也。生死长乖，/ 哀荣毕备，深沉苦雾，方结惨于松茔，飋飓悲风，独含凄于薤铎。对祁连而可像，寄□勒而有词，述德表功，乃为铭曰：/

> 西峙葱山，北临蒲海，土风是系，英杰攸在。叶贯箭锋，花分骑彩，孙谋有裕，祖袭无 / 改。束发来仪，腰鞬入侍，/ 天德斯溥，人胥以洎。献款毕同，输忠靡异，临危效节，致果为毅。畴庸启邑，疏爵命 / 官，从军拥旆，拜将登坛。赫弈光显，荣名可观，方奉 / 明时，遽归幽穸。壮志何在，瓌容共惜，鹤陇俄封，鸡田罢迹。月落无晓，云来自昏，鸟 / 切响于鸿塞，人衔悲于雁门，庶清尘而不泯，纪玄石而长存。

据墓志，仆固乙突的祖父是歌滥拔延，父亲是思匐，祖孙三人相继为金微州都督。歌滥拔延是贞观二十一年（647）设置的金微州的第一任都督，《通典》记其名作“歌蓝伏延”①。《新唐书·回鹘传》附记铁勒诸部，述仆固（仆骨）部云：“延陀灭，其酋娑匐俟利发歌滥拔延始内属，以其地为金微州，拜歌滥拔延为右武卫大将军、州都督。”② 可见歌滥拔延是薛延陀衰灭时仆固部的首领，贞观二十年率部与回纥、同罗等部一起降附唐朝。“歌滥拔延 / 歌蓝伏延”作为一组中古北族名号，可以复原为qaran bayan③。仆固乙突及其父亲仆固思匐则不见于史。思匐与歌滥拔延原来的俟利发号“娑匐”（《通典》误为“婆匐”）可能是同一个名号的不同汉译，该名号的后一部分“匐”应该就是中古时期北族名号中使用最多的beg，而前一部分的汉译“娑 / 思”，大约是节略而成，已无从复原。

墓志称仆固乙突是歌滥拔延的孙子。乙突死于高宗仪凤三年（678），年四十四，则其生年应是唐太宗贞观九年（635），金微州设立时他已经十三岁。非常凑巧的是，史籍显示，仆固怀恩与歌滥拔延似乎有类似的关系。《旧唐书·仆固怀恩传》一方面说怀恩是歌滥拔延的曾孙，另一方面却记“拔延生乙李啜拔，乙李啜拔生怀恩，世袭都督”④，明显有错讹，故中华本校勘记疑“曾”字衍⑤。《新唐书·仆固怀恩传》则省略了曾孙或孙的说法，“乙李啜拔”亦省作“乙李啜”：“（歌滥拔延）生乙李啜，乙李

---

① 杜佑：《通典》卷一九九，王文锦等校点本，北京：中华书局，1988年，第5467页。

②《新唐书》卷二一七下，北京：中华书局，1975年，第6140页。

③ 请参看我对北魏时北族人名“贺赖吐伏延”的语源推定，见本书《〈申洪之墓志〉补释》一章。

④《旧唐书》卷一二一，北京：中华书局，1975年，第3477页。

⑤ 同上书，第3496页。

啜生怀恩，世袭都督。”① 仆固怀恩是唐廷平定安史之乱的关键人物，可是他的身世似乎非常模糊，史书自相矛盾的地方很多。比如《新唐书·回鹘传》说歌滥拔延“开元初，为首领仆固所杀，诣朔方降，有司诛之，子曰怀恩”，似乎歌滥拔延一直活到六七十年以后的开元初，怀恩是其子而不是孙子或曾孙。

当然史书混乱的记录也提供了一些有趣的线索，比如两《唐书》之《仆固怀恩传》所记的怀恩父名，可以与仆固乙突之名勘同。《新唐书》省“乙李啜拔”作“乙李啜”，并不一定在史料上另有所据，可能仅仅是因为觉得作为官称的“啜”（čor）似乎不宜作为一个装饰名号，用在另一个装饰性名号“拔”（beg）的前面。依据蒲立本（Edwin G. Pulleyblank）的拟音，“啜”中古晚期（即隋唐）的辅音是 tʂʰ，“突”的辅音是 tɦ ②。我们知道 tʂʰ 与 tɦ 非常接近，中古时期 tegin 汉译作直勤、敕勤和特勤，敕勒又译作铁勒，都是显例。因此，乙突也许就是乙李啜，突与啜是音译同一个名号，极有可能就是常见的 čor，而该组名号最后部分的 beg 名号，也许是被省略了。如果这个推测不误，那么乙突可以复原为 il- čor。

可是墓志已经载明，乙突并不是歌滥拔延的儿子而是孙子。他也绝对不是仆固怀恩的父亲。据墓志，乙突死于高宗仪凤三年（678），而怀恩死于代宗永泰元年（765），两人为父子关系的可能性十分之低。与前述正史的记录不同，怀恩之父的名字在颜真卿所写的一篇碑文中被记作“设支”。《全唐文》卷三四二收有颜真卿《唐故右武卫将军赠工部尚书上柱国蔡县开国侯臧公神道碑》，提到臧怀恪在担任朔方五城都知兵马使的时候，“尝以百五十骑遇突厥斩啜八部落十万余众于狼头山”，“于时仆固怀恩父设支适在其中，独遮护之”，“遂与设支部落二千帐来归”③。此碑写作的时间（代宗广德元年冬），正在仆固怀恩公然与唐廷反目之前，故碑文颇有褒美怀恩之父的倾向，却没有提到设支是仆固部的都督。设支当然不是乙李啜拔的异译④，因为设支与乙李啜拔是两个人，很可

① 《新唐书》卷二二四上，第 6365 页。

② Edwin G. Pulleyblank, *Lexicon of Reconstructed Pronunciation in Early Middle Chinese, Late Middle Chinese, and Early Mandarin,* Vancouver: University of British Columbia Press, 1991, p. 63, and p. 311.

③ 《全唐文》卷三四二，北京：中华书局影印嘉庆内府刻本，1983 年，第 3467 页。

④ 章群：《唐代蕃将研究》，台北：联经出版公司，1986 年，第 286 页。

能，两人间也没有直接的血缘关系。

如果把《新唐书·回鹘传》所记“开元初……诣朔方降，有司诛之，子曰怀恩”一句独立解析，可以设想仆固怀恩的父亲设支追随臧怀恪降唐之后，为唐廷所杀，但怀恩却因此生长于朔方军中。两《唐书》所记仆固怀恩与歌滥拔延之间的祖孙关系，可能是仆固怀恩立功发迹以后编造出来的，目的自然是要证明其“世袭都督”的高贵出身。如果怀恩及其父设支的确与歌滥拔延有直系的血缘联系，他完全没有必要编造这个谱系，而这也正是史籍相关记载混乱和自相矛盾的原因。

墓志记乙突生平相当简略，侧重点是他与唐廷的关系，反映了国家的意志与价值观。墓志的写作者显然是唐朝的官员。贞观二十年秋，包括仆骨（即仆固）在内的铁勒十一姓归附唐朝时，曾提出“乞置汉官”，不久又遣使至灵州，“因请置吏”①。次年正月以漠北铁勒诸部置羁縻府州，诸酋长奏请置参天可汗道，“岁贡貂皮以充租赋，仍请能属文人，使为表疏”②。在羁縻府州设汉官，本来也是唐朝治理羁縻府州的常例③。于是，“太宗为置六府七州，府置都督，州置刺史，府州皆置长史、司马已下官主之”④。都督、刺史当然是由部落酋长担任，但长史以下就可以参以汉官，特别是录事参军，用汉官者甚多，也许是因为其职责在于文书行政，即所谓“能属文人，使为表疏”。

铁勒诸部酋首在归附唐廷之初，就提出“岁贡貂皮以充租赋”，似乎是与唐廷就自身未来对唐廷所承担的义务进行带有谈判性质的沟通。貂皮作为重要的政治和经济物资，和战略性物资马匹一样，向为中原所垂涎，唐廷对于回鹘所出貂皮的重视也是广为学者所知的⑤。仆固与其他铁勒部落一样，应该是向唐廷岁贡貂皮的，而且可能还得进贡马匹，可惜墓志没有涉及这些内容。不过墓志还是提到了作为羁縻府州的金微州都督仆固乙突对唐廷所承担的其他基本义务。

从墓志看，仆固乙突继位为金微州都督之后，所参与的第一次重大

① 《旧唐书》卷三，第59页。

② 《资治通鉴》卷一九八，北京：中华书局，1956年，第6245页。

③ 刘统：《唐代羁縻府州研究》，西安：西北大学出版社，1998年，第38—43页。

④ 《旧唐书》卷一九五，第5196页。

⑤ Colin Mackerras, *The Uighur Empire according to the T'ang Dynastic Histories: A Study in Sino-Uighur Relations 744-840,* Canberra: Australian National University Press, 1972, pp. 64-65.

事件，就是西征阿史那贺鲁。墓志说："俄以贺鲁背诞，方事长羁，爰命熊罴之军，克剿犬羊之众。公乃先鸣制胜，直践寇庭，无劳拔帜之谋，即取搴旗之效。"这应该是指高宗显庆二年至三年（657—658）由苏定方指挥的对西突厥的重要战事。史籍记此次西征，虽然提到回纥首领婆闰"以骑五万"先后协助契苾何力和任雅相击破贺鲁[①]，但并未提及仆固部亦曾出兵，赖乙突墓志保存此一线索。而且由仆固出兵参与西征贺鲁，可以猜测与回纥、仆固情况相同的漠北铁勒各部，如多览葛、同罗、拔野古、浑等，应该也都参与了这一战事。这揭示了在唐帝国的政治格局下漠北羁縻府州对于唐廷所承担的基本义务之一，即率领部落兵参与唐廷的远征战事。墓志称乙突"东征靺鞨，西讨吐蕃，并效忠勤，亟摧凶丑"，描述的就是这类情况。

羁縻府州对唐廷所承担的另一项重要义务，就是出席重大的国家仪典，以仰沐上化的夷狄君长的身份为帝国的荣耀增加光彩。乙突也尽过这项义务。墓志云："至麟德二年，銮驾将巡岱岳，既言从塞北，非有滞周南，遂以汗马之劳，预奉射牛之礼。"这是指高宗麟德二年至乾封元年（664—665）东封泰山之事。《资治通鉴》记高宗与武后麟德二年十月丙寅"发东都，从驾文武仪仗，数百里不绝。列营置幕，弥亘原野。东自高丽，西至波斯、乌长诸国朝会者，各帅其属扈从，穹庐毳幕，牛羊驼马，填咽道路"[②]。这些"帅其属扈从"的四夷君长中，就有仆固乙突。乙突如此，可以想见其他各羁縻府州的首领也都奉命赶去了。

仆固乙突的丧葬基本上是以优越于唐廷同级别官员的待遇规格进行的。墓志云："天子悼惜久之，敕朝散大夫、守都水使者天山郡开国公麹昭，监护吊祭，赙物三百段，锦袍金装带弓箭胡禄鞍鞯等各一具。凡厥丧葬，并令官给，并为立碑。"由此可知，唐廷专门派麹昭来监护丧事，丧葬用物大概都是麹昭从洛阳带来的。这个麹昭，是高昌王麹文泰之孙。麹昭父麹智湛，入唐后封天山郡公，死后麹昭袭爵，故墓志称昭为天山郡开国公。《新唐书·高昌传》称智湛"有子昭，好学，有鬻异书者，母顾笥中金叹曰：'何爱此，不使子有异闻乎？'尽持易之。昭历司膳卿，

---

①《新唐书》卷二一七上，第 6113 页。

②《资治通鉴》卷二〇一，第 6345 页。

颇能辞章”[①]。既然麹昭“颇能辞章”，而且他北来的任务之一就是为仆固乙突立碑（含墓志），那么可以设想，乙突墓志的撰写者便是麹昭本人。

墓志称乙突“永窆于缬碖原”，这个缬碖原，就是图拉河（Tuul Gol）流经中央省的扎马尔县进入布尔干省（Bulgan Aimag）之际，在南边的乎戈诺汗山（Khogno Khan Uul）与北边的扎马尔山（Zaamar Uul）之间，所形成的一大片河谷平原，当然也是极为肥美的草原，地势相对低洼，是游牧经济极佳的东营盘。辽代这个河谷平原是契丹人在漠北所控制的最靠西的一个地区，分布有四五座辽城，其中最重要的如镇州城（Chin Tolgoi）。很显然，这个河谷平原就是仆固部的中心地区。

确认仆固部的中心地区，就等于确认了贞观二十一年所置的金微都督府的所在。过去研究者普遍相信金微都督府在蒙古东部肯特山一带，最有代表性的如谭其骧先生就说“金微府在今鄂嫩河流域”[②]，他所主编的《中国历史地图集》第五册也把仆固部标在乌兰巴托东北的肯特山地带[③]。由于仆固乙突墓的发掘和仆固乙突墓志的出土，我们可以肯定地知道，仆固部的中心地区应在今中央省与布尔干省交界处的图拉河流域，比过去学者估计的要靠西。以此为基准，铁勒各部的位置都要重新考察。

（原载《中原与域外》，台北：政治大学历史学系，2012 年）

① 《新唐书》卷二二一上，第 6223 页。

② 谭其骧：《唐北陲二都护府建制沿革与治所迁移》，载谭其骧《长水集》下册，北京：人民出版社，1987 年，第 264 页。

③ 《中国历史地图集》第 5 册，北京：中国地图出版社，1982 年，第 74 图。

发现与想象

吐谷浑与昆仑玉

自从日本学者松田寿男1937年发表《吐谷浑遣使考》以来[①]，吐谷浑在中西交通史上的特殊地位受到中外学者长期的注意，已经累积了相当多的成果。吐谷浑之路，或曰青海路[②]，或曰河南道[③]，或曰古羌中道[④]，在南北朝时期曾经成为丝绸之路的主干路段之一，而吐谷浑民族所起的特殊历史作用，也受到越来越多的重视。吐谷浑之路曾经承担的政治、外交乃至文化交流方面的历史任务，前辈学者已经有了很好的研究。至于它在经济贸易方面的功能，也因考古工作的进展得到了研究者的揭示[⑤]。本文写作的动机，是希望在既往研究的基础上，对吐谷浑之路作为丝绸之路重要路段的贸易功能，进行一点比较具体的研究。

我的问题是，来往于吐谷浑之路的各种商队，都携带和贩售着什么样的商品呢？从东向西，大宗商品可能仍然是传统的丝绢等纺织品。《周书·异域·吐谷浑传》记载西魏废帝二年（553），西魏军队袭击了由吐谷浑军队护送的、自北齐西归的一支商队：

> 是岁，夸吕又通使于齐氏。凉州刺史史宁觇知其还，率轻骑袭之于州西赤泉，获其仆射乞伏触扳、将军翟潘密、商胡二百四十人，

---

① 松田寿男：《吐谷渾遣使考》上、下，《史学雜誌》48编第11、12期；中译本，周伟洲译，《西北史地》1981年第2、3期。

② 周伟洲：《吐谷浑史》，银川：宁夏人民出版社，1985年，第132—141页；王育民：《丝路"青海道"考》，《历史地理》第4辑，1986年，第145—152页。

③ 唐长孺：《北凉承平七年（449）写经题记与西域通往江南的道路》，阎文儒、陈玉龙编：《向达先生纪念论文集》，乌鲁木齐：新疆人民出版社，1986年，第104—117页。

④ 初仕宾：《丝绸之路"羌中道"的开辟》，联合国教科文组织编：《十世纪前的丝绸之路和东西文化交流——沙漠路线考察乌鲁木齐国际讨论会（1990年8月19—21日）》，北京：新世界出版社，1996年，第19—31页。

⑤ 夏鼐：《青海西宁出土的波斯萨珊朝银币》，《考古学报》1958年第1期，第105—110页。

驼骡六百头，杂彩丝绢以万计。

这支有一定规模的商队运载的主要物资，既是“杂彩丝绢”，说明此时的中西贸易中，西方对东方（华北地区）物资的兴趣还是集中在丝绢等纺织品上。当然，还会有许多其他商品，与丝绢一起源源输向西方。

那么，商胡东来时，又主要携带什么商品呢？从商业原则出发，这些商胡在东来的过程中，必定会一路从事贸易活动，把一地物资携往另一地贩售，如此积聚利润，并充行资。这种活动可能是一站一站进行的。江左的南朝对吐谷浑物资的兴趣，从史书中有限的记载看，似乎主要集中在马匹上。吐谷浑产善马（所谓蜀马），是南朝良种军马的主要来源，学者论之详矣。我这里要讨论的，是经由吐谷浑之地，丝路贸易中由西域向南朝（甚至包括北朝）输入的另一项大宗商品——昆仑玉[①]。

玉在中国文化中向来重要，可是《禹贡》九州的范围之内，却甚少产玉之地，至于高等级的软玉，自古就必须仰赖西域的于阗（今和田地区）等地[②]。早在张骞凿空之前，中原与西方的贸易之路上，昆仑玉就是重要商品[③]。汉武帝之后，和田玉的输入数量远远超过先秦，汉代玉器中使用大量的羊脂玉便是证明[④]。当然，各个时期的贸易路线和行使贸易职能的民族会有变化的[⑤]。南北朝时期，当吐谷浑承担起丝路东部枢纽责任的时候[⑥]，经由吐谷浑地区，昆仑玉仍然向东输送；处在战乱分裂中的广大东部地区，尤其是江左的南朝，依然能够获得和田等地的美玉。

有关的史料是如此稀少，以致我们有时只好向一些传统史料学并不信任的文献求助。目的只是为了说明这一时期昆仑玉贸易与吐谷浑的

---

① 这里提到的昆仑玉，包括产于今新疆和田地区和田河上游以及莎车叶尔羌河上游的各种软玉。这些地区自古以来就是世界上主要的软玉产地。

② 栾秉璈：《中国宝石和玉石》，乌鲁木齐：新疆人民出版社，1989年，第111—121页。

③ 尹达：《中国新石器时代》，北京：三联书店，1955年，第43页；殷晴：《和田采玉与古代经济文化交流》，《新疆文物》1994年第3期，第77—84页；程越：《古代和田玉向内地输入综略》，《西域研究》1996年第3期，第36—42页。

④ 夏鼐：《汉代的玉器——汉代玉器中传统的延续和变化》，《考古学报》1983年第2期，第125—145页。

⑤ 林梅村：《开拓丝绸之路的先驱——吐火罗人》，《西域文明——考古、民族、语言和宗教新论》，北京：东方出版社，1995年，第3—10页。

⑥ 松田寿男：《吐谷浑遣使考》(下)，周伟洲译，《西北史地》1981年第3期，第87—98页。

关系，非敢逾越规矩、轻涉说部，博雅君子，幸留意焉。

一、河南国与南朝间的昆仑玉贸易

题为晋王嘉撰、梁萧绮录的《拾遗记》，被《四库全书简明目录》称为“事迹十不一真”，其卷六所载三国时事迹即有如下一条：

> 先主甘后，沛人也，生于微贱。……至十八，玉质柔肌，态媚容冶。先主召入绡帐中，于户外望者如月下聚雪。河南献玉人，高三尺，乃取玉人置后侧，昼则讲说军谋，夕则拥后而玩玉人。常称玉之所贵，德比君子，况为人形，而不可玩乎？后与玉人洁白齐润，观者殆相乱惑。嬖宠者非惟嫉于甘后，亦妒于玉人也。后常欲琢毁坏之……先主乃撤玉人，嬖者皆退。当斯之时，君子议以甘后为神智妇人焉。①

此条记事之必伪，清人王士禛与今人齐治平均已力辨②。只是，作伪的并非王嘉（子年），而是南朝人。据《晋书·艺术传》和《高僧传》卷五释道安传所附王嘉传，王嘉为十六国前期人，前秦末年为姚苌所杀。可是，此条记事中有“河南献玉人”一语，河南者，河南国也。魏晋南北朝时期曾被称河南国的，只有乞伏西秦和吐谷浑两个政权③，时间都在王嘉死后。乞伏乾归与其子乞伏炽磐称河南王的时间极短，而南朝宋、齐、梁各代封吐谷浑君主为河南王的传统持续了一百多年④，所以，在正史及其他各种文献中，河南国基本上是指吐谷浑。在今本《拾遗记》中，前引刘备与甘后事迹一条，放在正文即王嘉原本之中，而不是置于梁代萧绮

---

① 本文引述《拾遗记》，用今人齐治平校注本，北京：中华书局，1981 年，第 191—192 页。

② 王士禛：《古夫于亭杂录》卷四，《四库全书》子部杂家类杂说之属，台北：台湾商务印书馆，1983 年，第 870 册第 645 页；齐治平点校本《拾遗记》，第 192 页。

③ 唐长孺：《南北朝期间西域与南朝的陆道交通》，《魏晋南北朝史论拾遗》，北京：中华书局，1983 年，第 186 页。。

④ 据《宋书》卷九六《鲜卑吐谷浑传》，元嘉十六年（439）宋文帝封吐谷浑酋长慕延（即慕利延）为河南王。见《宋书》卷九六，北京：中华书局，1974 年，第 2372 页。此后齐、梁维持了这个传统，到梁武帝大同六年（540）文献记载的吐谷浑最后一次遣使南朝为止，河南国的称号保持了至少一百年。

的所谓“录”中。从上述时间上的矛盾看，此条记事的作者即使不是萧绮，也必是南朝时期的其他什么人。

这条不合史实的记事，也并非全无研究的价值。就本文而言，其价值就在于“河南献玉人”的记载。吐谷浑与南朝密切的通使关系，以及经由吐谷浑之地而沟通的西域各国与南朝间的通使关系，频繁地见载于南朝史书，当然也必定给了当时的人以很深的印象。吐谷浑并不产玉，但于阗国的玉只有经过吐谷浑才能运达南朝。至于吐谷浑在于阗玉贸易中，是仅仅充当商胡的保护人，还是兼营中间贸易，我们已无法知晓。从“河南献玉人”一语，可以看出，在南朝时代的江左人士心目中，或者在事实上，河南国与运抵南朝的于阗玉，是有直接关系的。

吐谷浑与南朝的交通，经过益州、荆州，沿长江抵达建康。吐谷浑与益州的关系，据《梁书·诸夷·河南国传》：

> 其地与益州邻，常通商贾，民慕其利，多往从之，教其书记，为之辞译，稍桀黠矣。

同书同传还记载，天监十三年(514)，伏连筹遣使献“金装马脑钟二口”，又表请于益州立九层佛寺，并获得梁武帝允可。益州是吐谷浑贸易之路的重要一站，所以有大量胡商居住或活动于益州。《隋书·儒林·何妥传》：

> ……父细胡，通商入蜀，遂家郫县，事梁武陵王纪，主知金帛，因致巨富，号为西州大贾。

何妥一家极可能是粟特商胡。同样可能是粟特商胡而活动于益州的人还很多。《续高僧传》卷二五释道仙传：

> 本康居国人，以游贾为业。梁周之际，往来吴蜀，江海上下，集积珠宝。

另一个常被引用的例子，见于《高僧传》卷七宋释慧叡传：

> 经行蜀之西界，为人所抄略，常使牧羊。有商客信敬者见而异之。

陈寅恪先生曾说：“……六朝、隋唐时代蜀汉亦为西胡行贾区域，其地之有西胡人种往来侨寓，自无足怪也。”[1] 在另外一个地方，他再次强调“蜀汉之地当梁时为西域胡人通商及居留之区域”[2]。

益州处于如此地理位置，在昆仑玉贸易中，自然应当有特殊性，史籍中相关的资料也偶可一见。前面提到的何妥，其兄何通，便以治玉见称。《隋书·何稠传》：

何稠字桂林，国子祭酒妥之兄子也。父通，善斫玉。

何通活动于萧梁时期，家在益州郫县，身为西域胡商，以治玉见称，可见益州还是一个昆仑玉加工地。江左所得玉器，相当部分可能是在益州、由何通这样的西域胡商加工生产的。

从益州到建康，要经过在南朝政治中有着分陕之重的荆州。昆仑玉贸易在荆州的历史痕迹还是可以找到的。《周书·于谨传》，于谨率领西魏大军围攻江陵，擒杀梁元帝，“虏其男女十余万人，收其府库珍宝”，这些珍宝包括：

宋浑天仪，梁日晷铜表，魏相风乌、铜蟠螭趺，大玉径四尺、围七尺。

这种大尺寸、高等级的玉石，当然产自于阗。《南齐书·河南传》载齐武帝永明三年（485），遣使于芮芮（柔然）：

遣给事中丘冠先使河南道，并送芮芮使。至六年乃还。得玉长三尺二寸，厚一尺一寸。

案丘冠先之使，自益州西至吐谷浑，再绕道达漠北柔然，并不经过于阗。他的大玉，应当是在吐谷浑地区从胡商手中得到的。这暗示吐谷浑地区存在着玉石交易市场。

梁元帝宫中的大玉，反映了荆州作为昆仑玉贸易重要中转站的意义。另外，在说部材料中，关于荆州地区的玉器，还可举出唐人张读《宣室志》卷六所载南朝刘宋时事一条：

---

① 陈寅恪：《李太白氏族之疑问》，《金明馆丛稿初编》，上海：上海古籍出版社，1980年，第279页。

② 陈寅恪：《隋唐制度渊源略论稿》，上海：上海古籍出版社，1982年，第80页。

> 宋顺帝升明中，荆州刺史沈攸之，厩中群马，辄踯蹋惊嘶，若见他物。攸之令人伺之，见一白驹，以绿绳系腹，直从外来。圉者具言其状，攸之使人夜伏枥边候之。俄而见白驹来，忽然复去，视厩门犹闭。计其踪迹，直入阁内。时人见者，咸谓为妆奁间物。沈有爱妾冯月华，臂上一玉马，以绿绳穿之，至暮辄脱置枕边，尝夜有时失去，晓时复□。试取视之，见蹄下有泥。后攸之败，不知所在。①

这一条还被收进《太平广记》中，文字小异②。古代文献关于动物玉雕的记载中，马是比较少的。元人汤允谟《云烟过眼录续集》列举“总管太中滦阳赵伯昂仁举所藏器”，有曰：

> 玉马一，高五寸有奇，雕琢极精，作嘶鸣状，如生，玉色温美。③

这个玉马，比沈攸之的爱妾冯月华的那个玉马的尺寸要大，所以不能放在一起考虑。④

吐谷浑与昆仑玉贸易的特殊关系，使南朝人把“河南献玉人”的当前经验，误植入二百年前的三国时代，遂有今本《拾遗记》中刘备与甘后之事。但分析这种误植，却使我们更清楚地看到，吐谷浑与南朝玉石、玉器的供应，的确有着不可分割的关联。

---

① 张读：《宣室志》，《丛书集成初编》本（编号 2703），北京：商务印书馆，1960 年，第 51 页。

②《太平广记》卷四〇一，北京：中华书局点校本，1961 年，第 3229—3230 页。

③ 汤允谟：《云烟过眼录续集》，《丛书集成初编》本（编号 1553），北京：商务印书馆，1960 年，第 1 页。

④ 我于 1999 年夏，在青海省博物馆观赏过一个由青海省文物商店收藏的玉马。此前我曾在青海省文物处与青海省考古研究所编写的《青海文物》上见到过照片图版（图版 157，北京：文物出版社，1994 年；说明文字见第 157 页）。这枚玉马高 12 厘米，长 18.5 厘米，玉质为青白玉，是 1987 年的征集品。玉马雕琢浑朴，头大腿短，卷尾回首，透着朴拙的苍然古意。虽然是征集品，但从玉马全身的深褐色土沁看，应当出自地下。可惜已无从获取其原始出土资料了，判定时代的依据就只剩了器物本身。博物馆展出时定为唐代器物。但是，在现有的出土唐代玉器中，还没有发现玉雕的马，动物玉雕中除了葬玉类的玉猪和装饰类的玉龙等，艺术品一类只见有玉牛、玉羊，参见曲石《唐代玉器》（《华夏考古》1995 年第 3 期，第 88—99 页）。这枚玉马如果属于唐代，那么就是特例。由于玉马的玉料显然是和田玉，我想了解玉料与玉器间的关系，即玉马是否由邻近的和田或古代青海本地所产；当然玉马由内地雕成再输入青海的可能性是不能排除的。如果把玉马的时代向前移一点，即南北朝隋唐之际，那么，它与吐谷浑的关系是怎样的？

二、吐谷浑与于阗国

吐谷浑所以在昆仑玉贸易中起到如此重要的作用，一个主要原因就是它的国土范围向西扩张，已经紧邻于阗。《梁书·诸夷·河南传》明确说："其界东至叠川，西邻于阗，北接高昌。"据《魏书·吐谷浑传》，早在公元445年，北魏高凉王那率军攻击吐谷浑慕利延于白兰，"慕利延遂入于阗国，杀其王，死者万余人"。当然这还只是一次流窜行为。吐谷浑把势力伸展到塔里木盆地的东南缘（鄯善、且末），可能是在伏连筹时期，即在北魏宣武帝永平元年、梁武帝天监七年（508）[①]，也有学者把时间提早到在北魏文成帝兴安元年即宋文帝元嘉二十九年（452）[②]。控制了鄯善、且末之后，吐谷浑就可以撇开河西走廊，把传统的西域南道与青海道完整地接通起来。

《洛阳伽蓝记》卷五载宋云、惠生《行记》，记录宋云一行于北魏孝明帝神龟元年（518），取道吐谷浑地区，前往南亚，其经行鄯善一节云：

> 从土谷浑西行三千五百里，至鄯善城。其城自立王，为土谷浑所吞。今城内主是土谷浑第二息宁西将军，总部落三千，以御西胡。[③]

这段话非常具体地描述了吐谷浑控制鄯善的情形。以游牧为基本经济生活方式的吐谷浑，派出重要贵族（伏连筹的第二子），率领"部落三千"，镇守鄯善，可见吐谷浑对鄯善的重视。应当注意的是，上引文中说吐谷浑在鄯善驻重兵，其军事防御目标，乃是"西胡"。鄯善、且末以西，隔着宽阔的大戈壁（即唐代的图伦碛），最近的国家是于阗国。那么，这里的西胡，就是指于阗国吗？

我认为，这里的西胡，并不是指紧邻的于阗国，而是指这一时期已经把统治势力伸展到大半个塔里木的嚈哒（南朝史书中称为滑国）。《梁书·诸夷·滑国传》：

> 元魏之居桑乾也，滑犹为小国，属芮芮。后稍强大，征其旁国

---

① 周伟洲：《吐谷浑史》，第40页。

② 黄文弼：《古楼兰国历史及其在西域交通上之地位》，黄烈编：《黄文弼历史考古论集》，北京：文物出版社，1989年，第316—339页。

③ 范祥雍：《洛阳伽蓝记校注》，上海：上海古籍出版社，1978年，第252页。

波斯、盘盘、罽宾、焉耆、龟兹、疏勒、姑墨、于阗、句盘等国，开地千余里。

《魏书·西域传》“嚈哒国”条：

嚈哒国，大月氏之种类也，亦曰高车之别种。……其人凶悍，能斗战。西域康居、于阗、沙勒、安息及诸小国三十许皆役属之，号为大国。

据《洛阳伽蓝记》卷五录宋云、惠生《行记》记嚈哒国云：

受诸国贡献，南至牒罗，北尽敕勒，东被于阗，西及波斯，四十余国皆来朝贺。[①]

可见这个时期的嚈哒乃是葱岭东西最为强大的势力之一，是丝绸之路这一区段的主要监护势力。这个势力在塔里木地区威风一时，在塔里木北缘的发展，曾在麴氏高昌时期到达焉耆[②]；向塔里木南缘各绿洲的发展，东到于阗之后，便遇到吐谷浑的阻挡，未能跨过图伦碛而至且末、鄯善。这正是前引宋云、惠生《行记》中称吐谷浑驻兵鄯善“以御西胡”的历史背景。

应当重视，吐谷浑对塔里木东南缘的控制，实质上是在与嚈哒争夺丝路贸易的监护权。吐谷浑阻止了嚈哒势力的进一步东进，从而建立了从西域南道经青海地区至益州的吐谷浑之路。嚈哒势力在塔里木南缘受阻于吐谷浑，在塔里木北缘受阻于柔然，于是出现了嚈哒、柔然和吐谷浑三种势力分割环塔里木各绿洲国家的局面，三种势力间是否发生过军事冲突，已无从考证，但客观上形成了一种均势。《魏书·高车传》载北魏宣武帝给高车主弥俄突的诏书曰：

蠕蠕、嚈哒、吐谷浑，所以交通者，皆路由高昌，掎角相接。

形成均势以后，这三种势力间，似乎还结成了一个反对北魏势力向西域挺进的同盟。这样理解吐谷浑与嚈哒的关系，也许是符合历史实际

① 范祥雍：《洛阳伽蓝记校注》，第288页。

② 松田寿男：《古代天山历史地理学研究》，陈俊谋译，北京：中央民族学院出版社，1987年，第188—191页。

的。从前引“以御西胡”一语，我们还知道，即使在和平同盟的关系中，吐谷浑仍然在鄯善地区保持着对于阗方向的军事戒备，这可能是均势得以维持的一个根据。

吐谷浑对鄯善和且末的控制，从北魏后期一直到隋。《隋书·西域·吐谷浑传》称吐谷浑国境“地兼鄯善、且末”。虽然且末河谷如今也已成为玉料产地之一，但是古代限于技术条件，这一地区的玉矿并没有被开发出来[①]。吐谷浑的境土之内，不能产玉。经由吐谷浑地区进行的玉石贸易，其产品都来自与吐谷浑紧邻的于阗国。这一时期于阗役属于帕米尔以西的嚈哒帝国，但嚈哒对其势力范围内的附属各国，并没有进行直接统治[②]。于阗在贸易、外交等方面，仍然有着很大的独立性。

更值得注意的是，吐谷浑之路取代河西成为这一时期的丝路干道，与吐谷浑对鄯善、且末的有效控制关系极大。是吐谷浑的政治和军事存在，决定了丝路经由西域南道自于阗向东行，不是循着自然条件较好的河西路，而是折而进入高寒险峻的青藏高原。隋炀帝时期，河西的张掖成为丝路贸易的重要中转站，其原因在于尽管吐谷浑之路仍然发挥着干道作用，但由于南北分裂局面的结束，吐谷浑之路东端的伸展不得不发生变化，只好向北绕至河西。是张掖而不是敦煌成为这一时期丝路贸易的中转集散中心，正可说明吐谷浑之路所面临的历史困境。

南北朝时期，吐谷浑与嚈哒在塔里木地区相对和平的关系，保证了丝路的畅通和有序。历来在丝路贸易中扮演重要角色的于阗国，当然会发挥其独特的作用，这种作用之一，就是源源不断地向东输出于阗玉。

三、吐谷浑地区的昆仑玉问题

自于阗国向吐谷浑，行经昆仑山北麓诸绿洲，至吐谷浑控制下的且末、鄯善，由鄯善向东南越过阿尔金山，经柴达木盆地，进入吐谷浑的核心地区白兰、都兰（吐谷浑城），再向北即到达青海湖西岸吐谷浑的都城伏俟城。这条路线直到近代还是西宁与和田间队商的行道[③]。这条路

---

① 栾秉璈：《怎样鉴定古玉器》，北京：文物出版社，1984年，第134页。

② 余太山：《嚈哒史研究》，济南：齐鲁书社，1986年，第129—135页。

③ 吴景敖：《西陲史地研究》，“白兰于阗间之交通线”，上海：中华书局，1948年，第5—7页。

在南北朝时期，作为丝绸之路的主干路段，又是和田玉向中国东部，特别是向江左的南朝源源输入的孔道。

南朝使用于阗玉的直接证据，是有关宫廷用玉的。《南齐书·皇后传》：

> 永明元年，有司奏贵妃、淑妃并加金章紫绶，佩于阗玉。

这里的于阗玉，是指以于阗玉料（仔玉）加工而成的玉器。前面提到的丘冠先从河南所获大玉，以及于谨破江陵以后从梁元帝萧绎宫中所获大玉，都属于未经加工的于阗仔玉。这类玉料运抵南朝后，再由南朝玉匠加工成各类玉器。

南朝玉器的雕琢技艺，承自汉魏，有着悠久的传统。但是出现在南朝的玉器，并不全是南朝琢玉工艺的成果。经由吐谷浑之路来到南朝的于阗玉，也有已经加工成器的。前举何通的材料，说明益州地区也是玉器加工地之一。前面我们引用《拾遗记》“河南献玉人”的故事中，玉人便是以成品形式由河南（吐谷浑）“献”进来的。那么，这个玉人，是在吐谷浑地区加工而成的，还是早在于阗便已经琢磨成器？这个问题非常有趣。当然，《拾遗记》这种小说“事迹十不一真”，实不足据以考史，但是正史中也有这类材料涉及同一问题。《梁书·诸夷·于阗国传》：

> 大同七年，又献外国刻玉佛。

于阗是玉料产地，如果此佛不是在于阗刻成，那么，又是在哪里刻成的呢？这里的“外国”，从文意看是指于阗以西的国家。但是，于阗国把本地所产的玉料运到西边很远（极可能是指葱岭以西的国家）的“外国”去加工成玉佛，再进献给萧梁，似乎难以理解。这个问题值得进一步研究。

元人陶宗仪《南村辍耕录》卷二八有“于阗玉佛”一条：

> 丞相伯颜尝至于阗国，于其国中凿井，得一玉佛，高三四尺，色如截肪，照之，皆见筋骨脉络，即贡上方。又有白玉一段，高六尺，阔五尺，长十七步，以重不可致。[1]

这个玉佛是否由于阗本地雕琢，没有材料可以说明。它与萧梁时期那个玉佛之间有什么关系，也难以论定。只是这里明确地描述了玉佛的尺寸

---

[1] 陶宗仪：《南村辍耕录》卷二八，北京：中华书局，1959 年，第 346 页。

和色彩，其中“色如截肪”一语，是专门形容于阗玉中的极品羊脂玉的。宋人张世南《游宦纪闻》卷五：

> 大观中，添创八宝，从于阗国求大玉。……后果得之，厚、大逾二尺，色如截肪，昔未始有也。[①]

这里的“色如截肪”也是形容羊脂玉的，羊脂玉乃是雕刻宝玺的佳品。伯颜在于阗发现的玉佛，就是以羊脂玉雕琢而成的珍物。元代的于阗已经是伊斯兰的世界，我推测，这个玉佛可能是在伊斯兰势力东进、佛国于阗即将沦陷时被深埋地下的，时间当在公元1000年前后[②]。但它的雕刻时间难以确定，因而它与萧梁时期于阗国所进的“外国刻玉佛”的关系也就无从考证。

关于于阗地区玉雕业的兴起，现在比较流行的看法，是从唐代开始，唐代以前，于阗只是向外输出原料，加工玉器则必须求助于外国[③]。研究古玉的专家杨伯达先生近来对这一看法提出了质疑，他通过对唐代的“番人进宝”玉带板的研究，认为可能在初唐以前，于阗就存在着碾玉治玉的手工行业；其治玉行业的衰落，主要是在伊斯兰化以后[④]。

根据汉魏以来于阗与中原政权关系的变化，我认为于阗地区的治玉业可能是在南北朝时期兴起的，也就是说，当于阗国与东部地区的政权间不存在严格的藩属关系，政治上有机会脱离直接控制以后，贸易上才能有更充分的地方性发展。相对平等的政治关系，为于阗与内地（主要是南朝，当然有时也包括北朝）间发展充分而自由的贸易和商业关系提供了更好的条件。于阗的治玉业在这个政治和商业背景下得以兴起，是可以理解的。此外，中国玉文化的发展和演变，即东部地区在玉器消费方面所发生的变化，可能也是于阗治玉业得以兴起的一个原因，因无关本文宏旨，此不复赘。

本文要讨论的是，吐谷浑在这种历史进程中，发挥了什么作用呢？吐谷浑不仅提供了商业路线，而且，很有可能也提供了商业需求和商业

---

① 张世南：《游宦纪闻》卷五，与李心传《旧闻证误》合印本，北京：中华书局，1981年，第46页。

② 李吟屏：《佛国于阗》，乌鲁木齐：新疆人民出版社，1991年，第184页。

③ 同上书，第150—151页。

④ 杨伯达：《番人进宝玉带板》，古兵选编：《珍宝鉴别指南》，上海：上海文化出版社，1992年，第13—18页。

信息。前面提到《宣室志》记载的刘宋时期的玉马，我们未能判断其产地。吐谷浑地区是否也存在着一定规模的治玉业呢？以我们前面所说，吐谷浑地区存在着玉石市场，那么也可能存在玉器市场，《拾遗记》中“河南献玉人”的玉人，可能就是这类玉器市场上的商品。进一步说，一定规模的治玉业是可能存在的。

当然，吐谷浑地区的玉石贸易，或者玉器贸易，甚至可能存在的治玉行业，都不太可能是由吐谷浑族操作的。吐谷浑地区大量的粟特商人才是这类贸易的主要操作人。但是，吐谷浑民族，或吐谷浑国家，在这类贸易活动中获得了巨大的利益。吐谷浑以富藏珍宝著称，这些珍宝便是吐谷浑在南北朝时期从丝路贸易中所获。

《周书·史宁传》记载史宁率西魏军队协助突厥木汗可汗袭击吐谷浑（《周书》称吐浑），特别强调了对吐谷浑珍宝的掳获：

> ……逾山履险，遂至树敦。敦是浑之旧都，多诸珍藏。……生获其征南王，俘虏男女、财宝，尽归诸突厥。……木汗亦破贺真，虏浑主妻子，大获珍物。

吐谷浑从丝路贸易中所获取的巨大财富，到隋代还受到注意。《隋书·裴矩传》记载裴矩长期在河西接待商胡，搜集西域情报，对吐谷浑的情况非常了解，他后来力劝隋炀帝举兵征吐谷浑，理由就与吐谷浑的财宝有关：

> 矩盛言胡中多诸宝物，吐谷浑易可并吞。……竟破吐谷浑，拓地数千里。

四、余论

随着益州地区在梁末入北，特别是随着南北分裂局面的结束，吐谷浑地区在政治、军事和商业贸易方面的地位不复如前，丝路干道离开吐谷浑地区、回到河西的局面即将到来，一个全新的历史时期也就开始了。在这种历史背景下，昆仑玉贸易之路，自然也回到传统的河西走廊。但是，吐谷浑民族和吐谷浑地区在隋唐两代，即使在吐蕃统治时期，由于其独特的地理位置，仍然与丝路贸易有着重要关联。

发现于吐鲁番的一件粟特语地名录（T. ii. D. 94），记载了 9 至 10 世纪粟特人在欧亚大陆的经商路线，这些地名自西而东分别是：扶菻、苫国、波斯、安国、吐火罗、石国、粟特、拔汗那、朅盘陀、佉沙、于阗、龟兹、焉耆、喀喇沙尔、高昌、萨毗、吐蕃、吐浑、弥药和薄骨律[1]。其中萨毗、吐蕃、吐浑都在今青海境内，吐浑即吐蕃治下的吐谷浑民族。

考古学证据也显示，唐代的青海境内仍然是中西文化交流的热点之一。1982—1985 年，青海省考古工作者在海西州都兰县的热水乡和夏日哈乡，发掘了一批唐代的吐蕃墓葬，出土大量丝织品、陶器、木器、金银器、铁器、铜器、珠饰、皮革制品和木简牍等。根据许新国先生对出土文物中粟特系统金银器、波斯风格丝织物的研究[2]，可以肯定地说，外来文化特别是中亚地区各民族的文化，对青海境内的吐蕃，或吐蕃治下的吐谷浑等民族，存在着很深的影响，也直接证明了丝路青海道的持续繁荣。可是，都兰吐蕃墓出土物中没有玉器，反映了吐蕃文化笼罩下的青海地区不再是玉石和玉器贸易的主要中转站。尽管史书记录唐宪宗和唐文宗时吐蕃“朝贡”物品中有“玉腰带”若干[3]，但比起稍后来自河西归义军及甘州回鹘贡品中的“团玉”[4]，数量及重要程度都大大不如。

很显然，隋炀帝以后，尽管西北地区先后受到突厥及吐蕃等不同民族力量的影响，但由于中原与江南归于统一，丝路干道的东端直指长安与洛阳，河西走廊的传统地位便恢复了。

（原载《中国史研究》2001 年第 1 期）

---

① W. B. Henning, *Sogdian List, Sogdica,* London, 1940, pp. 8-11. 这些地名中包括高昌、吐浑在内的五个，是由林梅村识别的，见林梅村《粟特文买婢契与丝绸之路上的女奴贸易》,《西域文明——考古、民族、语言和宗教新论》，第 68—79 页。

② 许新国:《都兰吐蕃墓中镀金银器属粟特系统的推定》,《中国藏学》1994 年第 4 期，第 31—45 页;《都兰吐蕃墓出土含绶鸟织锦研究》,《中国藏学》1996 年第 1 期，第 3—26 页;《青海都兰吐蕃出土太阳神图案织锦考》,《中国藏学》，1997 年第 3 期，第 67—82 页。

③《册府元龟》卷九七二《外臣部·朝贡五》，唐宪宗元和十二年四月条及唐文宗太和元年八月条，见《宋本册府元龟》，北京：中华书局影印本，1989 年，第 3857 页。

④《册府元龟》卷九七二《外臣部·朝贡五》，后唐明宗长兴元年、后唐闵帝应顺元年及后晋高祖天福三年，有河西地区曹氏归义军与甘州回鹘仁美可汗进玉的记录。见《宋本册府元龟》，第 3858—3860 页。称“团玉”或玉若干团，是这个时期的特点。

从依傍汉室到自立门户

——刘氏汉赵历史的两个阶段

一

刘渊出自屠各，与南匈奴异源，这在中外学者中几乎已经成为共识[1]。令人感兴趣的是，并州屠各怎样与南匈奴融合为一个共同体，屠各刘氏又怎样在五部之中取得了领袖地位？我们只知道，发生这一重要变化的关键时期是汉末和曹魏。南匈奴内部的分裂、汉末的混乱、南单于被软禁于邺和洛阳、曹魏划分五部等等，肯定为屠各与南匈奴的融合和屠各刘氏的坐大提供了便利。屠各刘氏掩饰自己的族姓本源，冒认南匈奴单于嫡裔，既是并州屠各与南匈奴融合的产物，同时很有可能也是两族融合的道路。在五部之内，融为一体的屠各和南匈奴，其上层结构与东汉南匈奴相比也有不同：地位最高的是屠各刘氏，其次是《晋书·四夷·北狄传》中所谓四姓，而这四姓中乔氏为屠各种，兰氏有名

---

① 关于刘渊出自屠各，不与南匈奴同源的论证，请参看日本学者内田吟风，中国学者姚薇元、唐长孺诸先生的文章。当然，在这个问题上，至今仍有学者坚持相信旧史的记载，如周伟洲先生，见其所著《汉赵国史》中“关于刘渊的族姓问题”一节，太原：山西人民出版社，1986年，第19—25页。

无实，只有呼延氏和卜氏为汉代匈奴贵族[①]。屠各刘氏何时得改刘姓，已无从考证；至于为什么要改为刘姓，据《晋书·刘元海载记》和《太平御览》卷一一九引《十六国春秋·前赵录》，是因为汉高祖以公主妻冒顿，约为兄弟，冒顿子孙遂冒姓刘氏。可是在汉魏史籍中不见匈奴的刘姓。南匈奴改汉姓一定在魏晋之际，说明这时并州匈奴社会正在发生重大变化。

《载记》刘元海谓刘宣等曰："吾又汉氏之甥，约为兄弟，兄亡弟绍，不亦可乎。"看起来，刘渊在建立汉国的政治法统方面，走了这样一条曲线：第一，掩饰自己的屠各族姓，冒认南匈奴单于嫡裔；第二，由南单于嫡裔而冒认汉朝皇室的外甥；第三，以"约为兄弟"为辞，进一步提出"兄亡弟绍"。然而，这并不是刘渊为获得政治法统所做的一切，事实上他走得更远。304 年刘渊称汉王时下了一道令文，详述自己起兵之合法合理，并没有说到自己是"汉氏之甥"和"兄亡弟绍"之类，而是直呼"我太祖高皇帝""我世祖光武皇帝"云云，俨然已经是汉朝刘氏的嫡宗。从南宋赵明诚《金石录》中所保存的刘渊之弟刘雄的碑文可知，刘渊在建立汉国时，确实又进一步冒认汉朝刘氏的嫡宗后裔，目的自然是为了法统。

二

《金石录》卷二十有《伪汉司徒刘雄碑》，额题"汉故使持节、侍中、太宰、司徒公、右部魏成献王之碑"。碑文有以下一节："公讳雄，字元英，高皇帝之胄，孝宣帝玄孙。值王莽篡窃，远遁边朔，为外国所推，遂号单于，累叶相承，家云中，因以为桑梓焉。"赵明诚在案语中说："雄，刘

① 《史记·匈奴列传》和《汉书·匈奴传》所列三贵种为呼延氏、兰氏和须卜氏，《后汉书·南匈奴传》增加了一个丘林氏。据《魏书·官氏志》，须卜氏改为卜氏，丘林氏改林氏。周一良先生疑林氏当为乔氏，因此乔氏是南匈奴而非屠各，见《魏晋南北朝史札记·〈晋书〉札记》"匈奴乔氏"条，北京：中华书局，1985 年，第 98—99 页。案丘林氏改为林氏，符合胡姓改汉姓的一般规律，改为乔姓似乎勉强。陈勇认为乔氏是由屠各某姓变化而来，与南匈奴国中名族丘林氏无关，丘林氏确实改为林氏，见所著《并州屠各与南匈奴》一文的注释 7，载周绍良编《周一良先生八十生日纪念论文集》，北京：中国社会科学出版社，1993 年，第 50 页。此说可以信从。此外，南匈奴的兰氏虽然仍然作为名族列于《晋书·四夷传》，但事实上汉赵历史中看不到这一姓的活动，可见已经没落，反映了并州南匈奴社会内部的变迁。

元海弟也。”可能是根据碑文的[1]。《晋书·载记》无刘雄其人。刘雄字元英，刘渊字元海，可能确是兄弟。该碑立于刘聪时，可见到刘聪之时，刘氏仍然公开宣称自己是汉室嫡胄。这一做法，应该是从刘渊起兵时开始的。刘渊所谓“晋人未必同我；汉有天下世长，恩德结于人心”，是他借用汉家旗帜的理由；南匈奴内部流传的单于为汉帝外甥的说法，是他进一步冒认汉宣帝玄孙的台阶。为了掩盖他出自屠各的事实，他又编造出“值王莽篡窃，远遁边朔，为外国所推，遂号单于”的故事。通过编造这个光荣的血统谱系，刘渊不仅可以号召汉族百姓和汉族士人，还可以弥合并州屠各与南匈奴之间未能完全消除的歧异。更重要的是，这面旗帜给刘渊起兵带来了精神上的支持。尽管他说过“夫帝王岂有常哉，大禹出于西戎，文王生于东夷，顾惟德所授耳”一类的话，但是，出身胡族而欲称王称帝，毕竟在心理上存在着问题。《石勒载记》记载勒遣舍人王子春卑辞诱王浚，云：“且自古诚胡人而为名臣者实有之，帝王则未之有也。”王浚轻信石勒，自然也有这方面的考虑。只不过那时情况已经不同，胡人而为帝王，已经有刘渊、刘聪、刘曜为先例了。而在刘渊初起时，确实史无前例。冒认汉室嫡宗，在心理上总是有积极作用的。

可是，这种冒认决不是天衣无缝，知道实情的人太多了。对于那些敢于公开怀疑刘渊所造身世谱系的人，刘聪采取残酷打击的手段。我认为，316 年 2 月发生一日戮卿大夫七人的大案，即与此有关。据《刘聪载记》：“聪临上秋阁，诛其特进綦毋达、太中大夫公师彧、尚书王琰、田歆、少府陈休、左卫卜崇、大司农朱诞等，皆群阉所忌也。”侍中卜幹谏聪，有“且陛下直欲诛之耳，不露其罪名，何以示四海”之言。可见这次大狱杀人虽多，却没有公布罪名。其实这次大狱与编修国史有关。

《史通》卷十二“古今正史”篇：“前赵刘聪时，领左国史公师彧撰《高祖本纪》及功臣传二十人，甚是良史之体。凌修谮其讪谤先帝，聪怒而诛之。”案凌修《载记》作陵修，当从之。公师彧以太中大夫领左国史，又见《史通》卷十一“史官建置”篇：“伪汉嘉平初，公师彧以太中大夫领左国史，撰其国君臣纪传。”《刘元海载记》记载公师彧善于相人，于刘渊微时惊其相貌，深相崇敬，推分结恩。左国史，与三国孙吴的左右

---

[1] 据《资治通鉴考异》所引刘恕之言，此碑出于晋州临汾县嘉泉村。见《资治通鉴》卷八九晋愍帝建兴三年三月，北京：中华书局，1956 年，第 2820 页。

国史设官相同。汉国初建，官制仿效魏晋，故置史官，以汉族士人太中大夫公师彧兼领。公师彧为刘渊所写的《高祖本纪》以及功臣传，被刘知几誉为“甚得良史之体”。所谓良史，就是据事直书，记录事情的本来面貌。刘渊的本来面貌，乃是以屠各而冒充南匈奴单于嫡裔，以胡族而冒充汉宣帝玄孙。所谓“讪谤先帝”，当是指此而言。刘聪大怒之下，兴动大狱，一日而诛七位卿大夫，却不宣露罪名，表明刘聪对此事既重视又讳莫如深。所诛七人中，公师彧领左国史，另外六人与史案的关系明朗，令人想起后来北魏的崔浩国史之狱，同样没有明确的罪名，也同样株连极广，大概反映的问题是差不多的[①]。

刘渊初起兵，即开始冒认汉室嫡裔，高举汉的旗帜，鲜明地区别于刘宣所一心向往的“复呼韩邪之业”的政治取向。如果刘渊最初把目标放在“复呼韩邪之业”上，那么，作为屠各之子，他势必面对一种危险：呼韩邪之业是南匈奴的事业，不是屠各的事业。刘渊必须确定一个更高的目标，以保证自己领袖地位的合理与合法，这个目标必须超越南匈奴一族的历史传统。此外，尽管在并州和河东的局部地区，融屠各与南匈奴为一体的五部之众，在人口数量上有一定的优势，但从并州、河东的总体人口比例看，包括汉族在内的其他各族的人口数量要大得多。如果五部起兵的政治旗帜暴露了部族的狭隘性，那么五部就得不到其他各部的支持，五部在局部地区的优势也就无法发展为更大范围内的军事和政治优势。更何况，在刘渊起兵之初，他的政治对手是西晋朝廷，论政治上的号召力和影响力，出自胡族的刘渊无论如何是比不上的。正是在这样的历史背景下，刘渊选择了“汉”的旗号。这个旗号超越了屠各与南匈奴的分野，也超越了五部与其他胡族的分野，更重要的是，这个旗号还超越了胡族与汉族的分野。但是要举起汉的旗帜，仅仅凭南匈奴单于嫡裔的身份还是不够的。所以刘渊就伪造了汉宣帝玄孙的身份。在当时，这是一个非常重要的问题，是关系到汉国刘氏法统的问题，因此会反映到刘雄的碑文上，也反映到刘聪对国史之狱的粗暴处理上。

---

① 参看周一良先生《魏晋南北朝史札记·〈魏书〉札记》“崔浩国史之狱”条，第342—350页。

三

刘渊父子有很好的汉文化修养，汉国初建时又笼络了相当一批并州士人，使汉国的制度和面貌颇有些中原王朝的气息[①]。吴士鉴《晋书斠注》引《晋略》："平阳诸门，皆用洛都门名。"刘渊初入河东，黄河西岸的"上郡四部鲜卑陆逐延、氐酋大单征"来附，渊纳单征女为妻，不久立以为后。这反映了刘渊结纳五部以外各族以扩充实力的意图。《通鉴》卷八七永嘉三年，汉国灭晋大将军刘景在延津击败晋朝将领王堪，沉男女三万余人于黄河。刘渊闻之大怒："景何面复见朕！且天道岂能容之。吾所欲除者，司马氏耳，细民何罪。"这反映出刘渊处处掩饰匈奴汉国的民族性。这样的立场和政策一直贯彻到刘聪时期。刘聪初欲让位于刘乂，即位后又以乂为太弟，声称："待乂年长，复子明辟。"（见《刘聪载记》）而此时刘乂最多只有四岁，仅仅因为是单后所生，便被看作继位的当然人选，说明汉国相当深地受到中原礼制的影响。《刘聪载记》记聪欲纳太保刘殷女，年幼的刘乂以同姓违礼，固谏。聪更访之于刘景等，景等回答："臣常闻太保自云周刘康公之后，与圣氏本源既殊，纳之为允。"这件事看来曾使刘聪很费心思，后来又跟李弘说起过。后世学者解"本源既殊"，是指刘聪出自胡族，与汉族刘氏异源。其实不然。刘聪出自北狄，本不待他人指出，刘聪自己何尝不知？问题是，这时刘聪自称汉室之后，与刘殷一样是汉人，所要分辨的应该是同为汉姓的二刘之间是否异源了。《元和姓纂》卷五刘氏，有二源，在周分别为唐杜氏和刘氏，唐杜氏即汉室刘氏之源，而刘康公为另一源。刘景所谓"本源既殊"，实际是依据这一说法的。这一事件突出地反映了冒认汉室之后的屠各刘氏，在处理有关礼制问题方面的尴尬情况。刘聪后期立皇后之制大乱，同时立三后甚至更多皇后，遭到臣下强烈反对，成为史籍中表现刘聪政治混乱的主要佐证。这也应该放到汉国立国的特殊历史背景中去理解。

---

① 请参看赵翼《廿二史札记》卷八"僭伪诸君有文学"条，见王树民《廿二史札记校证》，北京：中华书局，1984年，第164—165页。汉国所用的并州士人，基本都是刘渊微时所与交游的本地人士，如崔游、公师彧、朱纪、范隆等，其与刘渊的交往均见《晋书·刘元海载记》。

四

可是，到刘曜在长安重建政权时，历史背景有了很大的变化。最大的变化是晋朝中央已经结束了在北方的存在，刘曜的主要敌人由司马氏变成同为胡族的石勒。这是一个非常重要的转折，汉赵历史由此进入了它的第二个阶段。从这个时候起，决定北方社会变迁发展的主要力量，将不仅仅是来自胡汉民族的冲突、混一与融合，而且也来自胡族中不同民族、不同部族之间的冲突、混一与融合。随着时间的推移，后者的重要性越来越突出，终于成为十六国历史的主线。在这样的背景下，刘曜没有必要再强充汉室后裔了，也没有必要再高举汉的旗号了，这是刘曜放弃汉国号的根本原因。但是为什么他选择了“赵”作为国号呢？刘曜的势力局促于关陇，与远在冀州的赵地毫无关系，以赵为国号于理不合。汤球辑《十六国春秋·前赵录》卷六叙改国号事，载呼延晏之言曰：“以光文本封卢奴，中山之属城。……中山分野属大梁，赵也，宜革称大赵，遵以水行，承晋金行，国号曰赵。”这个解释是表面的。刘曜刚从平阳返回关中时，曾派使者封石勒为赵王，后改变主意，致使他与石勒的矛盾完全公开。石勒据有冀州、幽州、并州的全部和青州、司州、徐州的大部，而其根本所在是襄国及其附近的郡县，正是所谓赵地。刘曜不封石勒为赵王，却自己改国号为大赵，称赵皇帝，其根本原因是为了对付石勒，为了在政治上表明自己对于天下的统治权，同时不承认石勒在河北的势力范围。

刘曜的赵国有一些重要的改革举措。《刘曜载记》：“以水承晋金行，国号曰赵，牲牡尚黑，旗帜尚玄，冒顿配天，元海配上帝。”他放弃了刘渊所编造的与汉室的关系。承认晋朝在五行运统中的地位，以水行接承晋的金行，完全以新朝的姿态出现。但是他没有放弃对南匈奴单于嫡裔的冒充，仍然把冒顿看作自己的祖先。公然以胡族后裔而称王称帝于华夏腹地，在十六国历史中，刘曜是第一个。我们把刘曜建立前赵看作一个阶段性的标志，就是基于这样一种认识：这时中国北方社会胡汉之间、胡族与胡族之间的冲撞与整合，已经到了一个新阶段，对于一个胡族政权来说，其兴亡盛衰的关键不仅取决于它与汉族的关系，而且取决于它与其他胡族之间的关系，后者甚至更为重要。对于任何建立统治的胡族来说，统治者永远只是少数民族，其他各胡族在反抗其统治方面，永远是多数民族。因此，处理好与其他各族的关系，是统治民族的首要任务。据《刘曜载记》，刘曜初期在这方面有一些失误，如对于关中巴、氐、羌等族，因为诛杀巴酋库彭而激起“四山羌、氐、巴、羯”的反叛，“关中大乱，城门昼闭”，形势相当严峻。我们知道，关中民族成分及其数量都不亚于并州，而五部匈奴在关中并没有什么历史传统，仅仅依靠武力，刘曜是无法维持其对于关中地区的控制的。后来刘曜比较正确地执行了一套民族政策，对关陇各部族或打击，或拉拢，或迁徙，逐渐稳定了在关陇地区的统治。324 年，刘曜率大军逾陇而西，欲攻河西张氏。《刘曜载记》：“曜自陇长驱至西河，戎卒二十八万五千，临河列营，百余里中，钟鼓之声沸河动地，自古军旅之盛，未有斯比。（张）茂临河诸戍皆望风奔退。”这样一支军队当然是以五部精锐为核心的，但其主要部分，则是关陇地区的其他部族。这是刘曜正确处理关陇民族问题的结果。

不再依傍汉室血统的刘曜，并没有推行反对文化的政策，相反，比起刘渊和刘聪来，刘曜在推行汉化、鼓励学习汉文化方面，做了更多的实质性工作。《刘曜载记》：“立太学于长乐宫东，小学于未央宫西，简百姓年二十以下十三以上，神志可教者千五百人，选朝贤宿儒明经笃学以教之。以中书监刘均领国子祭酒，置崇文祭酒，秩次国子，散骑侍郎董景道以明经擢为崇文祭酒。”张师曾任博士，台产曾任博士祭酒，俱见《载记》。汉文化在当时不仅是最先进、最优秀的文化，必然为胡族所尊敬并学习，而且，从政治的角度看，推行学习汉文化的政策，很大程度上有利于团结境内包括汉族在内的各族上层阶级，因为这是使各族在政治上认同的重要渠道之一。这也是我们认识十六国时期各胡族政权汉化进程的角度之一。

五

五部匈奴开十六国历史之先河，称王称帝，建立国家，无疑是以自身强大为前提的。江统《徙戎论》：“今五部之众，户至数万，人口之盛，过于西戎。然其天性骁勇，弓马便利，倍于氐羌。”在西晋末年北方胡族中，并州五部匈奴实力最强、组织最好、人数最多，这是汉赵崛起的基本条件。随着汉赵历史的发展，特别是当刘曜不得不离开并州与河东，在关陇立国以后，五部的原有优势发生变化，刘曜只有尽可能地利用其他各族的力量。五部自身的强大和关陇其他部族的合作，是前赵政权存在的两个支点，其中任何一个支点的变化，都会影响前赵政权的命运。到刘曜后期，这两个支点的平衡就出现了问题，作为汉赵政权支撑性力量的五部精锐由于战争消耗和年迈衰老而使前赵面临危机。324 年，当刘曜统帅盛况空前的大军威慑凉州时，他就对这种危机有清醒的认识，他说："吾军旅虽盛，不逾魏武之东也，畏威而来者，三有二焉；中军宿卫已皆疲老，不可用也。"所谓"中军宿卫"，就是五部旧人，从刘渊起兵开始，这批五部之众就一直充当汉赵的支撑性军事力量，连年的战争和平阳的内乱，已经从数量和质量上削弱了这批"中军宿卫"；从刘渊起兵到这时已经二十多年了，当年的青壮已经进入暮年。刘曜说的"疲老"正是这个意思。由于军队长年征战于外，加上平阳内乱，影响了五部的人口增殖和新一代的成长，到刘曜后期危机终于暴露了。刘曜末年建立了一支名叫"亲御郎"的军队，正是为了解决这个难题。

前赵灭亡前两年，刘曜建立了"亲御郎"。《刘曜载记》："召公卿已下子弟有勇干者为亲御郎，被甲乘铠马，动止自随，以充折冲之行。尚书郝述、都水使者支当等固谏，曜大怒，鸩而杀之。"我们知道，前赵的公卿主要是五部匈奴[1]，因此"亲御郎"主要甚至可能全部是由五部权贵的子弟组成的。为什么郝述和支当要力加反对呢？这和五部社会的发展以及当时赵国内部的政治形势可能有关系，史料所限，在此不加推测。刘曜建立的这支"亲御郎"，看来是皇家的御林军，"动止自随"，成了前赵的核心军事力量。刘曜以匈奴贵族子弟组建军队，客观上反映了前赵的常备军事力量在新老交替方面出现了问题。据《刘曜载记》，建立"亲御郎"的次年，在与前凉将军韩璞的战斗中，"亲御郎"就发挥了作用："冠军呼延那鸡率亲御郎二千绝其运路，胤济师逼之，璞军大败。"说明建立"亲御郎"还是收到了一定实效的。

但是，"亲御郎"也不能改变前赵基础动摇的趋势，五部的衰弱注定了前赵的灭亡。刘曜光初十一年（328），在与石勒争夺洛阳的战事中，已入暮年的刘曜坠马被俘，不久前赵就灭亡了。前赵的衰亡，关键在于其核心统治阶级和统治民族即五部匈奴的衰弱和老化。前赵军队的成

---

① 周伟洲《汉赵国史》附录一为《汉赵职官表》（见第 211—234 页），由此表可知，汉赵的实权都掌握在五部匈奴的手中，汉族人士虽然也大量在汉赵政权中出任官职，但并不是要害之官。

分是相当复杂的，包括关陇地区所有的民族，其中不乏优秀勇敢的将领和军士，但由于五部的衰弱和老化，整个前赵的军队就显得不堪一击。这是十六国历史中一个普遍的现象。无论一个胡族政权如何掩饰其统治部族的狭隘性，客观的社会结构和民族形势却使它无法超越这种狭隘性。其结果，总是军事上暂时占优势、人口上必然占劣势的某一部族，在一段时期内，实质上垄断统治权。军事上的优势会逐渐削弱，而人口上的劣势却永难改变。这在本质上决定了十六国历史的动荡不息。

刘氏汉赵二十七年的历史可以分为两个阶段，即依傍汉室血统的汉国和自立门户的赵国。两个阶段各有自己的问题和背景，以上的分析虽然粗糙，却大致可见其梗概。至于这些具体问题所包涵的更为深刻的历史内容，即十六国历史的规律性和普遍性，请容我们在今后的研究中继续探索。

（原载《原学》第 5 辑，北京：中国广播电视出版社，1996 年）

枋头、滠头两集团的凝成与前秦、后秦的建立

十六国时期，分别以氐族和羌族为主体民族而建立的前秦、后秦的历史，向来为学者所重视。苻氏氐族集团和姚氏羌族集团在石赵时期迁徙关东，分别在枋头和滠头屯驻了长达十八年的时间。由于研究视角的不同，似乎还没有人注意到，在这十八年间分别凝成的苻氏枋头集团和姚氏滠头集团，与后来建立的前秦和后秦，有何等直接、何等重要的关系。本文即从考察这两个集团的形成及其内在的凝融出发，揭示苻氏前秦与姚氏后秦的立国，在部族发育和政治组织等方面的历史条件。

一、十六国前期关陇地区民族形势的变化

关陇地区，即西晋时期的雍州和秦州，民族分布十分复杂，胡族人口比重极大。江统《徙戎论》[①]："且关中之人百余万口，率其少多，戎狄居半。"关中的胡族中，以氐族和羌族为主。这种民族分布的总体格局到永嘉之乱以后有了相当显著的变化。

从晋惠帝元康六年齐万年反乱开始，关中汉族人民大量向外流移，从一定程度上改变了关中的民族形势，汉族人口比例不断下降，而关中总的人口数量也因战争、饥疫、饥民外流而不断下降。外流的汉族人口当然也有返回关中的，如阎鼎率关西流民数千拥秦王业西归，但数量很少[②]。晋愍帝的长安朝廷能够在关中撑持数年，并不说明关中的汉族势

---

①《晋书》卷五六《江统传》，北京：中华书局，1974年，第1533页。

②《晋书》卷五《愍帝纪》和《晋书》卷六十《阎鼎传》，见第125页、1647页。

力还有可观。愍帝得立，长安朝廷在匈奴刘氏的军事打击之下居然维持四五年之久，一个重要的原因是雍州北部各郡羌胡的支持。

在愍帝建兴三年九月以前，刘曜率大军对长安进行过三次进攻，都是溯渭水西上，正面直攻，屡屡受挫。《刘聪载记》："曜曰：'彼犹强盛，弗可图矣。'引师而归。"这里所谓强盛，是指愍帝朝廷军事上尚有力量，而这一力量的根源，在于北部冯翊、北地、新平和安定等地的羌胡，主要是卢水胡、羌族和氐族，他们不仅提供军队，还要保证长安及其军队的粮食供应。建兴三年九月，刘曜第四次率军进攻长安。第一次他不再是溯渭水西上，而是绕道长安以北，首先进入冯翊，屯军粟邑，进攻上郡。上郡和冯翊一落入刘曜手中，关中形势大变。《刘聪载记》："于是关右翕然，所在应曜。曜进据黄阜。"为什么会有这样的变化呢？就因为冯翊和上郡是关中羌胡分布最密集的地区，是羌胡的根本之地。刘曜占领了羌胡的根本之地后，关中支持长安的羌胡就大大减少了。次年七月，刘曜陷北地，羌族酋大军须对麹昌的粮食供应也被切断，长安城遂暴露于刘曜大军面前，不久愍帝出降，西晋覆灭。刘曜此次成功的关键在于瓦解了羌胡对长安的支持。从这一事实中也可以看出，关中的民族形势和胡汉民族力量的对比与十几年前有了很大的不同。

匈奴刘氏在平阳的单于台，控制了相当数量的氐羌。羌族在并州、河东是有一定分布的，可是没有材料说明氐族也在这一地区有广泛的分布。《刘元海载记》："上郡四部鲜卑陆逐延、氐酋大单征、东莱王弥及石勒等并相次降之，元海悉署其官爵。"这个氐酋大单征，应当与鲜卑陆逐延一样，来自黄河西岸的上郡或冯翊等地。在当时条件下，他不太可能率领很多族众渡河到平阳。后来平阳的十几万氐羌，主要应该是刘曜从关中迁徙而来的。永嘉六年，贾疋、麹特等人攻击长安，刘曜只好放弃长安，退回平阳。《刘聪载记》："麹特等围长安，刘曜连战败绩，乃驱掠士女八万余口，退还平阳。"这八万余口中，当然有相当数量的氐羌。刘聪死前，因刘乂事件而痛治氐羌酋帅，造成十几万氐羌对汉国的离心，后来他们都投奔石勒，石勒迁之于河北襄国附近。也就是说，在汉国时期从关中迁到平阳的氐羌并没有回到关中。关中氐羌总的数量下降，这也是原因之一。

二、苻氏氐族集团和姚氏羌族集团的首次东徙

刘曜前赵时期，关陇地区的民族形势有了进一步的发展，各族分布的格局有了新的变化。《苻洪载记》："刘曜僭号长安，(蒲)光等逼洪归曜，拜率义侯。"《魏书·苻健传》："刘曜拜洪为宁西将军、率义侯，徙之高陆，进为氐王。"案高陆属京兆。把苻洪及其族众从略阳远迁至京兆，是对氐族集中的略阳进行分化管理，便于就近控制和利用这一支已经很有实力的氐人部族。这是苻氏氐族集团作为一支政治力量正式出现在中国历史舞台上的开端。

同时，刘曜还把一个相当庞大的羌族集团，从陇右迁到氐族集中的略阳。姚氏羌族集团因而也正式登台了。《姚弋仲载记》："姚弋仲，南安赤亭羌人也。……永嘉之乱，东徙榆眉，戎夏褓负随之者数万……刘曜之平陈安也，以弋仲为平西将军，封平襄公，邑之于陇上。"史文没有明确交代姚弋仲是邑于陇上何地，但他受封为平襄公，而平襄为略阳郡属县，所以应该是在略阳郡。从后来姚弋仲集团中有许多略阳人士的事实看，姚弋仲在刘曜时期确实曾移徙略阳。略阳部族极多，而以氐族为最众。把姚氏羌族集团安插进略阳，也许正是为了对民族问题复杂的略阳进行分化管理。

总起来看，陇右地区的氐羌部族向东移徙，是刘曜时期关陇地区民族分布格局的主要特征。东移的氐羌部族，正好可以填充关中人口减少的空档。迁徙人口以强固统治，本来就是十六国时期各个政权一致推行的政策。而前赵向东迁徙陇右氐羌，还有一个军事上的考虑：为了对付前凉张氏，不能把容易摇荡的氐羌留在陇右。

这种迁徙也许从人口数量上看规模并不很大，但是意义深远。从总的趋势看，十六国时期，陇右诸郡的氐羌不断向关中移徙，使得汉魏时期在陇右拥有人口优势的氐羌移出陇右，进入关中地区，为不久前才从漠北阴山南下的鲜卑各部腾出了空间。而进入关中的氐羌，以苻氏和姚氏为代表，因缘际会，后来进一步东徙，来到传统华夏的中心地区关东，在那里接受了关东地区的文化和政治影响，各自凝成了枋头和滠头集团，为石赵覆灭以后西归关中，建立前、后秦，打下了极为重要的基础。

三、石赵时期苻氏、姚氏两集团的东徙关东

关陇民族形势到石赵时期发生了更为深刻的变化。《苻洪载记》："(刘)曜败，洪西保陇山。"看来苻洪并不情愿居住高陆，所以趁着前赵败亡的机会率领族众回到略阳故土。石虎入关，攻击陇右上邽，苻洪归降。

同时归降石虎的陇右部族中还有羌族姚弋仲集团。姚弋仲集团在前后赵之际，可能离开略阳平襄，向南迁至天水冀县。后来从关东西归的姚氏集团中有许多天水人士，而且苻生以王礼葬姚弋仲于天水冀县，就是证明。

根据《苻洪载记》和《姚弋仲载记》，苻洪和姚弋仲两人都向石虎献策，建议把关陇豪杰迁到关东去。石虎拜洪冠军将军，"委以西方之事"；以姚弋仲行安西将军、六夷左都督。石虎对二人的重视说明此时的陇右各部族中，以这两个集团的实力最强，潜力最大。

石勒死后，石虎夺位，并且平定石勒养子石生在关中的反叛。这时苻洪集团再次东迁，到达冯翊。《太平御览》卷一二一引《十六国春秋·前秦录》："石虎既灭生，洪率户二万下陇东，如冯翊，虎拜洪护氐校尉，进爵为侯。"此时苻洪集团既有户二万，那么至少有十几万人了，当然是一支不可忽视的力量。这一次苻洪东迁，是否出于自愿，史文阙载，但据事分析，很有可能是自愿的。毕竟关中比陇上的自然条件要好得多。大概这也正是苻、姚二人劝石虎迁秦雍豪杰于关东的原因。

《苻洪载记》："季龙灭石生，洪说季龙宜徙关中豪杰及羌戎内实京师，季龙从之。"石虎这次迁徙关陇豪杰于关东，规模很大。《太平御览》卷一二一引《十六国春秋·前秦录》："徙秦、雍州民（案民当为氐）羌十余万户于关东。"苻氏集团和姚氏集团是主要的迁徙对象。关陇地区最有实力的这两个氐羌集团的东迁，确实使关西一时间难以出现真正有威胁的地方力量，确保了石赵在西部地区的统治。

这两支氐羌集团迁到关东，一方面是远离部族故地，受到石赵统治者的直接监控，不得不向石赵提供兵役服务；另一方面，在关东地区的生活，给这两个集团提供了新的机会，使得这两大集团在不长的时间内迅速完成了内部的社会进步与整合，部族素质有了很大提高，为后来回到关西建立霸业准备了必要的条件。

四、枋头与滠头

在关东，苻洪集团和姚弋仲集团都没有被拆散分离，而是各自作为一个完整的部族组织被分别安置在枋头和滠头。《苻洪载记》:“(石虎)以洪为龙骧将军,流人都督,处于枋头。”《魏书·姚苌传》:“(弋仲率部众)随石虎过于清河之滠头。”

枋头,石赵时期属司州汲郡朝歌县[1],其地在今河南浚县。《水经注》卷九淇水条:“汉建安九年，魏武王于水口，下大枋木以成堰，遏淇水东入白沟,以通漕运,故时人号其处为枋头。”[2] 并引卢谌《征艰赋》曰:“后背洪枋巨堰，深渠高堤者也。”可见枋头是一处连通黄河、淇水、白沟和清河，保证河北漕运的交通枢纽。枋头一带，也是黄河渡口最为密集的地区。隔河相对的是濮阳，而濮阳境内的重要渡口就有:灵昌津(又名延津)、棘津、文石津和硖硗津等等。枋头在交通与军事上的重要性，还体现在两晋时期许多历史事件中。石勒自河淮地区北趋冀州，即经由枋头；西晋末年向冰率众数千壁于枋头；后来东晋谢尚北征，即遣戴施为先锋据枋头；而以枋头命名的著名的枋头之役，则是桓温戎马生涯中最暗淡无光的一页。石虎让苻洪以流民都督的身份，率领这支以略阳氐族为核心的流民集团驻屯的枋头，就是这样一个要地。

滠头，属石赵冀州勃海郡广川县，其地在今河北枣强县。《水经注》卷九“清河”条:“清河北迳广川县故城南。阚骃曰:县中有长河为流，故曰广川也。水侧有羌垒，姚氏之故居也，今广川县治。”熊会贞认为其地在今枣强县东南[3]。《元和郡县图志》卷十七:“枣强县本汉旧县,属清河郡，县外即姚弋仲之故垒也。”清洪亮吉《十六国疆域志》卷二广川县条:“汉旧县，有滠头，有姚弋仲垒。”滠头不如枋头那样在军事和交通方面有显著地位，但处在农业地区，有良好的农耕条件，对姚氏集团经济形态的变化是有重要作用的。

---

① 参看清洪亮吉《十六国疆域志》卷二,《二十五史补编》第3册，北京:中华书局，1955年，第4100页。

② 曹操遏淇水入白沟，是为了北征袁尚，沟通漕运，以通粮草，见《三国志·魏志·武帝纪》，北京:中华书局，1959年，第25页。

③ 郦道元:《水经注》卷九“淇水”条。见杨守敬《水经注疏》，南京:江苏古籍出版社，1989年，第875页。

石虎把关西地区的苻氏氐族集团和姚氏羌族集团迁徙到关东，分别安置在枋头和滠头。这两大集团在枋头和滠头，一住就是十八年，直到石赵崩灭。从后来苻氏集团对枋头表现出的故乡般的感情，我们就更能体会这十八年的关东生活，对于他们的特殊意义。苻坚东灭前燕，统一北方，曾重访枋头，视枋头为谯沛之地。《晋书·苻坚载记上》："坚自邺如枋头，宴诸父老，改枋头为永昌县，复之终世。"

五、枋头、滠头两集团的凝成

关东十八年，部族的人口按自然增殖的规律，必定有了相当的增加。新一代氐羌豪贵在关东地区生长、学习，农耕生活使来自陇右的氐羌在社会进步方面深深受益。姚弋仲的滠头集团据《载记》有"部众数万"，枋头的苻洪集团部众应该更多。经过十八年的自然增殖，这两大集团的人口总量必定大大超过最初的数字。

然而，对于这两大集团来说，在关东的十八年，最重要的收获并不是人口的增加，而是部族素质获得了很大的提高。这主要体现在新一代氐羌豪贵身上。苻洪东迁时年四十八，其子苻健年十六[①]，而苻洪诸孙几乎无一例外地都是在关东出生的。苻生生于335年，为东迁枋头的第三年；苻坚生于338年，为迁枋头的第六年。苻坚诸弟都生于关东。后凉的开创者吕光也是在东迁后的第九年生于枋头。

与苻生兄弟、苻坚兄弟、吕光等先后在枋头出生、成长起来的一代氐族豪贵，是后来前秦、后凉的霸业支柱。苻氏枋头集团西归时，苻健说过"昔往东而小，今还西而大"的话，这仅仅是指新生代的氐族青年在数量上超出了当年东迁的苻氏集团。事实上，新一代的最大特点是，他们的素质有了很大提高。在关东的社会条件下，新一代有机会受到更好的教育，眼界开阔，因而文化教养和政治水平远远超过了老一代。这是前秦立国的重要条件。

苻氏诸孙可能有更好的条件接受关东先进的文化影响。《苻坚载记》："祖洪，从石季龙徙邺，家于永贵里。其母苟氏尝游漳水，祈子于西门豹

---

① 苻健死时到底是多少岁，《苻健载记》说是三十九岁，而《太平御览》卷一二一引《十六国春秋·前秦录》谓为四十九岁，相差十年。兹从《载记》。

祠。”可见苻氏集团虽然定居枋头，苻洪一家却曾经在邺城居住，苻坚就出生在邺城[①]。《太平御览》卷一二二引《十六国春秋·前秦录》:“(坚)八岁，请就师学。洪曰:‘尚小,未可,吾年十三方欲求师,时人犹以为速成。’”《苻坚载记》述此事则更为生动:“八岁,请师就家学。洪曰:‘汝戎狄异类，世知饮酒，今乃求学邪！’欣而许之。”苻氏集团深刻的质变就体现在新一代苻氏子弟素质的提高上。

枋头的氐族子弟也有较好的教育条件。《吕光载记》:“光生于枋头，……不乐读书，唯好鹰马。”看来枋头子弟有读书的制度，只是吕光自己“不好”而已。同样在枋头的氐族梁氏（后来为苻氏后党），还涌现出梁谠、梁熙兄弟这样的著名文士。《太平御览》卷四九五引《十六国春秋·前秦录》:“梁谠字伯言，博学有隽才，与弟熙俱以文藻清丽见重一时。时人为之语曰:‘关东堂堂，二申两房，未若二梁，瑰文绮章。’”虽然是关西人士的夸张之辞[②]，多少也可以说明枋头十八年对于氐族集团的特别作用。苻坚及弟苻融，俱为文武全才，更是苻氏集团新一代的佼佼者。没有枋头十八年的熔冶滋育，苻氏集团就仅仅是关陇地区一支强大的军事势力而已，政治上并不会有太大的前途，起码不可能有后来前秦三十多年霸业的光荣业绩。

姚氏集团在滠头的情况，由于史料缺乏，不作申论。但是，考虑到姚弋仲的四十二个儿子绝大多数是在东迁前后出生的[③]，新一代的姚氏子弟以及整个姚氏集团在这十八年间必定也和苻氏一样深深受益。

在枋头、滠头的十八年，对于这两个氐羌集团内部关系的调整也有十分重要的作用。我们知道，这两个集团虽然分别是以氐放和羌族为骨干，但也包含秦雍汉族豪门和其他民族的成员。《太平御览》卷一二一

---

① 《晋书·苻坚载记上》，坚率军东征攻邺，“七日而至于安阳，过旧闾，引诸耆老语及祖父之事，泫然流涕，乃停信宿”。见《晋书》卷一一三，北京：中华书局，第2892页。可见苻氏旧居在邺城郊外的安阳。

② 关东文士中的申氏房氏，都是石赵时期的关东士望，慕容鲜卑占领关东后积极与之合作，在十六国北朝历史中颇有一些作为。二申，指申胤、申绍；两房，则指房默、房旷兄弟。

③ 据《姚襄载记》，襄死于357年，时二十七岁，则襄生于331年，为东迁前两年。但是据《姚苌载记》，苌死于393年，时六十四岁，则姚苌生于330年，比姚襄还早一年。姚襄是姚弋仲第五子，姚苌是姚弋仲第二十四子。因此史书关于姚襄、姚苌年岁的记载必有一误。尽管如此，姚襄及其诸弟大多数生于东迁滠头前后，还是确然无疑的。

引《十六国春秋·前秦录》:“属刘氏之乱,散千金招延俊杰,戎晋襁负奔之,推为盟主。”《姚弋仲载记》:“永嘉之乱,东徙榆眉,戎夏襁负随之者数万。”在早期的辗转迁徙中,苻氏集团和姚氏集团不断接纳各族人士的加入,遂如滚雪球般越滚越大,因而集团内部杂有各族各阶层的人士。

比如姚氏集团,其骨干是南安赤亭的羌族姚氏及其部众,从最初“东徙榆眉”开始,就有其他部族和汉族豪门的加入。姚氏迁徙过程中曾经居住略阳、天水,所以后来的滠头集团中就有略阳的氐族(伏子成、王黑那、强白)、略阳的汉族(权翼)、天水的豪门尹氏(尹赤、尹详等)。苻氏多次进入关中,在陇右的影响也更大,所以后来的枋头集团中就有许多氐族以外的秦雍各族豪门,如安定程氏(程朴、程肱、程延)、安定梁氏(梁楞等)、安定胡氏(胡文)、天水赵氏(赵俱)、陇西牛氏(牛夷)、北地辛氏(辛牢)、南安羌酋雷氏(雷弱儿)等等。

值得注意的是,苻氏集团中有南安羌,而姚氏集团中有略阳氐。这是在各自东迁过程中长期、缓慢形成的集团关系,当两个集团间并没有什么利害冲突和政治斗争时,族际界线基本没有意义。可是,当石赵末年,滠头集团和枋头集团都在争夺回归并控制关中的机会时,两个集团间依然没有发生以种族为标志的分化。滠头集团内的氐族和枋头集团内的羌族并没有叛出各自的集团,回到以自己本族为主体的集团中去,而是相反,仍然忠诚地为各自的集团效劳。苻氏对枋头集团中的南安羌酋雷氏,姚氏对滠头集团中的略阳氐酋强氏等,仍然倚为心腹,用之不疑。姚襄西归的核心组织是所谓四部(左右前后),而四部帅中,有三帅是略阳氐人。南安羌酋雷弱儿则是枋头集团上层人士中的重要成员。这种情形的发生,是关东十八年岁月中,枋头、滠头两个集团各自熔冶内部各族成员、整合内部关系的成果。

共同的利益关系、长期聚居一地,很大程度上消弭了民族的、地域的差异,使集团内部的聚合力变得相当强大。这种聚合力甚至到许多年以后仍然发挥作用。比如,滠头集团中的薛瓒和权翼,都非羌族,更与姚氏没有乡里或姻亲关系,权翼是略阳豪门,薛瓒是太原胡人[①],二人在

---

① 《太平御览》卷二四九引《后秦记》:“姚襄遣参军薛瓒使桓温,温以胡戏瓒。瓒曰:‘在北曰狐,居南曰狢,何所问也。’”薛瓒与后来颇有影响的河东蜀人薛氏一族,也许是有关系的。见《太平御览》卷二四九,北京:中华书局影印宋本,1960年,第1179页。

前秦还极得苻坚重用，可是一旦姚苌举起反旗，这二人立刻从长安出奔，投到姚苌旗下，而这时距他们当初追随姚襄西归，已经快三十年了。天水尹氏的例子更为典型，作为滠头集团的重要成员，天水尹氏到前秦末年积极支持姚苌的反叛，其中尹纬还是后秦开国的头号功臣。《姚兴载记》附《尹纬传》："苌死，纬与姚兴灭苻登，成兴之业，皆纬之力也。"家族传统使得尹纬早就立下了背离苻秦的志向，也使他很自然地选择了效命于姚氏的政治立场。枋头集团内情形相似，后来前秦政权中的胡汉各族人士，基本上都与枋头的十八年岁月有关。

六、石赵崩灭后枋头、滠头两集团的西归

石虎后期，由于羯族自身的相对衰落，不得不倚重氐羌军事力量，政治上也对东迁的这两支氐羌集团给予优惠，客观上进一步刺激了氐羌上层的政治觉醒。《苻洪载记》："累有战功，封西平郡公，其部下赐爵关内侯者二千余人。以洪为关内领侯将。"到石赵末年，苻洪和姚弋仲所率领的氐羌军队已经是关东最强大的军事势力之一。

得到如此一番熔冶滋育的枋头和滠头集团，在后赵崩灭、关东大乱的政治机会面前，当然是有实力、有条件做出点事业来的。所以苻洪死前自称本欲逗留关东，"言中州可指时而定"，志向很大。但是，关东正处在民族仇杀、一片大乱的形势下，仅凭枋头十几万人的力量，事实上难有作为。《石季龙载记》附《冉闵传》："自季龙末年，而闵尽散仓库以树私恩，与羌胡相攻，无月不战。青、雍、幽、荆州徙户及诸氐羌胡蛮数百余万，各还本土。道路交错，互相杀掠，且饥疫死亡，其能达者十有二三。"由于石赵后期尖锐对立的胡汉矛盾的总爆发，石赵末年的民族迁徙就特别突出。

在这"各还本土""交错道路"的数百余万石赵徙民中，滠头集团和枋头集团各自十几万人的规模，应当说在数量上没有什么优势。但是，说到组织之坚固、战力之精良、领导之优秀、集团聚合力之强大，却要首推枋头集团和滠头集团。徙民回归故乡的历史浪潮也驱动着这两大集团，无论其领袖人物是否有滞留关东、逐鹿中原的雄图大志，整个集团的意志却是西归。所以，《苻洪载记》云苻洪自称大将军、大单于、三秦王；《太平御览》卷一二一引《十六国春秋·前秦录》亦载"时姚弋仲

亦图据关中，恐洪先之，遣子襄率众五万来伐洪"，政治意图都是一样的。

而这个时候，关中地区的政治形势和民族形势对苻姚西归、建立霸业也提供了可能。石赵崩灭，关中各族颇有乘时而起者。但是我们知道，此时关西的汉族豪强比从前更加衰弱，氐羌等族也没有形成集团性的政治和军事势力。石虎迁徙秦雍望族十七姓于关东，"遂在戍役之例"，降入"兵贯"，大大挫折了关西的汉族豪门[①]。而关中氐羌等族，人数虽众，却没有形成足够强大的部族力量，更缺少一个合适的领导集团，所以也不能有所作为。关陇地区此时只有一支部落比较强大，算得上是一支有潜力的政治势力，即略阳的屠各王氏及其部众。屠各王氏从西晋末年到北魏后期，一直是陇上的一支地方势力；十六国时期，王石虎、王擢、王统三代，盘踞略阳水洛城一带，反复于东西各国之间，有相当的实力[②]。但是屠各王氏终魏晋南北朝之世，也没有成长壮大到足以称雄关陇、建立霸业。石赵末年王氏的代表人物王擢依附前凉，继续在陇山东西之间瞻望徘徊。

所以，当关东的苻氏和姚氏两大集团立意西归时，关陇地区事实上不存在真正的军事障碍。京兆豪族杜洪在混乱之中临时组织起来的势力，经不起苻健大军的一击，立即瓦解，其根本原因，即在于关中汉族的力量自西晋以来一直下降，已经不足以影响和决定关陇地区的政治前途。前秦建立之初，一度摇动苻健统治的是残留的匈奴和胡羯，而不是

---

①《晋书·石季龙载记》："镇远王擢表雍秦望族自东徙以来，遂在戍役之例，既衣冠华胄，宜蒙优免。从之。自是皇甫、胡、梁、韦、杜、牛、辛等十有七姓，蠲其兵贯，一同旧族，随才铨叙，思欲分还桑梓者，听之；其非此等不得为例。"见《晋书》卷一〇六，第2770页。可见关陇旧族东迁之初，遭遇是相当悲惨的。

② 请参看陈仲安《王真保墓志考释》，《魏晋南北朝隋唐史资料》第1辑，第9—15页；周伟洲：《甘肃张家川出土"北魏王真保墓志"试析》，《四川大学学报》1978年第3期，第79—84页；秦明智、任步云《甘肃张家川发现大赵神平二年墓》，《文物》1975年第6期，第85—88页。

汉族或其他民族，正可见关中民族形势的一斑[①]。

七、枋头集团与滠头集团的比较

现在我们要解决的问题是，既然以羌族姚氏为核心的滠头集团和以氐族苻氏为核心的枋头集团，同样具备了良好的政治和军事实力，同样决心西据关中以图霸业，为什么结果是苻氏的枋头集团达到了目的，而姚氏的滠头集团不得不向苻氏俯首称臣呢？除了枋头距关中路近、便于捷足先归以外，还有没有更为深刻、更为本质的原因呢？我认为是有的。这本质的原因就在于滠头集团和枋头集团以及这两个集团所代表的两个民族间，在社会发展程度和政治文化水平等方面所存在的差距。

就魏晋以来的关中氐羌两族进行比较，我们知道，氐族主要分布在关中平原的三辅地区和西北各郡，从事农耕，在西晋时候已经编户化，汉化程度很高；而羌族主要分布于关中北部、从平原向黄土高原过渡的丘陵和山区，特别集中在冯翊、北地、安定等郡。半农半牧，汉化程度较氐族要低得多。晋惠帝元康六年始于冯翊和北地的羌胡（卢永胡、羌族）起兵，到后来发展成为以氐族为核心的关中大反乱，究其根由，当是由氐族社会发展程度较高、足以充当领导力量决定的。

从更大范围考察西北氐羌两族的社会发展程度，以农牧经济生活形式为界线，我们看到的整个西北，氐族的社会发展程度都高于羌族。苻氏出自略阳临渭，属于曹魏时期从武都北迁的氐族，而武都氐族早已实现农耕化，所以可以认为苻氏东迁之前就是从事农耕的。羌族姚氏在“东

---

①《晋书·苻健载记》，苻健称帝的第二年，张遇串通关中诸将刘晃、孔特、刘珍、夏侯显、乔景（案当从《通鉴》卷九九作乔秉，唐人避讳改）、胡阳赤、呼延毒等起兵反秦附晋。见《晋书》卷一一二，第2870页。张遇在冉闵时期据地许、洛，遥为石祗声势。以当时胡汉阵营分明的情况分析，张遇必是胡族。羯族张姓甚多，石虎外姓即为张姓。张遇为石赵豫州刺史，因此他应当是羯族。孔特也应当是羯人。呼延、乔两姓照理该是匈奴，但胡羯之中许多人冒用匈奴贵姓，所以石赵一些羯族人士也姓呼延和乔。这反映了石赵时期胡羯与原五部匈奴的融合趋势；宏观地看，这也是十六国时期胡族之间进行民族融合的一条途径。胡阳赤、刘晃、刘珍的情况当大致相似。枋头集团西归前后，吸纳了一部分胡羯，再加上原来屯驻关中的羯族，恐怕是有一定实力的，所以能够在前秦甫建就掀起波澜。至于苻健对张遇的无礼，只是一个偶然的事件罢了。

徙榆眉”之前，定居于南安赤亭，当是半农半牧[1]，此后一迁略阳，再迁天水，逐步接近农耕地区的中心地带。但是当姚弋仲率部过至略阳、天水时，苻洪却率部下陇，一迁京兆，再迁冯翊，比姚氏集团更早地建立了与关中的联系。姚氏集团没有迁入关中的历史经历，这也是其不如苻氏的地方。即使到前秦末年，姚苌叛奔时，他的目的地竟是始平郡的马牧，说明原滠头集团的羌族族众主要集中在马牧，还保留着半农半牧的经济生活状态。

东迁以后的十八年关东生活，对滠头集团和枋头集团的影响当然都是很深的。可是，由于这两个集团原有的社会发展程度不同，起点有高下之别，所以，关东生活的影响并没有收到完全一样的结果。姚弋仲有子四十二人，绝大部分应该是生于滠头，但除了姚襄、姚苌外，几乎没有什么特别出色的。即使是姚襄、姚苌二人，也只以武略见长，文化修养远远比不上年龄相近的苻坚兄弟[2]。姚弋仲本人粗拙少礼，质鲁无文，与苻洪对比鲜明。《姚弋仲载记》记载姚弋仲对石虎说话，“汝看老羌堪破贼以不”等等，且云：“弋仲性狷直，俗无尊卑皆汝之，季龙恕而不责。”这恰恰是姚氏文化较低的反映。姚氏子弟在文化修养方面涌现与苻坚兄弟相当的人物，要到姚苌的儿子姚兴一代，晚了近三十年。

从另一方面看，石虎在对待氐羌的态度上，也不是没有轻重区别的。苻洪初降石虎，被任命为冠军将军、监六夷诸军事、泾阳伯，同时降赵的姚弋仲则被任命为行安西将军、六夷左都督。“监六夷诸军事”与“六夷左都督”已有轻重之分。苻洪到冯翊，进爵为侯，拜护氐校尉，东过枋头时，被任命为龙骧将军、流民都督，封西平郡公；姚弋仲东迁滠头，拜奋武将军、西羌大都督，封襄平县公。后来苻洪获封本郡略阳郡公，姚弋仲才继封为西平郡公，比苻洪又晚了许多。在为石赵效力的岁月里，在石虎心中，苻氏既是必须倚靠的力量，同时又是必须加以防范的潜在

---

① 署名晋代王嘉撰、萧梁萧绮录的《拾遗记》卷九，记载晋武帝即位前，府中有个羌人姚馥，字世芬，充厩养马，妙解阴阳，“馥年九十八，姚襄则其祖也”。此姚襄如果是姚弋第五子姚襄，则此句当作：“则姚襄之祖也。”据《姚弋仲载记》，弋仲父名柯回，不名馥。《拾遗记》的这条材料看来有很多疑问，不足为据。但文中谓姚馥“充厩养马”，倒符合作为“奴”的羌人的情况。

②《姚襄载记》：“襄少有高名，雄武冠世，好学博通，雅善谈论，英济之称，著于南夏。”见《晋书》卷一一六，第2962页。姚襄是姚氏诸子中出类拔萃的人物，史传褒之如此。核之姚襄一生行事，“威武自强”虽有之，“好学博通”则未必然。

威胁。《苻健载记》:“季龙虽外礼苻氏，心实忌之。”冉闵更是视苻氏为直接威胁，屡次建议石虎及石遵挫抑苻氏。对于羌族姚氏，就没有这方面的记载，这也从一个侧面反映了滠头集团在实力方面和潜在政治力量方面，是不能与枋头集团相比的。

对比关中氐羌的人口，也许氐族并不比羌族多出很多；西归的枋头集团，比起滠头集团来，在人数上也不存在很明显的优势。然而，既然枋头集团在社会发展程度和政治文化修养等方面都高于滠头集团，那么，苻氏在占据关中并且建立政权方面，先于姚氏三十多年，就容易理解了。而姚氏要在苻氏的前秦政权下，继续完成其社会进步，提升其集团素质，准备更充分的条件，迎接将来的历史使命，这个过程大致上用了三十多年的时间。

八、余论

十六国时期民族政权有一个共同的特点，即某一民族的政权在发展到鼎盛状态以后,本民族的内在凝聚力却呈下降态势。这是因为什么呢?原因是多方面的。原因之一，我认为，民族政权的初建阶段，正是依靠本民族的天然聚合力，形成社会结构、政治结构中的支撑性力量。建国以后，占统治地位的民族，无疑要更多地享受到政权给予的好处。诸种好处之中，就有社会进步一项。这是指统治民族在土著化、农耕化、汉化等方面，相对要走在其他胡族的前面，至少更多地享有这种条件。也就是说，一个民族政权的建立，势必要带动本民族全体成员加速其社会进步，同时也是加速融入北方各族共同的经济生活、社会生活和文化生活中，这也就是我们过去常说的民族融合。而民族融合在一定阶段上是要逐步否定民族狭隘性的，也就是要逐步从根本上消解民族的、部族的内在聚合力。这种否定的过程，恰恰是进步的、发展的过程。从宏观上来看十六国史，此起彼伏的民族政权，正是在这个意义上具有伟大的历史价值。一个民族政权的消失，可能伴以该民族在社会进步上的重要跃进。这也可以说明，为什么在大多数情况下，一个民族政权消失以后，尽管该民族人口并未减少，却再也看不到同一民族再次建立一个政权。从根本上说，那是因为建立民族政权的内在历史驱动力已经大大弱化，甚至是不复存在了。

在这个意义上考察前秦、后秦建国的历史，就要格外重视枋头、滠头两集团在关东得以凝成的历史。这两个集团从凝成到溶解，就是十六国时期少数部族社会进步、政治觉醒的典型个案，这正是我们对此问题充满兴趣的原因所在。

（原载《原学》第 6 辑，北京：中国广播电视出版社，1998 年）

汉唐时期漠北诸游牧政权中心地域之选择

虽然游牧（pastoral nomadism）是指一种随季节转换而改变居住地的经济生活方式，但游牧社会中诞生的国家或帝国通常是多部族、多语言的高级政治体，这样的政治体不仅有明确的部落分地制度，而且也存在复合型的经济形态：既有“逐水草”的游牧，也有定居的种植[①]。这些已经为考古发现所证实。如此综合形态的经济结构，与同样是复合型经济结构的南方华夏-汉地区之间，是否一定会出现 Thomas Barfield 所构拟出来的掠食者（游牧政权）与被掠食者（农业社会）之间那种兴衰起伏的周期性对应关系[②]，以及以之为出发点对匈奴政权政治结构的分析[③]，就是大可怀疑的[④]。蒙古国考古学家 Zagd Batsaikhan 认为，近年来在蒙古国所作的匈奴考古发掘数据显示，即使在匈奴帝国的中心地，也存在着大量文化属性彼此不同的外来部族[⑤]。而在俄罗斯的外贝加尔（Trans-Baikalia）与蒙古国中北部塔米尔-鄂尔浑-色楞格河谷（Tamir-

---

① 王明珂：《游牧者的抉择：面对汉帝国的北亚游牧部族》，桂林：广西师范大学出版社，2008 年，第 110—142 页。

② Thomas J. Barfield, The Hsiung-nu Imperial Confederacy: Organization and Foreign Policy, in: *Journal of Asian Studies*, vol. 41, no.1 (nov., 1981), pp. 45-61.

③ Thomas J. Barfield, *The Perilous Frontier, Nomadic Empires and China,* 221 BC to AD 1757, Cambridge, MA & Oxford, UK: Blackwell, 1992, pp. 5-16.

④ Nicola Di Cosmo, Ancient Inner Asian Nomads: Their Economic Basis and Its Significance in Chinese History, in: *The Journal of Asian Studies,* vol. 53, Issue 4 (Nov., 1994), pp. 1092-1126.

⑤ Zagd Batsaikhan, Foreign Tribes in the Xiongnu Confederation, in: *The Silk Road, vol.* 4, no. 1 (Summer 2006), pp. 45-47.

Orkhon-Selenga River Valley）所发现的多处匈奴城址[1]，也证实匈奴内部有常年定居的人群。对伊沃尔加（Ivolga）城的发掘清楚地显示，城中居民主要是从事农耕和手工业生产的非游牧人口[2]。

另一方面，《史记》记匈奴“逐水草而迁移，毋城郭常处耕田之业，然亦各有分地”[3]，尽管“毋城郭常处耕田之业”是不准确的，但“各有分地”一语，还是对“逐水草而迁移”所作的十分重要的限定，因为后者容易被浪漫地诠释成漫无边际地放牧。蒙古高原上的游牧，都是在一定地域内并有着固定的迁徙路线与往返周期[4]，这就是所谓“各有分地”。对现代蒙古游牧经济的调查与研究，进一步帮助我们理解古代游牧部族对牧场管理与使用的连续性和稳定性[5]。如果不是由于战争、饥荒或强力政治介入，超越传统游牧“分地”范围的迁徙是极难发生的。与此相应，游牧政权的首脑也不是在其统治范围内任意游荡，任何游牧政治体都有相对稳定的统治中心，即古史所谓“单于庭”“可汗庭”，是其主体部族的游牧地及行政首脑之所在。

汉唐时期分别在某一阶段崛起并统治漠北（有时也控制漠南甚至更广大的地域）的游牧政权，无论其主体部族早先的游牧地在哪里，一旦取得统治地位，几乎都把自己的统治中心选择在蒙古中部以鄂尔浑河河谷草原为中心的狭小地带。这种选择当然是可以用该地域的自然地理特征来解释的。不过值得注意的是，即使在这个较为狭小的地域范围之内，不同时期各游牧政权在中心统治区的选择上又是不同的，这种不同就不能以自然地理的诸项因素来解释了。近年考古学家在外贝加尔地区所发现的大规模高等级匈奴墓葬，显示东汉时期匈奴政权的中心在鄂尔浑河的下游及色楞格河河谷地区。东突厥第一汗国的汗庭很可能在

---

① 林幹：《匈奴城镇和庙宇遗迹》（1962年），林幹主编：《匈奴史论文选集（1919—1979）》，北京：中华书局，1983年，第413—429页。

② 冯恩学：《俄国东西伯利亚与远东考古》，长春：吉林大学出版社，2002年，第488—496页。

③《史记》卷一一〇《匈奴列传》，北京：中华书局，1959年，第2879页。

④ Maria E. Fernandez-Gimenez, The Role of Mongolian Nomadic Pastoralists' Ecological Knowledge in Rangeland Management, in: *Ecological Applications,* vol. 10, no. 5 (Oct., 2000), pp. 1318-1326.

⑤ Maria E. Fernandez-Gimenez, Sustaining the Steppe: A Geographical History of Pastoral Land Use in Mongolia, in: *Geographical Review,* vol. 89, no. 3 (Jul., 1999), pp. 315-342.

鄂尔浑河以西的塔米尔河中游，而且有证据显示这种布局乃是继承自柔然政权。东突厥第二汗国及继承了突厥的回鹘政权，都把中心区确定在鄂尔浑河中游地区。造成这种空间布局差异的，应当是不同时期的政治形势。本文通过考察汉唐之际不同时期漠北游牧政权内外政治形势的变化对其中心区域选择的影响，尝试为这种空间变化求得合理的并且有历史深度的解释。

一、匈奴时代的漠北统治中心

匈奴的核心部族，即创建匈奴政治体的部族，也应当就是较早获得“匈奴”这一族称（ethnonym）的那个民族体，到底起源于何处，研究者尚未达成一致意见。由于迄今为止最大规模的匈奴遗址（包括城址与墓葬），都是在蒙古国和俄罗斯境内发现的，相当一些学者倾向于相信匈奴起源于漠北。在令人震惊的诺颜乌拉（Noin-Ula）被发现七十多年之后[①]，在诺颜乌拉以北不远的色楞格河河谷，以米尼亚耶夫（Sergey Miniaev）为首的俄罗斯考古学家又开始了对规模更大、规格更高的察拉姆（Tsaraam）匈奴墓地的发掘[②]。尽管米尼亚耶夫深信察拉姆墓地属于匈奴王族甚至可能就是单于的墓地，但他在比较了考古与文献资料之后，仍然认为匈奴的起源地应当在漠南而不是漠北[③]。俄罗斯外贝加尔和远东地区的考古表明，匈奴文化与青铜时代的石板墓文化之间没有亲缘关系，可见匈奴文化是外来的，这种外来文化一定程度上覆盖和取代了原有的石板墓文化[④]。《后汉书》记汉昭帝时乌桓“发匈奴单于冢墓，以报冒顿之怨”[⑤]。以当时形势而论，驻在幽州塞外的乌桓不大可能跨过大漠去发掘匈奴单于墓，他们反击匈奴的活动应当局限于漠南中东部。汉

---

① Camilla Trever, *Excavations in Northern Mongolia (1924-1925),* Leningrad: 1932, pp. 1-25.

② Sergei S. Miniaev and Lidiia M. Sakharovskaia, Investigation of a Xiongnu Royal Complex in the Tsaraam Valley, in: *The Silk Road,* vol. 5, no. 1 (Summer 2007), pp. 44-56.

③ Sergey S. Miniaev, Origin of the Xiongnu (Hsiungnu), in: http://www.archeo.ru/eng/themes/xiongnu/origin.htm. 访问时间：2019 年 4 月 12 日。

④ 冯恩学：《俄国东西伯利亚与远东考古》，第 459—500 页。

⑤ 黄文弼：《前汉匈奴单于建庭考》（1941 年），收入林幹主编《匈奴史论文选集（1919—1979）》，第 88—91 页。

昭帝时匈奴单于墓既然在漠南，可以推想匈奴的“龙兴之地”也应当在漠南。

匈奴崛起于漠南，后来扩张其势力至于漠北，在大漠南北都曾建单于庭。据黄文弼先生考证，匈奴单于之南庭，应在阴山左近，而其北庭，应在“鄂尔浑河畔，杭爱山之东麓，哈剌巴尔噶逊附近”。虽然没有文献和考古材料证实黄先生此说，但大致可信。从近代以来考古调查的成果来分析，塔米尔河-鄂尔浑河-色楞格河河谷地区的匈奴遗址最为密集，其规模与规格亦为其他地区所不能及，可以相信这里就是匈奴北庭所在地。汉武帝发动对匈奴战争以前，匈奴在漠南的优势地位无人挑战，汉朝事实上接受了农牧两极的政治秩序，因此把单于庭建在阴山一带是没有什么问题的①。但当汉匈之间开始了旷日持久的战争之后，漠南的单于庭就不再安全了，匈奴的政治中心势必向漠北转移。

漠北的黄金地带当然是鄂尔浑河河谷。从匈奴到蒙古的历代漠北游牧政权，在取得统治地位之后，都把政治中心转移到这个地区。匈奴从南向北，突厥从西向东，蒙古从东向西，都是向鄂尔浑河河谷转移的显例。这是由于南倚杭爱山的鄂尔浑河、塔米尔河、图拉河等重要河流在这一地带汇流，并向北汇入色楞格河，形成蒙古高原上最大的、连续的森林草原与河谷草原。这一连续的森林草原和河谷草原上，盛产马所嗜食的旱生禾草等禾本科植物，如各种野燕麦等，特别适合放牧数量巨大的马群②。充沛的河水和丰茂的草场为放牧巨量牲畜提供了可能，杭爱山的森林又能够保障大型社会体（特别是高级政治体）必要的木材物资，而且，居中以驭四方的地理位置更适合游牧帝国以核心集团控制四方各部族的政治架构。大概就是由于以上诸项因素，除了黠戛斯以外③，凡是推翻了蒙古高原上原有统治者的游牧部族，都把自己的政治中心迁移到鄂尔浑河河谷来，并且建立起新的、跨越整个漠北乃至更大地域的游牧

---

① Nicola Di Cosmo, *Ancient China and Its Enemies: The Rise of Nomadic Power in East Asian History,* Cambridge, UK: Cambridge University Press, 2002, pp. 196-205.

② A. A. 尤那托夫（A. A. Юнатов）:《蒙古人民共和国放牧地和刈草地的饲用植物》，黄兆华、马毓泉、汪劲武译，北京：科学出版社，1958 年，第 60—110 页。

③ Michael R. Drompp, Breaking the Orkhon Tradition: Kirghiz Adherence to the Yenisei Region after A.D. 840, in: *Journal of the American Oriental Society,* Vol. 119, No. 3 (Jul. - Sep., 1999), pp. 390-403.

帝国。

不过，即使是在鄂尔浑河河谷，由于各游牧政权所面临的内外形势不同，也会影响到具体营地（Ordo）地点的选择。大蒙古国以哈喇和林（Kharakorum）为都时，在草原上几乎没有任何外来威胁，因此和林城紧贴山麓，非常接近鄂尔浑河流出杭爱山的地方。从军事防御的角度看，选定这个位置意味着没有考虑来自南方的威胁，当然，那个时期事实上也没有来自南方的威胁。匈奴初至漠北时，也大致是没有安全之虞的。但汉匈战争开始以后，汉军多次深入漠北，匈奴北庭受到的威胁并不少。迄今在蒙古国和俄罗斯境内发现的大型匈奴遗址，都位于塔米尔河北岸台地与色楞格河河谷。从空间位置看，这些遗址一方面都在塔米尔-鄂尔浑-色楞格河谷地带，另一方面，却避开了鄂尔浑河初出杭爱山的地点，没有把最宽阔的鄂尔浑河河谷草原当作营地。这很明显是为了避开来自南方汉朝远征军的威胁。

分布在塔米尔河北岸的匈奴墓葬遗址和三连城（Gorodishche）遗址[①]，说明匈奴在塔米尔河河谷的营地有意识地选在北岸，南隔塔米尔河与鄂尔浑河河谷相望。这样就把塔米尔河当作了障碍物，把鄂尔浑河河谷当作了纵深缓冲区，汉朝远征军如果出现在这里，就无法以突然性和机动性获得战场优势，匈奴大军和牲畜的撤退也就有了足够的时间保障。两汉多次派遣远征军深入漠北，但只有少数几次遭遇战，决定性的主力决战一次也没有发生，一方面与匈奴军的机动撤退有关，另一方面也与匈奴大本营处在较为安全的地方有关。

根据2004年8月我们对塔米尔河与鄂尔浑河汇流处的匈奴三连城的调查，我们认为这一规模极大的城址，虽然原来地表会有一些建筑，如城中心高地残留有建筑遗迹，但可以推想三连城可能不是为了居住而筑。也就是说，这一著名的三连城，更可能是为了收容大批牲畜而筑的，是文献中经常提到的“羊马城”。2005年夏美蒙联合塔米尔乌兰和硕（Tamiryn Ulaan Khoshuu）考古队对三连城作了测量和局部发掘，获得了迄今最多的资料。在建筑遗址（包括城墙、城门和城中高地）的发

---

① David E. Purcell and Kimberly C. Spurr, Archaeological Investigations of Xiongnu Sites in the Tamir River Valley, in: *The Silk Road,* vol. 4, no. 1 (Summer 2006), pp. 20-32.

掘虽然有利于认识建筑形式，但没有找到任何器物[①]。虽然发掘者认为没有见到器物可能还是因为发掘面积不够大，但却证明了我们早先的猜想，即乌兰和硕的匈奴三连城，只是匈奴时期的羊马城，而不是供人居住的。鄂尔浑河河谷、塔米尔河河谷都是游牧经济的天堂，却并不适合耕作种植。

比起塔米尔地区的匈奴遗址来，蒙古国北部色楞格河河谷及俄罗斯外贝加尔地区（主要也在色楞格河河谷）的匈奴遗址，在规模和规格上都更加引人注目，其中最重要的当然是诺颜乌拉和察拉姆的匈奴墓葬。不过对于我们的思考来说，同样重要的还有伊沃尔加城址及附近的墓地。对伊沃尔加匈奴遗址的发掘与研究提示我们，在匈奴帝国的腹地存在着定居并从事种植和手工业生产的人群[②]。这类定居者被安置在遥远的北方，是有战略安全上的考虑的。城居在军事上是游牧政权中最脆弱的一个部分，因此在空间上一定会被安排到有安全保障的地带，同时该地区还要具备适合耕作种植的土壤、水文、气候和热量条件。恰好，色楞格河河谷既能够满足军事上远离南部草原的条件，又是蒙古高原上最适合农业的地区。今天蒙古国主要的蔬菜谷物种植区，也分布在色楞格省（Selenga Aimag），可算是一个旁证。我们可以相信，分布在伊沃尔加城以南不远处的诺颜乌拉与察拉姆墓地，在选址上应当出于同样的考虑。而且，由于诺颜乌拉与察拉姆两处高规格墓葬地的存在（需要提示的是同样规格的匈奴墓葬在其他地区还未曾被找到过），我赞同米尼亚耶夫的推测，即在相当一段时间内，匈奴的政治中心也在色楞格河一带，换句话说，即匈奴单于庭就在这一地带。

当然，不能不考虑的因素还是时间，即什么时候及多长时间内匈奴政治体是以色楞格河河谷为大后方的？从文献中所记汉匈战争双方态势发展来看，从西汉派遣远征军深入漠北寻求决战开始，匈奴就必须在漠北的北部地带建立大后方。汉匈战争的一个重要影响就是匈奴不再能够较为容易地获得汉朝农业地区的物资，这就逼迫匈奴在其他地区（如西域）开发新的定居地区物资供应的途径，或者在自己的地盘上尽力

① David E. Purcell and Kimberly C. Spurr, Archaeological Investigations of Xiongnu Sites in the Tamir River Valley, in: *The Silk Road,* vol. 4, no. 1 (Summer 2006), pp. 28-29.

② 潘玲：《伊沃尔加城址和墓地及相关匈奴考古问题研究》，北京：科学出版社，2007年，第120—129页。

开展种植业。这种战略态势从汉武帝开始，到东汉中期北匈奴政治体崩溃，在差不多二百年的时间内，除了两汉之际一个短暂的时期以外，基本上不仅没有改变，而且在匈奴分裂为南北匈奴之后，甚至更加朝向不利于北匈奴的方向发展。在东汉朝廷的怂恿和策应之下，南匈奴和乌桓从漠南，鲜卑和丁零从漠北，对匈奴进行了不间断的攻击行动，直至最终导致北匈奴政治架构之崩解。

可以想象在这一过程中，北匈奴经历了相当严重的政治和经济危机，特别是经济上可能遭受到周边敌对部族的严密封锁，获得森林地区的贵重皮毛、农业地区的谷物和奢侈品，大概都变得非常困难了。南方定居地区的文化在这样的政治条件下，难以及时进入到漠北，反映到考古发现中，就是东汉的器物和文化因素（如东汉流行的砖室墓）很难在匈奴遗址中找到[①]。研究者发现，外贝加尔地区的匈奴考古中的华夏因素，反映的往往是秦与西汉早期而不是西汉中期以后的华夏文化[②]。塔米尔河河谷地区匈奴遗址所出土的漆器可能是东汉以前就流入匈奴地区的[③]，而同一遗址出土的铜镜的情况也应如此[④]。

以上讨论为匈奴时期漠北单于庭的具体位置给出了一个外围的描述。我认为，当匈奴明显感受到来自南方的军事威胁时，其政治中心不可能放在鄂尔浑河河谷，虽然其最大的牧群不可避免要周旋于鄂尔浑河与塔米尔河河谷草原一带，但政治中心会安置在较为安全的北方，即色楞格河河谷草原。而色楞格河河谷草原恰好又是匈奴国内较为重要的种植和手工业生产中心，靠近这个中心也许是为了解决谷物和手工业产品的运输问题。此外，在单于庭以南不远的塔米尔河与鄂尔浑河河谷草原上，仍然集中着匈奴核心部族的牧群，这些牧群可以在获知敌军进犯的消息后及时转移。乌兰和硕匈奴三连城的筑城目的，也许就是为了在必要的时候集中和安置牲畜。三连城南隔塔米尔河，具有军事上的明显优点。决定了匈奴以鄂尔浑-塔米尔-色楞格河河谷草原为其根本之

---

① 冯恩学：《俄国东西伯利亚与远东考古》，第 500 页。

② 潘玲：《伊沃尔加城址和墓地及相关匈奴考古问题研究》，第 101—103 页。

③ Daniel C. Waugh, The Challenges of Preserving Evidence of Chinese Lacquer-ware in Xiongnu Graves, in: *The Silk Road,* vol. 4, no. 1 (Summer 2006), pp. 32-36.

④ Guolong Lai, The Date of the TLV Mirrors from the Xiongnu Tombs, in: *The Silk Road*, vol. 4, no. 1 (Summer 2006), pp. 37-44.

地的主因，是这一地区在地理上的诸般特点；但最终决定匈奴政治中心及其附属部族在这一地区之内的具体空间分布的，却是汉匈敌对的军事态势。

二、柔然与前后东突厥汗国在漠北的政治中心

从北匈奴解体到柔然占据漠北与拓跋为敌，近二百年间漠北（大部分时间里还包括漠南）处在政治体发育的倒退状况，主要原因大概是说古蒙古语（Proto-Mongolic）的鲜卑诸部忙于与匈奴余众及原漠北突厥语诸部族进行社会整合；当然另外一个原因可能是中原正处在政治分裂的状态，有关北方特别是遥远的漠北的信息未能获得中原政权的注意，造成“文献不足征”的缺陷。如果《魏书》有关柔然与拓跋同起于漠南的记载是可靠的，那么柔然最终在漠北建立统治并据守漠北对抗漠南的这一历史过程，便与匈奴起自漠南却最终把自己的大本营建立在漠北，有着十分惊人的近似了。

在漠北建立起草原帝国的柔然，以哪一区域为政权的政治中心呢？

迄今为止，柔然考古的成绩是非常有限的，特别是在蒙古高原上，几乎难以对柔然考古文化给出十分清晰的界定。这当然与柔然在草原历史上的重要性是不相称的。对于我们研究柔然在草原上的空间移动与政治布局来说，考古证据的缺席更是严重的问题。苏联时代的考古学家怀疑两处古代遗址与柔然有关。这两处遗址，一处是古城，一处是墓葬。而这两处遗址都在塔米尔河河谷，这是我们思考柔然政治中心时为数不多的考古依据。不过，如果把文献上有关柔然帝国的历史资料综合起来考虑，我们还是可以大致上得出一个结论，那就是柔然的政治中心（可汗庭）应当位于鄂尔浑河以西的塔米尔河河谷。

非常值得注意的是，塔米尔河河谷还是继柔然之后统治漠北的前东突厥帝国（又称第一突厥汗国）的政治中心。布古特碑（Bugut Inscription）是理解这一问题的关键。1956年策·道尔吉苏荣（Ц. Доржсүрэн）在大塔米尔县（Ikh Tamir Sum）北塔米尔河的支流巴颜察干河（Bain Tsagaan Gol）河谷发现此碑时，以该遗址所面对的正东方向十公里以外布古特山（Bugut Uul）来命名此碑。Bugat是“鹿”buga一词的复数形式（有复数后缀 -t），到现在为止，布古特山上还有鹿，想必

自古以来就是如此。碑文的粟特文在克利雅什托尔内（Kljaštornyj）与里维施奇（Livšic）于1971年首次成功解读以后（有俄文、英文和土耳其文等多个译本）[①]，到现在已经有很多学者做过研究，其中最新的是吉田丰的转写和翻译[②]。吉田丰的新文本之所以重要，主要是因为在1997年8月的现场调查中，还利用了长久以来逐渐从原立碑遗址找到的多个残片，这些残片对于复原全碑具有重要的意义。碑阳还有一小段婆罗米（Brahmī）字母的梵文，内容是佛经，研究者认为刻写时间与立碑时间接近。2006年7月我们曾到达布古特遗址，根据我们的调查，遗址包括东西向的墓地或祭祀坑遗址，以及向东的、长达295.4米的“杀人石”长列。“杀人石”一共232条。从现场可以清楚地看到，这个“杀人石”长列并非一条直线，在差不多一半的地方，即从第101条“杀人石”开始，长列开始向东北方向偏转，形成一个明显的弯曲。另外一个值得注意的特点，是“杀人石”长列并非位于墓地或祭祀遗址向东的中轴线，长列的起始点，位于遗址偏南一侧。布古特碑所在的位置，被认为是古代游牧民文化遗存相当密集的地方，附近有很多鹿石及青铜时代的石堆墓（Kurgan或Khirigsuur）。

同样值得重视的还有距布古特遗址不远的塔米尔河河谷中的泰哈尔巨石（Taikhar Chuluu）。泰哈尔巨石是一块花岗岩大石头，突兀而孤零零地竖立在平坦的河谷草原上，北塔米尔河从巨石的西侧流过，向北流去。只要你到现场一看，你一定理解当地传说中有关这块巨石的故事为什么那么多，也一定理解为什么自古以来这块石头至少在本地被视为神圣之石。根据我们的观察，石高约20—25米，顶部有一个小型敖包（Ovoo）。石壁周遭布满文字，最早的文字是突厥和回鹘时代的鲁尼文（Runic），最晚的则是几天前刚写上的基里尔（Cyrillic）蒙古文。鲁尼文共有十来条，虽然简短，但毕竟是草原上最早的属于草原民族自己的文字，极为珍贵。鲁尼文和蒙古文之外，还有汉文、满文、藏文、老蒙文、俄文等等，新涂画往往会覆盖旧涂画，因此一些颇具历史价值的旧文字就无从辨识了。泰哈尔巨石所隐含的宗教意味，令人联想到《周

① S. G. Kljaštornyj and V. Livšic, The Sogdian Inscription of Bugut Revised, in: *Acta Orientalia Academiae Scientiarum Hungaricae,* Tomus XXVI(1), 1972, pp. 69-102.

② 吉田丰的录文，载森安孝夫与オチル（A. Ochir）主编《モンゴル国現存遺跡・碑文調査研究報告》，京都：朋友書店，1999年，第122—124页。

书》卷五〇《突厥传》提到的“又以五月中旬，集他人水，拜祭天神”句。这句话首先引起伯希和的注意，但他对“他人水”未作解说[1]。卜弼德（Peter A. Boodberg）1932年在其系列史学札记《胡天汉月方诸》（Hu T'ien Han yueh Fang Chu）中的《几个词汇的语源假说》（Some Tentative Etymologies）一章里，再次提出《周书》此语，指出“人”或本当作“民”（唐人避讳所改），他民水，即塔米尔河（Tamir Gol）[2]。从《周书》此语，可知塔米尔河对于突厥的重要性。而布古特遗址与泰哈尔巨石，更加指出塔米尔河的这一地段，可能就是第一突厥汗国的政治中心所在。

突厥第一汗国为什么会选择今大塔米尔县（Ikh Tamir Sum）的北塔米尔河河谷作为其政治中心呢？与匈奴特别是东汉时期的北匈奴不同，突厥第一汗国的大部分时期内，是没有来自漠南的国防威胁的。因此突厥汗庭没有必要深藏于狭窄的北塔米尔河河谷之中。如何解释这一现象呢？我认为，只能从柔然与突厥之间的历史连续性来理解突厥的选择。这一连续性的实质就是，柔然帝国的政治中心也在同一地区，崛起于阿尔泰地区的突厥在推翻柔然之后，继承了柔然帝国的政治遗产，把自己的可汗庭东迁到了原柔然汗庭，也就是北塔米尔河的这一地带。——这一思考也许可以作为一个旁证，说明柔然的汗庭就在距布古特遗址与泰哈尔巨石不远的北塔米尔河河谷一带。

柔然的战略处境与西汉后期的匈奴及东汉时期的北匈奴非常近似，那就是他们以数量很少的核心族群，统治漠北众多突厥语（Turkic）部族（其中包括后来反叛柔然的高车和取代柔然的突厥），同时他们还要时刻警惕着来自漠南的强大北魏军队的攻击。比匈奴更不利的是，柔然的主要对手拓跋魏不仅拥有定居社会的一切资源与人力优势，而且同时还拥有游牧族群的传统与武装[3]。拓跋魏不仅能够以六镇据守漠南[4]，而且

---

① 伯希和（Paul Pelliot）：《中亚问题札记九则》（Neuf notes sur des questions d'Asie centrale），*T'oung Pao*, vol. 24, 1929, pp. 201-265。冯承钧译为《中亚史地丛考》，收入《西域南海史地考证译丛五编》，北京：商务印书馆，1956年，第110—159页。

② Peter A. Boodberg, *Selected Works of Peter A. Boodberg*,Compiled by Alvin P. Cohen，Berkeley, Los Angeles and London: University of California Press, 1979, pp. 77-78.

③ 松下憲一：《北魏胡族体制论》，札幌：北海道大学出版会，2007年。

④ 关于六镇的研究很多，这里只举学界参考较少的张维《元魏诸镇考》，兰州：甘肃省文献征集会，1947年版，1987年由兰州古籍书店重印（线装），凡45页。

还多次组织跨越大漠的远征[①]，就是这种双重优势的表现。柔然如果像后来的蒙古那样以鄂尔浑河河谷为中心，军事上就不可避免地处于脆弱的地位。把汗庭西移至北塔米尔河河谷，一方面继续利用鄂尔浑河河谷的牧场，另一方面可以防范漠南远征军的袭击，这和北匈奴把政治中心北移至色楞格河河谷是同样的道理。

8 世纪重新崛起的东突厥第二汗国（又称后突厥汗国）的政治中心，从鄂尔浑突厥文大碑阙特勤碑与毗伽可汗碑的位置来判断，应当也就在鄂尔浑河河谷地带。在两大碑以北不远，在鄂吉湖（Ogiy Nuur）以南，有一座名为 Chilin Hiyd 的古城。这座古城虽然规模不大,但是墙垣高耸，气势雄伟。研究者对此城的属性存有争议，一般认为这是毗伽可汗的夏宫，但也有学者认为是辽代的招州。《辽史》记辽圣宗开泰三年（1014）派遣女真人户置招州，隶属西北路招讨司，两年后还派官员赈济招州。不过史籍中再也没有见到有关招州的材料，大概设置时间不长，不太可能在如此深入阻卜心腹地带的鄂尔浑地区筑城。虽然史料记载突厥讨论过不筑城，但当东突厥汗国后期主要敌人变成九姓乌古斯以后，改变军事策略的可能性是很大的。另一个使我们相信第二汗国的汗庭就在鄂尔浑河河谷的原因，是后来推翻突厥统治并成为草原新的统治者的回鹘，也把自己的统治中心建立在这里，即著名的九姓回鹘牙帐城（Qara-Balgasun）[②]。回鹘与突厥第二汗国的关系，类似于突厥第一汗国与柔然的关系。回鹘建立汗庭的地方，极有可能就是原突厥第二汗国汗庭之所在。第二突厥汗国虽然有相当一段时间与唐朝为敌，但那时的唐朝已经没有兴趣对漠北派遣远征军，突厥人无须担心会有唐朝大军突然出现在鄂尔浑草原上。因此突厥人可以放心地把汗庭设置在肥美宽广的鄂尔浑河河谷草原上。

以上我们讨论了柔然与前后东突厥汗国的汗庭位置。从以上讨论可以看出，柔然之所以选择在塔米尔建立汗庭，是迫于军事形势，这与匈

---

① 内田吟風:《柔然時代蒙古史年表》,《北アジア史研究 —— 鮮卑柔然突厥篇》, 京都: 同朋舍, 1975 年, 第 341—396 页。

② 关于九姓回鹘牙帐城最新的调查与研究，请参看林俊雄与森安孝夫合著之《カラ=バルガスン宮城と都市遺址》, 载森安孝夫与オチル（A. Ochir）主编《モンゴル国現存遺跡・碑文調査研究報告》, 第 199—208 页。

奴的情况非常近似。突厥第一汗国同样在塔米尔建立汗庭，则是出于继承柔然遗产、以加强其统治的正当性与合法性的需要。突厥第二汗国在漠北恢复统治的时候，已经不需要通过在塔米尔建立汗庭来维护其合法性，同时又因为不需要防卫来自漠南的军事打击，因此可以放心地在鄂尔浑草原上建立汗庭。后来推翻并取代了突厥的回鹘同样要把可汗牙帐城建在鄂尔浑河河谷，一方面固然是因为这一地区本来就是最好的草原（这方面的原因与突厥第二汗国及后来的蒙古一样），另一方面，也因为必须继承突厥汗国的汗庭以维护其统治的合法性与正当性（这方面的原因又与突厥第一汗国一样）。可见促成草原游牧政权选择政治中心的因素是多方面的，地理因素仅仅是一个框架，其他的因素，如军事和政治文化的因素，往往起到更为主要的作用。

（原载《舆地、考古与史学新说》，北京：中华书局，2012 年）

从民族的起源研究转向族群的认同考察

——民族史族源研究的新发展

一、引言

从中文写作的民族史领域来观察，民族史的族源叙述正在发生方法论的转变，即从起源研究转向认同考察，二者各有其人类学的理论前提，各有其不同的“民族”定义和解释，前者的理论基础可以追究至“根基论”(Primordilism)，后者可以追究到“工具论”(Instrumentalism)。即使在中文论著中，相关的理论解说也已经十分丰富了[①]。要一再申明的是，这两种理论及其各自衍生的方法并不总是对立的，很多情况下是可以彼此转化、互为补充的。我们这里从实践角度对此一转变试作解说和描述，目的自然是为了提倡以考察族群认同的方法来处理有关民族起源问题的史料，因而难免强调二者间区别与对立的地方多一些，但我们无意否定传统的起源研究已经取得的巨大成绩及其潜在的发展空间。引入认同考察的方法并非取代传统研究并重写民族起源，而是在新的知识体系下，给民族史的研究增添观察角度，扩展史料范围，从而深化我们对于“民族”这一具有极为复杂的历史与现实纠葛的范畴的认识。

我曾经说过：“我相信，一切出现在历史视野里的所谓民族，都是政治体(polity)，都是以政治关系和政治权力为纽带构建起来的社会团体，尽管这种团体总是要把自己打扮成以血缘关系为基础的、具有生物

---

① 王明珂：《华夏边缘——历史记忆与族群认同》，北京：社会科学文献出版社，2006年，第1—20页。

学意义上紧密联系的社会群体。进入历史学研究范畴的北方民族，都是一个又一个的政治集团，而不是通常理解的一个又一个在‘种族’意义上彼此区别的‘族群’。只有把所谓民族理解为政治体，我们才不至于深陷在古代史料所布下的有关起源和迁徙的迷魂阵里难以自拔，才有可能填平民族史与一般史之间的鸿沟。”[①] 我形成这一认识，首先是受到 20 世纪 80 年代以来西方社会人类学、历史人类学、历史社会学等领域学术思潮的影响和启发，其中最有代表性的就是本尼迪克特·安德森（Benedict Anderson）的名著《想象的共同体——民族主义的起源与散布》（*Imagined Communities: Reflections on the Origin and Spread of Nationalism*）。在安德森那里，民族（nation）是政治体，是通过政治力量人为建构出来，并且通过各种说服手段使人们相信的一种政治信念。他说：“我主张对民族作如下的界定：它是一种想象的政治共同体——并且，它是被想象为本质上有限的（limited），同时也享有主权的共同体。”[②]Ernest Gellner 也说：“民族主义主要是一种政治原则，这种原则要求政治单位与民族单位相重合。”[③]

安德森强调民族（nation）是一个近代概念，但事实上近代以来形形色色的民族主义运动，无不把这一近代概念推向历史叙述中，从而也深刻地影响了历史学对于古代族群历史的叙述。正如 Audrey Smedley 所总结的那样，族群认同并不是直到近代历史条件下才出现的，而且和近代以来的情形近似，历史上的族群认同最大的特征就是不稳定和易变（fluid and malleable）[④]。王明珂指出：“族群的发展与重组以结构性失忆及强化新集体记忆来达成。”[⑤] 在这种认识下，族群并非共同记忆的基础和前提，相反，是因为有了这些被选择被建构的历史记忆，才有了所谓的民族、族群和社会。所以安德森干脆说：“事实上，所有比成员之间有

---

① 罗新：《中古北族名号研究》，“前言”，北京：北京大学出版社，2009 年，第 1—2 页。

② 本尼迪克特·安德森（Benedict Anderson）：《想象的共同体——民族主义的起源与散布》（*Imagined Communities: Reflections on the Origin and Spread of Nationalism*），吴叡人译，上海：上海世纪出版集团，2005 年，第 6 页。

③ Ernest Gellner, *Nations and Nationalism,* Ithaca, NY: Cornell University Press, 1983, p. 1.

④ Audrey Smedley, “Race” and the Construction of Human Identity, in: *American Anthropologist,* New Series, Vol. 100, No. 3 (September 1998), pp. 690-702.

⑤ 王明珂：《华夏边缘——历史记忆与族群认同》，第 28 页。

着面对面接触的原始村落更大（或许就连这种村落也包括在内）的一切共同体都是想象的。”[①] 正是在这样的理论支持下，民族史族源研究的新方法得以产生和发展。

近代以来我国的民族史研究，一来继承我国古老的史学传统，二来也深受欧美日特别是苏联近代史学和民族学的影响，研究和叙述中国历史上的非华夏-汉族各族群（民族）的历史时，都是从其起源开始的。从史料构成来看，有关各民族各自起源的史料往往也占有格外突出的地位。无论是华夏-汉族的史学家在记载异族历史时（如司马迁《史记》之《匈奴列传》），还是非华夏-汉族的王朝（所谓“渗透王朝”或“征服王朝”）在整理本民族历史时（如以拓跋史诗和官方旧史为基础的《魏书·序纪》，及以完颜勗等人编纂的三卷“先朝实录”为基础的《金史·世纪》），有关民族起源的记录都是明确的，不容置疑的。俄苏民族学研究一个重要的术语 Этногенез（Ethnogenesis，民族谱系），强调的就是从历史追溯意义上阐述一个民族的起源及其发展[②]。必须看到，传统史料的形成过程中已经包含了史学家的辨证与批判，如司马迁所说：“学者多称五帝，尚矣，然《尚书》独载尧以来；而百家言黄帝，其文不雅驯，荐绅先生难言之。”[③] 古代史家如此，现代学者更是具有主动的批判和怀疑精神，如以顾颉刚为代表的《古史辨》学派对古史系统所进行的大胆的整顿和清理，竟成为中国古史研究现代转型的主要标志之一。

然而，就学术研究的理路而言，尽管多数研究者能够在批判和辨析史料的基础上（不要忘了以清代朴学为代表的中国文献考证传统，早已发展出整理史料的复杂技术和系统方法）进行溯源研究，而不是简单地信从史料，可是这种研究的出发点仍然是对于“民族起源”乃是“客观事实”的深信不疑，而且研究者还相信，这种“客观存在”的“民族起源”是可以在“正确地”或“科学地”使用现有史料的前提下逐步揭示出来的。因此，这在学理上仍然可以看作属于传统“起源研究”的范畴，区别只在于处理史料的技术手段及其标准随着史学的进步而发生了变化。

---

① 本尼迪克特·安德森：《想象的共同体——民族主义的起源与散布》，第 6 页。

② 苏联学者中对“民族谱系”的理论、方法与实践进行系统研究的，可见古米廖夫（Лев Гумилев）《民族谱系与生态区间》（*Этногенез и Биоферaземли*）一书的英译本：Leo Gumilëv, *Ethnogenesis and the Biosphere,* Moscow: Progress Publishers, 1990, pp. 203-242。

③《史记》卷一《五帝本纪》，北京：中华书局，1959 年，第 46 页。

二、传统族源研究方法下的拓跋起源问题

下面以《魏书·序纪》与拓跋鲜卑的早期历史为例，对传统的溯源研究略加说明。

《魏书·序纪》是研究拓跋鲜卑早期历史的主要资料，研究者相信其形成过程经历了从民族史诗《代歌》向北魏官方史书《代记》的转变，最终经由魏收的整理而得列为《魏书》的卷首①。《序纪》叙拓跋族源，从与尧、舜同时的始均开始，一跃而至始均之六十七世孙（成皇帝毛），“统国三十六，大姓九十九”，再经十四世至始祖力微②。《序纪》这种起源说，在《魏书》成书后不久，已经被同时代或稍后的学者所批评。如隋代的魏澹就说：“魏氏平文以前，部落之君长耳。太祖远追二十八帝，并极崇高，违尧、舜宪章，越周公典礼。”显然对于《序纪》过度追溯拓跋先世系谱是不满意的，但这种不满意并不是由于怀疑拓跋先世谱系的真实性，而是因为他不满意魏收对仅仅属于部落君长级别的拓跋先祖们给予了过高的待遇。事实上魏澹也接受了力微乃天女所生的记载，他说：“但力微天女所诞，灵异绝世，尊为始祖，得礼之宜。”③现代研究者的怀疑和批判能力当然就比魏澹要高明许多了。吕思勉在题为《拓跋氏先世考》的札记中，分析所谓“大姓九十九”是为了合拓跋氏为百姓，“统国三十六”则是为了四面各统九国，自始均至力微凡八十一世，凑够了“九九之积”，因而得出结论：“世数及所统国姓，无一非九九之积数，有如是巧合者乎？……其为伪造，夫复奚疑？”④吕思勉以现代理性和常识为基础，辅以考据学的手段，否定了《序纪》相关记载的可靠性。然而，这并不意味着吕思勉同时也否定了拓跋鲜卑起源历史的可研究性，起源研究的前提是必须拥有经得起考据学检验的史料。

和吕思勉一样，日本学者志田不动麿在《代王世系批判》一文中否定《序纪》史料的可靠性⑤。当然，即使《序纪》的世系不尽可信，《序纪》

---

① 田余庆：《〈代歌〉、〈代记〉和北魏国史——国史之狱的史学史考察》，原载《历史研究》2001年第1期，后收入《拓跋史探》，北京：三联书店，2003年，第217—243页。

②《魏书》卷一《序纪》，北京：中华书局，1974年，第1—3页。

③《隋书》卷五八《魏澹传》，北京：中华书局，1973年，第1417—1418页。

④ 吕思勉：《吕思勉读史札记》，上海：上海古籍出版社，1982年，第809—810页。

⑤ 志田不动麿：《代王世系批判》，《史学雜誌》第48编第2、3号（1937年）。

作为珍稀史料也不能就此搁置一旁。因此，以研究古代北族史著称的内田吟风在读到志田一文后，立即撰文予以反驳，其基本论点就是应承认《序纪》并非魏收杜撰，而是源自拓跋鲜卑古老的历史记忆[①]。后来的研究者在具体论据和论点上尽管有许多不同，但大多不出志田的怀疑和内田的肯定这两种倾向，而这两种倾向事实上都是"起源研究"思路的结果。在没有更多文献史料的情况下，研究者自然而然地把现代考古学视为提供新史料的主要源泉。而考古学家也的确开始尝试以考古资料研究拓跋鲜卑的早期历史，其中最著名的就是宿白对拓跋鲜卑迁徙路线的考证[②]。不过应当指出的是，考古资料被运用到起源研究中来，前提是接受了《序纪》中有关鲜卑南迁的记载，而有关拓跋部南迁路线文化遗迹的阐释，从方法上说，是在受到拓跋部有关本部迁徙记忆的启发下，以考古资料确认了这些记忆的可靠性。

事实上，在吕思勉之后，的确出现了非常重要的新史料，这就是米文平考察嘎仙洞所带来的重大发现[③]。得到《魏书》的《礼志》与《乌洛侯传》的印证，嘎仙洞石壁铭刻的权威性和原始性几乎立即产生轰动效应。有些研究者誉之为"鲜卑史研究的一座丰碑"[④]，甚至认为嘎仙洞的发现，是"鲜卑学"的第四个里程碑[⑤]，证实了所谓"大鲜卑山"，其实就是今大兴安岭，拓跋部即由此南迁[⑥]。由嘎仙洞的发现所带来的对"大鲜卑山"方位的确认，以及对拓跋先世活动区域的圈定，几乎已经成为定论[⑦]。然

---

① 内田吟風:《魏書序紀特に其世系記事に就て——志田不动麿学士〈代王世系批判〉を読む》,《史林》第22卷第3号(1937年), 后改题《魏書序紀特に其世系記事に就て——拓跋政権の成立過程を示すもの》, 收入内田氏《北アジア史研究——鲜卑柔然突厥篇》, 京都: 同朋舍, 1975, 第95—118页。

② 宿白:《东北内蒙古地区的鲜卑遗迹》,《文物》1977年第5期, 第42—54页。

③ 米文平:《鲜卑石室的发现与初步研究》,《文物》1981年第2期, 第4—7页。

④ 陈连开:《鲜卑史研究的一座丰碑》,《民族研究》1982年第6期, 第28—35页。

⑤ 干志耿、孙秀仁:《黑龙江古代民族史纲》, 哈尔滨: 黑龙江人民出版社, 1987年。

⑥ 佟柱臣:《嘎仙洞拓跋焘祝文石刻考》,《历史研究》1981年第6期, 第36—42页。

⑦ 费孝通:《中华民族多元一体格局》, 费孝通等著:《中华民族多元一体格局》, 北京: 中央民族学院出版社, 1989年, 第15页。杜士铎主编的《北魏史》第1章第1节"鲜卑拓跋部的起源与迁徙", 一方面采信《序纪》, 另一方面又依据嘎仙洞的发现等考古资料, 以现代学术语言叙述了拓跋鲜卑的民族起源及迁徙。见杜士铎主编《北魏史》, 太原: 山西高校联合出版社, 1992年, 第36—52页。

而疑问还是存在的。正如康乐所指出的，嘎仙洞及其刻铭的发现，“顶多也只能说嘎仙洞是五世纪时的拓跋人所认为的祖先原居地”[①]。《魏书》说：“魏先之居幽都也，凿石为祖宗之庙于乌洛侯国西北。”[②] 如果拓跋部的这一历史记忆是可靠的，而记忆中明明是“凿石为祖宗之庙”，那么这个“祖宗之庙”就不应当是天然形成的。可是嘎仙洞很明显是一个“天然石洞”，不是人工凿成的[③]。乌洛侯“去代都四千五百余里”[④]，在太武帝太平真君四年（443）三月以前[⑤]，与北魏素无往来，怎么会知道其国境西北的某个石洞，与早已他迁的、部族称号可能已发生过多次变更的拓跋部族之间，竟有某种联系呢？

但是，即使对嘎仙洞的史料价值持保留态度，研究者的立场仍然是一种“起源研究”类型的。在拓跋史研究上，这种起源研究最主要的表现形式就是：要描述拓跋鲜卑的历史源流，必定从拓跋氏的起源开始，而且，把拓跋氏的历史（无论是可靠的考证还是不可靠的传说）事实上等同于北魏主体民族，即拓跋鲜卑整个民族集团的历史。不需要过多的论证，我们都知道北魏建国前后的拓跋鲜卑集团是包含有多种民族成分、多语言、多历史传统的大型复合社会集团[⑥]，其中只有很少一部分成

---

① 康乐：《从西郊到南郊——国家祭典与北魏政治》，台北：稻禾出版社，1995 年，第 5 页。

②《魏书》卷一〇八《礼志一》，第 2738 页。

③ 米文平：《鲜卑石室寻访记》，济南：山东画报出版社，1997 年，第 22 页。

④《魏书》卷一〇〇《乌洛侯传》，第 2224 页。

⑤《魏书》卷四下《世祖纪下》，第 95 页。

⑥ 长期以来在著名的阿尔泰学家之间难有定谳的有关拓跋鲜卑语言属性的纷争，恰好足以说明拓跋集团内在的复合性。伯希和（Paul Pelliot）早在 1921 年即判断拓跋“既非东胡，然亦不属蒙古”，他根据《南齐书》所记拓跋语词资料，认为拓跋“似属突厥系”，见伯希和《吐谷浑为蒙古语系人种说》，冯承钧译：《西域南海史地考证译丛七编》，北京：中华书局，1957 年，32 页。白鸟库吉认为鲜卑语属蒙古语，所以把有关拓跋语言的考证放进《东胡民族考》一书。卜弼德（Peter A. Boodberg）、巴赞（Louis Bazin）和后期的克劳森（Sir Gerard Clauson），都赞成伯希和的意见，见 Peter A. Boodberg, The Language of the T’o-Pa Wei, in: *Harvard Journal of Asiatic Studies*, Vol. 1, Issue 2 (1936), pp. 167-185，此文后收入 *Selected Works of Peter A. Boodberg*, compiled by Alvin P. Cohen, Berkeley: University of California Press, 1979, pp. 221-239。 Louis Bazin, Recherches sur les parler T’o-pa, in: *T’oung-pao*, vol. 39 (1949/50), pp. 228-329. 以及 Sir Gerard Clauson, Turks, Mongols, Tungus, in: *Asia Major*, new series, vol. VIII, part 1 (1960), pp. 116-117。 克劳森在他那部著名的《十三世纪以前突厥语语源辞典》里，直接把 tavğaç（即 tabγač）一词，解释为“一突厥部落名，其中文转写作‘拓跋’”，（转下页）

员的历史可能追溯至大兴安岭时代的某一个部族——同样不需要论证，这个从大兴安岭南迁（如果真的存在某种南迁的话）的部族，当初不仅人口极少，其社会与政治发育的水平也是非常低的，而且，更重要的是，该部族一直没有停止过与其他部族的混融与重组，事实上不可能维持一种稳定的和原始的历史记忆[①]。而起源研究却是试图“复原”一种线性的、秩序鲜明的历史过程——在这个显然远离真实的过程中，拓跋部族居然在数百年间保持了稳定的历史记忆，该部族的统治氏族或家族也从来没有丧失其领导地位。

三、局限性：起源和迁徙

把一个大型民族集团的起源追溯到该集团的统治氏族或家族的起源，足以接受或相信该氏族或家族经久不坠的统治地位为前提的，这样就用个别氏族或家族的历史源流来说明甚至取代了事实上来源丰富且成分复杂的民族集团的历史源流，这就是民族起源研究的基本特征。尽管大多数研究者并不简单地把统治氏族或家族的历史等同于整个民族集团的历史，但格于起源研究本身的学理逻辑，在追溯统治氏族或家族起源的时候，就有意无意地忽略了或掩盖了民族集团中其他氏族或家族的历史传统，从而展开了一幅以统治集团为中心的历史图景。

需要说明的是，我们有关“起源研究”的上述总结，并不是要否定

（接上页）见 Sir Gerard Clauson, *An Etymological Dictionary of Pre-Thirteenth-Century Turkish*, Oxford: the Clarendon Press, 1972. p. 438。然而，1970 年李盖提宣称拓跋语言属于古蒙古语，他在中国史籍（如《南齐书》）保存的零散的拓跋语言资料里找到了一些蒙古语汇，证明拓跋部并不是如卜弼德等人所论定的那样是说突厥语的，见 L. Ligeti, Le tabgatch, “un dialecte de la langue sien-pi”, in: *Mongolian Studies* (Bibliotheca Orientalis Hungarica, Vol. XIV), edited by L. Ligeti, Budapest: Akademiai Kiado, 1970, p. 308。中国学者亦邻真的研究又完全支持了李盖提的观点，见亦邻真《中国北方民族与蒙古族族源》，《亦邻真蒙古学文集》，呼和浩特：内蒙古人民出版社，2001 年，第 561 页注 2。

① 关于非定居社会极不稳定的历史记忆，比如表现在族谱记忆上的省略、错置或嫁接，请参看埃文斯-普里查德（E. E. Evans-Pritchard）《努尔人——对尼罗河畔一个人群的生活方式和政治制度的描述》（*The Nuer, A Description of the Modes of Livehood and Political Institutions of a Nilotic People*），原文请看 New York and Oxford: Oxford University Press, 1971, pp. 198-203，中译本请看褚建芳、阎书昌、赵旭东译，北京：华夏出版社，2002 年，第 226—232 页。

传统民族史研究中探索各民族早期历史的努力，事实上，我们还必须承认这些努力已经取得了巨大的、无可替代的成绩；我们也无意反对这类研究今后继续成为民族史的重要分支，事实上一定还会有许多研究者、其中包括许多注定要取得重要创获的优秀研究者，继续在这个领域中做出贡献。我们在这里试图强调的是，传统的起源研究是有其局限性的。这个局限性主要表现在对传统史料的形成过程缺乏足够深入的批判和反思，从而难以抗拒相关史料的“制作者”所设置的思维惯性，进入了已被挖掘好的历史隧道。比如说，依据常识，我们都知道长江发源于青藏高原唐古拉山主峰各拉丹东的西南侧。可是，这个常识不足以让我们在长江下游的任何一个地点盛起一碗水，就宣称这一碗水是从沱沱河流下来的，因为很明显这样的判断不仅不符合事实，最大的问题还是完全忽略了每一个空间点上的长江都是独特的，彼此之间既有联系也有分别。在树状结构的江河流域图里，任何一根枝桠都构成起源之一，可是我们通常都会惯性地想到“常识”中的那个最遥远、同时水量也最小的所谓“源头”。

说到“常识”，我们不应忘记爱因斯坦的那句名言：“常识就是人到18岁以前所累积的各种偏见。”（Common sense is the collection of prejudices acquired by age eighteen.）同样的道理，当我们说拓跋珪时代的拓跋鲜卑集团“起源于”大兴安岭的嘎仙洞的时候，我们不过是说出了拓跋氏统治者所力图灌输给当时各民族各人群的观念，这个观念以拓跋氏族的历史为主线来重构甚至取代其他氏族其他部族的历史，从而赋予拓跋氏在整个社会政治构造中的统治地位以历史的正当性和合法性。

“起源研究”的前提之一是相信存在着可以追寻的“民族起源”，而基于这一立场，研究者通常还不得不进行“迁徙研究”；或者反过来说，研究民族迁徙的学者，通常会从民族的起源开始[1]。这里的迁徙不是指游牧民为从事经济生产活动，在一年之内、在不大的空间范围内所进行的周期性移动，而是指游牧民在形成一定规模的政治单位之后，远远突破

① Andrew Bell-Fialkoff, Nomads and Their Origins, in: Andrew Bell-Fialkoff ed., *The Role of Migration in the History of the Eurasian Steppe*, New York: St. Martin's Press, 2000, pp. 181-187.

其经济生产的局限，在较大的空间范围内，为着相当明确的目的，而组织和实施的人群移动[①]。一方面，大多数民族起源传说中都有迁徙的故事；另一方面，历史学家也常常主动地以民族迁徙来解释某些民族集团在特定时空的出现[②]。我在讨论中古时期蛮族问题时强调，迁徙说倾向于用民族迁徙来解释当前的族群分布格局，把当前的族群体系看成不久前发生的某种外来族群流动的结果[③]。王明珂指出："'历史上的迁徙'成为一种虚构的社会记忆，人们利用此记忆来宣称我族或他族的'起源'，以此表述我群或他群的族群本质。"[④]

和起源研究一样，迁徙研究往往以统治集团的所谓"迁徙"(如果这种迁徙真的发生过的话)，掩盖和取代了整个民族集团丰富多样的传统和历史。这就相当于我们过度关注长江干流（无疑，对所谓"干流"的识别和确认本来就是知识权力的体现）的时候，我们可能会忽略了这样一个事实：长江下游的江水中，只有很少一部分来自上游的干流，而上游干流的水中，又只有极少一部分来自沱沱河。如果我们过度沉迷在拓跋鲜卑南迁的路线等问题上，盛乐与平城时代拓跋集团的绝大多数成员的真实历史就被屏蔽在历史图景之外了。世界上并不存在只有干流的河流，一幅只标注了干流的流域图，首先是不真实的，其价值自然也是非常有限的。

---

① 关于历史上人群迁徙的原因，最容易被提到的是气候变迁。参看 William B. Meyer, Climate and Migration, in: Andrew Bell-Fialkoff ed., *The Role of Migration in the History of the Eurasian Steppe, pp.* 287-294。

② 关于研究者主动以迁徙来解释某些历史现象的例子当然很多，内亚史研究者最熟悉的就是18世纪法国历史学家德经（Joseph de Guignes）把匈人与匈奴相联系的例子（Joseph de Guignes, *Histoire générale des Huns, des Mongoles, des Turcs et des autres Tartares occidentaux,* Paris: 1756-1758）。不过按照丹尼斯·塞诺（Denis Sinor）的说法，在阿提拉的匈人与蒙古高原上的匈奴帝国之间，存在着无法跨越的年代学断裂，德经的推测是不能被证实的。见塞诺《历史上的阿提拉》(The Historical Attila)，原文载 F. H. Bäuml and M. D. Birnbaum ed., *Attila, the Man and His Image,* Budapest: Corvina Books, 1993, p. 5。中译本《历史上的阿提拉》，罗新译，毕波校，收入北京大学历史系民族史教研室译《丹尼斯·塞诺内亚研究文选》，北京：中华书局，2006年，第29—30页。

③ 参看本书《王化与山险——中古早期南方诸蛮历史命运之概观》一文。

④ 王明珂:《华夏边缘——历史记忆与族群认同》，第42页。

四、从族群认同的角度研究民族起源

正是针对民族史的“起源研究”这种内在学理上的局限性，受到人类学和社会学有关认同（Identity）研究的启发，民族史在处理各民族早期历史资料的时候，开始引入有关族群认同（Ethnic Identity）的研究方法[①]。族群认同有别于认知心理学(Cognitive Psychology)一般意义上的自我体认（self-reflection and the awareness of self）的认同[②]，而是个人和群体对自己的族群归属的体认。这种体认成为民族或族群得以存在的前提，而不是根基论者所相信的那样，是先有民族后有民族归属感。也就是说，民族或族群是因应需要而人为建造出来的，不是天生就有的（“ethnic groups are made, not born”）[③]。Ernest Gellner 说：“民族主义并非民族自我意识的觉醒，是民族主义发明了民族。”[④]Norma Diamond 对苗族史的剖析[⑤]，Ralph Litzinger 对瑶族史的解构[⑥]，就是在这一思想背景下进行的。

历史上的民族史书写，是民族归属感（即族群认同）建设的重要一环。正如王明珂所说：“人们利用‘过去’来解释当前的群体关系……（民族史）经常成为诠释自己与他人的过去，来合理化及巩固现实人群利益的手段。”[⑦] 而在一切民族的构建过程中，几乎可以无一例外地看到，民

---

① 从 20 世纪 70 年代开始，人类学中“认同”逐渐取代“文化”成为热门话题，这种研究倾向随后影响到人文领域。确切地说，认同并不是一种理论，在不同学科的不同研究领域中，甚至在不同学者的具体研究中，认同的定义都是不同的。参看 R. Brubaker & F. Cooper, Beyond “Identity”, in: *Theory and Society,* vol. 29 (2000), pp. 1-47。

② Mark R. Leary & June Price Tangney, *Handbook of Self and Identity,* New York: Guilford Press, 2003, p. 3.

③ Nina Glick-Schiller, Ethnic Groups Are Made, not Born: The Haitian Immigrant and American Politics. In: G. Hicks and P. E. Leis, eds, *Ethnic Encounters,* North Scituate, MA: Duxbury Press, 1977, pp. 23-35.

④ Ernest Gellner, *Thought and Change,* Chicago: The University of Chicago Press, 1965, p. 169.

⑤ Norma Diamond, Defining the Miao: Ming, Ching, and Comtemporary Views, in: Stevan Harrell, ed., *Cultural Encounters on China's Ethnic Frontiers,* Seattle: University of Washington Press, 1995, pp. 92-116.

⑥ Ralph A. Litzinger, Contending Conceptions of the Yao Past, in: Stevan Harrell, ed., *Cultural Encounters on China's Ethnic Frontiers*, pp. 117-139.

⑦ 王明珂：《华夏边缘——历史记忆与族群认同》，第 30—31 页。

族总是被构建成源于共同的祖先、共同的血缘、共同的家族和共同的生物学联系。共同的血缘联系意味着归属感的天然和不可选择，也意味着民族体并非由利益关系构成，这样就成功地掩盖了民族的本来面目。如安德森所说："民族这个东西的整个重点正是在于它是不带有利害关系的，正因为这个理由，民族可以要求（成员的）牺牲。"① 这种民族建构必定要求一切民族史都有起源史，而且一切起源史都是从一个始祖开始生发出整个民族的。因此，面对这样的民族起源史料，我们不应当首先假定这些史料是对真实历史的记录，而要如王明珂一样这样想："古代文献记载与文物遗存可当作是人群集体记忆的遗存，它们是在某种个人或社会的主观'意图'下被创作以及被保存的。"②

以这样的态度来看嘎仙洞，就不能因为石壁祝文与《魏书》所记基本相合而急切地宣称找到了拓跋发源之地。嘎仙洞的发现，只是证明了《魏书》所记太武帝派人前往旧墟石室致祭一事完全可信，或者说只是证明了太武帝认可了乌洛侯国的那种说法，但并不能证明他的认可是符合拓跋部早期历史的。事实上，嘎仙洞石壁祝文与《魏书》所记的微小差异本身，倒是值得我们注意。嘎仙洞祝文提到北魏太武帝派往石室致祭的人中，第一个就是"谒者仆射库六官"③。这个库六官（Qurïqan）应当是人名④。依据已知北魏迁洛以前的石刻史料，凡拓跋宗室成员（即以拓跋为姓者），都书名不书姓。因此这里的库六官极有可能是北魏宗室成员，这也符合他代表太武帝拜祭祖先石庙的身份。可是在魏收《魏书》有关这一事件的记录中，完全不提排名第一的库六官，只提中书侍郎李敞，就降低了致祭仪式的规格（未能反映有宗室成员主持其事）⑤。为什么《魏书》会漏掉了主持者的姓名呢？这就要与《魏书》中许多类似的案例联系起来，从而我们也能明白，这种忽略掉一些北族人物、突出华夏人士的处理方式，绝对不是孤例，而是反映了北朝后期的某种史学倾向。话说回来，前面已经指出，与拓跋鲜卑素无往来的乌洛侯，怎么会知道其国境西北的某个石洞，属于早已他迁的、部族称号可能已发生过多次

---

① 本尼迪克特·安德森：《想象的共同体——民族主义的起源与散布》，第139页。

② 王明珂：《华夏边缘——历史记忆与族群认同》，第33页。

③ 米文平：《鲜卑石室寻访记》，第55页。

④ 关于库六官的语源 qurïqan，请参看罗新《中古北族名号研究》，第161—164页。

⑤《魏书》卷一〇八之一《礼志一》，第2738页。

变更的拓跋部呢？要回答这个问题，可以问另一个问题：北魏太武帝怎么这么容易就相信了乌洛侯使者的话呢？显然，这种说法（姑且信从史料，把这种说法看成乌洛侯方面主动报告给北魏的）是有利于太武帝在东北地区的战略安排的。当时新平北燕，东北各地的宗主国刚刚改换成北魏，如果有实际证据证明拓跋鲜卑本来也出自东北，那无疑是有利于北魏宣称其对于东北的统治合法性的。这个思路可以引导我们深入认识北魏灭北燕前后整个东北地区的国际政治形势，当然那不是本文的简述可以代替的。我们只是要强调，对嘎仙洞的重大发现，也可以有另一种分析方法。

《魏书·序纪》有关拓跋先世记事，如果真如康乐、田余庆先生等人所说的那样，主要来自《真人代歌》一类的拓跋史诗[①]，那么是不是就可以据为可靠的史料呢？人类学家早已指出，族群的口传历史记忆，具有极大的不稳定性。David Henige 在其研究非洲口传历史的名著《口传历史的年代学——无妄之求》（*The Chronology of Oral Tradition: Quest for a Chimera*）中指出，依赖口传历史来复原非洲部族历史年代学的梦想注定要破灭，因为这些口传历史其实都是现实政治的产物，并随着现实政治的变化而变化 。依此逻辑，我们不能轻易地就把《序纪》看成某种具有悠久性、连续性和稳定性的历史记忆，尤其不能认为拓跋鲜卑的历史记忆是简单地随着世代推移而逐渐堆加上去的。当然，如 Jennifer Holmgren 那样把《序纪》中献帝邻以前的拓跋谱系看成魏收个人的杜撰[②]，显然是因为对古代史书编纂的传统与制度缺乏了解，不仅是武断的（魏收编写《魏书》的时候，并无为拓跋鲜卑的起源增添长度的现实政治需求），而且也拒绝了研究这些谱系形成过程的可能性。我们知道，这些谱系一定不是很晚才形成的（当然定型的时间也许晚一些），其形成也一定是为了满足拓跋鲜卑自身政治成长的需要。可以肯定的是，《真人代歌》也好，口传拓跋谱系也好，都是因应不同时期拓跋鲜卑政治体发育和发展时的认同建设需求的，因而有许多不同的版本。与其说《序纪》

---

① David P. Henige, *The Chronology of Oral Tradition: Quest for a Chimera,* Oxford: Clarendon Press, 1974, pp. 1-70.

② Jennifer Holmgren, *Annals of Tai: Early To-pa History According to the First Chapter of the Wei-shu,* Canberra: Facaulty of Asian Studies in association with Australian National University Press, 1982, p. 18.

的先世谱系可以帮助我们了解拓跋的起源，不如说这些谱系是我们研究从力微到拓跋珪期间拓跋集团迅速成长的资料。

以族群认同的基本方法来研究中国民族史中的族源问题，目前已经有许多重要的成果。比如王明珂的《英雄祖先与弟兄民族——根基历史的文本与情境》一书，以高度的理论概括与精细的史料分析为基础，为民族史的族源研究别开生面，具有学科经典的价值[①]。王明珂在其一系列论著中，不仅对相关的理论方法作了深入系统的介绍，而且还给出了许多极具启发的研究示范，可以说在中文世界里影响最大，成绩最为突出[②]。在历史学家中积极把认同方法运用到具体研究中并取得了突出成就的，还应该举出姚大力。姚大力不仅概括地研究过中国历史上的民族关系与国家认同问题[③]，而且他还以此方法专题讨论了回族认同和"满洲"认同的问题[④]，从而大大提高了相关领域的研究水准。

近年来，以族群认同的方法进行族源研究的论著越来越多了，有些是理论上的探讨，有些是个案研究，无疑都显示了新方法、新工具的威力和魅力。这种威力和魅力的基础，是我们对自己的工作的一种反思性认知，用王明珂的话说："有时我们不得不承认，真正的过去已经永远失落了，我们所记得的过去，是为了现实所重建的过去。"[⑤]

（原载《中国社会科学学术前沿（2008—2009）》，北京：社会科学文献出版社，2009年）

---

① 王明珂：《英雄祖先与弟兄民族——根基历史的文本与情境》，台北：允晨文化实业股份有限公司，2006年。

② 除了《华夏边缘：历史记忆与族群认同》和《英雄祖先与弟兄民族——根基历史的文本与情境》两书外，王明珂在这一领域还有两部著作影响极大：1）《羌在汉藏之间——一个华夏边缘的历史人类学研究》，台北：联经出版事业股份有限公司，2003年；大陆简体字版，北京：中华书局，2008年。2）《游牧者的抉择：面对汉帝国的北亚游牧部族》，桂林：广西师范大学出版社，2008年。

③ 姚大力：《中国历史上的民族关系与国家认同》，《中国学术》2002年第4辑，收入姚大力《北方民族史十论》，桂林：广西师范大学出版社，2007年，第258—279页。

④ 姚大力：《"回回祖国"与回族认同的历史变迁》，《中国学术》2004年第1辑，收入《北方民族史十论》，第64—113页；《"满洲"如何演变为民族——论清中叶前"满洲"认同的历史变迁》，《社会科学》2006年第7期，收入《北方民族史十论》，第18—63页。

⑤ 王明珂：《华夏边缘——历史记忆与族群认同》，第31页。

民族起源的想象与再想象

——以嘎仙洞的两次发现为中心

嘎仙洞的发现被认为是近代以来拓跋鲜卑研究最重大的考古成果之一，对鲜卑史研究推动很大。造成这样的轰动和影响当然是因为该岩洞具备某种确切可信的历史真实性，嘎仙洞岩壁上的北魏祝词铭文就是这种历史真实性的最坚强证据[①]。如果把史料记载的北魏太武帝时期派人拜祭“鲜卑旧墟石室”看作嘎仙洞的第一次发现，那么米文平等学者在 1980 年考察并找到北魏铭文（图 1），就是对太武帝时期第一次发现的再发现，是嘎仙洞的第二次发现。由于在过去的研究中，嘎仙洞的发现主要涉及拓跋鲜卑的起源和迁徙问题，民族史中无可避免的起源史研究在嘎仙洞个案中呈现出丰富有趣的层次感，凸显了一般意义上民族史学科在理论方法方面固有的特点与困境。

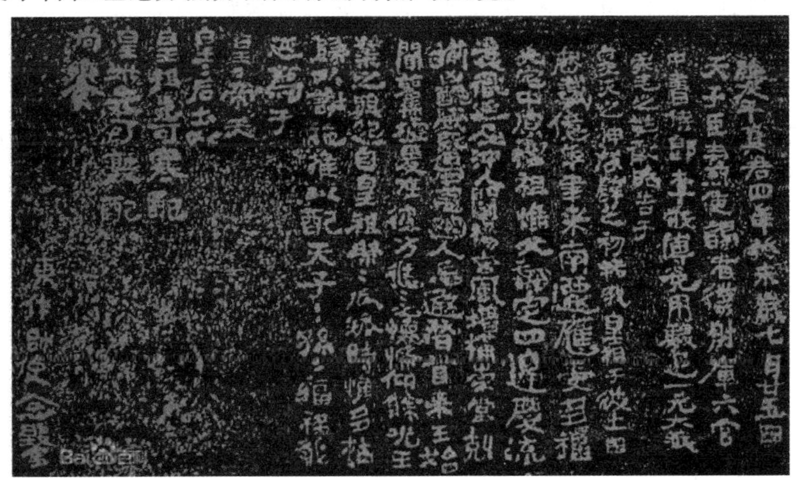

图 1　嘎仙洞石刻

① 米文平：《鲜卑石室的发现与初步研究》，《文物》1981 年第 2 期，第 1—7 页。

通常民族史被看作民族学与历史学的交叉学科。民族史之所以成立，是因为古老的历史学与近代西方的民族（nation 或 ethnie）观念和民族学（ethnology）学科的结合。虽然如今有些基础学科概念已经备受质疑，但民族史作为一个亚学科仍然存在并颇有发展。对我来说，民族史和区域史、断代史、专门史并没有不同，都是为理解和呈现整体历史（the general history）服务的。与许多新兴的专门史不同的是，民族史很难说有独特的方法论，该学科最大的特点是以民族标签对人群（people and peoples）进行分类，以这些被区别开来的人群为单位，研究其各自的以及相互间的历史。这种学科特性不仅使民族史在现代学术框架里难以清晰定位，而且使该学科先天地面对一些方法论意义上的陷阱。后者正是这篇小文所要尝试触及的，因为我觉得嘎仙洞提供了一个说明该问题的完美案例，我们可以通过对这个案例的分析，并借助民族史的理论探讨，来说明和强调民族起源史研究中方法论陷阱的普遍存在。

一、民族过程与民族史论述

Rudi P. Lindner 在他那篇定义中世纪欧亚草原上的游牧部落（nomadic tribe）的著名论文中，指出历史学家在使用近代民族学调查资料以及现代人类学的理论分析时，要特别注意民族学调查过度侧重于游牧部落的血缘家庭等因素，这是因为在近代国家控制之下的游牧部落的政治特性早已大大弱化，可是历史上游牧部落的本质特征却是政治性[①]。我过去做一些中古时期内亚游牧族群政治名号方面的研究，一个重要的理论前提就是认定所谓民族首先是政治体，民族的本质特征是政治性。我曾经说过："一切出现在历史视野里的所谓民族，都是政治体（polity），都是以政治关系和政治权力为纽带构建起来的社会团体，尽管这种团体总是要把自己打扮成以血缘关系为基础的、具有生物学意义上紧密联系的社会群体。"正是在这个认识的前提下，我强调"进入历史学研究范畴的北方民族，都是一个又一个的政治集团，而不是通常理解的一个又一

---

① Rudi Paul Lindner, What Was a Nomadic Tribe? in: *Comparative Studies in Society and History*, vol. 24, issue 4 (Oct., 1982), pp. 689-711.

个在‘种族’意义上彼此区别的‘族群’”[①]。

我相信，民族作为一个过程，就是在政治权力、政治组织和政治利益推动下的对政治体的认同建构过程。当然，这一定义与近代民族学对于民族的理解是不同的。那种传统上被当作永存的、自然的群体来理解的民族，用德里达（Jacques Derrida）的话来说，就是一种“在场的形而上学”（metaphysics of presence）[②]，或“逻各斯中心主义”（logocentrism）[③]。对于民族，我们应当按照德里达的主张，以更为流动和去中心（decentered）的观点来理解和论述。套用德里达的话来说，民族不过是“一个函数”（a function），“无限多的替代符号”（an infinite number of sign-substitutions）可以参与其中[④]。因此民族过程就是一场替代符号参与意义游戏的过程。

三十年来，在研究民族和民族主义方面影响最大的那些学者及其论著，都强调“民族”（nation）是一个近代概念。但事实上近代以来形形色色的民族主义运动，无不把这一近代概念推向历史叙述中，从而也深刻地影响了历史学对于古代民族或族群历史的叙述。正如 Audrey Smedley 所总结的那样，族群认同并不是直到近代历史条件下才出现的，而且和近代以来的情形近似，历史上的族群认同最大的特征就是不稳定和易变（fluid and malleable）[⑤]。这种不稳定和易变，就是德里达所说的无限多的替代符号参与意义游戏的过程。而造成这种不稳定性和易变性的，就是民族或族群构建的政治性。Ernest Gellner 说：“民族主义主要是一种政治原则，这种原则要求政治单位与民族单位相重合。”[⑥] 本尼迪克特·安德森（Benedict Anderson）认为，民族（nation）是政治体，是通过政治力量人为建构出来，并且通过各种说服手段使人们相信的一种政治信念。他说：“我主张对民族作如下的界定：它是一种想象的政治共同体——并且，它是被想象为本质上有限的（limited），同时也享

---

① 罗新：《中古北族名号研究》，北京：北京大学出版社，2009 年，“前言”第 2　3 页。

② Jacques Derrida, *Writing and Difference*, Chicago: University of Chicago Press, 1978, p. 281.

③ Jacques Derrida, *Of Grammatology*, Baltimore: Johns Hopkins University Press, 1974, p. 12.

④ Jacques Derrida, 1978, p. 280.

⑤ Audrey Smedley, “Race” and the Construction of Human Identity, in: *American Anthropologist*, New Series, vol. 100, no. 3 (September 1998), pp. 690-702.

⑥ Ernest Gellner, *Nations and Nationalism*, Ithaca, NY: Cornell University Press, 1983, p. 1.

有主权的共同体。”[①] 王明珂指出:“族群的发展与重组以结构性失忆及强化新集体记忆来达成。”[②] 在这种认识下，族群并非共同记忆的基础和前提，相反，是因为有了这些被选择被建构的历史记忆，才有了所谓的民族、族群和社会。所以安德森干脆说：“事实上，所有比成员之间有着面对面接触的原始村落更大（或许就连这种村落也包括在内）的一切共同体都是想像的”[③]。

基于这样的理论认识，我们面对古代有关民族史的史料时就需要特别地警惕,需要在批判和甄别的基础上再行利用。历史上的民族史书写，是民族归属感（即族群认同）建设的重要一环。正如王明珂所说：“人们利用‘过去’来解释当前的群体关系……（民族史）经常成为诠释自己与他人的过去，来合理化及巩固现实人群利益的手段。”[④] 而在一切民族的构建过程中，几乎可以无一例外地看到，民族总是被构建成源于共同的祖先、共同的血缘、共同的家族和共同的生物学联系。共同的血缘联系意味着归属感的天然和不可选择，也意味着民族体并非由利益关系构成，这样就成功地掩盖了民族的本来面目。如安德森所说：“民族这个东西的整个重点正是在于它是不带有利害关系的，正因为这个理由，民族可以要求(成员的)牺牲。”[⑤] 这种民族建构必定要求一切民族史都有起源史，而且一切起源史都是从一个始祖开始生发出整个民族的。因此，面对这样的民族起源史料，我们不应当首先假定这些史料是对真实历史的记录，而要如王明珂一样这样想：“古代文献记载与文物遗存可当作是人群集体记忆的遗存，它们是在某种个人或社会的主观‘意图’下被创作以及被保存的。”[⑥]

族群认同有别于认知心理学（Cognitive Psychology）一般意义上的

---

① 本尼迪克特·安德森（Benedict Anderson）:《想象的共同体——民族主义的起源与散布》（*Imagined Communities: Reflections on the Origin and Spread of Nationalism*）,吴叡人译,上海：上海世纪出版集团，2005 年，第 6 页。

② 王明珂:《华夏边缘——历史记忆与族群认同》,北京:社会科学文献出版社,2006 年,第 28 页。

③ 本尼迪克特·安德森:《想象的共同体——民族主义的起源与散布》, 第 6 页。

④ 王明珂:《华夏边缘——历史记忆与族群认同》, 第 30—31 页。

⑤ 本尼迪克特·安德森:《想象的共同体——民族主义的起源与散布》, 第 139 页。

⑥ 王明珂:《华夏边缘——历史记忆与族群认同》, 第 33 页。

自我体认（self-reflection and the awareness of self）的认同[①]，而是个人和群体对自己的族群归属的体认。这种体认成为民族或族群得以存在的前提，而不是根基论者所相信的那样，是先有民族后有民族归属感。也就是说，民族或族群是因应需要而人为建造出来的，不是天生就有的（"ethnic groups are made, not born"）[②]。Ernest Gellner 说："民族主义并非民族自我意识的觉醒，是民族主义发明了民族。"[③]Norma Diamond 对苗族史的剖析[④]，Ralph Litzinger 对瑶族史的解构[⑤]，就是在这一思想背景下进行的。

对现代研究者来说，起源与迁徙，是传统民族史史料最突出的两大陷阱。

把一个大型民族集团的起源追溯到该集团的统治氏族或家族的起源，是以接受或相信该氏族或家族经久不坠的统治地位为前提的，这样就用个别氏族或家族的历史源流来说明甚至取代了事实上来源丰富且成分复杂的民族集团的历史源流，这就是民族起源研究的基本特征。尽管大多数研究者并不简单地把统治氏族或家族的历史等同于整个民族集团的历史，但格于起源研究本身的学理逻辑，在追溯统治氏族或家族起源的时候，就有意无意地忽略或掩盖了民族集团中其他氏族或家族的历史传统，从而展开了一幅以统治集团为中心的历史图景。如果对传统史料的形成过程缺乏足够深入的批判和反思，就难以抗拒相关史料的"制作者"所设置的思维惯性，进入已被挖掘好的历史隧道。

既然相信存在着可以追寻的"民族起源"，研究者通常还不得不进行"迁徙研究"；或者反过来说，研究民族迁徙的学者，通常会从民族的

---

① Mark R. Leary & June Price Tangney, *Handbook of Self and Identity,* New York: Guilford Press, 2003, p. 3.

② Nina Glick-Schiller, Ethnic Groups Are Made, not Born: The Haitian Immigrant and American Politics. In: G. Hicks and P. E. Leis, eds, *Ethnic Encounters,* North Scituate, MA: Duxbury Press, 1977, pp. 23-35.

③ Ernest Gellner, *Thought and Change*, Chicago: The University of Chicago Press, 1965, p. 169.

④ Norma Diamond, Defining the Miao: Ming, Ching, and Contemporary Views, in: Stevan Harrell, ed., *Cultural Encounters on China's Ethnic Frontiers,* Seattle: University of Washington Press, 1995, pp. 92-116.

⑤ Ralph A. Litzinger, Contending Conceptions of the Yao Past, in: Stevan Harrell, ed., *Cultural Encounters on China's Ethnic Frontiers,* pp. 117-139.

起源开始[①]。这里的迁徙不是指游牧民为从事经济生产活动，在一年之内、在不大的空间范围内所进行的周期性移动，而是指包括游牧民在内的古代人群，在形成一定规模的政治单位之后，远远突破其经济生产的局限，在较大的空间范围内，为着相当明确的目的，而组织和实施的人群移动[②]。一方面，大多数民族起源传说中都有迁徙的故事；另一方面，历史学家也常常主动地以民族迁徙来解释某些民族集团在特定时空的出现[③]。我在讨论中古时期蛮族问题时强调，迁徙说倾向于用民族迁徙来解释当前的族群分布格局，把当前的族群体系看成不久前发生的某种外来族群流动的结果[④]。王明珂指出："'历史上的迁徙'成为一种虚构的社会记忆，人们利用此记忆来宣称我族或他族的'起源'，以此表述我群或他群的族群本质。"[⑤]和起源研究一样，迁徙研究往往以统治集团的所谓"迁徙"（即使这种迁徙真地发生过），掩盖和取代了整个民族集团丰富多样的传统和历史。

从中国传统史料构成来看，有关各民族各自起源与迁徙的史料往往也占有格外突出的地位。无论是华夏-汉族的史学家在记载异族历史时，还是非华夏-汉族的王朝，即所谓"渗透王朝"或"征服王朝"，在整理

---

① Andrew Bell-Fialkoff, Nomads and Their Origins, in: Andrew Bell-Fialkoff ed., *The Role of Migration in the History of the Eurasian Steppe,* New York, St. Martin's Press, 2000, pp. 181-187.

② 关于历史上人群迁徙的原因，最容易被提到的是气候变迁。参看 William B. Meyer, Climate and Migration, in: Andrew Bell-Fialkoff ed., *The Role of Migration in the History of the Eurasian Steppe,* pp. 287-294。

③ 关于研究者主动以迁徙来解释某些历史现象的例子当然很多，内亚史研究者最熟悉的就是 18 世纪法国历史学家德经（Joseph de Guignes）把匈人与匈奴相联系的例子（Joseph de Guignes, *Histoire générale des Huns, des Mongoles, des Turcs et des autres Tartares occidentaux,* Paris: 1756-1758）。不过按照丹尼斯·塞诺（Denis Sinor）的说法，在阿提拉的匈人与蒙古高原上的匈奴帝国之间，存在着无法跨越的年代学断裂，德经的推测是不能被证实的。见塞诺《历史上的阿提拉》（The Historical Attila），原文载 F. H. Bäuml and M. D. Birnbaum ed., *Attila, the Man and His Image,* Budapest: Corvina Books, 1993, p. 5；中译本《历史上的阿提拉》，罗新译，毕波校，收入北京大学历史系民族史教研室译《丹尼斯·塞诺内亚研究文选》，北京：中华书局，2006 年，第 29—30 页。

④ 参看《王化与山险——中古早期南方诸蛮历史命运之概观》一文。

⑤ 王明珂：《华夏边缘——历史记忆与族群认同》，第 42 页。

本民族历史时，有关民族起源与迁徙的记录都是明确的、不容置疑的，其中最突出的，前者如司马迁《史记》之《匈奴列传》，后者如以拓跋史诗和官方旧史为基础的《魏书·序纪》，及以完颜勖等人编纂的三卷“先朝实录”为基础的《金史·世纪》。俄苏民族学研究中一个重要的术语Этногенез（Ethnogenesis，民族谱系），强调的就是从历史追溯意义上阐述一个民族在特定时空的起源及发展[①]。

本尼迪克特·安德森用“想象的共同体”（imagined communities）来描述族群实体及其文化的本质，想象（to imagine）当然不是编造，但想象的动力是现实的需求。现实利益的多元特性，决定了想象的多元。从历史学的角度说，历史是共同体的想象获得合法性的重要途径，因此讲述历史的权力是共同体政治权力的一部分，被讲述的历史理应服务于共同体当前的政治利益，那些不能服务于当前利益的历史论述就退出中心，要么永久消失，要么隐藏起来等待发掘。随着历史被反复讲述，原有的想象面临着被继承、被强化、被抛弃、被改造等不同命运。经常发生的变化就是，本来居于中心和主流地位的论述退到边缘，过去被压制被放逐的论述重放光芒。从这个意义上说，历史学是对多种历史想象进行取舍的学科，本质上就是对历史的再想象。每一次的再想象，都是对以往种种想象的整理和评估。尽管事实上并不能避开当下权力利益格局的介入，然而，即使严格遵循了历史学科自身的学科规范和技术标准，每一次的历史再想象，都不得不建立在史料的基础上，而史料，其实只是往昔的想象。

史料与方法的陷阱决定了民族史论述层层叠叠的误区。事实是，正是这层层叠叠的误区，想象之上的想象，构筑了各个叙述者所深信不疑的、具有真实性（reality）的民族史。在这个领域里，现代历史学的使命也许并不是要一点一滴地剔除以往重重想象中那些不真实的成分，而是分析和复原这些历史想象获得历史真实性的过程。

下面以嘎仙洞的两次发现及其与拓跋鲜卑起源史的想象与再想象之间的关联为例，对以上论述做一个个案的说明。

---

① 苏联学者中对“民族谱系”的理论、方法与实践进行系统研究的，可见古米廖夫（Лев Гумилев）《民族谱系与生态区间》（*Этногенез и Биоферраземли*）一书的英译本：Leo Gumilëv, *Ethnogenesis and the Biosphere*, Moscow: Progress Publishers, 1990, pp. 203-242。

二、嘎仙洞的两次发现

嘎仙洞，位于内蒙古自治区鄂伦春自治旗境内的大兴安岭北段甘河北岸噶珊山半山腰的花岗岩峭壁上。该洞南北长大约 90 米，东西宽大约 27 米，高大约 20 米。现在这个大石洞被认为是建立了北魏王朝的拓跋鲜卑的发祥地，这个认识是由于该洞的两次被发现而确立起来的。

《魏书》开篇的《序纪》记录拓跋出于鲜卑，鲜卑出于“大鲜卑山”，拓跋部历经两次南迁，先“南迁大泽”，后“南移”而“居匈奴之故地”[①]。《序纪》叙拓跋族源，从与尧、舜同时的始均开始，一跃而至始均之六十七世孙（成皇帝毛），“统国三十六，大姓九十九”，再经十四世至始祖力微[②]。《序纪》这种起源说和迁徙说，当然遭遇到一些怀疑，但绝大多数研究者还是承认《序纪》的基础是拓跋鲜卑古老的历史记忆[③]。

在北朝史籍里可用于说明拓跋部起源的最重要证据，就是北魏“先帝旧墟石室”的发现。《魏书》的《乌洛侯传》记乌洛侯国于北魏太武帝太平真君四年（443）“来朝，称其国西北有魏先帝旧墟石室，南北九十步，东西四十步，高七十尺，室有神灵，人多祈请”。于是“太武遣中书侍郎李敞告祭焉，刊祝文于石室之壁而还”[④]。《魏书》的《礼志》也详细记录了此事：“魏先之居幽都也，凿石为祖宗之庙于乌洛侯国西北。自后南迁，其地隔远。真君中，乌洛侯国遣使朝献，云石庙如故，民常祈请，有神验焉。其岁，遣中书侍郎李敞诣石室，告祭天地，以皇祖先妣配。”[⑤]这就是嘎仙洞的第一次发现。

依据《乌洛侯传》，北魏太武帝是在得到乌洛侯使者的报告之后，才知道这个“祖宗之庙”或“先帝旧墟石室”的存在。可是《礼志》直接说北魏祖先“凿石为祖宗之庙于乌洛侯国西北”，只是因为拓跋部南迁才

---

①《魏书》卷一《序纪》，北京：中华书局，1974 年，第 1—2 页。

②《魏书》卷一《序纪》，第 1—3 页。

③ 内田吟風：《魏書序紀特に其世系記事に就て——志田不动麿学士〈代王世系批判〉を読む》，《史林》第 22 卷第 3 号，1937 年，后改题《魏書序紀特に其世系記事に就て——拓跋政権の成立過程を示すもの》，收入内田氏《北アジア史研究——鮮卑柔然突厥篇》，京都：同朋舍，1975 年，第 95—118 页。

④《魏书》卷一〇〇《乌洛侯传》，第 2224 页。

⑤《魏书》卷一〇八之一《礼志一》，第 2738 页。

中断了联系，这样，拓跋“先帝旧墟石室”就从乌洛侯的报告升格为一种历史论述（discourse）了。《礼志》关于此事的史料中，最重要的还是记录了太武帝所派中书侍郎李敞的告祭祝文：

> 天子焘谨遣敞等用骏足、一元大武敢昭告于皇天之灵。自启辟之初，祐我皇祖，于彼土田。历载亿年，聿来南迁。惟祖惟父，光宅中原。克翦凶丑，拓定四边。冲人纂业，德声弗彰。岂谓幽遐，稽首来王。具知旧庙，弗毁弗亡。悠悠之怀，希仰余光。王业之兴，起自皇祖。绵绵瓜瓞，时惟多祐。敢以丕功，配飨于天。子子孙孙，福禄永延。[①]

祝文中明确提到了这个“旧庙”就是拓跋部的“启辟”之地，而且“历载亿年，聿来南迁”，即拓跋部是经历了一个迁徙历程的，与《序纪》所记相合。嘎仙洞的第一次发现为拓跋起源的历史提供了坚强的证据。这些证据不由得后来的研究者不信。后世学者的分歧，主要集中在“乌洛侯”所在的问题上。《清文献通考》之《四裔考》改“乌洛侯”为“乌洛俟”，且以“乌洛俟”为“俄罗斯”之异译[②]。何秋涛《朔方备乘》即据此断定北魏先祖石室“当在尼布楚城正西之地”[③]。当然这种谬误用传统文献学的方法即可解决。丁谦《魏书各外国传地理考证》云：“按乌洛侯部地尚在本朝疆域之内，从前考据家硬改侯字为俟，谓俄罗斯转音，真无知妄作。”[④]白鸟库吉根据《旧唐书》卷一九九下之《室韦传》和《乌洛浑传》，考证乌洛侯国应在嫩江流域，拓跋祖先的石室则在靠近兴安岭的地方，并由此宣称此一区域即是拓跋族的原住地[⑤]。

有了嘎仙洞的第一次发现，《序纪》看上去就具备了很大的可信度。对于现代研究者而言，需要论证的似乎只剩下两个问题：其一，拓跋部的发祥之地（所谓“大鲜卑山”）到底在哪里？其二，拓跋部是经由什么

---

① 《魏书》卷一〇八之一《礼志一》，第2738页。

② 《清文献通考》卷三〇〇《四裔考八》，上海：商务印书馆，1936年，第7486页下栏。

③ 何秋涛：《朔方备乘》卷一五“尼布楚城考”条，台北：文海出版社，1964年，第323页上栏。

④ 丁谦：《魏书各外国传地理考证》，张舜徽主编：《二十五史三编》第五分册，长沙：岳麓书社，1994年，第985页。

⑤ 白鸟库吉：《東胡民族考》，载白鸟库吉《塞外民族史研究》上，东京：岩波书店，1986年，第153—155页。

样的路线南迁而至于“匈奴故地”的？

古今学者都认为，大鲜卑山大致就是大兴安岭。那么拓跋部又是如何南迁的呢？由于史料的缺乏，历史学家似乎难以深入讨论下去。但是现代考古学家在这个问题上，以考古学的方法，填充了该项研究的空白。宿白先生在 20 世纪 70 年代发表的两篇论文，阐释拓跋部南迁路线的文化遗迹，从考古学的角度，确认了拓跋部有关本部迁徙历程的记忆①。宿白先生认为，考古发掘的呼伦贝尔盟陈巴尔虎旗完工墓葬遗址与新巴尔虎右旗扎赉诺尔墓葬遗址之间的呼伦池②，就是《魏书》所记拓跋部最早迁徙的“大泽”，这两个墓葬遗址就是拓跋祖先推寅（宣帝）“南迁大泽”前后的遗迹。对于《魏书》所记的拓跋部第二次南迁，宿先生找到了辽宁巴林左旗（林东）南杨家营子的遗址③，从而论证拓跋的圣武帝南迁，是从呼伦贝尔略转东南，出大兴安岭南段东侧的辽河支流乌尔吉木伦河流域，从而进入所谓“匈奴之故地”。虽然在之前发表的有关这些遗址的发掘简报中，考古工作者已经提出其鲜卑文化属性的可能性，但宿白先生第一次把这些遗址与拓跋其鲜卑的迁徙和社会发展史联系在一起，从而产生了极大的影响，为后来同类型墓葬的历史解释提供了经典范例。

正是在这样的学术背景下，有了嘎仙洞的第二次发现。

从 1979 年 9 月至 1980 年 7 月，呼盟文物工作站站长米文平与他的同事们一起，怀着坚定的信念，先后四次对内蒙古呼伦贝尔盟鄂伦春自治旗阿里河镇西北 10 公里的天然山洞嘎仙洞进行探查，终于在 1980 年 7 月 30 日的第四次探查中，发现了北魏太武帝所派使者在这里祝祭后刻于石壁之上的祝文。石壁刻铭祝文与《魏书》所载基本一致。有了这

---

① 宿白:《东北内蒙古地区的鲜卑遗迹》,《文物》1977 年第 5 期，第 42—54 页;《盛乐平城一带的拓跋鲜卑——北魏遗迹》,《文物》1977 年第 11 期，第 28—46 页。

② 关于陈巴尔虎旗完工墓葬遗址，请参看潘行荣《内蒙古陈巴尔虎旗完工索木发现古墓葬》,《考古》1962 年第 11 期，第 590—591 页；以及内蒙古自治区文物工作队《内蒙古陈巴尔虎旗完工古墓清理简报》,《考古》1965 年第 6 期，第 273—283 页。关于新巴尔虎右旗扎赉诺尔墓葬遗址，请参看郑隆《扎赉诺尔古墓群》，内蒙古文物工作队编:《内蒙古文物资料选辑》，呼和浩特：内蒙古人民出版社，1964 年，第 101—114 页。

③ 关于巴林左旗南杨家营子遗址，请参看中国科学院考古研究所内蒙古工作队《内蒙古巴林左旗南杨家营子的遗址和墓葬》,《考古》1964 年第 1 期，第 36—43、53 页。

个证据，绝对可以证实，这个嘎仙洞就是《魏书》所记的鲜卑石室。按照米文平的描述，这个石洞“石壁平整，穹顶浑然”，洞内空间很大，“气势雄伟，斜洞曲径幽邃，充满一种威严的宗教气氛”[①]。这就是嘎仙洞的第二次发现。

嘎仙洞石壁铭刻的权威性和原始性几乎立即产生轰动效应。有些研究者誉之为“鲜卑史研究的一座丰碑”[②]，也有人认为嘎仙洞的发现，是“鲜卑学”的第四个里程碑[③]。虽然《魏书》说“凿石为祖宗之庙”，嘎仙洞很明显是一个“天然石洞”，不是人工凿成的，但这只说明《魏书》的记录不完全准确[④]。嘎仙洞的再发现，证实了《魏书》所谓“大鲜卑山”，其实就是今大兴安岭，拓跋部即由此南迁[⑤]。在最早发表的简报中，米文平说：“石刻祝文的发现，确凿地证实了嘎仙洞即拓跋鲜卑祖先居住的旧墟石室。因而我们有足够的理由可以做出结论：历史学界长期没有解决的大鲜卑山的所在，不言而喻，当然就在这一带。而包括九十九个氏族的三十六个部落，自然也不会离这里太远。可以说，嘎仙洞一带，就是鲜卑族的发源地。他们自古以来就生息繁衍在这深山老林里，以‘射猎为业’。”[⑥]

由嘎仙洞的发现所带来的对“大鲜卑山”方位的确认，以及对拓跋先世活动区域的圈定，几乎已经成为定论[⑦]。由此，拓跋鲜卑的迁徙史也得到进一步的证实和细化[⑧]，部族迁徙与拓跋社会发展之间的联系也得到加强[⑨]。又比如杜士铎主编的《北魏史》在第1章第1节“鲜卑拓跋部的起源与迁徙”，一方面采信《序纪》，另一方面又依据嘎仙洞的发现等

---

① 米文平：《鲜卑石室的发现与初步研究》，第1—7页。

② 陈连开：《鲜卑史研究的一座丰碑》，《民族研究》1982年第6期，第28—35页。

③ 干志耿、孙秀仁：《黑龙江古代民族史纲》，哈尔滨：黑龙江人民出版社，1987年，第125页。

④ 米文平：《鲜卑石室寻访记》，济南：山东画报出版社，1997年，第22页。

⑤ 佟柱臣：《嘎仙洞拓跋焘祝文石刻考》，《历史研究》1981年第6期，第36—42页。

⑥ 米文平：《鲜卑石室的发现与初步研究》，第6页。

⑦ 费孝通：《中华民族多元一体格局》，载费孝通等《中华民族多元一体格局》，北京：中央民族学院出版社，1989年，第15页。

⑧ 舒顺林：《拓跋鲜卑的南迁与其在我国历史上的作用》，《内蒙古师范大学学报》1984年第4期，第40—50页。

⑨ 陈启汉：《论拓跋鲜卑南迁及其民族制度解体》，《广东社会科学》1985年第1期，第36—43页。

考古资料，以现代学术语言叙述了拓跋鲜卑的民族起源及迁徙[①]。进一步,《魏书》所记拓跋部出于东胡中的鲜卑集团的说法,亦可谓颠扑不破、毋庸置疑了[②]。

嘎仙洞石壁上的祝文刻铭是(不依原刻格式，并加标点):

> 维太平真君四年，癸未岁七月廿五日，天子臣焘使谒者仆射库六官、中书侍郎李敞，傅㝹用骏足，一元大武，柔毛之牲，敢昭告于皇天之神：
>
> 启辟之初，祐我皇祖，于彼土田，历载亿年。聿来南迁，应受多福。光宅中原，惟祖惟父。拓定四边，庆流后胤。
>
> 延及冲人，阐扬玄风，增构崇堂，克揃凶丑，威暨四荒。幽人忘遐，稽首来王。始闻旧墟，爰在彼方。悠悠之怀，希仰余光。
>
> 王业之兴，起自皇祖。绵绵瓜瓞，时惟多祜。归以谢施，推以配天，子子孙孙，福禄永延。
>
> 荐于：皇皇帝天、皇皇后土。
>
> 以皇祖先可寒配，皇妣先可敦配。
>
> 尚飨！
>
> 东作帅使念凿

应该注意的是，嘎仙洞刻铭与《魏书》所记祝文还是有一些差异的。刻铭文字较详，特别突出了对太武帝武功的颂扬，不像《魏书》所记的那样谦虚。这个差别不知道是怎样形成的。另外，嘎仙洞祝文提到北魏太武帝派往石室致祭的人中，第一个就是“谒者仆射库六官”[③]。这个库六官(Qurïqan)应当是人名[④]。依据已知北魏迁洛以前的石刻史料,凡拓跋宗室成员(即以拓跋为姓者)，都书名不书姓。因此这里的库六官极有可能是北魏宗室成员，这也符合他代表太武帝拜祭祖先石庙的身份。可是在《魏书》有关这一事件的记录中，完全不提身为主使的库六官，而只提副使中书侍郎李敞，事实上降低了致祭仪式的规格（未能反映有宗室

---

① 杜士铎主编:《北魏史》，太原：陕西高校联合出版社，1992 年，第 36—52 页。

② 张博泉:《嘎仙洞刻石与对拓跋鲜卑史源的研究》,《黑龙江民族丛刊》1993 年第 1 期，第 55—61 页。

③ 米文平:《鲜卑石室寻访记》，第 55 页。

④ 关于库六官的语源 qurïqan，请参看罗新《中古北族名号研究》，第 161—164 页。

成员主持其事)[1]。为什么《魏书》会漏掉了主持者的姓名呢?这就要与《魏书》中许多类似的案例联系起来,从而我们也能明白,这种忽略掉一些北族人物、突出华夏人士的处理方式,绝对不是孤例,反映了北朝后期的某种史学倾向。

当然,这些差异丝毫不会影响嘎仙洞与北魏历史的联系,因为这种联系自从北魏太武帝时期派人前来致祭之后,就已经获得了历史真实性,而现代的考古发现,更是确保了这种真实性不会在现代学术中有所衰变。即使对嘎仙洞的史料价值持某种保留态度,研究者的立场通常仍然是一种"起源研究"类型的。在拓跋史研究上,这种起源研究最主要的表现形式就是:要描述拓跋鲜卑的历史源流,必定从拓跋氏的起源开始(也就是从嘎仙洞开始),而且,把拓跋氏的历史(无论是可靠的考证还是不可靠的传说)事实上等同于北魏主体民族,即拓跋鲜卑整个民族集团的历史。嘎仙洞的第二次发现,恰好赶上了现代史学重视考古、实物、第一手史料的新传统,从而使得在传统史学中早已获得历史真实性的拓跋起源史,在新的技术标准和学科规范下,重新获得现代学术意义上的历史真实性。

三、太武帝与乌洛侯石洞的发明

现在我们就来看看,嘎仙洞的第一次发现,是如何获得历史真实性的。

《魏书》的《礼志》所记李敞致祭的祝文说:"岂谓幽遐,稽首来王。具知旧庙,弗毁弗亡。"嘎仙洞石壁刻铭则是:"幽人忘遐,稽首来王。始闻旧墟,爰在彼方。"文字虽微有差别,意思还是一样,就是远方来人说了之后,北魏才知道有这么个石洞。乌洛侯"去代都四千五百余里"[2],在太武帝太平真君四年三月以前[3],与北魏素无往来,怎么会知道其国境西北的某个石洞,与三百年前就已他迁的[4]、部族称号可能已发生过多次

①《魏书》卷一〇八之一《礼志一》,第2738页。

②《魏书》卷一〇〇《乌洛侯传》,第2224页。

③《魏书》卷四下《世祖纪下》,第95页。

④ 研究者根据《魏书》的说法,可以大致算出第一推寅(宣帝)带领拓跋部族走出大鲜卑山的时间,约在2世纪中叶。参看姚大力《论拓跋鲜卑部的早期历史》,《复旦学报》2005年第2期,第19—27页。

变更的拓跋部族之间，竟有某种联系呢？首先，我们姑且信从史料，把这种说法看成是乌洛侯方面主动报告给北魏的。或者换一个问法：北魏太武帝怎么这么容易就相信了乌洛侯使者的话呢？

要回答上面的问题，我们应当先转换一个思路。康乐指出，嘎仙洞及其刻铭的发现，"顶多也只能说嘎仙洞是五世纪时的拓跋人所认为的祖先原居地"[①]。其实应该换个说法：嘎仙洞及其刻铭的发现，顶多能够说明，北魏太武帝的确希望人们相信这里就是拓跋部族的发源地。拓跋旧庙在乌洛侯西北的大山里，这个说法对太武帝有什么意义呢？我们看看太武帝从这个说法里得到了什么好处。

首先，这个说法可以非常好地服务于北魏此时此刻在东北亚地区的战略利益。

太武帝太延二年（436）灭北燕，整个东北亚地区的国际政治形势发生了重大变化，北魏作为胜利者直接继承了北燕在这个地区的宗主国地位，从而驱逐了内亚草原上的柔然帝国在这个地区的政治存在。然而，柔然的间接影响还在，慕容鲜卑与继承慕容氏的冯氏北燕的影响也还在，包括契丹、高句丽在内的多个强大政治体对北魏十分疑惧。不过北魏一时还顾不上这些，太武帝紧接着就渐次扫荡了十六国时代遗留下来的残余力量，终于在太平真君三年（442）彻底解决了仇池和河西这两个地区的问题，真正统一了北方，完成了苻坚之后最大的霸业。太武帝这时开始致力于巩固他的军事征服，要从成功的征服者转变为同样成功的统治者。于是他在整个北方都实施了一系列的重要举措。在东北亚，北魏虽然已经继承了宗主国的地位，但面临着复杂的政治和军事形势。如果有实际证据证明拓跋鲜卑本来也出自东北亚，拓跋鲜卑本来就是东北亚的一员，无疑有利于宣扬北魏统治东北的合法性。

这个思路可以引导我们重新认识北魏灭北燕前后整个东北亚地区的国际政治形势。北燕的灭亡改变了东北地区的政治形势，从而使原先服属北燕或为北燕所压制的东北各部族开始改变立场，转而被迫交结北魏。在这种形势下，附会拓跋部的历史传说以拉近彼此关系，也许是可以理解的。当然也存在着另一种可能，即有关拓跋旧墟石室的情况，并不是乌洛侯主动提供的。有意思的是，根据《魏书》，太武帝面对这么重

---

① 康乐：《从西郊到南郊——国家祭典与北魏政治》，台北：稻禾出版社，1995年，第5页。

大的问题，在没有进行任何论证的情况下，毫不犹豫地，立即派遣使臣前往遥远的乌洛侯国去告祭，反映了太武帝非常需要加强拓跋部的历史与东北亚历史之间的联系。而嘎仙洞就是服务于太武帝的这一需求的。

其次，这个说法有利于加强拓跋出自鲜卑，并且是鲜卑正宗的观点。

在匈奴后期及后匈奴时代，北方草原及长城地带的族群形势的发展，给内亚的族群认同带来了新的变化。与匈奴旗号的贬值相应，鲜卑的旗号则越来越有吸引力。《后汉书》记载："章和元年（87），鲜卑入左地击北匈奴，大破之，斩优留单于，取其匈奴皮而还。北庭大乱。"[①]对北匈奴而言，来自鲜卑集团的打击，比起包括东汉在内的其他势力的威胁，要更为直接、更为致命。当然，南匈奴、丁零、鲜卑、乌桓和西域诸国对匈奴政权的敌意及相应的军事行动，离不开东汉的怂恿、支持和策动。这种包围的态势，最终导致了北匈奴政权的衰亡。《后汉书》称："时北虏衰耗，党众离叛，南部攻其前，丁零寇其后，鲜卑击其左，西域侵其右，不复自立，乃远引而去。"[②]长期与匈奴对抗，并且占据优势地位的政治和军事局面，必然会在鲜卑人认同问题上留下深刻烙印。鲜卑取代匈奴成为草原的主人，鲜卑称号具有无可比拟的优越与荣耀。与鲜卑相对的匈奴，则成为敌人与失败的代名词。《后汉书》说："北单于逃走，鲜卑因此转徙据其地。匈奴余种留者尚有十余万落，皆自号鲜卑，鲜卑由此渐盛。"[③]这时并没有一个统一、强大的鲜卑政治体，"匈奴余种"为什么要"自号鲜卑"呢？这意味着数量巨大的"匈奴余种"改换了自己的名号，认同于鲜卑，此后自然也就变成了鲜卑人。

在这一轮新的草原社会的整合过程中，原"匈奴余种"对新徙入的鲜卑诸部势必发生改造作用。对于鲜卑诸部而言，这一过程多少具有克

---

①《后汉书》卷八九《南匈奴传》，北京：中华书局，1965年，第2951页。

②《后汉书》卷八九《南匈奴传》，第2950页。

③《后汉书》卷九〇《乌桓鲜卑列传》，第2986页。《三国志》卷三〇注引《魏书》，作"至光武时，南北单于更相攻伐，匈奴损耗，而鲜卑遂盛。……匈奴及北单于遁逃后，余种十余万落，诣辽东杂处，皆自号鲜卑兵"，见第836—837页。《魏书》强调了辽东鲜卑中"匈奴余种"的显著比例，对于理解东部鲜卑的文化传统与社会状况，也是很有帮助的。

里奥尔化(creolization)[1],或者涵化(acculturation)的性质[2]。檀石槐领导的鲜卑大联盟得以建立，与“匈奴余种”的加入关系密切。魏晋时期鲜卑诸部政治名号中的突厥语因素,就是这一历史过程的积淀。一方面,新生的草原鲜卑社会很大程度上继承了匈奴时代的政治文化乃至社会群体，另一方面，匈奴这一往昔荣光的代名词却被有意遗忘，鲜卑成为草原上最有号召力、最高贵的旗帜，进而形成新的政治传统。因此，如果说大漠南北自称鲜卑的众多部族，存在着非东胡的因素，甚至主体并非原来的东胡，不仅是可能的，而且应当是 2—3 世纪蒙古高原上鲜卑社会的真实情况。

当草原上的“匈奴余种”与“转徙”而来的鲜卑诸部的社会整合迅速进行的时候，新形成的鲜卑社会事实上接替了北匈奴的政治角色和战略地位。那些来不及他迁、又不愿意加入鲜卑的北匈奴余部，只好南下投靠东汉控制下的南匈奴，这加快了鲜卑把南匈奴确认为新的敌人的过程。对于原来的鲜卑诸部来说，与匈奴为敌是他们得以成长壮大的历史条件；对于转变为鲜卑的北匈奴余部来说，与南匈奴为敌是他们奉行已久的战略方针。这两个因素的结合，使东汉后期鲜卑的屡次南进不可避免,也使鲜卑代替北匈奴成为东汉在北边的主要外患[3]。虽然鲜卑只在短暂时间内形成过统一的政治体，但哪怕是作为偶发的、零散的敌对力量，鲜卑已经成为与中原政权相对称的一极，使得夹在中原与鲜卑之间的南匈奴、乌桓等等部族，不得不发生二元分化。这是汉末魏晋北边形势的重要特征。

---

① 这里所说的 creolization，主要不是从语言角度立论，而是取其人类学社会变迁的意义。请参看 Derek Bickerton, Pidgin and Creole Studies, *Annual Review of Anthropology,* Vol. 5 (1976), pp. 169-193。在这一意义上进行历史研究的范例很多，以下两篇论文对我启发较大：Ira Berlin, Time, Space, and the Evolution of Afro-American Society on British Mainland North America, *The American Historical Review,* Vol. 85, No. 1 (1980), pp. 44-78; Kent G. Lightfoot and Antoinette Martinez, Frontiers and Boundaries in Archaeological Perspective, *Annual Review of Anthropology*, Vol. 24 (1995), pp. 471-492。

② 关于涵化概念所特别强调的历史过程问题，请参看 Raymond H. C. Teske, Jr. and Bardin H. Nelson, Acculturation and Assimilation: A Clarification, *American Ethnologist,* Vol. 1, Issue 2 (1974), pp. 351-367。

③ Rafe de Crespigny, *Northern Frontier, the Policies and Strategy of the Later Han Empire*, Canberra: Australian National University, 1984, pp. 296-297.

在这一背景下，我们才能理解在北部边疆地带，与鲜卑旗号渐渐升值（revaluation）相对应，也存在着南匈奴、乌桓旗号渐渐贬值（devaluation）的过程，匈奴、乌桓作为族属名称稀见于两晋史料，与这一贬值过程所推动的分化有关。《南齐书》记拓跋起源云："初，匈奴女名托跋，妻李陵，胡俗以母名为姓，故虏为李陵之后，虏甚讳之，有言其是陵后者，辄见杀。"[①] 拓跋部为什么讳称李陵之后呢？因为他们绝不愿意把自己与匈奴扯在一起。《魏书》说："其诸方杂人来附者，总谓之乌丸。"[②] 田余庆先生指出这里的乌丸"并无严格的种族意义"[③]，是非常正确的。汉魏乌桓因其分化也分别参与了草原与长城地带的社会整合过程，从而获得了"杂人"的新涵义，这正是乌桓族属价值贬值的结果。早在西晋时期，自称南单于苗裔的"铁弗刘虎"就被刘琨称为"乌丸刘虎"[④]，可见乌丸（乌桓）很早就从昔日强大的族属名称贬值为杂胡的名号了[⑤]。中古史料里"鲜卑不称胡"[⑥]，也应当从这一背景求得解释。一方面依中古习惯鲜卑不称胡，另一方面南朝称拓跋为"胡虏"，强调其匈奴或与匈奴杂交的背景。这是值得我们深思的。

以铁弗为例。《魏书》记铁弗刘虎，称"北人谓胡父鲜卑母为'铁弗'"[⑦]。姚薇元据此推论："可知匈奴与鲜卑之合种，名曰'铁弗'。……托跋氏既号鲜卑，又称匈奴，疑托跋即铁弗之异译，乃匈奴与鲜卑之混血族也。胡俗重母，故托跋氏自称鲜卑，而讳言匈奴。"[⑧] 马长寿提出"拓跋魏的'拓跋'之名是后起的，是匈奴与鲜卑融合的结果"；他还根据铁弗得名于"胡父鲜卑母"的说法，提出拓跋得名于"鲜卑父胡母"[⑨]。他看到了鲜

---

① 《南齐书》卷五七《魏虏传》，北京：中华书局，1972 年，第 993 页。

② 《魏书》卷一一三《官氏志》，第 2971 页。

③ 田余庆：《拓跋史探》，北京：三联书店，2003 年，第 152 页。

④ 《通鉴考异》引《刘琨集》，见《资治通鉴》卷八七，北京：中华书局，1956 年，第 2744 页。又可见赵天瑞编《刘琨集》，天津：天津古籍出版社，1996 年，第 87 页。

⑤ 唐长孺：《魏晋杂胡考》，《魏晋南北朝史论丛》，北京：三联书店，1955 年，第 427—435 页。关于魏晋乌丸，请参看陈国灿《魏晋间的乌丸与"护乌丸校尉"》，武汉大学历史系魏晋南北朝隋唐史研究室编：《魏晋南北朝隋唐史资料》第 1 期，1979 年，第 21—26 页。

⑥ 唐长孺：《魏晋杂胡考》，《魏晋南北朝史论丛》，第 437 页。

⑦ 《魏书》卷九五《铁弗刘虎传》，第 2054 页。

⑧ 姚薇元：《北朝胡姓考》，北京：科学出版社，1958 年，第 6 页。

⑨ 马长寿：《乌桓与鲜卑》，上海：上海人民出版社，1962 年，第 30 页。

卑与匈奴融合而产生新的草原部族的历史过程，是值得肯定的，但他却又创造了拓跋部得名于“鲜卑父胡母”的说法，影响广泛。马长寿之所以会犯这一错误，就因为他相信《魏书》“北人谓胡父鲜卑母为‘铁弗’”对“铁弗”语源的解释，而且他也轻信了白鸟库吉以满语 dufe 来比附“铁弗”（白鸟也认为铁弗是一种侮辱称谓）。姚薇元解释赫连勃勃改姓的原因是为了“掩饰其先世之丑迹”[①]，同样相信“铁弗”不是一个好称谓。事实上，赫连勃勃只是改铁弗为铁伐，弗、伐同音，区别仅仅在汉字字面上，勃勃这一改动，不过是避弗字之否定性而取伐字之进攻性，对于原词原音毫无触及，怎么能说这是一个侮辱性称谓呢？其实，铁弗一词，和拓跋、秃发、乞伏、乙弗一样，是某一官号（铁）与官称 beg（弗、伐）结合而构成的一组名号，毫无疑问是一个美称。屠各刘氏本以独孤（即屠各之异译）为部族称号，逃到塞北之后，与包括鲜卑在内的其他部族混合，又得到铁弗之名，应当是独孤部加入塞北某个政治组织的结果。获得新的部族名称，也许可以看作铁弗部几乎改换了部族面貌，不再是匈奴、屠各或乌丸，而是鲜卑了。

无论如何，从北匈奴解体到柔然占据漠北与拓跋为敌的近二百年间，漠北（大部分时间里还包括漠南）处在政治体发育的倒退状况，主要原因大概是来自说古蒙古语（Proto-Mongolic）的鲜卑诸部忙于与匈奴余众及原漠北突厥语诸部族进行社会整合；当然另外一个原因可能是中原正处在政治分裂的状态，有关北方特别是遥远的漠北的资讯未能获得中原政权的注意，造成“文献不足征”的缺陷。如果《魏书》有关柔然与拓跋同起于漠南的记载是可靠的，那么柔然最终在漠北建立统治并据守漠北对抗漠南的这一历史过程，便与匈奴起自漠南却最终把自己的大本营建立在漠北，有着十分惊人的近似了。

铁弗部的先世源流比较清晰，也许是产生所谓“胡父鲜卑母”说法的原因，但更可能的原因却是，由于铁弗部在拓跋部崛起时与之为敌，把持着历史叙述权的拓跋部，取消了其鲜卑族属的权利。柔然就属于同样的情况。现在一般认为柔然属于蒙古语族，但缺乏坚强的证据[②]。《南

---

① 姚薇元：《北朝胡姓考》，第 246 页。

② Peter B. Golden, *An Introduction to the History of the Turkic Peoples,* Wiesbaden: Otto Harrassowitz, 1992, pp. 76-77.

齐书》称柔然为“芮芮虏”，是“塞外杂胡也，编发左衽”，与拓跋非常相像[1]。北朝史书没有关于柔然族属的材料，这当然与北魏对柔然的政治态度有关。当拓跋珪重建代国的时候，柔然是拓跋部在漠南草原上主要的异己力量，是反拓跋势力的领导者。虽然柔然最终只好到漠北建立政权，但仍然长期保持了对北魏的敌对立场。与拓跋非常相像的柔然，成为与拓跋分割大漠南北草原的敌人。和对待铁弗一样，拓跋自然也把柔然排斥在鲜卑的国度之外。拓跋部夺取漠南控制权、成为代北各部族的盟主以后，事实上垄断了鲜卑的旗号。正是因此，他们并不把其他鲜卑部族称作鲜卑。比如，《魏书》把宇文部称为匈奴[2]，把魏晋政权早就确认为鲜卑族的段部和慕容部称作徒河，剥夺了他们拥有鲜卑称号的光荣。这代表了北魏的官方立场，是拓跋部垄断鲜卑旗帜的政策体现。

也正是因此，在消灭以东部鲜卑为主体的北燕不久，太武帝会急于派遣使臣前往遥远的北方去告祭“旧墟石室”，这可以看成他为拓跋部确立和垄断鲜卑族属旗号所采取的最后一个行动。在垄断鲜卑旗帜、把鲜卑其他各部都排斥到鲜卑周边以后，拓跋部就可以建立以拓跋部为核心的、全新的鲜卑谱系和鲜卑历史了。所谓“统国三十六，大姓九十九”的拓跋早期盛况，当然并非拓跋部的历史记忆，而是北魏官方用以确立拓跋部在鲜卑历史秩序中核心地位的新发明。

最后，嘎仙洞的出现，是太武帝进行拓跋集团历史建构的一部分。

太武帝重新写定北魏历史的工作，包括两个部分，一个是用汉文写《代记》，另一个是用鲜卑语编定《真人代歌》。《魏书·序纪》有关拓跋先世记事，如研究者所说，主要来自邓渊、崔浩等编定的《代记》《国书》一类的史书，而这类史书的依据则是鲜卑语的《真人代歌》一类的拓跋史诗[3]。按照《序纪》的记载，拓跋部的历史可以追溯至尧舜之世，远远早于其他鲜卑各部，这和《三国史记》中新罗先世早于高句丽和百济的情况是一样的，其历史成因当然也是一样的。如果《序纪》的原始依据是古老的拓跋史诗，也许我们就只好接受拓跋部的历史记忆可能真的很悠久。

---

① 《南齐书》卷五九《芮芮虏传》，第1023页。

② 宇文部被说成源自匈奴，是东西魏分裂以后东魏北齐方面历史建构工作的一部分，其原理，则是与北魏早期以来鲜卑各集团争夺鲜卑旗号的历史一脉相承。

③ 康乐：《从西郊到南郊——国家祭典与北魏政治》，第13页。

然而，这类口头传唱的史诗，是不是就可以据为可靠的史料呢？人类学家早已指出，族群的口传历史记忆，具有极大的不稳定性。David Henige 在其研究非洲口传历史的名著《口传历史的年代学——无妄之求》(*The Chronology of Oral Tradition: Quest for a Chimera*)中指出，依赖口传历史来复原非洲部族历史年代学的梦想注定要破灭，因为这些口传历史其实都是现实政治的产物，并随着现实政治的变化而变化[①]。依此逻辑，我们不能轻易地就把《真人代歌》等拓跋史诗看成某种具有悠久性、连续性和稳定性的历史记忆，尤其不能认为拓跋鲜卑的历史记忆是简单地随着世代推移而逐渐堆加上去的。拓跋谱系的形成和变化，一定是为了满足拓跋鲜卑自身政治成长的需要。可以肯定的是，《真人代歌》也好，口传拓跋谱系也好，都是因应不同时期拓跋鲜卑政治体发育和发展时的认同建设需求的，因而可能具有许多不同的版本。

《真人代歌》得以"真人"为名，与太武帝于440年改元太平真君有关。中古早期的用例中，"真人"可以指得道之人，也可以指受命之君。太武帝得寇谦之指点，把这两个义项结合起来了，遂以太平真君为年号。似乎十六国流行于民间的谶书中，确有北方出真人一类的句子。如《晋书》记黄泓称"且谶言真人出东北"[②]，又记石虎时在华山得玉版，有"岁在壬子，真人乃见"之文[③]。这些都是与慕容氏的崛起有关的谶言，也许是慕容诸燕时期的作品。但到了北魏，这类谶言中的"东北"又被改造成了拓跋集团所在的"燕代之间"和"恒代之北"。如《魏书》记后燕太史丞王先言"当有真人起于燕代之间，大兵锵锵，其锋不可当"[④]，《资治通鉴》记乞伏炽磐说"谶云恒代之北当有真人"[⑤]，大概都是北魏时改造慕容诸燕谶言的结果。

太武帝在北方行将统一之际，加强意识形态领域里的王朝合法性建设，最重要的举措便是修撰国史。《魏书》记太武帝任命崔浩监秘书以

---

① David P. Henige, *The Chronology of Oral Tradition: Quest for a Chimera*, Oxford: Clarendon Press, 1974, pp. 1-70.

②《晋书》卷九五《艺术传》，北京：中华书局，1974年，第2493页。

③《晋书》卷一一〇《慕容儁载记》，第2834页。

④《魏书》卷一〇五之三《天象志三》，第2389页。

⑤《资治通鉴》卷一一九《宋纪》营阳王景平元年条，北京：中华书局，1956年，第3757页。

修史在灭北凉之后[1]，恰与改年号为太平真君同时，而鲜卑语史诗《代歌》得以命名为《真人代歌》，亦必在此时。这说明，以汉文所写的《国书》和以鲜卑语吟唱的《真人代歌》，是同时编辑的，出于同一个需求，经过了同一套审查系统，必定在内容上彼此照应，谈不上何者在先的问题。《真人代歌》与《国书》虽然重点在于当代史即道武帝至太武帝以来的创业史，但其开篇部分必定涉及祖先降世与南迁的神话传说。这些神话传说当然不是到了太武帝的时候才凭空编造的，其面貌却一定因为这次整理和编纂而发生重大的变化。因此可以认为，《真人代歌》与《国书》就是 Neal Ascherson 所说的“以精心挑选的旧日残砖碎瓦砌筑而成的新房子”[2]。

在这样的背景下，乌洛侯使者的出现及鲜卑石室说法的上报，正是太武帝所需要的。或者说，因为有了太武帝的需要，才有了乌洛侯使者关于拓跋“先帝旧墟石室”的报告。

至此，嘎仙洞第一次获得历史真实性的过程就比较清楚了。虽然仍然没有坚强的证据证明太武帝与乌洛侯石洞之间是简单的发明关系（借用 Hobsbawm 有关“传统的发明”的术语[3]），但有足够的理由相信，嘎仙洞的第一次发现，不能用作三百年前拓跋先世历史的可靠史料，因为这个史料本身，就是为了现实服务的历史想象。很显然，对于任何人群任何集团任何政治体来说，不可能存在一个可以单线条地追寻至遥远过去的历史。

四、技术与理论之间的陷阱

表面上看，当嘎仙洞第一次获得历史真实性的过程被揭示出来以后，似乎 1980 年嘎仙洞的再次发现所引发的真实性的再获得，就没有必要多加讨论了。其实不然。前面说过，现代历史学的使命并不是要剔除以往重重想明中那些不真实的成分，而是分析和复原这些历史想象获

---

① 《魏书》卷三五《崔浩传》，第 823—824 页。

② Neal Ascherson, *Games with Shadows*, London: Radius, 1988, p. 62.

③ Eric Hobsbawm, Introduction: Inventing Traditions, in: Eric Hobsbawm & Terence Ranger (eds), *The Invention of Traditions*, Cambridge, UK: The Press Syndicate of the University of Cambridge, 1983, pp. 1-14.

得历史真实性的过程。在这样的分析和复原中，历史知识再生产的本相才得以呈现。

如前所述，嘎仙洞的第一次发现，是因为太武帝需要它被发现。当它的发现获得历史真实性以后，它就具备了成为重要史料的基本素质，可以供后来的研究者作为历史再想象的依据。毫无疑问，依据这个史料所进行的历史再想象，会依照太武帝的设计去发展出新的、仍然忠诚于太武帝需要的真实性。研究罗马帝国时期北方日尔曼各部族历史的学者发现，哥特部族的迁徙史与部族集团的形成史之间，充满了这类史料的陷阱。著名的日尔曼部族史学家 Herwig Wolfram 指出，古代部族集团的形成是一个政治而不是共同血缘的问题[①]，史料陷阱则无一例外地指向以部族领导集团为核心的长期和远途迁徙[②]。

嘎仙洞的第二次发现，反映了现代学术，尤其是新兴学科，加入到传统民族史料的阐释后所发挥的作用，这个作用就是进一步在学术上证成了、加强了已有的观点，而这个已有的观点，就是现存最早的传统史料（古代的发明、古代的想象）所力图表达出来的。现代历史学、现代考古学，而且还有分子生物学等等，在面对这样的学术问题时，似乎不是在避开陷阱，而是积极地跳了进去。新的技术手段，通常是伴随着新的学科、新的理论和新的方法出现的，它们的出现，本来是为了解决新的问题。可是事实上，许多旧问题在传统方法中找不到出路的时候，会乞灵于新方法和新技术。比如，嘎仙洞第二次发现以后，研究者利用嘎仙洞内考古发掘的成果，宣称《魏书》溯拓跋先世至尧舜时代是可信的："早期鲜卑这种遥远的历史，已被嘎仙洞鲜卑石室的地下文化层所证实。"[③]又比如，嘎仙洞内中央位置有一块被当地人称作"石桌"的大石板，明显与古代东北亚普遍存在的"巨石文化"相关[④]，但研究者却说："这些经过人工处理的痕迹，使我们体味出，远古鲜卑人是在天然洞窟中'凿石

① Herwig Wolfram, Origo et Religio, Ethnic Tradition and Literature in Early Medieval Texts, in: *Early Medieval Europe*, vol. 3 (1994), pp. 19-38.

② Herwig Wolfram, *History of the Goths,* Berkeley and Los Angeles: University of California Press, 1988, pp. 36-40.

③ 舒顺林：《拓跋鲜卑的南迁与其在我国历史上的作用》，第 40 页。

④ 田村晃一：《東北アジアの支石墓》，载八幡一郎、田村晃一编《アジアの巨石文化》，东京：六兴出版株式会社，1990 年，第 257—303 页。

为祖宗之庙’的。”[①] 考古学作为技术性极强的近代学科，在这里所起的作用，是强化和固化早已形成的历史认识。

虽然包括历史学、考古学在内的中国人文、社会科学三十多年前就幸运地很大程度上摆脱了服务于政治、服务于意识形态的从属地位，但学科的独立发展还有赖于理论与方法的创新，而童恩正先生所指出的“陈旧、僵硬的理论”的影响[②]，或明或暗地，仍可在许多历史解释和考古数据分析中看到。历史学本来有批判史料的传统，但为什么在嘎仙洞这一类的史料面前立即放弃了批判呢？这与历史学理论中的许多因素有关。比如，有关经济生产方式从低级到高级（狩猎—游牧—农业）的线性历史模式，是进化论影响下发展起来的人类社会发展过程建构。这一建构在拓跋先世起源与迁徙的历史（嘎仙洞—呼伦池—阴山—平城—洛阳）中得到了印证，嘎仙洞的再发现，似乎恰好提供了那必须有却一直未能找到的一环（the missing link）。历史理论中由氏族向部落，由部落向部落联盟，由部落联盟向国家的民族发展模式，也在拓跋部族的历史中得到了完美的说明，而嘎仙洞呈现的就是民族起源中最开端的那个氏族景象。有了嘎仙洞，就可以对拓跋民族的起源史和发展史进行完整叙述了。在这里，历史理论和方法对于历史认识的影响，提醒我们必须对我们浸润于其中的理论传统进行系统的反思[③]。

把新技术应用在传统学科的传统问题上，以获得传统学科在传统理论范畴内渴望获得的结论，这种做法是有必要反思的。比如，分子生物学的 DNA 技术，被研究者用来探索非常晚近的、历史时期的各族群的迁徙活动[④]，就是必须警惕的。最近有人试图用所谓曹操后人的 DNA 来验证曹操墓的真伪，看起来荒谬绝伦，但其思想方法和理论基础，与那

---

① 陈连开：《鲜卑史研究的一座丰碑》，第 29 页。

② Enzheng Tong, Thirty Years of Chinese Archaeology, in: Philip L. Kohl and Clare Fawcett (eds), *Nationalism, Politics, and the Practice of Archaeology,* Cambridge: Cambridge University Press, 1995, pp. 177-197.

③ Csanád Bálint, A Contribution to Research on Ethnicity: a View from and on the East, in: Walter Pohl and Mathias Mehofer (eds), *Archaeology of Identity,* Wien: Verlag der Österreichischen Akademie der Wissenschaften, 2010, pp. 145-182.

④ 韦兰海、覃振东：《分子生物学与欧亚北部人群的起源》，载姚大力、刘迎胜主编《清华元史》，北京：商务印书馆，2011 年，第 353—427 页。

种以 DNA 技术探讨突厥人与蒙古人、汉族与傣族等不同族群间生物学差异的研究设想，并没有本质的区别，甚至可以说本来就是一脉相承的。

从 1972 年 Richard Lewontin 发表那篇人类基因多样性在人群中分布比例的文章以来[①]，以“种族”（race）这一类的标签把人类划分为不同集团与亚集团的传统分类法，开始越来越失去其生物学的依据，研究者相信，人类基因多样性主要存在于个体之间，比较而言，地域与族群间的差异反倒无关紧要，而且在种族与种族之间、族群与族群之间，根本不可能描画出有科学依据的分界线。最近有关基因与种族、基因与族群关系的研究显示，现代人类基因多样性的现状，是人类在约 10 万年前走出非洲很久以后，晚至五六万年前才加快速度形成的，是人类基因在个体之间、集团之间历经长久的反复交换的结果，这个过程就是“网状进化”（reticulate evolution），而所谓种族，则是更晚的“社会-文化建构”（socio-cultural construct）[②]。这种“社会-文化建构”的本质，则是政治性的。

正如 Iain Banks 所强调的，和“民族”（nation）一样，族群（ethnic grouping）也是一种有意识的创建（conscious creation）[③]。正是在这个意义上，有生物学家提出了“种族终结”（race finished）的说法[④]。那种用基因数据来判断种族或族群归属的做法，正是基于传统且过时的认识，即相信人类曾经分为彼此区别、各自独立的人群集团，这些集团在地球的不同地方各自独立演化[⑤]。研究者认为，对于人类社会因肤色、语言、宗教和历史传统而发生的复杂社会分层，DNA 数据是无法有效加以分别的[⑥]。因此，企图以生物学的基因差异为这些复杂的历史构建物划分边

---

① Richard Lewontin, The Apportionment of Human Diversity, in: *Evolutionary Biology,* vol. 6 (1972), pp. 391-398.

② Ian Tattersall and Rob DeSalle, *Race?: Debunking a Scientific Myth,* College Station, Texas: Texas A&M University Press, 2011, pp. 144-157.

③ Iain Banks, Archaeology, Nationalism and Ethnicity, in: John A. Atkinson, Iain Banks and Jerry O'Sullivan (eds), *Nationalism and Archaeology,* Glasgow: Cruithne Press, 1996, pp. 1-11.

④ Jan Sapp, Race Finished, in: *American Scientist*, vol. 100, No. 2 (March-April), pp. 164-168.

⑤ K. M. Weiss and J. C. Long, Non-Darwinian Estimation: My Ancestors, My Genes' Ancestors, in: *Genome Research*, vol. 19 (2009), pp. 703-710.

⑥ Duana Fullwiley, Can DNA "Witness" Race? In: Sheldon Krimsky and Kathleen Sloan (eds), *Race and the Genetic Revolution: Science, Myth, and Culture,* New York: Columbia University Press, 2011, pp. 116-126.

界，或者反过来，以某种不可靠的分类标准来推测古代人群的地域分布及其移动，无论如何也是南辕北辙的。而那种以基因差异来判定古人族属的做法，还有什么科学依据呢？

在这里我们还要引入一个遥感技术的概念："时间清晰度"（time resolution）。时间清晰度，又译作时间分辨率、时间解析度或时相清晰度，是一个遥感科学术语，指遥感影像能够识别的同一地面目标两个相邻影像间的最小距离，是传感器对同一地面目标重复成像的周期，即对同一区域进行的相邻两次遥感观测的最小时间间隔，是评价传感器性能和遥感信息的重要技术指标。连续的时间被离散化以后，最小的时间间隔越小，就是时间清晰度越高，反之，最小的时间间隔越大，时间清晰度越低。应用到历史的时间中，确定历史时间清晰度的因素主要是史料以及对史料的解读。不言而喻，由于史料分布的不均匀，历史学的时间是不均匀的，历史的时间清晰度呈显著的高低连续变化，而且大致上距今天越近则清晰度越高。这本来是非常容易理解的道理，可是事实上，人们通常把历史学的时间与自然科学中的时间混淆起来，而倾向于把历史时间看作均匀的，倾向于以同一个时间清晰度去理解或想象所有的过去时光。这种倾向的后果之一，就是对孤立的考古或史料发现进行过度解读。新史料的发现，考古发掘的进展，基因技术的进步，任何有效的新方法、新技术，都可能是投进黑暗时空的亮光，但只有在形成一定的连续分布之后，才能提高我们所关注的时间清晰度。正如 Mark Pluciennik 所说，在某种程度上，历史基因研究与历史比较语言学都不能解决时间清晰度的问题[①]。

民族史中的民族起源研究，与任何人类集团的起源研究一样，充满了这类因忽略时间清晰度的固有差异而形成的认知陷阱。在这个意义上，神话与传说塑造了一个极高的时间清晰度，而孤立的新发现因缺乏连续性却并不能有效提高相关时段的时间清晰度。企图以当前的时间清晰度去描述遥远的过去，特别是史前时期的历史，当然是不切实际、充满风险的。司马迁对此有相当的史学自觉，他认为有关黄帝的上古传

① Mark Pluciennik, A Perilous but Necessary Search: Archaeology and European Identities, in: John A. Atkinson, Iain Banks and Jerry O'Sullivan (eds), *Nationalism and Archaeology*, pp. 35-58.

说“其文不雅驯，荐绅先生难言之”[1]，并没有追求一个详尽完满的古史图像。承认历史时间清晰度的差异，就是承认历史认知的局限与极限。从时间清晰度随着回溯时间的长度而递减的原则看，任何对起源进行的细节研究都是可疑的、潜伏着危险的。

民族史，特别是民族的起源史研究应该怎样定位自己的新立场呢？我认为，民族史的新立场就是破除旧的陷阱所造成的种种神话，不仅揭示旧知识的错谬，而且在方法上，在理论上，确立对民族和族群政治性、不稳定性的认识，批判地解读一切已有论述。从这个立场出发，重新阅读民族史史料成为必要，新的民族或族群的历史论述才会展开，而且，在此前提下，民族史学科实现自己对于社会生活的健康关怀也才成为可能。

（原载《文史》2013年第2期）

① 《史记》卷一《五帝本纪》，北京：中华书局，1959年，第46页。

魏收在济南

《北史》的魏收本传记魏收于天统“二年，行齐州刺史，寻为真”[①]，但没有说魏收何时离开齐州，只记魏收在武成帝死之前“寻除开府、中书监”，而且在武成帝死后参与了有关是否该下赦令的讨论。武成帝死于天统四年年底，因此缪钺《魏收年谱》把魏收离开齐州刺史任系于天统四年间，认为魏收回到邺城担任中书监“至迟在本年”[②]。缪钺这个判断是非常谨慎的，其实我们还可以把魏收离任的时间大胆地往前提一点，因为《北齐书》记段孝言“除齐州刺史，以赃贿为御史所劾，属世祖崩，遇赦免”[③]，说明武成帝死之前在齐州刺史任上的是段孝言。《北史》记胡长仁在天统五年被和士开排挤出邺城，“除齐州刺史”[④]，可见在段孝言之后任齐州刺史的是胡长仁。由此可知从天统二年到天统五年（566—569）间相继担任齐州刺史的是魏收、段孝言和胡长仁，魏收离任的时间应该是天统三年或四年，他在齐州的时间大概有两年左右[⑤]。

两年左右的时间不能算短，魏收又是年过六十的大名人，但史书有关魏收在这两年间的事迹则几乎是阙如，唯一明确的材料是《北齐书·阳休之传》：“魏收监史之日，立《高祖本纪》，取平四胡之岁为齐元。收在

---

① 《北史》卷五六《魏收传》，北京：中华书局，1974年，第2035页。

② 缪钺：《魏收年谱》，原载《四川大学学报》1957年第3期，收入缪钺《读史存稿》，北京：三联书店，1963年，第199—200页。

③ 《北齐书》卷一六《段荣传》附《段孝言传》，北京：中华书局，1972年，第215页。

④ 《北史》卷八〇《外戚传》，第2694页。

⑤ 虽然《北齐书》卷四二《阳休之传》提到魏收参与讨论北齐史书起元体例之事，有“武平中，收还朝，敕集朝贤议其事”之句（第563页），但不能理解为魏收是在武平年间才从齐州回到邺城的。魏收还朝在先，武平间集议齐史起元在后。

齐州，恐史官改夺其意，上表论之。”[1] 魏收积极捍卫他所确立的齐史起元原则，还见于《隋书·李德林传》，今所见魏收讨论齐元的两段重要文字就是他在武平年间参加“百司会议”期间写给支持者李德林的两封书信[2]。虽然魏收死后他的论敌阳休之的主张得到齐后主的肯定，但不久周灭齐，隋唐时编纂齐史还是遵循了魏收的起元原则[3]。显然这是魏收晚年最为牵肠挂肚的事情，所以尽管远在济南，他仍然向朝廷上书力论是非，而且由于他的坚持，他的起元原则在他活着时虽然存有争议，却一直没有被正式否决。

除了讨论齐史起元问题，魏收在齐州时还做过什么事情呢？正史中完全没有一点踪迹。非常幸运的是，唐人段成式的《酉阳杂俎》中保存了一些珍贵的记录，其中最为学者熟悉的是如下一条：

> 魏仆射收临代，七月七日登舜山，徘徊顾眺，谓主簿崔曰：“吾所经多矣，至于山川沃壤，衿带形胜，天下名州，不能过此。唯未审东阳何如？”崔对曰：“青有古名，齐得旧号，二处山川，形势相似，曾听所论，不能逾越。”公遂命笔为诗。于时，新故之际，司存缺然，求笔不得，乃以伍伯杖画堂北壁为诗曰：“述职无风政，复路阻山河。还思麾盖日，留谢此山阿。”[4]

舜山即今济南之历山（千佛山），中古时期济南城在历山北五里。据《水经注》，“（济南）城南对山，山上有舜祠，山下有大穴，谓之舜井”[5]。由《酉阳杂俎》此条可知，魏收离任（为段孝言所代）的时间是天统三年或四年的七月间。他的这次去任，是以经历了四年左右的政治失意之后再次上升并荣获美授（开府、中书监）为前提的，自然心情大畅，因而他怀着这般愉悦南登历山，谒舜祠，观舜井，在历山上感慨“山川沃壤，衿带形胜，天下名州，不能过此”，表达了对于历山作为区域分水岭地位的感性体验。

---

① 《北齐书》卷四二《阳休之传》，第 563 页。

② 《隋书》卷四二《李德林传》，北京：中华书局，1973 年，第 1195—1197 页。

③ 徐冲：《“禅让”与“起元”：魏晋南北朝的王朝更替与国史书写》，《历史研究》2010 年第 3 期，第 104—117 页。

④ 段成式：《酉阳杂俎》前集卷一二，方南生点校，北京：中华书局，1981 年，第 113 页。

⑤ 郦道元：《水经注》卷八“济水”条，见陈桥驿《水经注校证》，北京：中华书局，2007 年，第 209 页。

在《酉阳杂俎》这一条记事中，魏收自称“吾所经多矣”，大概是为了加强他对齐州的赞美力度。其实魏收一生最主要的时光都是在洛阳、邺城和晋阳这三座都城里度过的，游历经验并不多。不多的游历经验中，对他影响最大的，也许是青年时期（从十六岁到二十岁）随其父魏子建在陇南嘉陵江上游地区的五年戎马经历（主要在武兴城内，武兴即今陕西略阳县），这些影响明显地反映在《魏书》里。魏收另一次重要的游历是兴和元年（539 年，时魏收三十三岁）作为副聘使与主聘使王昕一起到过萧梁的都城建康，这个经历对于仰慕南朝文学的他来说一定是意义深远的。此外值得一提的就是他晚年在齐州的经历了，也正是因此，魏收对于齐州形胜的赞美也许更多地只是反映了他当时的心情。值得注意的是他在赞美齐州的同时，还提出了“唯未审东阳何如”的问题，似乎打算以齐州为参照来想象青州，其实是以青州来陪衬齐州。被问及这个问题的“主簿崔”应该是出自后燕灭亡时渡河东来成为青齐大族的清河崔氏，这个家族背景使他对青齐二州的比较有了当然的权威，而他的回答则是顺着魏收的口气，强调青州“不能逾越”齐州。无论如何，这条记事有鲜明的齐州地方色彩，也许反映了该材料源出齐州地志文献的性质。

虽然魏收文名极盛，所谓“时俗准的，以为师匠”[①]，他流传下来的作品却很少，这和隋唐时期的南北朝文学观有关[②]。《太平御览》引《国朝传记》称“北朝文学之秀”魏收赠送自己的集子给梁使徐陵，“令传之江左”，没想到徐陵“济江而沉之”，还说是“吾为魏公藏拙”[③]。《朝野佥载》也有一条称庾信到北方以后，只对温子升、薛道衡和卢思道几个人略有称许，“自余驴鸣犬吠，聒耳而已”[④]。然而，这两条记事很难视为信史，其价值或许仅仅在于突出反映了唐人的观点。《酉阳杂俎》记庾信评论北朝文士的一段话：“我江南才士，今日亦无举世所推，如温子升独擅邺下。尝

---

① 颜之推：《颜氏家训》卷四，见王利器《颜氏家训集解》（增补本），北京：中华书局，1993 年，第 273 页。

② 唐长孺：《论南朝文学的北传》，《唐长孺社会文化史论丛》，武汉：武汉大学出版社，2001 年，第 205—232 页。

③《太平御览》卷五九九，北京：中华书局影印本，1960 年，第 2700 页。

④ 张鷟：《朝野佥载》卷六，见“唐宋史料笔记丛书”，与《隋唐嘉话》合刊本，赵守俨点校，北京：中华书局，1979 年，第 140 页。

见其词笔，亦足称是远名。近得魏收数卷碑，制作富逸，特是高才也。”[①]这大概是梁大同十一年（东魏武定三年，545年）庾信在建康参与接待东魏使者尉瑾、崔肇师时，在某个场合下的谈话，为魏使所记录下来的，可信度很高[②]。那时庾信刚刚出使邺城归来，对北方文坛已有相当的了解，所谓“近得魏收数卷碑”，大概就是此次出使在邺城见到的。虽然这种谈话必定带有客套性质，庾信不见得就衷心佩服温子升和魏收，但多少说明庾信对北方最著名的几个文学之士也是有一些肯定的，其中对正处在上升期的魏收的肯定尤为明显。即便如此，魏收的作品保存下来的却十分稀少，其中诗尤其少。在北朝后期如日中天的魏收到了隋唐人眼中大概已经谈不上有多少文才，其作品自然也无从流传。正是因此，《酉阳杂俎》所记这一条，竟然把魏收用身边差役手里的木杖在墙壁（极可能在舜祠）上的题诗给保存下来了，亦可见段成式此书之可贵。

对于了解魏收在济南的事迹来说，《酉阳杂俎》更可贵的是不止有前述一条材料，另外至少还有三条，尽管没有写明魏收之名，其实都是讲魏收的。比如：

> 舜祠东有大石，广三丈许，有凿“不醉不归”四字于其上。公曰：“此非遗德。”令凿去之。[③]

只提到“公”，连姓氏都没有。不过要读出此公是指魏收并不太难。乾隆《历城县志》的《金石考》录有此条，并有按语云：“按段成式所谓公，指魏收也。”[④]这个判断是正确的。魏收游观舜祠，可能只有“七月七日登舜山”那一次，也就是说，此条记事与前面所说的那一条不仅同出一源，而且两条记事原本也是相互衔接的，“七月七日登舜山”在前，“舜祠东有大石”在后，在《酉阳杂俎》中本来也紧相连接，不必如今点校本一样分作二条。或许正出于这一原因，古人（如乾隆《历城县志》的编纂者）比较容易读出那个公就是魏收。但有时候段成式抄撮的材料被散置在

① 段成式：《酉阳杂俎》前集卷一二，第112页。案这一段话方南生点校本的标点颇有疑问，兹径改。

② 这类记录都见于南北朝的出使报告，一般称为“聘使行记”。

③ 段成式：《酉阳杂俎》前集卷一二，第113页。

④ 乾隆《历城县志》卷二三《金石考一》，清乾隆三十八年（1773）刻本，见《中国地方志集成·山东府县志辑》第4册，上海古籍出版社、上海书店、巴蜀书社，1990年，第417页。。

书里,相互分隔开来了,作为叙事主角的魏收便不易被指认出来。如《酉阳杂俎》下面这一条:

> 历城房家园,齐博陵君豹之山池。其中杂树森竦,泉石崇邃,历中祓禊之胜也。曾有人折其桐枝者,公曰:"何谓伤吾凤条。"自后人不复敢折。公语参军尹孝逸曰:"昔季伦金谷山泉,何必逾此?"孝逸对曰:"曾诣洛西,游其故所。彼此相方,诚如明教。"孝逸尝欲还邺,词人饯宿于此。逸为诗曰:"风沦历城水,月倚华山树。"时人以此两句,比谢灵运池塘十字焉。[1]

后人注意此条记事的很多,但以我有限的阅读,似乎还没有人指出其中的"公"便是魏收。清初关心乡邦文献的王士禛在《古夫于亭杂录》中录有此条,不过他仅仅考证"齐博陵君豹"为隋代房彦谦的伯父,不及其他,看来是没有看出这个故事的中心人物乃是魏收[2]。魏收向参军尹孝逸赞赏房家园的话,从修辞方法上看,和他向"主薄崔"赞美齐州时以青州作为参照一样,是以著名的西晋石崇在洛阳的金谷园来衬托房家园,借尹孝逸的口来确认魏收的评价。很明显这两个故事在话语结构上是一致的,反映了撰写地志者的叙事技巧。这条记事还记录了尹孝逸的两句诗"风沦历城水,月倚华山树",历城水便是指房家园里的泉池,华山指华不注山,《元和郡县图志》所谓"华不注山,一名华山,在县东北十五里"[3]。不过以此二句与谢灵运《登池上楼》的名句"池塘生春草,园柳变鸣禽"相较争胜,似乎也体现了一定的地方性。

《酉阳杂俎》还有一条是讲魏收的:

> 历城县魏明寺中有韩公碑,太和中所造也。魏公曾令人遍录州界石碑,言此碑词义最善,常藏一本于枕中,故家人名此枕为麒麟函。韩公讳麒麟。[4]

此条中"魏公曾令人遍录州界石碑"一句非常重要,证明魏收曾做过齐

---

① 段成式:《酉阳杂俎》前集卷一二,第 114 页。

② 王士禛:《古夫于亭杂录》卷二"房豹考"条,赵伯陶点校,北京:中华书局,1988 年,第 38 页。

③ 李吉甫:《元和郡县图志》卷十一河南道七齐州历城县条,贺次君点校,北京:中华书局,1983 年,第 277 页。

④ 段成式:《酉阳杂俎》前集卷一二,第 112 页。

州金石普查的工作。历城魏明寺内的韩麒麟碑，不知是为纪念韩麒麟所立的碑，还是韩麒麟本人为修魏明寺而立的碑，我倾向于前者。韩麒麟曾作为慕容白曜的征南将军府参军，参与了北魏夺取青齐地区的战事，又在太和前期任齐州刺史，太和十一年死于任上，因此是一个与齐州关系极深的人物。据魏收自己所编写的《魏书·韩麒麟传》，韩麒麟为参军时曾劝阻慕容白曜滥杀无辜，"齐人大悦"，在齐州刺史任上又尊重刘宋时期滋养壮大起来的地方大族（其实主要是从冀州东迁而来的大族），推行"守宰有阙，宜推用豪望，增置吏员，广延贤哲"的政策，一定程度上照顾了地方大族的利益[①]。青齐大族经历了南燕、刘宋和北魏三个王朝的统治，从外来侨民土著化和地方社会政治化的角度看，这个过程中政府的角色极为重要。当然，南燕、刘宋和北魏政权在支持青齐大族方面保持了一致性和连续性，因为这与各政权维持其对于青齐地区的有效统治是有正相关关系的。鉴于北魏后期青齐大族在北魏政治和文化中的重要作用[②]，韩麒麟在齐州的业绩会得到越来越多的肯定，也许从齐州地方社会的角度看，他是北朝最成功的齐州刺史。韩麒麟死于任上，在诸子扶丧北归平城之前必有诸多仪式，地方精英阶层一定会隆重其事。历城魏明寺的韩公碑，我相信就是这时候立的。而魏收如此宝重韩麒麟碑，以至于要录写一本置于枕中，也许文章得失（所谓"词义最善"）并不是主要的或真正的原因，主要的或真正的原因，是魏收要借此向齐州地方精英表达一个追慕韩麒麟、尊重大族利益的态度。

虽然魏收到齐州的时候，《魏书》的编纂早已完成，但自天保以来有关《魏书》人物传记的争议一直没有停息，魏收迫于压力而修改《魏书》的工作似乎一直持续到他去世。值得注意的是，《魏书》为韩麒麟一家（韩麒麟及其子、孙）所立的传记实在堪称"佳传"。然而韩家及其姻亲到了北齐已经无人显贵，而且似乎也无人参与《魏书》的撰写，那么这一佳传必定出自魏收的本意。也许北魏末年魏收曾经与韩麒麟之孙韩子熙有过同事关系[③]，可是从现有史料看不出二人有什么私下的交往。因此剩下的问题是，魏收在齐州的经历是否使他加深了对于韩麒麟及其子孙

① 《魏书》卷六〇《韩麒麟传》，北京：中华书局，1974 年，第 1331—1332 页。

② 唐长孺：《北魏的青齐土民》，《魏晋南北朝史论拾遗》，北京：中华书局，1983 年，第 92—122 页。

③ 据《魏书》卷六〇《韩麒麟传》附《韩子熙传》，子熙"出帝初，还领著作郎"，见第 1337 页。这个时候正值魏收以兼中书侍郎"典起居注，并修国史"，二人必有共事关系。

的了解，从而对已经写定的《魏书·韩麒麟传》加以改写？这也许是无法确切回答的问题，不过这个疑问提醒我们注意对史书写作与编写者的个人经历间的关联要有更深入的体察。比如，《魏书·韩麒麟传》附《韩显宗传》有如下一段：

> 沙门法抚，三齐称其聪悟，常与显宗校试，抄百余人名，各读一遍，随即覆呼，法抚犹有一二舛谬，显宗了无误错。法抚叹曰："贫道生平以来，唯服郎耳。"[①]

所讲的是韩显宗随其父韩麒麟在齐州时的一个故事。据韩显宗墓志[②]，韩显宗死于太和二十三年（499），年三十四。由此可知韩显宗的生年当在献文帝天安元年（466），那么韩麒麟死时（488），韩显宗已经二十二三岁了。他与沙门法抚比赛记忆力的事情大概就发生在这之前数年间。这个故事可能主要在韩家以及齐州当地流传，竟得以进入《魏书》，不应忽略的一个解释便是这则逸闻乃是魏收在齐州采听得来，而补入《魏书》的。

《酉阳杂俎》中有关魏收的材料似乎便是以上这些，尽管只有寥寥数条，对于丰富魏收的生平史料还是非常宝贵的。接下来的问题是，段成式是从何处，或者说是从哪一本书里抄录了这些材料呢？段成式自称"开成初，予职在集贤，颇获所未见书"[③]，集贤，即中书省所属的集贤殿书院，这几条魏收在齐州的史料应该就是他在集贤殿书院工作时抄录的。据《唐六典》，集贤殿书院"凡天下图书之遗逸，贤才之隐滞，则承旨而征求焉"[④]，乃是国家重要藏书撰著机构之一，至唐后期已经与国家最主要的藏书机构秘书省相提并论[⑤]。到段成式在集贤院工作的开成初年，据《唐会要》，开成元年"九月，敕：秘书省、集贤院，应欠书

---

① 《魏书》卷六〇《韩麒麟传》附《韩显宗传》，第1237—1238页。

② 赵万里：《汉魏南北朝墓志集释》，北京：科学出版社，1956年，图版200；赵超：《汉魏南北朝墓志汇编》，天津：天津古籍出版社，1992年，第39—40页。

③ 段成式：《酉阳杂俎》续集卷四，第230页。

④ 李林甫等：《唐六典》卷九"中书省·集贤殿书院"条，陈仲夫点校，北京：中华书局，1992年，第279—281页。

⑤ 张帆：《唐五代三馆考》，《原学》第2辑，北京：中国广播电视出版社，1995年，第142—159页。

四万五千二百六十一卷，配诸道缮写”[①]。段成式在集贤院时的藏书，有些是集贤院旧藏经安史之乱的孑遗，有些则是后来陆续搜采补入的品种，因此他有机会“颇获所未见书”。本文前面所讨论的那几条材料，当然就是这时他从某一本书中抄录的。

我相信这些材料出自一部北朝末至唐中期所撰写的齐州地志，不过在《隋书·经籍志》和《新唐书·艺文志》中没有相关记录，大概此书流传极少。有趣的是，《酉阳杂俎》里还有一条有关北魏袁翻的记事，极可能也出于同一本书：

> 历城北二里有莲子湖，周环二十里，湖中多莲花，红绿间明，乍疑濯锦。又渔船掩映，罟罾疏布，远望之者，若蛛网浮杯也。魏袁翻曾在湖宴集，参军张伯瑜咨公言，向为血羹，频不能就。公曰：“取洛水必成也。”遂如公语，果成。时清河王怪而异焉，乃咨公：“未审何义得尔？”公曰：“可思湖目。”清河笑而然之，而实未解。坐散，语主簿房叔道曰：“湖目之事，吾实未晓。”叔道对曰：“藕能散血，湖目莲子，故令公思。”清河叹曰：“人不读书，其犹夜行。二毛之叟，不如白面书生。”[②]

这个故事应当发生在魏明帝神龟末年至正光初之间，时袁翻为齐州刺史[③]，清河王元怿的主薄房叔道，应该出于齐州大族，或许因此这个故事得以被记录下来。元怿死时才三十四岁[④]，而袁翻年长于元怿，因此这个故事中的“二毛之叟”不是元怿自称，“白面书生”也不是指袁翻，所谓“二毛之叟，不如白面书生”大概是元怿借用的一句习语。此条记事以历城名胜始，叙齐州名宦与名胜之关联，终之以与历城名族人士相关之言论及故事，是典型的地志叙述方式。非常遗憾的是，对这部地志我们还几乎一无所知。

---

① 王溥：《唐会要》卷六五“秘书省”条，北京：中华书局，1955 年，第 1125 页。

② 段成式：《酉阳杂俎》前集卷一一，第 107 页。

③《魏书》卷六九《袁翻传》未明确记录袁翻任齐州刺史的时间，不过置其事于神龟末与孝昌中之间，见第 1541—1543 页。而清河王元怿死于正光元年七月，因此这个故事只能发生在神龟末与正光元年七月之间。

④《北史》卷一九《孝文六王传》，第 717 页。

名号与传统

北魏道武帝的鲜卑语本名

1942年春陈寅恪先生在给姚薇元《北朝胡姓考》所写的序言中说:“惟不能不于此附著一言者,即吾国史乘不止胡姓须考,胡名亦急待研讨是也。”[1] 根据我们对中古北族传统中的政治名号(political titulary)的了解,北朝北族社会中包括姓和名在内的名氏系统(anthroponym),在很大程度上都根源于政治名号。通常,姓源自部族名(ethnonym),部族名则来自该部族历史上某位重要领袖的官号(appellation),而官号是政治名号的一部分[2]。政治名号中的官号和官称,构成政治人物的个人名号,同时也成为家庭制名的主要资源。因此,姓和名虽然在华夏社会的文化环境下有巨大差异,但从起源意义上说,在北族的历史传统中则没有什么分别。因此,正如陈寅恪先生所说的,研究名与研究姓是同样重要的。

由于中古时代用汉字音译北族姓名时,往往因人因时而异。同样的北族姓名,亦即同样的北族名号,在不同场合被译成不同的汉字,造成同一名号多种汉译的情况非常普遍。随着汉字语音的变化,同一个北族名号的不同译法,汉字读音可能会由同而异,本来就存在的读音差距也

---

① 陈寅恪:《北朝胡姓考序》,载姚薇元《北朝胡姓考》(修订本),北京:中华书局,2007年,序之第1页。

② 有关中古北族政治名号的分析方法与案例研究,请参看我在《中古北族名号研究》一书中所收的各篇文章,北京:北京大学出版社,2009年。

会由微而著。关于中古北族语言属性的纠纷是人所共知的[①]，在这种情况下，即使有突厥时代及其以后阿尔泰诸族语文学的帮助，或即使不存在汉译本身的中古音构拟方面的困难，要完全了解现存古代汉译各名号的北族语源（etymology）也是不可能的。尽管如此，借助迄今阿尔泰学研究（the Altaic Studies）和汉语语音史研究等多个学科在相关方面的巨大积累，我们已经有可能逐渐扩展对中古时期汉译北族名号的知识，从而至少局部地复原从代北名号到汉文音译的历史过程。这种研究不仅是为了尽可能地揭示那些汉译北族名号的语源，而且也是为了了解以中古汉语音译（transliteration）非汉语词汇的机制（mechanism）及特点。

本文试以北魏道武帝的鲜卑语本名在史书中的不同汉译为例，来说明这一问题。

北魏孝文帝以前诸帝都有鲜卑语本名，史书往往把这种本名记作“字”或“小字”。如明元帝拓跋嗣的鲜卑本名是木末[②]，太武帝的本名是

---

① 以拓跋鲜卑语言为例：伯希和（Paul Pelliot）早在1921年即判断拓跋“既非东胡，然亦不属蒙古”，他根据《南齐书》所记拓跋语词资料，认为拓跋“似属突厥系”，见伯希和《吐谷浑为蒙古语系人种说》，载冯承钧译《西域南海史地考证译丛七编》，北京：中华书局，1957年，第32页。白鸟库吉认为鲜卑语属蒙古语，所以把有关拓跋语言的考证放进《东胡民族考》一书。卜弼德（Peter A. Boodberg）、巴赞（Louis Bazin）和后期的克劳森（Sir Gerard Clauson），都赞成伯希和的意见，见 Peter A. Boodberg, The Language of the T'o-Pa Wei, in: *Harvard Journal of Asiatic Studies*, vol. 1, Issue 2 (1936), pp. 167-185， 此文后收入*Selected Works of Peter A. Boodberg*, compiled by Alvin P. Cohen, Berkeley & Los Angeles & London: University of California Press, 1979, pp. 221-239。 Louis Bazin, Recherches sur les parler T'o-pa, in: *T'oung-pao*, vol. 39 (1949/50), pp. 228-329. 以及Sir Gerard Clauson, Turks, Mongols, Tungus, in: *Asia Major*, new series, vol. VIII, part 1 (1960), pp. 116-117。 克劳森在他那部著名的《十三世纪以前突厥语语源辞典》里，直接把tavğaç（即tabγač）一词，解释为“一突厥部落名，其中文转写作‘拓跋’”，见Sir Gerard Clauson, *An Etymological Dictionary of Pre-Thirteenth-Century Turkish*, Oxford: the Clarendon Press, 1972. p. 438。然而，1970年李盖提宣称拓跋语言属于古蒙古语，他在中国史籍（如《南齐书》）保存的零散的拓跋语言数据里找到了一些蒙古语汇，证明拓跋部并不是如卜弼德等人所论定的那样是说突厥语的，见L. Ligeti, Le tabgatch, un dialecte de la langue sien-pi, in: *Mongolian Studies* (*Bibliotheca Orientalis Hungarica*, Vol. XIV), edited by L. Ligeti, Budapest: Akademiai Kiado, 1970, p. 308。中国学者亦邻真的研究又完全支持了李盖提的观点，见亦邻真《中国北方民族与蒙古族族源》，《亦邻真蒙古学文集》，呼和浩特：内蒙古人民出版社，2001年，第561页注2。

②《宋书》卷九五《索虏传》，北京：中华书局，1974 年，第 2322 页；《南齐书》卷五七《魏虏传》，北京：中华书局，1972 年，第 983 页。

佛狸伐[①]，等等。我们已经指出，佛狸伐的语源是 böri bäg；而木末的语源则难以索解。不过可以肯定的是，木末是中古十六国北朝时期北族常用的一个名号。《晋书》记“慕容冲将许木末杀慕容冲于长安”[②]，说明慕容鲜卑的集团中有以木末为名者。《梁书》记芮芮（柔然）“始筑城郭，名曰木末城”[③]，可见柔然也使用这一名号。《晋书》记西秦的最后一个国君是乞伏慕末[④]，《魏书》同[⑤]，二者极可能都是依据崔鸿《十六国春秋》；《宋书》则记作乞伏茂蔓[⑥]，代表了南朝的译法。慕末和茂蔓显然都是木末的异译，是乞伏鲜卑亦有以此名号为名者。慕容鲜卑、乞伏鲜卑、柔然和拓跋鲜卑，都是秦汉时期的东胡之裔，都出于东胡中的鲜卑集团，其语言也都属于古蒙古语，而他们都使用“木末 / 慕末 / 茂蔓”这个名号，可见该名号在鲜卑诸部中的普遍存在。

道武帝的鲜卑语本名是什么呢？

《北史》记宇文部世系，有“丘不勤死，子莫廆立，本名犯道武讳”等语[⑦]。莫廆，《晋书》作莫圭[⑧]，《新唐书》作莫珪[⑨]，显然《北史》所说的“道武讳”，就是这个“圭”或“珪”字。《魏书》称“太祖道武皇帝，讳珪”[⑩]，这是北魏官方确定的道武帝的汉字名讳，但并非其鲜卑语本名的全部音译。而《北史》记莫廆“本名犯道武讳”，仅仅是从汉名角度来说的，与道武帝的鲜卑语本名无关。经过长期的、连续的汉化过程之后，特别是在孝文帝的一揽子激烈改革措施之后，北魏史料中那些有关皇帝本名的材料已经被过滤和改写得难见踪影了。因此，道武帝鲜卑语本名的汉文音译，应该到南朝史料中去寻找。

《宋书》卷九五《索虏传》：“（猗）卢孙什翼犍勇壮，众复附之。……

---

① 罗新：《北魏太武帝的鲜卑本名》，原载《民族研究》2006 年第 4 期，收入《中古北族名号研究》，第 166—174 页。

②《晋书》卷九《孝武帝本纪》，北京：中华书局，1974 年，第 235 页。

③《梁书》卷五四《西北诸戎传》，北京：中华书局，1973 年，第 817 页。

④《晋书》卷一二五《乞伏炽磐载记》，第 3126 页。

⑤《魏书》卷四上《世祖纪上》，北京：中华书局，1974 年，第 78 页。

⑥《宋书》卷九六《鲜卑吐谷浑传》，第 2372 页。

⑦《北史》卷九八《匈奴宇文莫槐传》，北京：中华书局，1974 年，第 3267 页。

⑧《晋书》卷一〇八《慕容廆载记》，第 2805 页。

⑨《新唐书》卷七一下《宰相世系表一下》，北京：中华书局，1975 年，第 2403 页。

⑩《魏书》卷二《太祖纪》，第 19 页。

鞬死，子开字涉珪代立。”[①] 据此，道武帝名开字涉珪。《宋书》他处记事时有径称道武帝为托跋开的，如卷五一《宗室传》记义熙元年“索虏托跋开遣伪豫州刺史索度真、大将军斛斯兰寇徐州”[②]，可见刘宋所传的史料的确存在着以北魏道武帝之名为开的。不过，《宋书》卷二五《天文志三》有三处提到道武帝时，则称其名“什圭”：1）东晋孝武帝太元二十年“慕容垂遣息宝伐什圭，为圭所破，死者数万人”；2）东晋安帝隆安元年“什圭自号于中山”；3）东晋安帝义熙二年“十月，什圭为其子伪清河公所杀”[③]。因此，道武帝的名字在《宋书》里有三种记录：开、涉珪和什圭。显然，什圭和涉珪是对同一个北族语词的不同汉译。开应该是该语词末尾音节的汉译，即对应圭或珪这个音，但由于采用了明显不同的汉字，可以肯定它并非直接来自这两种音译形式。这种混乱的情况说明，刘宋可能没有得到北魏官方有关道武帝名讳的书面报告或正式通知，或即使存在着这样的报告或通知，它们也是不完全一致的。

《南齐书》所记的道武帝名讳又不同于《宋书》，说明存在着不同的信息来源。《南齐书》卷五七《魏虏传》：“猗卢孙什翼犍，字郁律旃……子珪，字涉圭……珪死，谥道武皇帝。……什翼珪始都平城，犹逐水草，无城郭。”[④] 同书卷五九《芮芮虏传》也提到“什翼圭”[⑤]，显然是指道武帝。《南齐书》以什翼圭或什翼珪为道武帝的姓名，也许是把“什翼”当作了姓氏，但更大的可能是“涉圭”一名的异译，或者是由于“涉圭”的读音使南齐人误以为与什翼犍的“什翼”有关，从而把“什翼”当作姓氏了。尽管《宋书》和《南齐书》所记颇有不同，但我们还是可以看到两书的共同点就是道武帝的“字”（其实很大程度上可以看作鲜卑语本名）是涉圭/涉珪/什圭。那么，如何认识这个鲜卑名号呢？

涉圭/涉珪/什圭所对应的北族名号，无疑也是一个常见名号。要了解或接近了解这一名号的原貌，途径之一是尽可能了解它有哪些汉文异译。和中古时期所有的常见北族名号一样，涉圭/涉珪/什圭也存在着许多异译，其中最常见的是“涉归”。《晋书》记石虎时有“襄城公涉

① 《宋书》卷九五《索虏传》，第 2321—2322 页。

② 《宋书》卷五一《宗室传》，第 1461 页。

③ 《宋书》卷二五《天文志三》，第 726 页、第 727 页、第 731 页。

④ 《南齐书》卷五七《魏虏传》，第 983—984 页。

⑤ 《南齐书》卷五九《芮芮虏传》，第 1023 页。

归”[①],《宋书》还记录了叔孙建的鲜卑语本名为涉归幡能健[②],前一个涉归是人名,后一个涉归是姓氏,体现了这个名号的广泛应用。不过值得注意的是,作为叔孙建本来姓氏的涉归,在《魏书》中写作乙旃[③],可见乙旃和涉归一样,是涉圭/涉珪/什圭的异译。根据蒲立本(Edwin G. Pulleyblank)所构拟的汉语早期中古音,涉和什都是以 p 收声,并且以 dʑ 为词首辅音的入声字[④],作为音译外来语的汉字显然是可以通用的。而乙旃之乙,蒲立本的拟音作 ʔit[⑤],是一个词首辅音尚不明确的入声字(以 t 收声)。根据我们以上的讨论,涉归与乙旃乃是同一个北族名号的不同汉译,那么可以知道中古早期汉语中的乙,其辅音应当十分接近 dʑ 的发音。西魏的乙干贵,其姓氏乙干应与乙旃相同。

中古史书中以涉归为名者,最著名的一个出自慕容鲜卑,即吐谷浑和慕容廆二人的父亲。《晋书》卷九七《西戎传》:“吐谷浑,慕容廆之庶长兄也,其父涉归分部落一千七百家以隶之。及涉归卒,廆嗣位。”[⑥]同样的记录又见同书卷一〇八《慕容廆载记》。[⑦]可以推想,《晋书》的依据是崔鸿《十六国春秋》。《太平御览》卷一二一引崔鸿《十六国春秋》之《前燕录》,即称慕容廆“父涉归”[⑧]。《魏书》卷九五《徒何慕容廆传》亦称慕容廆“父涉归”[⑨],同样源于《十六国春秋》。那么,《十六国春秋》的这一材料又来自哪里呢?《资治通鉴考异》引范亨《燕书·武宣纪》:“廆,泰始五年生,年十五,父单于涉归卒。”[⑩]可见《十六国春秋》是依据范亨《燕

---

①《晋书》卷一〇六《石季龙载记》,第 2769 页。

② 姚薇元:《宋书索虏传南齐书魏虏传北人姓名考证》,原载《清华学报》第 8 卷第 2 期(1933 年 6 月),收入姚薇元《北朝胡姓考》(修订本),第 470—472 页。

③《魏书》卷一一三《官氏志》,第 3006 页。

④ Edwin G. Pulleyblank, *Lexicon of Reconstructed Pronunciation in Early Middle Chinese, Late Middle Chinese, and Early Mandarin,* Vancouver: University of British Columbia Press, 1991, p. 279, p. 283.

⑤ Edwin G. Pulleyblank, *Lexicon of Reconstructed Pronunciation in Early Middle Chinese, Late Middle Chinese, and Early Mandarin,* p. 367.

⑥《晋书》卷九七《西戎传》,第 2537 页。

⑦ 晋书》卷一〇八《慕容廆载记》,第 2803 页。

⑧《太平御览》卷一二一,北京:中华书局影印宋本,1960 年,第 583 页。

⑨《魏书》卷九五《徒何慕容廆传》,第 2060 页。

⑩《资治通鉴》卷八一晋武帝太康二年,北京:中华书局,1956 年,第 2577 页。

书》的。这样，对于把慕容廆之父的名讳译作“涉归”，我们就可以建立出从范亨《燕书》，到崔鸿《十六国春秋》，再到《魏书》和《晋书》的史料传承系统。

可是，基本上能够反映《魏书》原貌的《北史》卷九六《吐谷浑传》，却有一点点不同：“涉归一名弈洛韩，有二子，庶长曰吐谷浑，少曰若洛廆。”[①] 不仅出现了涉归的另一个名字弈洛韩，而且慕容廆的本名也成了若洛廆，而不是如卷九五《徒何慕容廆传》中所记的作弈洛瓌。《魏书》内部的这种歧异，说明魏收在为慕容廆和吐谷浑立传时，分别依据了不同的史源。如前所述，魏收写慕容廆是依据了《十六国春秋》的。那么，他为吐谷浑立传，依据了什么史源呢？

我认为魏收写吐谷浑时，参考到了沈约的《宋书》。《宋书》卷九六《鲜卑吐谷浑传》：“父弈洛韩，有二子，长曰吐谷浑，少曰若洛廆。”对比《北史》，唯一的差别是《宋书》没有提到涉归。可见《宋书》所依据的史源只有一个名字弈洛韩，并不存在另一个名字涉归。而魏收面对这条史源时，却不能不顾及他本已采信的《十六国春秋》对慕容廆父名的记录，于是他就把涉归放在前面，把《宋书》所记的弈洛韩当作另一名附在后面。可以看到，魏收希望这种折衷的做法可以解决史源差异所造成的纷乱，但是他做得并不彻底，比如慕容廆的本名就依据了《宋书》而没有回改为《十六国春秋》的那种译法。然而问题远远不是弥缝史源差异那么简单。魏收兼采《十六国春秋》与《宋书》两个不同的系统，即吐谷浑之父名分别为弈洛韩与涉归的不同记录，前提是他相信二者的确是不同的名字。而这个前提是非常可疑的。如前所说，《十六国春秋》的史源是范亨《燕书》，属于十六国国别史。《宋书》的史源是什么呢？我怀疑沈约写吐谷浑所依据的史料，是南朝与吐谷浑长期盟友关系、密切往来所积累下来的资料，这种资料反映了吐谷浑政权内部对早期历史的记忆。

要证明南朝相关史料来自吐谷浑而不是其他方向，我们还应当提到《梁书》。《梁书》卷五四《西北诸戎传》：“河南王者，其先出自鲜卑慕容氏。初，慕容奕洛干有二子，庶长曰吐谷浑，嫡曰廆。洛干卒，廆嗣位，吐谷浑避之西徙。”[②] 与《宋书》的差异虽然不大，但反映了江左政权所获

---

① 《北史》卷九六《吐谷浑传》，第 3178 页。

② 《梁书》卷五四《西北诸戎传》，第 810 页。

得的吐谷浑历史信息本来是口头的而非书面的，因此存在音译用字的微小差异。不过《梁书》同样不提涉归值得注意。事实极可能是这样的：弈洛韩（或奕洛干）与涉归不过是南北方对同一个鲜卑名号的不同汉译，其间的差异既可能是南北汉语语音差异的结果，也可能仅仅是翻译习惯的不同造成的。

如前所述，涉归与乙旃是同一个名号。而弈洛韩（或奕洛干）与乙旃在读音上是非常接近的。按照蒲立本的拟音，弈和奕都是以 k 收声的入声字，读音作 jiajk[1]，词首辅音虽然不同，但非常接近。弈洛韩–奕洛干–乙旃三个音译形式还有一个共同的地方，就是词尾部分（作为一组名号组合的后一部分，或语法意义上的后缀），都是 -qan。需要注意的是，“涉归 / 涉圭 / 涉珪 / 什圭” 这几个音译形式的词尾部分，都是 kwεj，结合我们过去对 “贺兰 / 贺赖” 等音译形式的分析[2]，可以知道 kwεj-kaj-kan 诸音的可替代和可相通。因此我们也知道，和《魏书》称道武帝名珪一样，《宋书》所记道武帝之名为“开”，正是对其鲜卑语本名“涉圭 / 涉珪 / 什圭”这个名号最后一个音节的音译。

而且还可以进一步推论，道武帝的祖父昭成帝的名讳 “什翼犍”，与道武帝的名讳涉珪 / 什圭，似乎也具有同样的语源。前引《南齐书》记“猗卢孙什翼犍，字郁律旃”，就是强有力的证据。这里称“什翼犍，字郁律旃”，其实是指什翼犍与郁律旃乃同一个名号的不同汉译。郁律旃与弈洛韩（或奕洛干）的对应关系是毫无疑问的，而如前所述，弈洛韩（或奕洛干）与乙旃以及涉归 / 涉圭 / 涉珪 / 什圭等，具有同源关系。如果这一推论不误，那么《南齐书》把道武帝称作什翼珪，就是非常自然的，因为什翼珪正是涉珪的一个异译。与此相应，慕容廆的鲜卑语本名是若洛廆 / 弈洛瓌，正与其父涉归 / 弈洛韩 / 奕洛干同名。慕容廆与其父同名的情况，恰好跟道武帝与其祖昭成帝同名的情况相同。在道武帝之后，再未见到拓跋宗室有取此名者，而同样的，在慕容廆之后，也再未见到慕容鲜卑中有取此名者。这也许并不能解释为慕容部与拓跋部建立政权后受到华夏的避讳传统的影响，而应当看到，固然以前贤之名为名是草原的古

---

① Edwin G. Pulleyblank, *Lexicon of Reconstructed Pronunciation in Early Middle Chinese, Late Middle Chinese, and Early Mandarin*, p. 370.

② 请参看本书《〈申洪之墓志〉补释》一章。

老传统，但草原上也存在着避用伟大英雄尊名的传统[①]。

那么，这些汉译形式共同的语源是什么呢？与涉归 / 涉圭 / 涉珪 / 什圭 / 乙旃这几种译音形式呈现为两个音节不同，什翼犍 / 郁律旃 / 弈洛韩 / 奕洛干 / 什翼珪 / 若洛廆 / 弈洛瓌等，则是三音节的音译形式。由于所有这些音译的词首汉字都是入声字，可以假定我们所要讨论的语源如果是三音节词（或词组）的话，其中间的音节是短促的。其次，对于词首汉字的分析，使我们联想到蒲立本对"俟斤 /irqän/irkin"语音问题的讨论[②]。非汉语以开口前元音（i/e/ä）为词首的词在音译成汉文时，似乎都遇到了类似的问题。同样，如果该开口前元音后面跟随的是 -r/-l 时，似乎问题就变得更加复杂了。前面我们还推测过，我们所讨论的这个词的词尾音节应当是 -qän 或 -qan，如果它是后缀，就是 -qän，如果作为一组名号的官称部分，就是 -qan。因此，我们有理由设想，前面所讨论的涉归 / 涉圭 / 涉珪 / 什圭 / 乙旃 / 什翼犍 / 郁律旃 / 弈洛韩 / 奕洛干 / 什翼珪 / 若洛廆 / 弈洛瓌等等汉译形式，其语源有两种可能：ilqän 或 il-qan。这就是本文所探究的北魏道武帝的鲜卑语本名，同样也是道武帝的祖父昭成帝、鲜卑慕容部慕容廆及其父的鲜卑语本名。

关于北魏道武帝的正式汉名，《魏书》记作珪，南朝史书或称开，或称珪，而无论是开还是珪，显然仅仅是道武帝鲜卑语本名 ilqän 或 il-qan 的末尾音节的音译。也就是说，道武帝并没有专门的汉名。同样的情况也适用于慕容廆，廆仅仅是其鲜卑语本名末尾音节的汉文音译。北朝史料记明元帝的汉名为嗣，而南朝史书主要称他的鲜卑语本名木末，可能说明明元帝和道武帝一样并没有专门的汉名，史料所记的汉名"嗣"，或许仅仅是在他成为了嗣君之后才得到的。北魏皇帝第一个取有真正汉名的，可能是太武帝。不过直到文成帝时期，皇子取名都是先有鲜卑语本名，而后有汉名的，当然这是另外一个需要专门论证的问题。

（原载《张广达先生八十华诞祝寿论文集》，台北：新文丰出版股份有限公司，2010 年）

---

① 比如，成吉思汗的可汗号成吉思（Činggis），固然在突厥语世界中至今被广泛用作人名，但在蒙古语世界就得到了严格的避讳。

② 蒲立本（Edwin G. Pulleyblank）：《上古汉语的辅音系统》（The Consonantal System of Old Chinese, in: *Asia Major*, new series, vol. IX, 1962），潘悟云、徐文堪译，北京：中华书局，1999 年，第 10—11 页。

说北魏孝文帝之赐名

皇帝赐予本有名字的臣下以新名，屡见于史籍，并非特别罕异之事。但北魏孝文帝赐名之多之频繁，在中古时期的帝王中极为突出。不难理解的是，只有置于代北集团华夏化的历史背景下观察，孝文帝这样大量赐名的行为才能获得具有历史意义的理解。和北魏许多重大变革一样，以拓跋鲜卑为主体族群的代北集团所经历的姓氏和制名的华夏化这一文化变革，来自北魏王朝政治权力的推动，是政治文化变革在社会文化层面的反映。也就是说，北朝代人姓氏和制名的变革乃是自上而下、自中心而边缘、自权贵而平民社会层级递进发生的，北魏皇室就是这一变革的出发点和原动力。当皇室制名的汉化进程在文成帝时期已获得重大进展时[①]，皇室除皇子以外的广大宗室仍然沉浸在先有鲜卑名后有汉名，或只有鲜卑名而没有汉名的鲜卑制名传统中，更不用说非宗室的鲜卑勋贵与普通代北民众了。北魏孝文帝的大量赐名，自然是为了推动这一进程，因此只有置于代人集团华夏化激烈变革的背景下才容易理解。

然而应该注意的是，孝文帝的赐名对象并不局限于代人，进入北魏统治集团核心圈子的相当一部分华夏士人也成为孝文帝的赐名对象。分析表明，孝文帝对华夏士人的赐名并非偶然举动，实有深层的文化含义。这就反映了太和姓、名改制本身并非单向度的“汉化”或“华夏化”，而是孝文帝为北魏王朝争取正统地位所进行的诸多重塑华夏传统的文化建设之一。

---

① 参看本书《北魏皇室制名汉化考》一文。

一、孝文帝之前北魏诸帝的赐名

北朝史籍所记北魏前期诸帝给臣下赐名，都是赐以鲜卑名。如长孙嵩、庾岳（原名业延）都是由道武帝赐名的[①]，嵩、岳虽然看起来都像是传统汉名用字，但考虑到那个时期拓跋集团的文化面貌，这两个字一定是后来用汉字记录他们的名字时，各取其鲜卑语多音节本名中的一个近似音而确定下来的，其鲜卑语本名均已无从考见。明元帝赐古弼名为笔（后改为弼）[②]，从《魏书》字面上看，赐名的原因与古弼的品德和能力有关，而与其体貌特征无关，这大概是因为魏收不懂鲜卑语造成的错觉。其实明元帝给古弼赐这样的名字，是因为古弼的头形较尖，有似笔头，所以后来太武帝称他为尖头奴、笔头，当时人也都呼曰笔公。我在讨论申洪之墓志中的“莫堤”一词时已经指出，“笔”即biti，是一个从汉字“笔”借入北族语言中的词汇，中古汉语“弼”的读音是bit[③]，完美地对应了鲜卑语的biti[④]。明元帝赐古弼名的事情发生在鲜卑语的语言环境内，但译成汉字时无论译音还是译意都应作“笔”，后来使用了较雅的汉字“弼”，就存音而不存意了。《魏书》所说的“取其直而有用”（笔）、“言其辅佐材也”（弼），都不过是后来的缘饰。应当注意的是，《宋书》所记的吐奚弼[⑤]，即《魏书》的古弼[⑥]，说明他的确是以“弼”为官方文书上使用的汉式名字。

---

① 《北史》卷二三《长孙嵩传》称“昭成赐名焉”，北京：中华书局，1974年，第805页。可是《魏书》卷二五《长孙嵩传》称“太祖赐名焉”，北京：中华书局，1974年，第643页。《魏书》本卷原阙，后人据《北史》补入，而此处明显不同，也许是补入者认定《北史》有误，或别有所据。按长孙嵩活动于魏初，有大功于道武帝，赐名不可能在昭成时。《魏书》卷二八《庾业延传》：“庾业延，代人也，后赐名岳。”见第684页。按庾业延立功于道武时期，天赐四年被赐死，因此给他赐名的也只可能是道武帝。

② 《魏书》卷二八《古弼传》，第689页。

③ Edwin G. Pulleyblank, *Lexicon of Reconstructed Pronunciation in Early Middle Chinese, Late Middle Chinese, and Early Mandarin,* Vancouver: University of British Colombia Press, 1991, p. 36.

④ 请参看本书《北魏申洪之墓志补释》一文。

⑤ 《宋书》卷九八《氐胡传》，北京：中华书局，1974年，第2409页。同书卷九五《索虏传》记作吐奚爱弼，见第2335页。“爱”当是衍文。

⑥ 姚薇元：《宋书索虏传南齐书魏虏传北人姓名考证》，原载《清华学报》第8卷第2期（1933年6月），收入姚薇元《北朝胡姓考》（修订本），北京：中华书局，2007年，第477页。

太武帝赐功臣于栗磾之子名洛拔[①]，赐源（拓跋）破羌名贺[②]，赐汾胡薛辩之子薛洪祚名初古拔（一作车辂拔）[③]，所赐的都是鲜卑嘉名。洛拔是由一个含辅音 l 的北族名号（il/el?）加上鲜卑最常用的名号 bäg 而组合起来的名字。源贺的鲜卑语本名，据大同司马金龙墓所出司马金龙妻钦文姬辰墓铭，应该是“贺豆跋”[④]，又写作“贺头拔”，《宋书》卷九五《索虏传》讹为“驾头拔”[⑤]。由此可知，太武帝所赐的名是贺豆跋或贺头拔，“贺”只是后来追述时的一个简化形式。除了被简化为“贺”以外，事实上还另有一种简化形式“跋”[⑥]，可见在鲜卑语环境下的“贺豆跋”“贺头拔”，到了后来以汉字记录的时候到底取哪一个音，并不是非常固定的。这在代人社会里应该是较为普遍的情况。“贺豆跋”“贺头拔”与洛拔一样是以一个北族名号加上 bäg 组成的名字。源贺的原名破羌似乎带有强烈的河西色彩，也许是一个受到了河西华夏传统影响的名字。和破羌一样属于华夏传统之下的是薛洪祚的名字，反映了汾胡由于在河东地区长期生活所受到的华夏影响。与这种华夏风尚形成鲜明对比，太武帝所赐的“初古拔（或车辂拔）”之名，乃是一组由“初古（车辂）”加上 bäg 的鲜卑名号。初古（车辂）很可能与“屠各”“独孤”等名号具有同样的语源（etymology）[⑦]。太武帝所赐三名都以 bäg 为该组名号的最后一个组

---

①《魏书》卷三一《于栗磾传》，第 737 页。

②《魏书》卷四一《源贺传》，第 920 页。

③《魏书》卷四二《薛辩传》，第 942 页。

④ 山西省大同市博物馆、山西省文物工作委员会：《山西大同石家寨北魏司马金龙墓》，《文物》1972 年第 3 期，第 20—29 页。司马金龙夫妇墓铭又收入赵超《汉魏南北朝墓志汇编》，天津：天津古籍出版社，1992 年，第 35—36 页。

⑤《宋书》卷九五《索虏传》，第 2356 页。卜弼德（Peter A. Boodberg）早就指出驾字乃贺字之讹，见其讨论拓跋鲜卑语言属性的著名论文 The Language of the T'o-Pa Wei, in : *Harvard Journal of Asiatic Studies*, vol. 1, No. 2 (July, 1936), p. 175。

⑥ 源贺的孙女源显明墓志称：“祖讳跋，魏故太尉公、凉王。”见赵君平编《邙洛碑志三百种》，北京：中华书局，2004 年，第 12 页。

⑦ 关于“屠各”“独孤”的语源，目前当然无从给出有任何坚实依据的结论。不过关于“突厥”（Türk）这一名号，依照内亚北族名号继承性和广泛性的一般情况，可以设想这不会是一个仅仅作为后来突厥部族名（ethnonym）的名号，此前应该也曾被内亚其他政治体和其他部族用作专名，包括人名、官号、地名和族名等等。因此我怀疑“屠各”“独孤”以及“初古（车辂）”的语源就是 Türk 或其原始形态 Türkü。克劳森（Sir Gerard Clauson）认为 Türk 的原始形态就是（转下页）

成部分，反映了 bäg 在拓跋社会里的高度流行。而他用鲜卑名取代臣下原有的华夏式的名[①]，对于我们理解当时代北社会的文化风尚是非常重要的。

然而，这种给臣下赐以鲜卑语名字的做法，却不见于文成帝和献文帝时期。史籍明确记载献文帝赐名只有一例，《魏书》卷二四《张衮传》记张衮孙白泽“本字钟葵，显祖赐名白泽，纳其女为嫔”[②]。钟葵，魏晋以前本写作终葵[③]，北朝多作钟葵[④]，唐以后多作钟馗[⑤]，北朝至隋唐间以钟葵、钟馗为名者甚多，盖取辟邪之意[⑥]。北朝以钟葵为名者，既有代人，也有中原华夏人士，前者宗室如道武帝子阳平王熙之子拓跋钟葵[⑦]，勋贵

（接上页）Türkü，见 Sir Gerard Clauson, *An Etymological Dictionary of Pre-Thirteenth-Century Turkish*, Oxford: the Clarendon Press, 1972, pp. 90-101。突厥学界对 Türk 的语源没有一致的意见，尽管有些学者企图从希罗多德时代的希腊文献中寻找对应的语汇，但赞成者寥寥。也有学者试图从波斯文、叙利亚文、粟特文等古典文献中寻求答案，但也显得牵强。参看 Peter B. Golden, *An Introduction to the History of the Turkic Peoples*, Wiesbaden: Otto Harrassowitz, 1992, pp. 115-117。还是应该回到最确切、最原始的中古汉文文献中来。如果 Türk 在成为 6 世纪崛起的那支草原部族的族称之前或同时，也不过是内亚名号传统中的名号之一，那么它理应存在着被其他部族用作人名、部族名、官号、地名的可能性。因此，把“屠各”“独孤”以及“初古（车辂）”的语源与 Türk 或 Türkü 联系起来的思路，就是基本合乎逻辑的。

① 《北史》卷五六《魏长贤传》：“祖钊，本名显义，字弘理，魏世祖赐名，仍命以显义为字。”见第 2039 页。如果这条记事属实，那么太武帝不仅赐臣下以鲜卑名，亦赐臣下以华夏名。不过点校者在该卷校勘记第 36 条指出，《通志》卷一五〇下《魏钊传》“世祖”作“孝文”，且根据《北史》书例等，考证“世祖”实乃“孝文”之讹。见《北史》第 2053—2054 页。

② 《魏书》卷二四《张衮传》，第 616 页。

③ 顾炎武：《日知录》卷三二“终葵”条，见黄汝成《日知录集释》，长沙：岳麓书社，1994 年，第 1154—1155 页。顾炎武考证终葵本是大椎，古人以椎驱鬼，后人遂以终葵为辟邪之物，后世更讹为捕鬼人。

④ 史籍罕见南朝人以钟葵、钟馗为名者。沈括《梦溪笔谈》卷二四：“皇祐中，金陵发一冢，有石志，乃宋宗悫母郑夫人，宗悫有妹名钟馗。”见胡道静《梦溪笔谈校证》卷二四，上海：上海古籍出版社，1987 年，第 771 页。这算是非常少见的例证之一。《宣和画谱》卷四“杨棐”条：“又说尝得六朝古碣于墟墓间，上有钟馗字。”长沙：湖南美术出版社，1999 年，第 97 页。这与《梦溪笔谈》所记应为同一事。

⑤ 郎瑛：《七修类稿》卷二三“钟馗”条，北京：中华书局，1959 年，第 343 页。

⑥ 赵翼：《陔余丛考》卷三五“钟馗”条，上海：商务印书馆，1957 年，第 768—770 页。

⑦ 《北史》卷一六《道武七王传》，第 591 页；《梁书》卷三九《元法僧传》，北京：中华书局，1973 年，第 553 页。

如于劲字钟葵[①]，后者普通士族如中山卢龙县李先之孙李钟葵[②]，外戚如梁国蒙县之顿丘王李钟葵[③]。这类在华北民间信仰中流行甚广的名字，和佛教道教的名字一起，很早就影响到北族内入者的制名。但从正统文化的立场看，这种名字毕竟不雅[④]。献文帝所赐的新名白泽，亦出自民间信仰，是传说中的瑞兽，研究者认为是魏晋时期重要的神怪主题之一[⑤]。值得注意的是，同一时期本名钟葵而被皇命改名的还有尧暄。尧暄"字辟邪，上党长子人，本名钟葵，后赐为暄"[⑥]。虽然史料没有明确说是哪一位皇帝改了尧暄的本名，但尧暄主要活动在文成帝至孝文帝早期，考虑到献文帝有改张白泽本名之事，我怀疑给尧暄改名的也是献文帝[⑦]。显然献文帝对钟葵这个名字感到不满意[⑧]，当然据此还不能说献文帝这种不满意乃是基于华夏正统文化价值观，因为他所赐的名字白泽和钟葵一样都属于民间神怪信仰的范畴。但献文帝改名赐名都是在中原文化的大框架之内，已不再反映鲜卑的内亚传统价值观，这个事实本身说明献文帝的制名立场与北魏前三位皇帝已经有了相当大的差异，反映了自文成帝以来北魏帝室在制名问题上的文化转向。

---

① 《北史》卷二三《于栗磾传》附《于劲传》，第 844 页。按此处称于劲字钟葵，当是本名，太和改制之后取华夏式的"劲"为名，改以本名钟葵为字。

② 《魏书》卷三三《李先传》，第 791 页。

③ 《魏书》卷七上《高祖纪上》，第 149 页。

④ 史籍中不见有南朝官贵人士以钟葵为名，应该就是这一文化观的体现。或许正是因此，南朝人对这个名字本身似乎也并不熟悉，以至于把北人以钟葵为名者，讹写为钟蔡。《宋书》卷九五《索虏传》载元嘉二十七年北魏太武帝与宋文帝书，称"得我普钟蔡一竖子，何所损益"，见第 2346 页。普氏即拓跋十姓七族之一，后改为周氏。钟蔡，应即钟葵之讹。亦可见此类民间信仰的华夏俗名很早就在代人社会中扎根了。

⑤ 陈槃：《古谶纬书录解题（二）》，《国立中央研究院历史语言研究所集刊》第 12 本（1947 年），第 35—47 页。此文后收入作者《古谶纬研讨及其书录解题》，台北："编译馆"，1991 年，第 273—292 页。

⑥ 《魏书》卷四二《尧暄传》，第 954 页。

⑦ 当然这不意味着献文帝禁止以钟葵为名，也不说明他会让所有以钟葵为名者都改名。《魏书》卷四三《唐和传》提到"显祖遣给事杨钟葵"讨伐盖平定，见第 963 页。这个杨钟葵在献文帝后期还担任枹罕镇将，爵为西郡公，主持对吐谷浑的前线事务，见《北史》卷九六《吐谷浑传》，第 3184 页。显然献文帝与杨钟葵是有个人接触的，可是献文帝并没有让杨钟葵改名。

⑧ 参看赵翼《廿二史札记》之"元魏时人多以神将为名"条，见王树民《廿二史札记校证》，北京：中华书局，1984 年，第 316—317 页。

二、孝文帝面向代人的赐名

孝文帝亲政以后，北魏帝室在制名问题上的文化转向得到前所未有的强力发展，史料中有关孝文帝赐名的记录如此之多，与太和最后十年一系列改革措施的激烈程度恰相呼应。当然，孝文帝赐名之事有时候并不一定具备非常明确的文化意义。比如，高祐本名禧，“以与咸阳王同名，高祖赐名祐”[①]。因为高禧与孝文帝之弟咸阳王禧同名，孝文帝特赐名祐以相避。前举《北史》卷五六《魏长贤传》一例，据点校者考证，赐魏显义之名为魏钊者，是孝文帝而不是太武帝。孝文帝为什么要给魏钊赐名呢？因为魏钊本字弘理[②]，犯了献文帝的名讳，孝文帝赐予新名，以原名为字，就避免了这一犯讳问题。这些赐名行为，还不能引据以证明赐名本身与孝文帝计划中的更深层的文化变革有直接的关系。但考察孝文帝其他赐名事例，可知其众多赐名之举与他发动的文化变革一定有着直接的关联。

《北史》卷一五《魏诸宗室传》记孝文帝“初置司州”[③]，以昭成帝的曾孙元赞为司州刺史，以“赞化畿甸”，“于是赐名曰赞”。元赞的本名已不可知，但他兄弟六人中死在孝文帝亲政以前的两个——可悉陵、陪斤，显然都是只有鲜卑名，剩下的元忠、元德[④]、元赞、元淑四人都活动于孝文帝时期，而且他们取了华风浓郁的汉名。从元赞之名得自孝文帝所赐来看，元忠、元德与元淑三人的名字也极有可能都是孝文帝御赐的。孝

---

① 《魏书》卷五七《高祐传》，第 1259 页。

② 《北史》卷五六《魏长贤传》，第 2039 页。

③ 孝文帝“初置司州”的时间应该是太和十二年。据元苌墓志：“太和十二年，代都平城改俟勤曹，创立司州。”按元苌墓志的拓片和录文参见刘莲香、蔡运章《北魏元苌墓志考略》，载《中国历史文物》2006 年第 2 期，第 57—66 页。拓片又见赵君平、赵文成编《河洛墓刻拾零》上册，北京：北京图书馆出版社，2007 年，第 23 页。

④ 元德之孙元侔墓志志阴：“祖，平南将军、冀州刺史、河涧简公，讳于德。”称元德为元于德。见赵万里《汉魏南北朝墓志集释》，北京：科学出版社，1956 年，图版第五十四；又见赵超《汉魏南北朝墓志汇编》，第 60 页。据郁贤皓、陶敏整理，附岑仲勉四校记之《元和姓纂》卷四，元赞兄弟依次为羽陵、忠、倍斤、尉、货敦、菩萨、淑，北京：中华书局，1994 年，第 400—401 页。虽然《元和姓纂》错讹较多，但这份名单包含了一些《北史》所阙载的人名信息。经过比对，知道元赞的本名应该是菩萨，元德的本名是尉货敦。点校者把尉与货敦分为二名是错误的，尉货敦和于德，是对元德鲜卑语本名的不同汉字音译。

文帝赐给这些宗室以华夏式的名字，显然是为了取代他们原有的鲜卑语本名。《魏书》卷一六《道武七王传》载南平王浑“子飞龙袭，后赐名霄”[①]。南平王浑实名吐谷浑[②]，浑是史书简省之称。飞龙也许是鲜卑语本名的汉语意译，本无定字，故飞龙孙元洪敬的墓志在详述南平王浑的本名之后却简称飞龙为龙[③]，应该不是记忆错误，而是多少反映了意译原名所具有的不确定性。飞龙贵重于孝文帝时期，被赐予汉名，应该也是发生在孝文朝。值得注意的是，飞龙被赐名霄，显然还是照顾到了其鲜卑语本名的原意。尽管如此，其孙元洪敬墓志不称其汉名霄而称鲜卑语本名的汉文意译名龙，说明在代人家庭内部的记忆里，新赐汉名短时期内仍然难以取代原有的鲜卑语本名。

可以想象，宗室被孝文帝赐名的一定最多，可是记录下来的很少，其中保留了原名的更少[④]。如元匡，《北史》卷一七《景穆十二王上》附元匡传，记孝文帝之语：“叔父必能仪形社稷，匡辅朕躬，今可改名为匡，以成克终之美。”[⑤]《魏书》卷七七《辛雄传》亦记辛雄上书言“故高祖锡之以匡名”[⑥]。然而都不提元匡的本名。据《北史》卷一七《景穆十二王传上》，阳平王新成“长子安寿袭爵，孝文后赐名颐”[⑦]。安寿应该是元颐本来就有的汉名。《南齐书》卷五七《魏虏传》记太和二十年“宏从叔平阳

① 《魏书》卷一六《道武七王传》，第400页。

② 北齐元洪敬墓志记南平王浑之鲜卑语本名为吐谷浑，该墓志的录文和疏证见罗新、叶炜《新出魏晋南北朝墓志疏证》，北京：中华书局，2005年，第176—178页。

③ 罗新、叶炜：《新出魏晋南北朝墓志疏证》，第176页。

④ 比如，我们通过南朝史书才知道广阳王元嘉的本名是郁豆眷。《南齐书》两处提到北魏的“郁豆眷”，卷五七《魏虏传》记齐高帝建元二年（480）“（拓跋）宏遣大将郁豆眷、段长命攻寿阳及钟离”，北京：中华书局标点本，1972年，第986页；在《垣崇祖传》则作“建元二年，虏遣伪梁王郁豆眷及刘昶，马步号二十万，寇寿春”，见第462页。姚薇元先生根据《魏书》记太和初元嘉被进为“假梁郡王”，考定《南齐书》的郁豆眷即《魏书》之元嘉，见《宋书索虏传南齐书魏虏传北人姓名考证》，收入姚薇元《北朝胡姓考》（修订本），第494页。亦请参看本书《跋敦煌莫高窟所出北魏太和十一年刺绣发愿文》一文。元嘉之名是否孝文帝所赐已不得而知，但他获得新名之后，在北方几乎再也找不到他的鲜卑语本名的痕迹。迁洛的原代人集团中，这种情况一定是非常普遍的。

⑤ 《北史》卷一七《景穆十二王上》，第644页。

⑥ 《魏书》卷七七《辛雄传》，第1691页。

⑦ 《北史》卷一七《景穆十二王传上》，第630页。

王安寿戍怀栅”[1]，怀栅当为怀朔。按照江左的记录，元颐当时通行的名字还是安寿。从文成帝锐意推行皇子制名华夏化之后，宗室近亲必定受到影响，安寿这类汉名或许就是这一影响下的产物。可是从孝文帝的高标准来看，安寿为名究竟不够高雅，所以赐予意思相同的雅字“颐”为名。只是必须注意到的是，新的雅名未必能在实际生活中取代原名。正如在元洪敬墓志中没有提霄而只提龙一样，元颐的名字在南朝文献中仅作安寿，说明实际通行情况会是很不相同的。

这种改名之后原名仍然通行的情况应相当普遍，兹举其显者一例。按《南齐书》记齐武帝永明十年（492，即孝文帝太和十六年）孝文帝“遣伪平元王驾鹿浑、龙骧将军杨延数十万骑伐芮芮，大寒雪，人马死者众”[2]。这条材料有不少错讹。孝文帝朝没有平元王，也没有名为驾鹿浑和杨延的将领。《魏书》卷七下《高祖纪下》记太和十六年八月“乙未，诏阳平王颐、左仆射陆叡督十二将七万骑北讨蠕蠕”[3]。又见《北史》卷九八《蠕蠕传》[4]。改降五等之前，陆叡爵为平原王。很显然，《南齐书》的平元王应是平原王之讹。驾鹿浑是不是陆叡的名字呢？和前面提到过的《宋书》中的驾头拔其实应作贺头拔一样，这里的驾鹿浑其实应作贺鹿浑[5]，而贺鹿浑的确是陆叡的名字。《南齐书》卷五七《魏虏传》记太和二十年穆泰、陆叡谋反于平城事，称“伪征北将军恒州刺史钜鹿公伏鹿孤贺鹿浑守桑乾”[6]，这个伏鹿孤贺鹿浑就是《魏书》里的陆叡。伏鹿孤即步六孤（Bilge），后改为陆氏；贺鹿浑就是陆叡的鲜卑语本名。崔鉴说“平原王才度不恶，但恨其姓名殊为重复”[7]，就是指陆叡长达六个音节的姓和名。太和十六年北伐蠕蠕，《北史》卷一七《景穆十二王传上》附元颐本传称颐“都督三道诸军事北讨”，“与陆叡集三道诸将议军途所指”[8]，显然是以元颐和陆叡为主帅，三道进军。《南齐书》漏记元颐，另

---

① 《南齐书》卷五九《魏虏传》，第 996 页。

② 《南齐书》卷五九《芮芮虏传》，第 1025 页。

③ 《魏书》卷七下《高祖纪下》，第 170 页。

④ 《北史》卷九八《蠕蠕传》，第 3257 页。

⑤ Peter A. Boodberg, The Language of the T'o-Pa Wei, p. 176.

⑥ 《南齐书》卷五七《魏虏传》，第 996 页。

⑦ 《魏书》卷四〇《陆叡传》，第 911 页。

⑧ 《北史》卷一七《景穆十二王上》，第 630 页。

两个人名（平元王驾鹿浑、龙骧将军杨延）也多有错讹。陆叡之名是否由孝文帝所赐（从陆叡字思弼来看，名、字俱由孝文帝所赐的可能性很大），已无可考，但重要的是他何时由贺鹿浑改名为叡。据孝文帝吊比干碑碑阴题名，宗室之外的随侍贵臣（如丘目陵亮、万忸于劲等）获得汉名（当然未必是孝文帝所赐）一定早于撰写碑文的太和十八年十一月[①]，因此陆叡改名也一定在太和十八年十一月之前。可是《南齐书》记太和二十年的平城叛乱时，仍然记其鲜卑语本名本姓，可见在改名之后，通行的仍不免是原来的名字。

和陆叡一起在平城组织政变的穆泰，也是由孝文帝赐名的。《魏书》穆泰本传记穆泰"本名石洛，高祖赐名焉"[②]。石洛自然是鲜卑语本名。穆泰的从兄弟穆亮在吊比干碑碑阴题名里已写作丘目陵亮，可见他在太和十八年十一月之前已获得汉名，但不知是否孝文所赐。穆亮本传称"字幼辅，初字老生"[③]，老生应是穆亮的鲜卑语本名的汉文意译。闾毗"本蠕蠕人，世祖时自其国来降……子豆，后赐名庄"[④]。闾庄主要活动于太和时期，因此可以肯定给他赐名的也是孝文帝。豆必定是一个北族名号的汉字音译简化形式。孝文帝给他赐名的动机，和给穆泰等人赐名一样，自然是为了用华夏名取代"殊为重复"的北族本名。《魏书》卷二五《长孙道生传》附《长孙稚传》，称长孙稚本名冀归，"高祖以其幼承家业，赐名稚，字承业"[⑤]。冀归一名既然以归字音译该名号的词尾部分，显然是以 -qän/qan 为词尾的一组北族名号[⑥]。和穆泰、闾庄、长孙稚的本名源于

---

① 由于吊比干碑的碑阴题名中含有姓氏改革以后出现的元氏和陆氏，因此研究者对该碑的立碑时间以及北魏姓氏改革发动的实际时间都存在一些争议。我认为该碑撰文虽在孝文帝太和十八年，立碑时间却在宣武帝景明元年至景明二年五月之间，因此碑阴题名中的元氏和陆氏都是后来立碑时改写的。请参看拙文《北魏孝文帝吊比干碑的立碑时间》，原载《文史》2005年第4期，后作为附录收入拙著《中古北族名号研究》，北京：北京大学出版社，2009年，第253—258页。

②《魏书》卷二七《穆崇传》附《穆泰传》，第663页。

③《魏书》卷二七《穆崇传》附《穆亮传》，第667页。

④《魏书》卷八三上《外戚传》，第1816页。

⑤《魏书》卷二五《长孙道生传》附《长孙稚传》，第647页。按《北史》卷二二《长孙道生传》附《长孙承业传》，称"孝文以其幼承家业，赐名幼，字承业"，见第813页。中华本点校者已指出，《北史》是避唐高宗李治的讳而改稚为幼，见校勘记第14条，第833页。

⑥ 请参看本书《北魏道武帝的鲜卑语本名》一文。

北族传统不同，于忠“本字千年”，似乎已是一个中原传统下的名字，只是不够典雅，孝文帝“因赐名登”[①]。

除了极少数的例外，当孝文帝开始其异常激烈的华夏化改革时，尽管汉语在政治生活和日常生活中的重要性越来越高，但代人社会的制名还基本上维持着旧的内亚传统，也就是说，人名还都是“殊为重复”的多音节北族名号。孝文帝的制名改革就是要代人放弃内亚传统，以华夏文化作为新的制名资源。为全面推行这一改革，在文成帝以来皇子都取华夏名的基础上，孝文帝不仅着眼于新生一代的制名，而且强力推动在已经成年的数代北人中以华夏名取代其旧有的鲜卑名，而对宗室、近侍和勋贵大量赐予华夏式的名和字，就是非常重要的手段。比如，太和时期的重臣宗室元丕，生于明元帝泰常七年（422），到孝文帝开始改革的太和十五年（491）已经七十岁了，自然“雅爱本风，不达新式”，在洛阳朝廷坚持说鲜卑语、穿鲜卑衣服，最终也以疑似参与穆泰和陆叡等人旨在反对改革的政变阴谋而获谴咎[②]。这样一个作风老派、对华夏文化并不那么热情的代北权势人物，出现在北朝史籍中的他和他的儿子们，何以都有一个华风浓郁的汉名呢？《南齐书》载王融上疏，称北魏政局“师保则后族冯晋国，总录则邽姓直勒渴侯”[③]。直勒即直勤之讹，“邽姓”疑是“邦姓”之讹。而“邦姓直勤渴侯”，就是《宋书》卷九五《索虏传》载献文帝为进兵刘宋淮北四州所下诏书中提到的“侍中、尚书令、安东大将军、始平王、直勤渴言侯”[④]，也就是文成帝南巡碑碑阴题名中的“尚书兴平侯直勤渴侯”[⑤]，即元丕。可见元丕的鲜卑语本名应该是渴侯或渴言侯[⑥]。王融提元丕的鲜卑语本名的时间可能在太和十三年（489）[⑦]，也

---

① 《魏书》卷三一《于栗磾传》附《于忠传》，第741页。

② 《北史》卷一五《魏宗室传》，第553—556页。

③ 《南齐书》卷四七《王融传》，第819页。

④ 《宋书》卷九五《索虏传》，第2355—2356页。

⑤ 山西省考古研究所、灵丘县文物局：《山西灵丘北魏文成帝〈南巡碑〉》，《文物》1997年12期，第70—79页。

⑥ 过去学者怀疑王融上疏中提到的“邽姓直勒渴侯”是指孝文帝之弟彭城王元勰，这个说法没有考虑到《宋书》所载献文帝诏书曾提到同一个官爵人名，那时元勰还没有出生。我认为此人是元丕，详见拙作《北魏直勤考》，收入《中古北族名号研究》，北京：北京大学出版社，2009年，第84页，注释2。

⑦ 牟发松：《王融〈上疏请给虏书〉考析》，《武汉大学学报》1995年第5期，第29—32页。

就是说，在孝文帝发动诸项激烈改革之前，南朝官方所了解的北魏重臣元丕的通行名是渴侯。很难想象元丕会在孝文帝开始改革之后主动给自己和诸子取汉名以替代鲜卑本名，那么给元丕及其诸子取汉名的极可能是孝文帝本人。以此类推，在太和十五至十八年间宗室及代人勋贵们的鲜卑语本名被汉名取代的文化运动中，孝文帝个人的作用是决定性的，而且很可能大多数改名都源于他的直接赐名。当然，不能认为这些赐名举动都是随机的、偶然的和无计划的，相反，赐名虽然都以皇帝的名义进行，但一定是有通盘考虑的，谋划其事的也绝不止是孝文帝一个人。

以上所述足以说明，迁洛的代北集团中那些在非常短的时间内就获得汉名的宗室勋贵，要么是在孝文帝的强力推动下卷入到制名华夏化的浪潮中，要么就是直接从孝文帝那里获得了新名。尽管北族制名的华夏化并非始于孝文帝，比如皇子制名的华夏化从文成帝时期便已确定下来，部分宗室、贵族亦难免为此流风所波及，但正是到了孝文帝的时候，这一过程获得了爆炸式的发展。可以肯定的是，孝文帝给代人赐名的数量一定是巨大的，保存在史籍中的不过是冰山一角而已。

三、孝文帝面向华夏士人的赐名

然而，与给代人赐名的事例形成鲜明对比的是，在史籍中有关孝文帝赐名的记载中，对非北族背景的华夏士族的赐名竟然占有一半的比重。比如前述《南齐书》齐武帝永明十年孝文帝“遣伪平元王驾鹿浑、龙骧将军杨延数十万骑伐芮芮”那一条，除“平元王驾鹿浑”实为“平原王贺鹿浑”之误外，“龙骧将军杨延”是指谁呢？我认为，杨延后应夺一庆字，而杨延庆就是杨播。《魏书》卷五八《杨播传》:“杨播，字延庆……本字符休，太和中，高祖改赐焉。……除龙骧将军……与阳平王颐等出漠北击蠕蠕，大获而还。”[①] 可见这时孝文帝广泛赐名之举要么还没有开始，要么虽然赐了名却仍通行原名。杨延庆被赐名杨播之后，原名改而为字，这种赐名模式我们下面还要讨论。史籍记杨播兄弟中还有杨椿和杨津是由孝文帝赐名的。杨椿“字延寿，本字仲考，太和中与播俱蒙高

---

①《魏书》卷五八《杨播传》，第 1279 页。

祖赐改”[1]，杨津“字罗汉，本名延祚，高祖赐名焉”[2]。事实上，考虑到杨播一家与冯太后和孝文帝的亲密关系，极为可能的情况是，杨播诸弟都是由孝文帝赐名的[3]。

与杨氏一样为孝文帝所亲近的陇西李氏，也有很多人获得了孝文帝的赐名。《魏书》记李宝长孙李韶“字符伯，学涉有器量。与弟彦、虔、蕤并为高祖赐名焉”[4]。陇西李氏李宝一支得到孝文帝赐名的一定还有别人，只是史籍阙载而已。

杨氏虽然号称出自弘农，为汉晋大族之裔，但杨播兄弟之兴起却得力于与冯氏的姻亲关系[5]；陇西李氏在东汉魏晋时期并无重要人物，算不上高门士族。但是孝文帝赐名对象中的确有华北大族，如太原王氏王慧龙之孙“(王)琼，字世珍，高祖赐名焉”[6]。勃海封氏封磨奴“以族子叔念为后，高祖赐名回”[7]。对原出西河、后徙广平的宋弁，孝文帝也“赐名为弁，意取弁和献玉，楚王不知宝之也”[8]。邓渊曾孙邓良奴袭爵，“良奴弟侍高祖，赐名述”[9]。太和后期的名臣李彪，“字道固，顿丘卫国人，高祖赐名焉”[10]。出于京兆韦氏的韦阆“祖弟珍，字灵智，高祖赐名焉”[11]。广平

---

①《魏书》卷五八《杨椿传》，第 1284 页。

②《魏书》卷五八《杨津传》，第 1296 页。

③《魏书》和《北史》记杨播兄弟名、字，杨播字延庆、杨椿字延寿、杨顺字延和、杨玮字延季、杨津本名延祚。据杨玮墓志知延季为延年之讹，见罗新、叶炜《新出魏晋南北朝墓志疏证》，第 141—143 页。依照本文所讨论的孝文帝赐名的模式，后来用为字的就是赐名以前的本名，杨播兄弟的本名应该都是含有延字的，赐名之后都变成了字，个别人则另外取了字，如杨颖字惠哲、杨津字罗汉。杨播兄弟的字如此齐整，说明他们都有过一个改名的经历。从杨播兄弟与孝文帝个人的亲近关系来分析，他们的改名反映了孝文帝的意志，极有可能都是由孝文帝赐名的。

④《魏书》卷三九《李宝传》附《李韶传》，第 886 页。

⑤ 唐长孺：《〈魏书·杨播传〉“自云弘农华阴人”辨》，《唐长孺社会文化史论丛》，武汉：武汉大学出版社，2001 年，第 121—124 页。

⑥《魏书》卷三八《王慧龙传》，第 878 页。

⑦《魏书》卷三二《封懿传》，第 761 页。

⑧《魏书》卷六三《宋弁传》，第 1414 页。

⑨《魏书》卷二四《邓渊传》，第 635 页。按《北史》卷二一《邓彦海传》中华点校本作“子侍，孝文赐名述”，见第 798 页，误以侍为本名。

⑩《魏书》卷六二《李彪传》，第 1381 页。

⑪《魏书》卷四五《韦阆传》，第 1012 页。

游明根之子游肇“字伯始，高祖赐名焉”[①]。清河崔氏崔光“本名孝伯，字长仁，高祖赐名焉”[②]。博陵崔氏崔辩“长子景儁……受敕接萧赜使萧琛、范云，高祖赐名为逸”[③]。钜鹿魏氏魏季景“父鸾，字双和，为魏文赐名”[④]。魏文应即魏孝文帝。

前面提到过孝文帝向华夏人士赐名的模式，这个模式就是被赐者的本名改而为字，如杨播本名延庆，赐名后以延庆为字[⑤]。杨椿“字延寿，本字仲考”，赐名之后以本名延寿为字，本字仲考就不能用了。《魏书》卷七六《张烈传》：“张烈，字徽仙，清河东武城人也，高祖赐名曰烈，仍以本名为字焉。”[⑥]可见张烈的本名是徽仙，赐名之后便以本名为字。《魏书》虽然记崔光“本名孝伯，字长仁，高祖赐名焉”，却没有明言赐名之后崔光以本字为字还是以本名为字。后世理解，似以本字为字。如严可均《全后魏文》卷二三“崔光”条有崔光小传，径称“光字长仁”[⑦]，显然认为赐名之后仍以长仁为字。《洛阳伽蓝记》卷二“秦太上君寺”条记晖文里住有太保崔光，范祥雍注曰：“崔光字长仁，清河人。”[⑧]和严可均一样认定孝文帝赐名之后崔光仍以本字为字，本名则完全放弃。恐怕这是对《魏书》的误读。《魏书》只是没有写明赐名之后以本名为字而已，并没有说仍用本字为字。《魏书》记孝文帝提到崔光，都称“崔孝伯”，比如对韩显宗说：“文学之能，卿等应推崔孝伯。”韩显宗回答：“臣才第短浅，猥闻上天，至乃比于崔光，实为隆渥。”[⑨]时在迁都之后，崔光早已获赐新名，孝文帝如此相称，乃是字而不名，以示尊重。顾炎武议论“晋以下，人主于其下多不呼名”，南北朝隋唐时许多朝臣“并以字为名，盖

---

① 《魏书》卷五五《游明根传》，第1215页。

② 《魏书》卷六七《崔光传》，第1487页。

③ 《魏书》卷五六《崔辩传》，第1251页。

④ 《北史》卷五六《魏季景传》，第2043页。

⑤ 《南齐书》称他为“龙骧将军杨延（庆）”，见卷五九《芮芮虏传》，第1025页。而杨播墓志则称“君姓杨，讳播，字延庆”，见杜葆仁、夏振英《华阴潼关出土的北魏杨氏墓志考证》，载《考古与文物》1984年第5期，第17—27页。又见赵超《汉魏南北朝墓志汇编》，第86—88页。可见杨延庆是其本名，孝文帝赐名之后，乃以本名为字。

⑥ 《魏书》卷七六《张烈传》，第1685页。

⑦ 严可均：《全上古三代秦汉三国六朝文》，北京：中华书局，1958年，第3627页。

⑧ 范祥雍：《洛阳伽蓝记校注》，上海：古典文学出版社，1958年，第96页。

⑨ 《魏书》卷六〇《韩麒麟传》附《韩显宗传》，第1343页。

因天子常称臣下之字故尔”[①]。而韩显宗在孝文帝面前称崔光以名不以字，亦是臣下奉对之体。《礼记·曲礼上》有所谓“父前子名，君前臣名”的话，郑玄注云“对至尊，无大小皆相名”[②]，就是这种奉对之体的理论依据。可见崔光以本名孝伯为字而不是沿用本字长仁。大致上可以认为这就是孝文帝给华夏士人赐名的基本模式。

应该注意的是，正如对代来北族人士的赐名，并不影响其鲜卑语本名在代人社会内的行用，孝文帝对华夏士人的赐名，由于其本名得以保存，只是改而为字，因而家族内、乡党间、社会上、政治和文化圈子内，乃至南北政权间，其本名的行用与当时“以字行”的社会风尚竟然结合了起来。颜之推《颜氏家训》卷二“风操”门论南北讳名风习的差异，提到“河北士人全不辨之，名亦呼为字，字固呼为字”[③]，这一不合魏晋传统的新习俗的背后，便是“以字行”的社会新风尚。对“以字行”的发生和发展似乎难以给出有深度的历史解释，如赵明诚《金石录》卷二三“跋唐温彦博碑”条所说：“然(颜)师古既立论以称名为是，而乃以字行，殆不可晓也。”[④]对本文所关注的问题而言，我们需要考虑的事实是，孝文帝的赐名模式使被赐者的本名得以保留为字，而当时风行“以字行”的社会环境却给了受赐者事实上继续使用本名的特殊便利。

现在让我们面对这样一个问题：如果说孝文帝给代来北族人士赐名，目的在于以华夏雅名取代“殊为重复”的鲜卑语本名，那么，他给本有华夏名、字的中原士人赐名，又是为了什么呢？

不难看出这个事实：孝文帝给华夏士人赐名，都是以单名替代其原有的二名。东晋十六国以后无论南方北方社会中都出现了二名逐渐增多的制名现象，这是西汉中后期以来崇尚单名的制名文化所发生的重大转变。孝文帝赐华夏士人以单名，就是对日益流行的二名风尚的否定，这种否定，是站在维护汉魏文化传统的立场上的，是以继承汉魏制名传统的姿态来反对南北华夏社会中已经开始了的制名文化的转变。在这个意义上，孝文帝所代表的不再是南迁伊洛以图融入华夏社会的代北集团，他代表的是华夏古老文化的正统，因为他力图在偏离了传统的北方

---

① 顾炎武:《日知录》卷二三“人主呼人臣字”条，见黄汝成《日知录集释》，第827—828页。

② 朱彬:《礼记训纂》卷一，饶钦农点校，北京：中华书局，1996年，第25页。

③ 王利器:《颜氏家训集解》(增订本)，北京：中华书局，1993年，第92页。

④ 金文明:《金石录校证》，上海：上海书画出版社，1985年，第425页。

社会中重新标举传统的价值和意义。从这个角度理解孝文帝给华夏士人赐名，就可以知道这些赐名绝非偶然和随意的行为。

西汉中期以后，单名在正统的文化价值上压倒了二名，是因为公羊家有所谓“《春秋》讥二名”的说法。《春秋》定公六年冬有“季孙斯、仲孙忌帅师围郓”条[①]，而仲孙忌在同年夏被记作仲孙何忌，《公羊传》的解释是“讥二名，二名非礼也”，何休注云“为其难讳也，一字为名，令难言而易讳”[②]。汉武帝尊儒，是从尊公羊学开始的，从此公羊学对汉代政治的影响至为深远[③]。西汉后期虽然《穀梁传》和《左传》地位上升，但《公羊传》的传统影响力却持续存在。在王莽为了“致太平”而发动的大规模制作的诸文化、政治和经济措施中，改二名为单名就是一个重要的组成部分。他收买匈奴单于囊知牙斯，让他主动上书改名为“知”，号称“臣窃乐太平圣制，臣故名囊知牙斯，今谨更名曰知”[④]，原因是“闻中国讥二名”[⑤]，要在制名文化上向王莽所建立的新制度看齐。在王莽看来，已经从二名改为单名者如果恢复其二名，就是一种惩罚。皇孙刘会宗在改二名的文化变革中改为单名刘宗，后因罪自杀，王莽恢复其二名会宗，“贬厥爵，改厥号”，显然是一种侮辱性的做法[⑥]。东汉光武帝独尊公羊学[⑦]，在制名文化上继承了王莽的改革精神，因此单名的正统地位得以巩固。长沙走马楼吴简所记大量人名资料显示，到汉末三国时期，长沙地区基层社会的普通编民也基本上是单名了，研究者认为这是官方文化价值深入到基层社会的表现[⑧]。从西汉中期到魏晋大约四百年的时期内，制名传统确定了单名的优越地位，这一优越地位直到东晋十六国时期才面临挑战。

---

①《春秋左传正义》卷五五，见阮元校刻《十三经注疏》，北京：中华书局影印本，1980年，第2140页。

②《春秋公羊传注疏》卷二五，见阮元校刻《十三经注疏》，第2339页。

③ 陈苏镇：《〈春秋〉与“汉道”——两汉政治与政治文化研究》，北京：中华书局，2011年，第207—306页。

④《汉书》卷九四下《匈奴传下》，北京：中华书局标点本，1962年，第3819页。

⑤《汉书》卷九九上《王莽传上》，第4051页。

⑥《汉书》卷九九下《王莽传下》，第4153页。

⑦ 陈苏镇：《〈春秋〉与“汉道”——两汉政治与政治文化研究》，第446—455页。

⑧ 魏斌：《单名与双名：汉晋南方人名的变迁及其意义》，《历史研究》2012年第1期，第36—53页。

在此背景下理解孝文帝赐名的历史意义，首先要理解的是孝文帝通过赐名试图传达的政治信息。毫无疑问，他通过赐华夏士人以单名取代其原有的二名，表达了自己捍卫汉魏制名传统的鲜明立场。一方面，他要否定代北的阿尔泰制名传统，因而大量向代人赐以华夏式的名、字；另一方面，他也否定华夏社会中正在流行的制名新风尚，主张复兴汉魏制名传统，因而他向本有二名的华夏士人赐以单名。对代人赐名和对华夏士人赐名，看起来有所区别，却同样反映了孝文帝认同汉魏制名传统的基本立场。

小结

虽然孝文帝个人的努力并不能扭转华夏社会制名风尚从崇尚单名向二名单名并行的改变，但这一赐名实践从一个侧面反映了孝文帝的自我历史定位：他不仅是要带领代北集团完成自我改造以融入华夏社会，而且还要带领华夏社会进行文化改造，剔除与经典不合的文化因素以回归汉魏传统。无论是面对代北集团还是面对华夏社会，孝文帝自我标举的历史形象都是继承汉魏正统的华夏君王。也许，这种定位使他在推行放弃代北传统的激烈变革之时，仍然有充分的文化自信来面对华夏社会及其代表人物。事实上，他的全部改革都是围绕这一目标的，本文所分析的赐名只是其中很小的一个部分而已。孝文帝的改革是要重塑华夏传统，而不是单向度的“汉化”或“华夏化”，最起码，这是他力图传达出来的一个文化动机。

（原载《文史》2011 年第 3 期）

北魏皇室制名汉化考

姓氏和名字的华夏化（也可以含混地称之为汉化）[1]，是拓跋集团建立北魏王朝之后自身文化面貌发生转变的一个重要标志。当然，姓氏的华夏化与名字的华夏化并不是同步发生的，名字的变革在先而姓氏的变革在后[2]。太和二十年（496）春正月孝文帝发布姓氏改革诏书以

① 也许不需要特别说明，中古时期的北族（主要是阿尔泰语各族）社会中并不存在华夏式的姓氏（surname）制度，而只有人名（given name）。《汉书》卷九四上《匈奴传上》："其俗有名不讳而无字。"见中华书局标点本，1962 年，第 3743 页。王充《论衡》"诘术篇"："匈奴之俗，有名无姓、字。"见北京大学历史系《论衡》注释小组《论衡注释》，北京：中华书局，1979 年，第 1427 页。《三国志》卷三〇《魏书·乌丸传》注引《魏书》："氏姓无常，以大人健者名字为姓。"见《三国志》中华书局标点本，1959 年，第 831 页。又同书卷三〇《魏书·鲜卑传》注引《魏书》："其言语习俗与乌丸同。"见第 838 页。可见鲜卑与匈奴、乌丸一样，没有姓氏传统。所谓"以大人健者名字为姓"，可能就是指当与本部落以外的人员接触交流时，以本部落酋长的名号置于自己的名字之前以为标志。但是随着部落大人名号的变化，部落成员也可能改变这一标志，呈现所谓"氏姓无常"的局面。但当北族南迁与华夏社会深入接触，特别是进入华夏传统腹地之后，模仿和采用姓氏制度就成为北族社会文化变革的重要一环，部族名便是北族贵族姓氏的主要来源。正是在这一前提下，我们对北族姓名的研究（Anthroponomastics）才包含姓氏和名字两个方面。

② 进入不同语言与文化环境的族群所发生的适应性改变中，家庭代际的姓名变化总是很容易被观察到的，其中姓的变化较为复杂而缓慢，名的变化较为简单而迅速，这在古今人类社会中是一种普遍现象。比如：民族史研究者通过对加拿大安大略省 Weagamow 湖的土著印第安族群姓氏变化过程的调查，发现土著人群在普遍获得英语式的名字（given name）之后，土著姓氏（surname）还维持了非常长的时间，见 Edward S. Rogers and Mary Black Rogers, Method for Reconstructing Patterns of Change: Surname Adoption by the Weagamow Ojibwa, 1870-1950, in: *Ethnohistory,* Vol. 25, No. 4 (Autumn, 1978), pp. 319-345。又比如：人类学家发现，尽管西班牙语人名（通过受洗）早就流行于巴拉圭说瓜拉尼语（Guarani）的印第安土著社会中，但源于瓜拉尼语的姓氏却顽强地存在了很久，到 1848 年在政府强力推动下才开始逐渐为西班牙语姓氏所取代，请参看 Christina Bolke Turner and Brian Turner, The Role of（转下页）

前[①]，代人集团中已经有很多家庭采用华夏式制名方式。最鲜明的例证是孝文帝吊比干碑的碑阴题名中，在诸元宗室人物之外，有不少代人贵族尽管仍用代北姓氏，但名字已经是华夏式的了，如丘目陵亮、万忸于劲等[②]。需要指出的是，和北魏许多重大变革一样，姓氏和名字的华夏化这一文化变革的发生来自政治权力的推动，是政治文化变革在社会文化层面的反映[③]。简言之，北朝代人姓氏和名字的变革乃是自上而下发生的，而北魏皇室就是这一变革的出发点和原动力。因此，考察北魏代人集团姓、名变革的历史过程，拓跋皇室的制名变革可以当作整个研究的起点。

本文以北魏拓跋皇室在孝文帝姓氏改革之前进行的制名改革为题，尝试揭示代北集团的名氏制度在融入华夏传统的历史过程中，呈现出怎样的阶段性和复杂性，而正是这些阶段性和复杂性本身，又从一个侧面描述了拓跋鲜卑由征服者转变为统治者、由外来族群和边缘社会转变为华夏社会核心成员的历史命运[④]。

（接上页）Mestizaje of Surnames in Paraguay in the Creation of a Distinct New World Ethnicity, in: *Ethnohistory,* Vol. 41, No. 1 (Winter, 1993), pp. 139-165。对美国华人姓名的研究也揭示出同样的规律，请参看 Emma Woo Louie, *Chinese American Names: Tradition and Transition,* Jefferson, North Carolina and London: McFarland & Company, Inc., Publishers, 1998, pp. 82-92。

①《魏书》卷七下《高祖纪下》，北京：中华书局，1974 年，第 179 页。

② 由于吊比干碑的碑阴题名中含有姓氏改革以后出现的元氏和陆氏，因此研究者对该碑的立碑时间以及北魏姓氏改革发动的实际时间都存在一些争议。我认为该碑撰文虽在孝文帝太和十八年，立碑时间却在宣武帝景明元年至景明二年五月之间，因此碑阴题名中的元氏和陆氏都是后来立碑时改写的。请参看拙文《北魏孝文帝吊比干碑的立碑时间》，原载《文史》2005 年第 4 期，后作为附录收入拙著《中古北族名号研究》，北京：北京大学出版社，2009 年，第 253—258 页。

③ 有关人类学界对制名（naming）问题与认同及社会政治的关系所作的研究，请参看 Barbara Bodenhorn and Gabriele vom Bruck, “Entangled in Histories”: An Introduction to the Anthropology of Names and Naming, in: Barbara Bodenhorn and Gabriele vom Bruck, ed., *The Anthropology of Names and Naming*, New York: Cambridge University Press, 2006, pp. 1-30。

④ 胡三省注《资治通鉴》至拓跋珪称帝，感慨道：“呜呼！自隋以后，名称扬于时者，代北之子孙十居六七矣，氏族之辨，果何益哉！”见《资治通鉴》卷一〇八晋孝武帝太元二十一年七月，北京：中华书局，1956 年，第 3429 页。这一感慨的背景，就是在后来的历史中，代北集团最终融入华夏族群并且占据了华夏社会的中心位置。

上 北魏前期皇室制名之考察

根据现有史料，北魏孝文帝以前的北魏皇帝都是取有鲜卑语名字（以下简称鲜卑名）的；同时，也可以确认他们也都有用汉字写定，甚至行用于官文书，因而被记录于正史的“华夏式名字（以下简称汉名）”。需要思考的问题是，这两类名字之间的关系是什么？鲜卑名与汉名之间是否有联系？是不是所有的皇帝都是既有鲜卑名又有汉名？从取名的时间序列来看，是鲜卑名在前还是汉名在前，抑或两者同时？这些皇帝们又是如何给自己的儿子们取名字？

我曾经研究过道武帝的鲜卑语本名问题[①]，根据我的研究，道武帝是没有汉名的。《魏书》称“太祖道武皇帝讳珪”[②]，这是北魏官方确定的道武帝的汉字名讳，但其实只是其鲜卑语本名的节略音译。道武帝的鲜卑语本名，南朝史料记作涉珪、什圭、涉圭、什翼圭等等。和《魏书》称道武帝名珪一样，《宋书》所记道武帝之名为“开”，正是对其鲜卑语本名“涉圭 / 涉珪 / 什圭”这个名号最后一个音节的不同汉字音译而已。经过比对慕容鲜卑的相关史料，我认为涉归 / 涉圭 / 涉珪 / 什圭 / 乙旃 / 什翼犍 / 郁律旃 / 弈洛韩 / 奕洛干 / 什翼珪 / 若洛廆 / 弈洛瓌等等汉译形式，其语源有两种可能的形式，即 ilqän 或 il-qan，这也就是道武帝的鲜卑语本名。值得注意的问题是，ilqän/il-qan 同样也是道武帝的祖父昭成帝、鲜卑慕容部慕容廆及其父的鲜卑语本名。退一步说，无论我们对该语源的研究是否成立，可以明确的一点是，道武帝并没有专门的汉名，《魏书》所谓“讳珪”，《宋书》所谓“开字涉珪”，《南齐书》所谓“珪字涉圭”，都是取其鲜卑语本名的后缀音节 -qän/-qan 的音译。处于北魏王朝草创期的道武帝，似乎还没有遇到在汉文文书中使用其本人大名的需求。

明元帝拓跋嗣的鲜卑语本名是木末[③]。木末的语源虽然难以索解，但显然是中古十六国北朝时期北族常用的一个名号。《晋书》记“慕容冲将许木末杀慕容冲于长安”[④]，说明慕容鲜卑的集团中有以木末为名者。

① 请参看本书《北魏道武帝的鲜卑语本名》一文。

②《魏书》卷二《太祖纪》，北京：中华书局，1974 年，第 19 页。

③《宋书》卷九五《索虏传》，北京：中华书局，1974 年，第 2322 页；《南齐书》卷五七《魏虏传》，北京：中华书局，1972 年，第 983 页。

④《晋书》卷九《孝武帝本纪》，北京：中华书局，1974 年，第 235 页。

《梁书》记芮芮(柔然)“始筑城郭，名曰木末城”[①]，可见柔然也使用这一名号。《晋书》记西秦的最后一个国君是乞伏慕末[②]，《魏书》同[③]，二者极可能都是依据崔鸿《十六国春秋》;《宋书》则记作乞伏茂蔓[④]，代表了南朝的译法。慕末和茂蔓显然都是木末的异译，是乞伏鲜卑亦有以此名号为名者。慕容鲜卑、乞伏鲜卑、柔然和拓跋鲜卑，都是秦汉时期的东胡之裔，都出于东胡中的鲜卑集团，其语言也都属于古蒙古语，而他们都使用“木末 / 慕末 / 茂蔓”这个名号，可见该名号在鲜卑诸部中普遍存在。可是明元帝的汉名是什么呢？《魏书》卷三《太宗纪》称“太宗明元皇帝讳嗣”[⑤]，但是今本《魏书》的《太宗纪》并非魏收旧文，宋人指出可能是以隋代魏澹的本子补入的[⑥]。而《北史》称“太宗明元皇帝讳嗣”[⑦]，《太平御览》引《后魏书》亦同[⑧]，大致还是反映了魏收书的原貌。《宋书》记“开次子齐王嗣字木末”[⑨]，亦以嗣为明元帝之名。可是《南齐书》只记了明元帝的“木末”一名，没有提到“嗣”。如果嗣的确是明元帝的汉名，这个名字或许是在他“封齐王、拜相国”，居于明显的继承人位置时获得的。不过我怀疑，史书记明元帝之名为嗣，也可能仅仅是由于他嗣位之后在汉文文书中自称或被称为嗣，事实上嗣并不是明元帝的汉名。也就是说，很可能明元帝和他的父亲道武帝一样，是没有汉名的。

之所以有此猜测，是因为可以相信道武帝的其他几个儿子都没有汉名。《魏书》卷一六《道武七王列传》记道武帝生十子，除明元帝及早夭的皇子浑、聪外，余七子都有传，即：清河王绍、阳平王熙、河南王曜、河间王脩、长乐王处文、广平王连、京兆王黎[⑩]。乍一看这些名字颇似汉名，其实都和道武帝的名字珪一样来自节略的鲜卑语本名。《北史》

---

① 《梁书》卷五四《西北诸戎传》，北京：中华书局，1973 年，第 817 页。

② 《晋书》卷一二五《乞伏炽磐载记》，第 3126 页。

③ 《魏书》卷四上《世祖纪上》，第 78 页。

④ 《宋书》卷九六《鲜卑吐谷浑传》，第 2372 页。

⑤ 《魏书》卷三《太宗纪》，第 49 页。

⑥ 《魏书》卷三《太宗纪》“校勘记”第 1 条，第 64—65 页。

⑦ 《北史》卷一《魏本纪一》，北京：中华书局，1974 年，第 25 页。

⑧ 《太平御览》卷一〇二，北京：中华书局影印宋本，1960 年，第 486 页。

⑨ 《宋书》卷九五《索虏传》，第 2332 页。

⑩ 《魏书》卷一六《道武七王列传》第 389—410 页。

“清河王绍字受洛拔”[①]，绍当从受洛拔的头两个音节连读简化而来。长乐王处文之名处文，和《魏书》有传的封敕文之名敕文一样都是北族常用名号，其语源就是著名的 tümen（意为“万”）。广平王连，其鲜卑语本名是日连，见北齐元洪敬墓志[②]，连当是从日连简化而来。阳平王熙、河南王曜、河间王脩、京兆王黎四人的鲜卑语本名不详，但阳平王熙的三个儿子分别名为它大翰（简作他或佗）、吐谷浑（简作浑）和比陵[③]，河间王脩无子，河南王曜两子分别名为库莫提（简作提）和羯儿[④]，京兆王黎之子名吐根[⑤]，吐根的语源是北族名号 togan（意为隼）[⑥]。可见他们的儿子都没有汉名，这是否说明他们和自己的兄弟清河王绍、长乐王处文、广平王连一样，也都没有汉名呢？那么，熙、曜、脩、黎也只是鲜卑语多音节本名的节译。道武帝诸子都没有汉名，是因为那时尚不存在使用汉名，特别是在官方文书中使用汉名的迫切需求。这多少也说明，道武帝和明元帝时期北魏政权的华夏化程度不应过高估计。

尽管明元帝本人及其诸弟没有汉名，但明元帝却给他的皇子们取了汉名。因此，太武帝拓跋焘是第一个拥有正式的、独立于其原有鲜卑语本名之外的汉名的北魏皇帝。我们已经知道他的鲜卑语本名是佛狸伐（böri bäg）[⑦]，这个词在音、义两个方面都与焘没有关系，可见焘是一个独立的汉名。在“元嘉草草”时期与太武帝有过直接和大量接触的刘宋政权，其遗留史料中很多地方提到太武帝时称之为托跋焘，说明太武帝的汉名已经被江左熟悉和接受。而且，在北魏官方文件中也使用了太武帝的汉名。著名的嘎仙洞石刻祝文以太武帝的语气，自称“天子臣焘”[⑧]。可是《魏书》所记的这份祝文作“天子讳”，未能反映官文书的书写对于

---

① 《北史》卷一六《道武七王传》，第 589 页。

② 罗新、叶炜：《新出魏晋南北朝墓志疏证》，北京：中华书局，2005 年，第 176—178 页。

③ 它大翰见于《宋书》卷九五《索虏传》，第 2335 页；吐谷浑见北齐元洪敬墓志，参看罗新、叶炜《新出魏晋南北朝墓志疏证》，第 176—178 页。

④ 库莫提之名见于《宋书》卷九五《索虏传》，第 2334 页。

⑤ 《北史》卷一六《道武七王传》，第 595 页。

⑥ 请参看本书《北魏申洪之墓志补释》一文。

⑦ 罗新：《北魏太武帝的鲜卑本名》，原载《民族研究》2006 年第 4 期，收入《中古北族名号研究》，第 166—174 页。

⑧ 米文平：《鲜卑石室寻访记》，济南：山东画报出版社，1997 年，第 55 页。

北族贵族取汉名的影响。太武帝既有鲜卑名也有汉名，可以想象他在官方文件中是使用汉名的。

据《魏书》，太武帝诸弟是乐平王丕、安定王弥、乐安王范、永昌王健、建宁王崇、新兴王俊，看起来都似乎是汉名。不过即使这些名字都是真正的汉名，还是可以肯定明元帝的皇子们也都有各自的鲜卑语本名，甚至可以说，他们都是先有鲜卑名，而后才有汉名的。很有可能，有些人的汉名，就来自他们原有的鲜卑名的某一个音节。比如，乐安王范“长子良”[①]，“良”之名见于其子孙多方墓志[②]，可是拓跋（元）良嗣子元绪的墓志却称元绪是“仪同宣王范之正体，卫大将军简王梁之元子”[③]，以“良”为“梁”。可见这个汉名的用字还是不那么稳定的。而在北魏文成帝《南巡碑》碑阴题名中，有“卫大将军乐安王直□何良”[④]。从官、爵看，就是乐安王范的嗣子乐安王良。所缺一字，应当是“勤”。何良才是乐安王良的鲜卑语本名，作为汉名的良或梁是从他的鲜卑语本名节译而来的。另外一个例子是永昌王健之嗣子永昌王仁，这个“仁”乍一看自然是汉名无疑，但如果了解他的鲜卑语本名是《宋书》所记的库仁真[⑤]，就会理解这个汉名“仁”不过是其鲜卑名“库仁真”中间音节的节译而已。也就是说，即使拓跋良之良和拓跋仁之仁的确是汉名，这些汉名在发生意义上必定是后于鲜卑语本名的，甚至可以说它们就是从鲜卑名中派生出来的。由此反推明元帝诸子的汉名中颇有一些类似情况，也许并不是十分离谱的。因而，尽管明元帝给自己的皇子们取了汉名，但应当看到明元帝诸子拥有鲜卑名和汉名两套名字，而且在这两套名字中，鲜卑名在先而汉名在后，一定程度上还可以说汉名是从属于鲜卑名的。

这种情况到太武帝给自己的皇子们取名时并没有进一步的改变。据《北史》卷一六《太武五王传》[⑥]，太武帝生十一子，除景穆帝（鲜卑语本

---

① 《北史》卷一六《明元六王传》，第 415 页。

② 请参看本书《跋国家博物馆所藏北魏元则、元宥两墓志》一文。

③ 赵超：《汉魏南北朝墓志汇编》，天津：天津古籍出版社，1992 年，第 52 页。

④ 山西省考古研究所、灵丘县文物局：《山西灵丘北魏文成帝〈南巡碑〉》，《文物》1997 年第 12 期，第 73 页。

⑤ 《宋书》卷九五《索虏传》，第 2344 页；姚薇元：《宋书索虏传南齐书魏虏传北人姓名考证》，原载《清华学报》第 8 卷第 2 期（1933 年 6 月），收入姚薇元《北朝胡姓考》（修订本），北京：中华书局，2007 年，第 470—472 页。

⑥ 《北史》卷一六《太武五王传》，第 604 页。

名为天真[1]）以外有：晋王伏罗、东平王翰、临淮王谭、广阳王建、吴王余、小儿、猫儿、真、虎头[2]、龙头。后五子早夭，显然都还没有正式的汉名。伏罗不似汉名。而东平王翰、广阳王建、吴王余三人的鲜卑语本名，据《宋书》可知分别是乌弈肝、树洛真和可博真[3]。乌弈肝显然是由乌弈和肝两个名号联合构成的一组名号，乌弈的语源虽不可知，肝的语源应当是 qan，而“翰”显然就来自 qan 的音译。也就是说，东平王翰的汉名翰是从属于他的鲜卑语本名乌弈肝的。树洛真与北朝时常用的受洛干、树洛干一样，是对同一组北族名号的不同汉译，该组名号的最后部分同样是 qan（北朝时真、珪、根、干、建等等为数众多的汉字都被用来音译这个北族名号）。由此可知，广阳王建的汉名建应当也是来自他的鲜卑本名的。然而值得注意的是，太武帝幼子（早夭者不算）吴王余的鲜卑语本名是可博真，与汉名“余”在音、义两个方面都没有联系。这说明吴王余的汉名是独立于他的鲜卑名之外的。

综上所述，北魏前期皇室制名可以总结为：保持传统，渐染华风。尽管头两代皇帝都没有汉名，但从第三代开始，皇位继承人和其他皇子们都开始取有汉名。当然也要看到，这些汉名中的相当一部分是直接从鲜卑名得来的。也就是说，皇子初生时先获得鲜卑名，后来才获得汉名，而相当一部分汉名仅仅是对其鲜卑名某个音节的节译。在北魏皇室制名汉化的历史进程中，从仅有鲜卑名到既有鲜卑名又有汉名，可以说进入了一个新阶段，是一个重要的变化。但对这一变化所蕴含的汉化意义不应过高估计，因为在这个阶段，鲜卑名在先而汉名在后，汉名基本上是从属于鲜卑名的。

下　文成帝时期皇室制名汉化之完成

北魏皇室制名的汉化进程中，文成帝时期是最重要的一个阶段。但

---

① 《宋书》卷九五《索虏传》：“初，焘有六子，长子晃字天真，为太子。”见第 2353 页。

② 此据今本《魏书》卷一八《太武五王列传》。案《北史》卷一六《太武五王传》，“虎头”作“彪头”；同书卷二《魏本纪·高宗文成帝纪》作“武头”。“彪头”和“武头”都是避唐讳所改，见《北史》卷一六“校勘记”第 15 条，第 624 页。

③ 姚薇元：《宋书索虏传南齐书魏虏传北人姓名考证》，载《北朝胡姓考》（修订本），第 470—472 页。

是文成帝本人还是和此前皇室成员一样，先有鲜卑名后有汉名。《魏书》称“高宗文成皇帝讳濬”[①]，没有提到文成帝的鲜卑名。《宋书》则记“晃子濬字乌雷直勤”[②]，《南齐书》同[③]，可见江左都知道拓跋濬的鲜卑名是乌雷直勤，不过也接受北方的解释，把鲜卑名当作字了。事实上《宋书》记北魏诸帝的名、字，一律把他们的鲜卑语本名记作字[④]，显然这是来自北魏官方的解释。这种把本来分属于两个不同的语言环境，即两个不同的文化系统内的汉名和鲜卑名，融合在一个符合华夏传统的名、字系统内的处理方法，始于何时已不可知，但无疑出自北魏官方而不是江左。当然，这种处理方式本身，也是拓跋集团姓、名制度华夏化变革的一个重要环节。

《宋书》所记“晃子濬字乌雷直勤”是非常有趣的材料，有趣之处在于显然是把“乌雷直勤”当作一个完整的“字”来处理，而没有把直勤与乌雷分开来。迄今所知的有关北魏直勤（tigin/tegin/tekin）制度的用例，除“乌雷直勤”这一条之外，一律把直勤写在前面，把名字写在后面，如《宋书》卷九五《索虏传》载有北魏献文帝为进兵刘宋的淮北四州而下的一道诏书，其中拥有直勤名号的八人，无不依照“官＋爵＋直勤＋人名”的叙述顺序，如“使持节、征东大将军、安定王、直勤伐伏玄”和“侍中、尚书左仆射、安西大将军、平北公、直勤美晨”，等等。文成帝南巡碑碑阴题名也完全遵照这一顺序，如“奋威将军、内三郎、永宁子、直勤苟黄”“后军将军、内三郎、遂安子、直勤乌地延”，等等。敦煌莫高窟所出北魏太和十一年刺绣发愿文记供养人为“直勤广阳王慧安”[⑤]，把直勤放在爵位之前，略略不同，但仍然没有把直勤放在人名后面。

而高昌文书中所记柔然的直勤（提勤）制度，则是人名在前、直勤（提勤）在后，如吐鲁番哈喇和卓 90 号墓出土的《高昌主簿张绾等传供

---

① 《魏书》卷五《高宗纪》，第 111 页。

② 《宋书》卷九五《索虏传》，第 2353 页。

③ 《南齐书》卷五七《魏虏传》，第 984 页。

④ 《宋书》卷九五《索虏传》所记的北魏皇帝包括：道武帝“开字涉珪”，明元帝“嗣字木末”，太武帝“焘字佛狸”，景穆帝“晃字天真”，文成帝“濬字乌雷直勤”，以及献文帝“弘之字第豆胤”。

⑤ 敦煌文物研究所：《新发现的北魏刺绣》，《文物》1972 年第 2 期，第 54—60 页。亦请参看本书《跋敦煌莫高窟所出北魏太和十一年刺绣发愿文》一文。

帐》(75TKM90:20),记有“若愍提勤”“秃地提勤无根”等[①]。我们知道,“乌雷直勤”“若愍提勤”这种顺序才是符合北族传统的(比如唐代突厥贵族“阙特勤”,即 Kül Tegin),因为这一名号的实质乃是一组政治名号(political titulary),是“官号(appellation)+ 官称(political title)”的组合,直勤是官称,乌雷是官号(直勤号),在北族语言和文化环境下,当然应当读作“乌雷直勤”而不是“直勤乌雷”。可是在魏晋以来的华夏传统之下,“官号 + 官称”组合的政治名号是找不到自己的位置的。要适应华夏传统的“官 + 爵 + 名”叙述规则,就只好调整北族原有的名号结构,把本来不可分离的“官号 + 官称”加以解析,官称部分分离出去独立构成一种官爵名,官号部分保留下来作为人名使用。于是就有了把“伐伏玄直勤”写作“直勤伐伏玄”,把“美晨直勤”写作“直勤美晨”这类的处理方式了。《宋书》得以保存“乌雷直勤”的叙述顺序,大概是因为江左本来知道这是文成帝即位前的名字,只是并不理解这个名字其实是一组政治名号,更不了解这组名号的内部结构。不过恰恰是这一条例外,提醒我们要认识到北魏官方把拓跋原有政治制度与华夏制度相结合时所做的努力,这个努力的实质就是,尽管他们试图保持某些代北传统(如直勤称号),但他们却不得不首先接受华夏传统制度的整体框架,因为代北制度的某些因素必须作出调整才能在这个框架下找到自己的位置。当然,这一适应势必以不同程度地牺牲代北制度的原有功能与形式为代价,正如上述“直勤号 + 直勤”名号组合的变化一样。北魏姓、名制度的华夏化革新,正是这一深刻广泛的历史性适应与变革的一个组成部分。

“乌雷”的语源不详,但既然用作文成帝的直勤号(appellation for tegin),一定是一个重要的北族名号。蒙古文《黄金史》(*Altan Tobchi*)记明初蒙古诸汗,有兀雷帖木儿(Öljei Temür)[②]。Öljei 译作兀雷,省略了中间的辅音 j-,是因为在《黄金史》中 Öljei 被写成了 Ölui,一般认为是讹写所致。蒙古文《蒙古源流》提到同一个人,清乾隆时期的汉文

---

① 唐长孺主编:《吐鲁番出土文书》第 1 册,北京:文物出版社,1992 年,第 122—123 页。亦请参看罗新《高昌文书中的柔然政治名号》,《吐鲁番学研究》2008 年第 1 期,收入《中古北族名号研究》,第 155—165 页。

② 札奇斯钦:《蒙古黄金史译注》,台北:联经出版事业公司,1979 年,第 199 页。

译文作“额勒锥特穆尔”，反映了正确的蒙古语读音[①]。不过阿尔泰语言的辅音 j- 与 y- 之间的转化是众所周知的，正因为这样，Öljei（olğa）在一些突厥方言中读作 olya, olyo，见拉德洛夫（Wilhelm Radloff）《突厥方言词典》（*Versuch eines Wörterbuches der Türk-Dialecte*）[②]。德福（Gerhard Doerfer）在《新波斯语中的突厥语与蒙古语因素》（*Türkische und mongolische Elemente im Neupersischen*）的第 1 册《新波斯语中的蒙古语因素》（*Mongolische Elemente im Neupersischen*）中，列举了 olğa（意为“战利品”）的多种书写形式和用例，并指出这一名号是从动词词根 ol-（意为“找到、获得、发现”）派生而来[③]。也许北魏文成帝的直勤号“乌雷”与此有关？当然，这仅仅是一个联想。

不仅文成帝本人先有鲜卑名后有汉名，景穆帝其他诸子的情况应该都相近。例如：据元举墓志，知道元举的曾祖南安王桢“字乙若伏”[④]。而阳平王新成、济阴王小新成、汝阴王天赐、乐浪王万寿、广平王洛侯、城阳王长寿、章武王太洛、乐陵王胡儿等的名字，要么是鲜卑名的音译，要么是鲜卑名的意译，都不似独立于鲜卑名的汉名。从这个事实看，也许景穆帝本人对推动代人姓名华夏化并不是十分热心的。当然也要看到，景穆帝给诸子取名的时候，他们都不是皇子身份。这种按照北族习俗给孩子先取鲜卑名，到孩子长到一定时候根据需要再取汉名的做法，从明元帝拓跋嗣以来，形成了北魏皇室皇子制名的新传统。先有鲜卑名，既说明皇子幼年时生活在一个鲜卑语的语言环境中，也说明在代北集团融入华夏传统的进程中，即便最为激进的皇室，也一直保持了鲜卑文化本位的立场。

北魏皇室制名的鲜卑文化本位立场一直坚持到文成帝前期。文成帝的头三个儿子（献文帝弘、安乐王长乐和广川王略）都是有鲜卑名的，也就是说，他们都是先获得鲜卑名，后获得汉名。《宋书》卷九五《索虏传》记献文帝“弘之字第豆胤”[⑤]，第豆胤语源不详，也许与东北的一个部族

---

① 乌兰：《〈蒙古源流〉研究》，沈阳：辽宁民族出版社，2000 年，第 297—299 页。

② Wilhelm Radloff, *Versuch eines Wörterbuches der Türk-Dialecte,* Band I, St. Petersburg, 1893, no. 1088.

③ Gerhard Doerfer, *Türkische und mongolische Elemente im Neupersischen,* Band I: *Mongolische Elemente im Neupersischen,* Wiesbaden: Otto Harrassowitz, 1963, pp. 143-145.

④ 赵超：《汉魏南北朝墓志汇编》，第 215—216 页。

⑤《宋书》卷九五《索虏传》，第 2354 页。

名“地豆于”是同一个名号。安乐王长乐似是鲜卑名的汉文意译。而广川王略的鲜卑名见于北魏元焕墓志。元焕墓志称：“继曾祖贺略汗，侍中征北大将军中都大官，又加车骑大将军广川庄王。”[①] 广川王略的鲜卑本名贺略汗，又可写作贺兰汗。龙门石窟第 1443 窟古阳洞窟顶有“广川王祖母太妃侯造弥勒像记”两条，其一为“景明三年八月十八日广川王祖母太妃侯为亡夫侍中使持节征北大将军广川王贺兰汗造弥勒像”云云[②]。贺略汗 / 贺兰汗，与《魏书》所记高车某一别帅的名字“可略汗”是同一组北族政治名号[③]。可见广川王的汉名“略”，只是其鲜卑语本名中间音节的节译。

然而到了文成帝为第五子齐郡王简取名的时候[④]，北魏皇室制名的鲜卑文化本位立场终于被打破了，也就是说，不再给新生的皇子取鲜卑名，而是完全按照华夏传统取一个汉名，同时给予一个与此汉名相应的“字”（不再把鲜卑名解释为字了）。这一变革在史料中留下了清晰的痕迹。《魏书》和《北史》记元魏宗室诸王，在诸皇子（皇子的子孙不算）的传记中，从神元、平文诸子以下，到昭成诸子、道武七王、明元六王、太武五王、景穆十二王，直至文成五王中的广川王略，都是有名无字[⑤]。而从文成五王中的齐郡王简开始，到献文六王，到孝文五王，都是名、字兼备，名、字相应，华风洋溢。而且，史料还记录了文成帝在打破传统的皇室制名的鲜卑文化本位立场时所进行的一场讨论，为我们确认文成

① 赵超：《汉魏南北朝墓志汇编》，第 168—169 页。

② 刘景龙、李玉昆主编：《龙门石窟碑刻题记汇录》，北京：中国大百科全书出版社，1998 年，第 501 页。

③《魏书》卷八《世祖纪》永平三年九月条：“丙辰，高车别帅可略汗等率众一千七百内属。”第 209 页。

④ 据《北史》卷一九《文成五王传》，文成帝有七男，其中韩哀王安平早薨，见第 683 页。而元简墓志称简为孝文帝第五叔，可见韩哀王安平排行在元简之前，恰恰与他没有正式汉名的情况相应。

⑤《魏书》和《北史》极个别情况，提到以鲜卑名为字，如《魏书》卷三《太宗纪》泰常七年：“夏四月甲戌，封皇子焘为泰平王，焘，字佛厘。”第 61 页。又《北史》卷一六《道武七王传》称“清河王绍字受洛拔”，第 595 页。但是今本《魏书》的《太宗纪》并非魏收旧文，而可能是以隋代魏澹的本子补入的。魏澹的依据要么来自原拓跋集团的某种历史记忆，要么就是直接借鉴了江左史书，只不过改明显有贬辱色彩的狸为厘而已。《北史》卷一六《道武七王传》在节录《魏书》之外，参考了其他史料，也不是魏收书的原貌。

帝完成北魏皇室制名汉化改革的时间提供了坚强证据。

《魏书》卷一五《昭成子孙列传》：

> 常山王遵，昭成子寿鸠之子也。……子素，太宗从母所生，特见亲宠。……高宗即位……诏群臣议定皇子名，素及司徒陆丽议曰："古帝王之制名，其体有五：有信、有义、有象、有假、有类。伏惟陛下当盛明之运，应昌发之期，诞生皇子，宜以德命。"高宗从之。[①]

《魏书》此卷原佚，后人以《北史》等书补成今本。可是上面议论皇子制名这一段话，为《北史》卷一五《魏诸宗室传》所无，学者疑出《高氏小史》[②]。虽然来历不明，其史料价值并不稍减。在我看来，这一段话对于研究北魏皇室制名的汉化历程，具有重要的提示意义。元素（即拓跋素）与陆丽二人所议，表面上似是重复儒家经典的旧话，实际上，却涉及拓跋皇室制名是否需要改弦更张，放弃皇室制名的鲜卑文化本位立场，不再给皇子取鲜卑名而专取汉名和汉字的问题。元素与陆丽所谓制名之体有五，出自《左传》中鲁大夫申繻的一段话。《左传》桓公六年九月，记申繻回答鲁桓公问名曰："名有五：有信，有义，有象，有假，有类。以名生为信，以德名为义，以类命为象，取于物为假，取于父为类。"[③] 王充说："以德名为义，若文王为昌，武王为发也。"[④] 服虔和杜预所注同[⑤]。元素和陆丽所说"应昌发之期"，"宜以德命"，即本于此。

以元素和陆丽二人的出身、经历和汉文化程度，仓促之间应对文成帝关于皇子制名的问题，而能引经据典，说出这么一番道理来，恐怕并非事实。这一席文辞典雅而语义含混的议论，必成于后人的缘饰。然而，书面文字的不真实，并不能掩盖发生过相关问答的史实。值得注意的史实就是，文成帝对于如何给自己的儿子起名，发生了疑惑。我认为，文

---

① 《魏书》卷一五《昭成子孙列传》，第 374—375 页。

② 参看唐长孺先生主持标点的《魏书》所附"校勘记"第 1 条，第 386 页。

③ 《春秋左传正义》卷六，见阮元校刻《十三经注疏》，北京：中华书局影印本，1980 年，第 1750—1751 页。

④ 北京大学历史系《论衡》注释小组：《论衡注释》，第 1424 页。

⑤ 服虔注云："谓若大王度德命文王曰昌，文王命武王曰发。"见《春秋左传正义》卷六，第 1751 页；杜预：《春秋经传集解》，杜注"以德名为义"云，"若文王名昌，武王名发"，上海：上海古籍出版社，1988 年，第 93 页。

成帝的疑惑，就在于是否应当给自己的儿子直接起汉名而不是鲜卑名。元素和陆丽所谓“陛下当盛明之运，应昌发之期”，就是赞成文成帝顺应时代潮流，“宜以德命”，告别鲜卑名，直接起汉名。

文成帝问皇子制名的这一次讨论，发生在什么时候呢？据元简墓志，元简“以太和廿三年岁在己卯正月戊寅朔廿六日癸卯，春秋卌，寝疾，薨于第”[①]。元简死于太和二十三年（499），年四十，则其生年当在文成帝和平元年（460）。因此，这场讨论应当发生在和平元年至二年间（460—461）。而这个时候的元素与陆丽的确是文成帝身边非常重要的鲜卑勋贵。文成帝南巡碑碑阴题名里[②]，有“侍中抚军大将军太子太傅司徒公平原王步六孤伊□”（即陆丽，所缺一字疑是“利”）和“征西将军常山王直□□□连戊烈”（即元素或拓跋素，元保洛墓志和元侔墓志均记元素之名为“素连”[③]，《元和姓纂》卷四误为“素达”[④]，由此颇疑“连”字前所缺三字实应是两字，即“勤素”），尽管他们两人并没有汉名，但以他们的显赫地位及与文成帝的亲密关系，在文成帝放弃皇室制名的鲜卑文化本位立场时，他们可能发挥了非常重要的支持作用。这才是史书所记有关制名问题讨论的实质意义。

至此，北魏皇室内已完成了制名华夏化。尽管皇子之外的代北贵族，包括庞大的宗室成员在内，仍然会在相当一段时间内保持鲜卑文化本位立场，拥有或仅仅拥有鲜卑语本名的人口在代北集团中仍然占绝对多数，但由于统治集团的最核心部分已经完成了制名华夏化，变革之风已经强劲地、不可阻遏地刮起来了。经历了漫长的保持鲜卑传统、渐染华夏风尚的代北集团，终将有层次地、有先后地、有轻重地融入到汉魏以来的华夏传统中。只是必须注意到，代北集团的华夏化绝对不是一次性完成的，华夏化的速度与程度，与集团成员在该集团中的阶级、地位等等因素有莫大关联，越是靠近统治集团的核心，速度越快，程度越深。正是在这一意义上，我们认为北魏皇室制名的华夏化，就是代北集团制名华夏化的出发点和原动力。

（原载《中国中古史研究》第 2 卷，北京：中华书局，2011 年）

① 赵超：《汉魏南北朝墓志汇编》，第 37 页。

② 山西省考古研究所、灵丘县文物局：《山西灵丘北魏文成帝〈南巡碑〉》，第 72—73 页。

③ 赵超：《汉魏南北朝墓志汇编》，第 59—60 页。

④ 林宝：《元和姓纂》，附岑仲勉四校记本，郁贤皓、陶敏整理，北京：中华书局，1994 年，第 400 页。

跋敦煌莫高窟所出北魏太和十一年刺绣发愿文

我在写《北魏直勤考》一文时，曾尽力搜罗北魏史料（包括传世文献与出土文物）中的“直勤”诸用例，以证北魏直勤制度之渊源、性质与功能[①]。然而限于学力与见识，遗漏必多，其中或竟不免有十分重要者。这篇小文所要讨论的敦煌莫高窟所出北魏太和十一年供养刺绣上的发愿文，就是我过去本不知晓、经王丁先生提示才注意到的。这件刺绣是1965年3月由敦煌文物研究所在莫高窟第125—126窟的窟前遗址发现的，现藏敦煌研究院。有关发现经过及对刺绣内容形式方面的重要研究，见敦煌文物研究所1972年发表的《新发现的北魏刺绣》一文[②]。这篇文章根据刺绣品的内容、结构、供养人衣冠样式与刺绣的花纹艺术形式等特征，认为发愿文中“十一年四月八日”之前所残缺的年号，应是北魏孝文帝的年号“太和”，发愿文中的“直勤广阳王慧安”，即是在《魏书》和《北史》都有传的广阳王元嘉。虽然后来有关该件刺绣的许多方面已有不少研究[③]，但前述结论的正确性至今未受质疑，可见写作于20世纪70年代初的这篇简报学术水平之可贵。

① 罗新：《北魏直勤考》，原载《历史研究》2004年第5期，后收入《中古北族名号研究》，北京：北京大学出版社，2009年，第80—107页。

② 敦煌文物研究所：《新发现的北魏刺绣》，《文物》1972年第2期，第54—60页。这篇文章的实际执笔人是马世长先生，文章在收入马先生的论文集《中国佛教石窟考古文集》（新竹：财团法人觉风佛教艺术文化基金会，2001年）时，马先生特在文末作了说明，见第293页。

③ 以往的研究见王素、李方所编的研究索引《魏晋南北朝敦煌文献编年》，台北：新文丰出版公司，1997年，第143页。其中尤为重要的是宿白先生的研究，收入宿白《中国石窟寺研究》，北京：文物出版社，1996年，第104、220、276页。

发愿文共14行,行11字[①]。不过,前述文章仅仅提供了供养人像题名和发愿文最后两行十五个字的文字,并没有对发愿文的其余文字进行录文。当然,该件刺绣的保存状况很不好,残缺较甚,发愿文部分更是支离破碎,录文难度极大。而且,当期《文物》所提供的两幅黑白图版既未反映该件刺绣的全貌,也不够清楚。大概是因为该发愿文太过残泐,且内容也比较一般,后来的三十多年间,竟一直没有人尝试给出全面的录文[②]。好在近年来该件刺绣在海外的多个展览中展出,展览图录中收有质量不错的彩色图版[③],兹据以录文如次[④]:

行1	□□□□□□□言像之表
行2	□□难教□□九域之内□
行3	高轨扬于□□□妙宗而仗
行4	赖弟子焳□□□□□会庆
行5	遵像法之化□□□□□早
行6	倾灵荫每悼□□□□□款
行7	焳复兴设讲□□□□□遂
行8	建兹晖像树□□□□□
行9	天祚永康□□□隆亡过先
行10	王缘□□□□□妙乐之乡

① 第8行字未写满,但因刺绣残缺,不知究竟空缺多少字,这里依据现存刺绣,假定仅最后一字空缺。

② 就连黄征、吴伟所编的《敦煌愿文集》(长沙:岳麓书社,1995年)也未收此篇愿文。

③ 承荣新江先生赐示:2001年10月至2002年4月,先后于纽约的亚洲协会博物馆(Asia Society Museum)和佛罗里达的诺顿艺术博物馆(Norton Museum of Art)展出的"僧侣与商贾:中国西北所出丝路珍宝"专题展,收有这件北魏刺绣,见同题的展览图录 *Monks and Merchants: Silk Road Treasures from Northwest China*, New York: Harry N. Abrams, Inc., 2001, p. 144。2004年10月至2005年1月在纽约大都会艺术博物馆展出的"走向盛唐"专题展也展出了该件刺绣,图版见展览图录 *China: Dawn of a Golden Age, 200-750 AD*, New York: The Metropolitan Museum of Art, 2004, pp. 172-173。2005年7月至9月在东京的森美术馆的专题展"中国★美の十字路展:後漢から盛唐へ",亦收有此件刺绣,图版见展览图录《中国★美の十字路展》,东京:株式会社大広,2005年,图版第148号。

④ 录文承王丁先生审核并补订若干处,北大历史系的凌文超同学也帮助释读若干字,谨此一并志谢。

行 11　　朗怀□□□□□在家馆恒
行 12　　住休庆□□□□十方含生
行 13　　等成菩提□□□十一年四
行 14　　月八日直勤广阳王慧安造

既然“十一年”前所缺的年号是“太和”，那么这里的直勤广阳王慧安肯定就是元嘉。对于研究北魏直勤制度来说，这条材料的重要性主要是以北朝原始史料的身份明确了直勤制度行用的年代下限。正如许多研究者早已指出的，拓跋之直勤，即突厥之特勤（tegin/tigin/tekin）[①]。关于直勤制度终结的时间，我在《北魏直勤考》一文中推测应是孝文帝太和十六年（492）“改降五等”之时。这个推测主要基于直勤制度自身的性质、功能及在孝文帝改革中的尴尬地位，但是并没有直接的证据，唯一接近的证据来自南朝的萧齐。《南齐书》载王融上疏议给魏书籍，分析北魏“抑退旧苗，扶任种戚”的政治格局，称“师保则后族冯晋国，总录则邽姓直勒渴侯，台鼎则丘颓、苟仁端，执政则目凌、钳耳”，并认为如果南方的书籍传至北方，“冯李之徒，必欲遵尚，直勒等类，居致乖阻”[②]。如中华标点本“校勘记”所言，这里的直勒即直勤之讹[③]；“邽姓”疑是“邦姓”之讹，邦姓直勤渴侯，指当时的北魏重臣元丕。牟发松考证王融上疏时间，在齐武帝永明七年，即北魏孝文帝太和十三年（489）[④]。当然，也存在稍晚一年，即太和十四年的可能性（这一年的主使还是邢产，是在南北间恢复通使关系后连续第二年出使）。王融上疏是史料中最后一次出现直勤之名，但出自南朝人之口，并非北朝第一手史料。到目前为止，我所知道的北朝原始史料中最晚出现直勤的，就是这篇元嘉的供养刺绣发愿文了。

由发愿文知道，元嘉（拓跋嘉）到太和十一年（487）四月八日时仍

---

① 据万绳楠记录，陈寅恪先生认为直勤即特勤，“为亲王之意”，见万绳楠整理《陈寅恪魏晋南北朝史讲义》，合肥：黄山书社，1987 年，第 258 页；町田隆吉《北魏太平真君四年拓跋燾石刻祝文をめぐって——“可寒”·“可敦”稱號を中心として》，岡本敬二先生退官記念論集刊行会编：《アジア諸民族における社会と文化：岡本敬二先生退官記念論集》，东京：国書刊行会，1984 年，第 88—114 页。

②《南齐书》卷四七《王融传》，北京：中华书局，1972 年，第 819 页。

③《南齐书》卷四七“校勘记”第 5 条，第 829 页。

④ 牟发松：《王融〈上疏请给虏书〉考析》，《武汉大学学报》1995 年第 5 期，第 29—32 页。

然自称直勤，可以肯定此时直勤制度仍在行用中。虽然此前一年孝文帝已经“始服衮冕，朝飨万国”了，但朝政大柄仍然掌握在冯太后手中。据《魏书》，就在元嘉造供养刺绣的后一个月，“诏复七庙子孙及外戚缌服已上，赋役无所与”[①]。这里的七庙，康乐认为，应当是指神元帝拓跋力微（始祖）、平文帝拓跋郁律（太祖）、道武帝拓跋珪（烈祖）、明元帝拓跋嗣（太宗）、太武帝拓跋焘（世祖）、文成帝拓跋濬（高宗）和献文帝拓跋弘（显祖）[②]。北魏七庙之制如果从道武帝开国时的草创期算起，到孝文帝太和十六年大举改革之前，已逾百年，虽然常常变动，但变动的只是昭成帝与献明帝，始祖力微与太祖郁律的地位一直是十分稳固的。在这个相对稳定的七庙结构下，宗室血亲的范围是从始祖神元帝力微算起的。太和十一年的诏书“复七庙子孙及外戚缌服已上，赋役无所与”，就是再次肯定已行之百年的宗室认证原则，凡力微子孙皆为宗室。从直勤制度的角度来说，就是凡力微的男性后裔皆可称直勤。

可是太和十四年九月冯太后死，半年后，孝文帝就改造了北魏的七庙制度，去掉了平文帝，以道武帝为太祖[③]；再过大半年，即太和十六年正月，“始以太祖配南郊”，一百多年来神元帝力微无可匹敌的历史地位终于被道武帝取代了，而且，仅仅四天以后，孝文帝就发动了“改降五等”，“制诸远属非太祖子孙及异姓为王”皆依次而降[④]。在新的制度下，只有道武帝的子孙可以算是宗室。如果此时仍然行用直勤制度，那么只有道武帝的男性后裔可称直勤，而此时的朝廷重臣元丕就再也不能说是“邦姓直勤渴侯”了，因为他已经失去拥有王爵的资格，也就不再能拥有直勤头衔了。

孝文帝在太和十五年和十六年对于宗庙礼制的激烈改革，与太和十一年的诏书“复七庙子孙及外戚缌服已上，赋役无所与”的立场比较起来，反差是如此之大，由此我们可以清楚地了解，太和十一年的诏书绝非孝文帝的本意，而反映了冯太后的意志。冯太后绝对没有触动那么多拓跋宗室成员政治经济利益的动力和动机，相反，她需要在厚待外戚的同时，拉拢宗室以获得支持。那么，尽管孝文帝或许略早一些已经开

---

① 《魏书》卷七下《高祖纪下》，北京：中华书局，1974 年，第 162 页。

② 康乐：《从西郊到南郊——国家祭典与北魏政治》，台北：稻禾出版社，1995 年，第 249 页。

③ 《魏书》卷一〇八之一《礼志一》，第 2747—2748 页。

④ 《魏书》卷七下《高祖纪下》，第 169 页。

始实际掌权，太和十四年九月冯太后去世之前的所有重大决策，势必要体现她的这一立场。因此，可以肯定，直勤制度的正式消亡不能早于冯太后的死亡时间，或者可以说，一定是在太和十六年正月改降五等之时或稍前一点点。

我在《北魏直勤考》中讨论过，魏晋北朝时期直勤又有特勤、提勤、敕勤等异译。作敕勤的例子如《洛阳伽蓝记》卷五载《宋云行纪》云[①]：

> 至正光元年四月中旬，入乾陀罗国，土地亦与乌场国相似，本名业波罗国，为嚈哒所灭，遂立敕勤为王，治国以来，已经二世。立性凶暴，多行杀戮，不信佛法，好祀鬼神。国中人民悉是婆罗门种，崇奉佛教，好读经典，忽得此王，深非情愿。

沙畹（Chavannes）解释敕勤"为突厥变号特勤（Tegin）之讹"[②]。这就把嚈哒的敕勤与突厥的特勤，以及拓跋鲜卑的直勤联系了起来。吐鲁番哈喇和卓90号墓出土的阚氏高昌时期《高昌主簿张绾等传供帐》（75TKM90:20），正面15行、反面2行共17行的文字中，提到一些接受传供的北族人物，其中有若愍提勤与秃地提勤无根，可以肯定是指柔然贵族[③]。提勤即直勤之异译[④]。特勤的用例见于《宋书》。《宋书》载宋将姚耸夫"手斩托跋焘叔父英文特勤首，焘以马百匹赎之"[⑤]。这个英文，很可能就是《魏书》中的"建德公婴文"[⑥]。英文、婴文，可能与北朝史书中的意文、俟汾、逸文以及前引高昌文书中的"若愍"等名号，出于同一个北族语词。而且极有可能，"宇文"的语源（etymology）也要从这个词中寻觅。此外，在不那么严格可靠的史料中，也有与直勤相关的材料。《太

① 范祥雍：《洛阳伽蓝记校注》，上海：上海古籍出版社，1978年，第317—318页。

② 沙畹：《宋云行纪笺注》，冯承钧译，收入《西域南海史地考证译丛六编》，北京：商务印书馆，1956年，第43页。

③ 唐长孺主编：《吐鲁番出土文书》第1册，北京：文物出版社，1992年，第122—123页。

④ 罗新：《高昌文书中的柔然政治名号》，原载《吐鲁番学研究》2008年第1期，收入《中古北族名号研究》，第155—165页。

⑤《宋书》卷六五《杜骥传》，第1722页。

⑥《魏书》卷一四《神元平文诸帝子孙·建德公婴文传》，第345页。本传不言婴文死于与宋的战争，或为史文遗漏。

平御览》卷五九八引石崇《奴券》[1]：

> 余元康之际，出在荥阳东住。闻主人言声太粗，须臾出，趣吾车曰："公府当怪吾家哓哓邪？中买得一恶羝奴，名宜勤，身长九尺余，力举五千斤，挽五石力弓，百步射钱孔。言读书，欲使便病。日食三斗米，不能奈何。"吾问公卖不？公喜，便下绢百匹。闻，谓吾曰："吾胡王子，性好读书，公府事，一不上券，则不为公府作。"券文曰……宜勤供笔，更作多辞。乃敛吾绢，□□而归。

我曾经讨论过，这里的宜勤当亦直勤之讹写，这个胡奴直勤，既是"恶羝奴"，又自称"胡王子"，属于魏晋时所谓胡奴。直勤乃是他作为"胡王子"所带的传统称号。魏晋洛中豪贵所谓胡奴，常得自并州，而多为羯人。因此，石崇《奴券》中"恶羝奴"，或当作"恶羯奴"。值得注意的是，在并州羯人社会里，直勤名号可能还发展成为一种美称，用作人名。南朝史书提到一个王敕勤，在《宋书》里是"冠军将军游击将军并州刺史南清河太守太原公军主王敕勤"[2]，在《南齐书》里是"辅国将军王敕勤"[3]，当然是同一个人。这个王敕勤，就是并州胡人。

《魏书》记延兴三年"刘昱将萧顺之、王敕勤等领众三万，入寇淮北诸城"[4]。又记太和十六年尉元上表议彭城军事，云："今计彼戍兵，多是胡人。臣前镇徐州之日，胡人子都将呼延笼达因于负罪，便尔叛乱，鸠引胡类，一时扇动。赖威灵遐被，罪人斯得。又团城子都将胡人王敕勤负衅南叛，每惧奸图，狡诱同党。"[5] 可见王敕勤本是北魏军队中的胡人，以团城子都将的身份叛投刘宋，遂效力于宋、齐两代。尉元所说戍守彭城的胡人，应来自并州。《宋书》记元嘉二十八年正月北魏太武帝与臧质书云："吾所遣斗兵，尽非我国人，城东北是丁零与胡，南是三秦氐、

---

① 《太平御览》卷五九八引石崇《奴券》全文，北京：中华书局影印本，1960 年，第 2694 页。又卷七七三又引其部分，第 3429 页。这个本子引文颇有衍夺，语句或难通解。兹全据严可均《全晋文》卷三三石崇《奴券》，见严可均《全上古三代秦汉三国六朝文》，北京：中华书局影印本，1958 年，第 1651 页。

② 《宋书》卷七四《沈攸之传》，北京：中华书局，1974 年，第 1935 页。

③ 《南齐书》卷二四《柳世隆传》，第 449 页。

④ 《魏书》卷五〇《尉元传》，第 1113 页。

⑤ 同上书，第 1113—1114 页。

羌。设使丁零死者，正可减常山、赵郡贼；胡死，正减并州贼；氐羌死，正减关中贼。卿若杀丁零、胡，无不利。"[①] 北魏军中的并州胡人后来被投入到彭城前线，即尉元所说的"今计彼戍兵，多是胡人"，而王敕勤就是其中的一员。《宋书》记他的官爵为并州刺史、太原公，显示刘宋对他的优遇，官以本州，爵以本州首郡。此人以敕勤为名，并不一定说明他出身贵族（如石崇《奴券》中的胡王子直勤），而是表明在并州胡人的部族传统中，直勤 / 敕勤（tigin/tegin/tekin）渐渐失去其政治名号（political titulary）的特有意义，开始向普通专名和美称方向转化，已经成为部族成员用以制名的资源。而在并州胡人以直勤 / 敕勤 / 特勤为个人取名资源的同时，拓跋鲜卑还在严格地把此名号限定在制度领域。也许，从名号分化、演化的角度看，并州胡人在政治名号的领域是先于，或绝不晚于拓跋鲜卑之采用这一名号的。

元嘉的本传附见《魏书》卷一八的《广阳王建传》下，但《魏书》此卷久佚，今本是从《北史》等书补入的，过于简略。《北史》卷一六《广阳王建传》所附元嘉的传，没有提到元嘉崇信佛教。前引《新发现的北魏刺绣》一文据唐释法琳《辨正论》卷四有"魏尚书令广阳王嘉"条，云："喜愠不形，沉敏好学，仁厚至孝，造次不渝。读一切经凡得三遍，造爱敬寺以答二皇，为众经抄一十五卷。归心委命，志在法城。"由此可以理解为什么元嘉自己和他的妻女都取有僧尼之名[②]。元嘉作为供养的此件刺绣，应是文献中所谓"幢幡"之类，是当时主要的供养功德形式之一，其数量势必多于寺庙、金石造像和石窟。这样的刺绣"绣像"幡应该是一式多件的，如此方可广泛流布，幸而其中一件在莫高窟保存下来。应当指出，今天研究北魏佛教者，注意力多集中于金石造像和石窟，少有论及"幢幡"上的绣像、织成像者[③]，那是因为金石质地易于保存而已，并非北魏佛事中只有金石造像[④]。

---

① 《宋书》卷七四《臧质传》，第 1912 页。

② 敦煌文物研究所：《新发现的北魏刺绣》，第 57 页。

③ 佐藤智水：《北魏仏教史論考》，冈山：冈山大学文学部，1998 年，第 108—110 页。

④ 承王丁先生赐示：德国探险队收集的西域佛寺遗址出土数百件幢幡残片，现有印度女学者查雅编目出版，见 Chhya Bhattacharya-Haesner, *Central Asian Temple Banners in the Turfan Collection of the Museum für Indische Kunst, Berlin. Painted Textiles from the Northern Silk Road*, Berlin: Dietrich Reimer, 2003 (Monographien zur Indischen Archäologie, Kunst und Philologie, 15)。其中有数十件丝绣残片。

前引《南齐书》王融上疏称北魏政局“师保则后族冯晋国，总录则邽姓直勒渴侯，台鼎则丘颓、苟仁端，执政则目凌、钳耳”，其中目凌应该是“丘目凌”的省写，即后来的穆氏。这里的丘目凌是指穆亮，孝文帝吊比干碑作“丘目陵亮”[①]。根据《北史》，元嘉的后妻穆氏就是穆亮的从妹[②]。这位穆氏应当就是本文所讨论的那件供养刺绣上的“妻普贤”，她与元嘉所生的元渊，《北史》避唐讳改作元深；深子元湛，字士深，后人大概嫌其与父名相重，又回改为士渊[③]。这种混乱幸赖元湛墓志而得以澄清[④]。按照这件供养刺绣的布局，在发愿文右侧的供养人像，应该是元嘉一家的男性成员，即元嘉本人和他的儿子。可惜刺绣已经严重残缺，不然的话，我们不仅可以知道元渊（元深）的僧名，而且还可以知道元嘉是否有别的儿子。

非常幸运的是，元嘉的鲜卑语本名，也保存在南朝史料里。《南齐书》两处提到北魏的“郁豆眷”，在《魏虏传》里记齐高帝建元二年（480）“（拓跋）宏遣大将郁豆眷、段长命攻寿阳及钟离”[⑤]，在《垣崇祖传》里则作“建元二年，虏遣伪梁王郁豆眷及刘昶，马步号二十万，寇寿春”[⑥]。姚薇元先生根据《魏书》记太和初元嘉被进为“假梁郡王”，考定《南齐书》里的郁豆眷即《魏书》之元嘉[⑦]。元嘉之外，以郁豆眷为名的元魏宗室，还有见于文成帝南巡碑碑阴题名的“顺阳公直勤郁豆眷”[⑧]，《魏书》和《北史》记其名为郁[⑨]，显然是截取其鲜卑语本名的第一个音节为汉名。

郁豆眷，即鲁尼文古突厥文碑铭中的ötükän，唐代译作于都斤、乌德鞬、郁督军等等，岑仲勉先生《外蒙于都斤山考》一文考证翔实，罗列

---

① 王昶：《金石萃编》卷二七，西安：陕西人民美术出版社影印扫叶山房1921年石印本，1990年。

②《北史》卷一六《太武五王传》，北京：中华书局，1974年，第616页。

③《北史》卷一六《太武五王传》“校勘记”第38条，第626—627页。

④ 赵万里：《汉魏南北朝墓志集释》，北京：科学出版社，1956年，图版第九六号。

⑤《南齐书》卷五七《魏虏传》，第986页。

⑥《南齐书》卷二五《垣崇祖传》，第462页。

⑦ 姚薇元：《宋书索虏传南齐书魏虏传北人姓名考证》，原载《清华学报》第8卷第2期（1933年6月），收入姚薇元《北朝胡姓考》（修订本），北京：中华书局，2007年，第494页。

⑧ 山西省考古研究所、灵丘县文物局：《山西灵丘北魏文成帝〈南巡碑〉》，《文物》1997年第12期，第74页。

⑨《北史》卷一五《魏诸宗室传》，第544页；《魏书》卷四四《和其奴传》，第993页。

精当,兹不赘[①]。但在唐代以下的用例中,ötükän 仅仅用来指杭爱山或其主峰,未见有用作人名者[②]。根据我们对北族名号的研究,名号起源于政治名号,分化为官称(title)和官号(appellation)两个部分。任何获得一个政治职务(官称)的人,都会同时获得只从属于他个人的、与官称一起使用的官号。政治名号 = 官号 + 官称。在 ötükän 这一名号里,ötü 是官号,kän/kan 是官称。官号与官称本来可以自由组合,但一组长期连结使用的名号(含有官号与官称两个部分)会逐渐凝聚成为一个词,在政治名号中作为一个固定的官号使用来修饰其他官称。当然,这个名号也会丧失其政治名号的某些属性,退化为普通专名(proper name),作为人名(anthroponym)、族名(ethnonym)和地名(toponym)使用。在这个意义上,我们不应当对 ötükän 这一名号组合在北朝北族中被用作人名感到奇怪。

白鸟库吉认为匈奴时代的兜衔山可能与突厥时代的于都斤山相同[③],也许比较牵强,不过岑仲勉先生把匈奴单于于除鞬的名字与 ötükän 联系起来[④],还是很有说服力的。如果这一说法成立,那么 ötükän 这一名号组合在内亚草原上的传统之悠久,应当引起我们的特别注意,特别是对匈奴与鲜卑之间在政治文化上的联系,要进行深入探究。无论如何,拓跋鲜卑集团有此名号组合是无可怀疑的,前述元魏宗室有二人以 ötükän 为名,便是显例。事实上,同样出自 ötükän 一词的汉译名号"逸豆归",还可以在东部鲜卑的宇文、慕容两部中找到用例。宇文部有所谓"别部逸豆归"[⑤],是宇文泰的祖先。慕容永的西燕政权里,有两个

① 岑仲勉:《外蒙于都斤山考》,原载《国立中央研究院历史语言研究所集刊》第 8 本第 3 分,后收入岑仲勉《突厥集史》,北京:中华书局,1958 年,第 1076—1090 页。

② 请参看蔡鸿生所译苏联学者波塔波夫的文章《古突厥于都斤山新证》,原文发表于 1957 年,译文收入蔡鸿生《唐代九姓胡与突厥文化》,北京:中华书局,1998 年,第 231—247 页。案今日杭爱山主峰犹名 Отгон Тэнгэр уул(Otgon Tenger Uul),Отгон 或许与古老的 ötükän 有联系,这显示了地名的历史连续性。

③ 白鸟库吉:《东胡民族考》,《塞外民族史研究》上册,东京:岩波书店,1986 年,第 190 页。

④ 岑仲勉:《外蒙于都斤山考》,第 1078 页。

⑤《晋书》卷一〇九《慕容皝载记》,北京:中华书局,1974 年,第 2815 页。又见《北史》卷九八《匈奴宇文莫槐传》,第 3268 页。《周书》作"侯豆归",见《周书》卷一《文帝纪上》,北京:中华书局,1971 年,第 1 页。"侯"乃"俟"之讹误,"俟豆归"即"逸豆归"。《北史》卷九《周本纪上》更误作侯归豆,见第 311 页。

逸豆归[①]，一个是慕容永的从兄太尉大逸豆归，另一个是慕容永的从子征东将军小逸豆归，之所以有大小之不同，可能是因为二人同名不易分别，只好以年龄或行辈分称大小以别之。此外，《北史》记柔然可汗大檀（牟汗纥升盖可汗）弟大那之子名于陟斤[②]。陟，据蒲立本（Edwin G. Pulleyblank）所构拟的早期中古音，应为 trik[③]，是知于陟斤亦为 ötükän 之别译。此外，一般认为出自高车的库狄氏也有以 ötükän 为名者，如《北史》记库狄干“曾祖越豆眷”[④]。

拓跋集团中还有壹斗眷和郁都甄两个姓氏，反映了以壹斗眷和郁都甄为名的两个不同部族的存在。这两个部族名称的汉字虽然分别写作壹斗眷和郁都甄，但它们都源自同一个阿尔泰语词 ötükän，而且它们得名的原因很可能是这两个部族历史上各有一位重要首领，其名号的官号部分就是 ötükän，之所以分别译作壹斗眷和郁都甄，正是为了加以区别，使人不至于误以为它们属于同一个部族。《魏书·官氏志》记“壹斗眷氏改为明氏”，“郁都甄氏改为甄氏”[⑤]。白鸟库吉指出壹斗眷氏改为明氏，是取其词义而非读音[⑥]。当然，拓跋集团姓氏汉化中的确有从义不从音者，如“叱奴氏，后改为狼氏”[⑦]，即取 čina（chino'a）的词义而非语音。这提示我们，也许从语源上理解 ötükän 的工作的确是可能的[⑧]。与壹斗眷氏改为明氏不同，郁都甄氏改为甄氏则是取音了。由于《广韵》及诸姓氏书引《魏书》时郁都甄氏被写作郁原甄氏，《魏书》中华标点本甚至怀疑郁都甄氏实当作郁原甄氏[⑨]。其实错误的是《广韵》和姓氏书，不能据以校改《魏书》。

---

①《魏书》卷九五《徒何慕容廆传》，第 2065 页。

②《北史》卷九八《蠕蠕传》，第 3252 页。

③ Edwin G. Pulleyblank, *Lexicon of Reconstructed Pronunciation in Early Middle Chinese, Late Middle Chinese, and Early Mandarin,* Vancouver: University of British Columbia Press, 1991, p. 409.

④《北史》卷五四《库狄干传》，第 1956 页。

⑤《魏书》卷一一三《官氏志》，第 3011 页、第 3013 页。

⑥ 白鸟库吉：《东胡民族考》，第 162 页。

⑦《魏书》卷一一三《官氏志》，第 3013 页。

⑧ 岑仲勉：《外蒙于都斤山考》，第 1078—1079 页。

⑨《魏书》卷一一三《官氏志》“校勘记”第 41 条，第 3023 页。

与突厥时代 ötükän 仅用作山名的情况不同[①]，包括柔然在内的鲜卑诸部以 ötükän 为人名的情况如此普遍，我们有理由相信，ötükän 在鲜卑诸族群中早已经历了由政治名号向普通名号退化的过程，反映了此一名号在鲜卑语族群中的古老存在。与 ötükän 形成鲜明对比的，是本文所讨论的北魏刺绣发愿文中提到的“直勤”(tegin/tigin/tekin)。在魏晋北朝的鲜卑语部族(目前仅知有拓跋与柔然)中，tegin/tigin/tekin 被用作特定意义的官称，反映其存在时间之未必久长。而在同时期的并州胡（即羯胡）中，敕勤名号已经被用作人名了。这个事实是否说明并州羯胡获得此一名号更早呢？当然，这是有待于今后进一步研究的[②]。

（原载《文史》2009 年第 4 期）

① 当然，这是由于我们目前的研究还相当有限。也许随着研究的深入，我们会发现突厥、回鹘时代的草原诸民族中，ötükän 不仅用作地名，也用作人名、部族名和其他专名。

② 对于这一段有关名号贬值与时间先后的猜想，远在芬兰的胡鸿同学提出这样的意见：“我想那个名号贬值与时间相关的理论，还值得进一步细化。像并州胡以敕勤为姓名，而拓跋魏仍然以直勤为贵重名号，说明同一名号在同一时间可以具有不同的价值。显然它们有共同的来源，但借入时间不同。如果名号像放射性元素衰变一样精确地贬值，照理不应该在同一时间出现这么大的差异。所以影响名号贬值速度的因素应该不只是时间，甚至不一定主要是时间，还和借入这一名号的族群本身的社会发育水平以及已有的名号系统的复杂度有关。可能并州胡羯久处中原，原有的部落结构和名号系统受到华夏式名号系统的冲击比拓跋大，贬值也就更加迅速。石勒创业中，分配给下面的名号全是将军、都督、太守之类；称赵王时，所署管理胡人的官职都叫‘门臣祭酒’‘门生主书’，虽然不伦不类，却都是汉式名号无疑。只有署给石虎的‘单于元辅’和石泰、石同等（看这几个名字应该也是石勒的同族）撰写的《大单于志》，留下一点所谓‘胡制’的影子。这可作为一个证据。”这个意见是值得进一步思考的。

北魏申洪之墓志补释

申洪之墓志（图 1）是上世纪 20 年代由日本学者在大同附近发现的，具体出土地点不详。虽然墓志志石一直收藏在大同市博物馆，但长期以来却为整理和研究北朝墓志的学者所忽略，不见收于赵万里《汉魏南北朝墓志集释》与赵超《汉魏南北朝墓志汇编》[①]。非常惭愧的是，尽管殷宪先生于 2000 年已经刊发了有关此志的研究[②]，我和叶炜在 2005 年出版的《新出魏晋南北朝墓志疏证》中还是遗漏了此志[③]。我本人更是迟至 2006 年夏拜读侯旭东先生《北魏申洪之墓志考释》一文之后[④]，才注意到这方珍贵的北魏平城时代的墓志。嗣后我曾两次访问大同博物馆，承馆方雅意，得以观摩志石之形制并细读墓志文字。当然，有赖于殷宪和侯旭东两位先生的研究，申洪之墓志的各相关问题已基本上得到解决，但墓志提到的几个北族人物和北族官名，似乎还有进一步讨论的余地。这篇小文以“补释”为题，非敢以补苴罅漏自命，实冀千虑一得，或有益于读史，虽然有时不免要小小地妄逞臆测。

先转录申洪之墓志全文如下，文字与标点尽据侯旭东文：

君姓申，讳洪之。魏郡魏县人也。曾祖钟，前赵司徒、东/阳公。祖道生，辅国将军、兖州刺史、金乡县侯，子孙家/焉。君少遭屯

① 赵万里：《汉魏南北朝墓志集释》，北京：科学出版社，1956 年；赵超：《汉魏南北朝墓志汇编》，天津：天津古籍出版社，1992 年。

② 殷宪：《北魏早期平城墓铭析》，中国魏晋南北朝史学会、大同平城北朝研究会编：《北朝研究》第 1 辑，北京：北京燕山出版社，2000 年，第 163—192 页。

③ 罗新、叶炜：《新出魏晋南北朝墓志疏证》，北京：中华书局，2005 年。

④ 侯旭东：《北魏申洪之墓志考释》，吉林大学古籍研究所“1—6 世纪中国北方边疆·民族·社会国际学术研讨会”论文，长春：2006 年 8 月。此论文收入吉林大学古籍研究所编《“1—6 世纪中国北方边疆·民族·社会国际学术研讨会”论文集》，北京：科学出版社，2008 年，第 207—223 页。

图 1　申洪之墓志

> 塞，与兄直勤令乾之归命于魏。君识干 / 强明，行操贞敏，孝友慈仁，温恭惠和。兄弟同居，白首 / 交欢，闺门怡怡，九族式范。是以诠才委任，甫授东宫 / 莫堤，将阐茂绩，克崇世业，而降年不遐，年五十有七，/ 以魏延兴二年十月五日丧于京师。以旧坟悬远，归 / 窆理难，且赢博之葬，盖随时矣。考谋龟筮，皆亦云吉，/ 遂筑堂于平城桒乾河南。行随化往，德与时著，敢克 / 斯石，以昭不朽。/
>
> 先地主文忸于吴提、贺赖吐伏延、贺赖吐根、/ 高梨高郁突四人边买地廿顷，官绢百匹。从来 / 廿一年，今洪之丧灵，永安于此，故记之。

根据我们对中古北族传统中的政治名号（political titulary）的了解，北朝北族社会中包括姓和名在内的名氏系统（anthroponym），在很大程度上都根源于政治名号。通常，姓源自部族名（ethnonym），部族名则来自该部族历史上某位重要领袖的官号（appellation），而官号是政治名号的一部分[①]。政治名号中的官号和官称，构成政治人物的个人名号，同时也成为家庭制名的主要资源。因此，官名、家庭姓氏和人名虽然在华夏社会的文化环境下有巨大差异，但从起源意义上说，在北族的历史传统中则没有什么分别，都可以纳入到名号研究的视域之中。这篇小文就是要尝试对申洪之墓志中的北族名号略加分析。

申洪之墓志提到的北魏官名有1）直勤令，2）东宫莫堤；北族人物则有1）文忸于吴提，2）贺赖吐伏延，3）贺赖吐根，4）高梨高郁突。其中作为官名的直勤令一时难以索解，姑置不论；而高梨高郁突可能正如周伟洲、殷宪先生所说是高句丽人[②]，其名字的语源是高句丽语还是鲜卑语[③]，实未可知，故此处亦不加讨论。下面依次讨论此二者之外的四个北族名号。

一、东宫莫堤

侯旭东先生在前引文章中对“东宫莫堤”进行了探讨，指出这是一个源自鲜卑自身政治传统的官职，也许可以与“东宫内侍长”“东宫侍郎”相对应。这是非常重要的提示。在孝文帝改革以前，北魏的官制杂糅了魏晋官制与草原旧制两种不同的传统，名号纷错，未可以其中之一种概言另一种，两者也不可能有严格的对应关系。东宫侍郎、东宫内侍长也都是后来追述时依汉魏传统的译名。《魏书》卷八四《儒林·陈奇传》：

> 奇曰：“祖，燕东部俟厘。”雅质奇曰：“俟厘何官也？”奇曰：“三皇不传礼，官名岂同哉？故昔有云师、火正、鸟师之名。以斯而言，世革则官异，时易则礼变。公为皇魏东宫内侍长，侍长竟何职也？”由是雅深憾之。[④]

---

① 有关中古北族政治名号的分析方法与案例研究，请参看我在《中古北族名号研究》一书中所收的各篇文章，北京：北京大学出版社，2009年。

② 殷宪：《北魏早期平城墓铭析》，第189—190页。

③ 尽管现代朝鲜语（韩国语）是否能够列入阿尔泰语系是存在着很大争议的，但古代高句丽的语言比较接近阿尔泰语系的满洲-通古斯语族和古蒙古语语族，则是无可怀疑的。

④《魏书》卷八四《儒林·陈奇传》，北京：中华书局，1974年，第1846—1847页。“俟厘”《魏书》讹作“侯厘”，见“校勘记”第3条，第1867页。

能够与“俟匿”（il/el）对举且令游雅哑口无言的，自然不是“侍长”这一官名，而是“莫堤”一类的北族名号。《南齐书》记北魏官制，称“又有俟勤地何，比尚书；莫堤，比刺史；郁若，比二千石；受别官比诸侯”[①]，提到莫堤即相当于魏晋官制中的刺史，当然，这一解释在官职的阶级和职掌方面并没有很大的参考价值，最主要的意义在于说明了莫堤这一官职在北魏政权中的普遍存在，而申洪之墓志所记的东宫莫堤只是其中之一而已。应该注意的是，作为官称的莫堤来自北族政治名号，而古老的政治名号通常也会成为家庭制名的资源。事实上拓跋集团就有以莫提为名者，如《魏书》记穆崇宗人丑善之子名莫提[②]，《宋书》记北魏有武昌王宜勒（即直勤）库莫提（由库与莫提两个部分联合组成的一组名号）[③]。莫提、莫堤，无疑是同名异译。北魏郭定兴墓志称定兴之父郭沙为“库部莫堤”[④]，是另一个用例。

那么，莫堤的语源（etymology）又是什么呢？

我猜想，北魏的莫堤与后来突厥时代的 bitig 有一定联系。古突厥文 bitig 的意思是书写、书记或记录。这个词出现在阙特勤碑的南面第 13 行（bu bitig“此一铭文”）、东南面（bunča bitig“这篇铭文”）、北面第 13 行（bitig taš, 碑石）[⑤]。阙利啜碑南面第 3 行的最后 3 个词“bunča bitig bitidim”（“我写下了这篇铭文”）[⑥]，更标明了 bitig 的词根 biti。出自敦煌藏经洞、编号 Or. 8212 的古突厥文《占卜经》（*Irk Bitig*）之得名，就因为其第 66 段（第 101 页）有一句：“bu ırk bitig (ä)dgü ol.”（“这本预言书是很好的。”）[⑦] 这个词在突厥语族各语支的使用情况，可以参

---

① 《南齐书》卷五七《魏虏传》，北京：中华书局，1972 年，第 985 页。

② 《魏书》卷二七《穆崇传》，第 676 页。

③ 《宋书》卷九五《索虏传》，北京：中华书局，1974 年，第 2334 页。

④ 洛阳市第二文物工作队：《洛阳纱厂西路北魏 HM555 发掘简报》，《文物》2002 年第 9 期。请参看罗新、叶炜《新出魏晋南北朝墓志疏证》，北京：中华书局，2005 年，第 95—96 页。

⑤ Talât Tekin, *A Grammar of Orkhon Turkic,* Bloomington, IN: Indiana University, 1968, pp. 231-238. 耿世民：《古代突厥文碑铭研究》，北京：中央民族大学出版社，2005 年，第 135—137 页。

⑥ Talât Tekin, *A Grammar of Orkhon Turkic,* p. 258. 耿世民：《古代突厥文碑铭研究》，第 182 页。铭文中 biti-(后面的 -dim 是第一人称单数过去式的后缀）是“书写”的动词，而 bitig 则是名词，表示书写的结果或书写动作本身。

⑦ Talât Tekin, *Irk Bitig: The Book of Omens,* Wiesbaden: Harrassowitz Verlag, 1993, p. 27.

看克劳森词典的简明概述[①]。后来突厥语族各语言中“书”的这一义项逐渐为阿拉伯语借词 kitap 所取代，但即使在现代土耳其语的一些东部方言中，还是保留了 bitgi 这个词[②]，而 bitgi 也许是 bitig 语音换位（metathesization）之后的形式。

有趣的是，名词 bitig 的词根是动词 biti（很多研究者认为最后的元音 i 是一个长元音），而 biti 是一个从汉语借入的借词，其语源就是我们熟悉的“笔”。据蒲立本（Edwin G. Pulleyblank）构拟的中古音，“笔”音 pit[③]，借入强调元音的阿尔泰语以后读作 biti 是十分贴切的。问题是，在汉语中“笔”兼有名词与动词两种词性，那么借入阿尔泰语言后如何加以区别呢？是否以重读部位的不同来区别呢（这样就可以解释碑铭中作为动词的 biti 后面都是长元音）？这还需要阿尔泰学专家来研究。很显然，早于突厥汗国的拓跋鲜卑已经在使用这个借词了，或者可以说，这个借词早就完成了内化为北族语词的过程，只是不清楚鲜卑人是在进入草原腹地之后才从突厥语部族借入了这个词，还是在更早的时候就已经使用这个借词了。

有这一语词知识为背景，《魏书》中的一个故事就可以获得新的解释了。《魏书》卷二八《古弼传》：

> 古弼，代人也。少忠谨，好读书，又善骑射。初为猎郎，使长安，称旨，转门下奏事，以敏正著称。太宗嘉之，赐名曰笔，取其直而有用，后改名弼，言其辅佐材也。……世祖大阅，将校猎于河西。弼留守，诏以肥马给骑人，弼命给弱者。世祖大怒曰：“尖头奴，敢裁量朕也！朕还台，先斩此奴。”弼头尖，世祖常名之曰笔头，是以时人呼为笔公。[④]

这段记事是有一点混乱的。从字面上看，古弼在明元帝时候被赐名为

---

① Sir Gerard Clauson, *An Etymological Dictionary of Pre-Thirteenth-Century Turkish,* Oxford: the Clarendon Press, 1972, p. 303.

② İsmet Zeki Eyuboğlu, *Türk Dilinin Etimolojik Sözlüğü,* İstanbul: Sosyal Yayınlar, 2004, p. 93.

③ Edwin G. Pulleyblank, *Lexicon of Reconstructed Pronunciation in Early Middle Chinese, Late Middle Chinese, and Early Mandarin,* Vancouver: University of British Colombia Press, 1991, p. 33.

④《魏书》卷二八《古弼传》，第 689—692 页。

"笔"，后改为"弼"，原因都与古弼的品德和能力有关，而与其体貌特征无关。而到了太武帝时，由于古弼的头比较尖，形似笔头，故太武帝称之为尖头奴、笔头，当时人也都呼曰笔公。可是，如果我们知道"笔"即biti，考虑到人名称呼在不同语言环境中的不同应用，就会理解明元帝之所以给古弼赐名"笔"，一定是因为古弼头型似笔，而他当时又担任"门下奏事"，其职掌与文书的上下行关系密切；明元帝所赐的"笔"是鲜卑名（即biti），汉字"弼"则是书之于汉文文书时所定的雅名。中古汉语"弼"的读音是bit[①]，完美地对应了鲜卑语的biti。"取其直而有用"（笔）、"言其辅佐材也"（弼），都不过是后来的缘饰。因此，太武帝称古弼为笔头，也许是以biti加上一个表示"头"（如突厥语中的baš）的鲜卑语词，从而组合为一组新名号，构成了古弼的新名，并且流行于当时。《宋书》所记的吐奚弼[②]，即《魏书》的古弼[③]。如果不了解鲜卑语环境下"笔"的读音，《魏书》此段记事就难以得到确解。

据以上所说，莫堤应该是从biti派生出的、职掌与文书有关的一个官称。《南齐书》记录北魏职官，称"曹局文书吏为比德真"[④]。李盖提（Louis Ligeti）认为比德真是对应蒙古语形式的bitekčin，而不是突厥语的bitigüči和bitkäči两种形式[⑤]。无论是古代蒙古语的bitekčin，还是古代突厥语的bitigüči和bitkäči，其词根都是从汉语借入的biti，这一点大概是没有疑问的。莫堤的地位远远高于比德真，这也许是其词尾不加上-čin或-či这个后缀的原因。

---

① Edwin G. Pulleyblank, *Lexicon of Reconstructed Pronunciation in Early Middle Chinese, Late Middle Chinese, and Early Mandarin*, p. 36.

② 《宋书》卷九八《氐胡传》，第2409页。同书卷九五《索虏传》记作吐奚爱弼，见第2335页。"爱"当是衍文。

③ 姚薇元：《宋书索虏传南齐书魏虏传北人姓名考证》，原载《清华学报》第8卷第2期（1933年6月），收入姚薇元《北朝胡姓考》（修订本），北京：中华书局，2007年，第477页。

④ 《南齐书》卷五七《魏虏传》，第985页。

⑤ Louis Ligeti, Le Tabghatch, un dialecte de la langue Sien-pi, in: Louis Ligeti ed., *Mongolian Studies* (Bibliotheca Orientalis Hungarica, Vol. XIV), Budapest: Akadémiai Kiadó, 1970, pp. 265-308.

二、文忸于吴提

殷宪和侯旭东两位先生已经指出，文忸于、万忸于和勿忸于都是对同一个北族姓氏的不同汉文音译，迁洛后改为于氏。吴提显然也是那时北族的常用名，最有名的是柔然敕连可汗，其本名即吴提[①]。北魏文成帝南巡碑碑阴题名里，有内三郎怡吴提和内三郎丘目陵吴提[②]。北魏苟颓的祖父名乌提[③]，吐谷浑有将领名呼那乌提[④]，赫连夏有河内公费连乌提[⑤]，乌提是吴提的异译。这个文忸于吴提，可能就是《魏书》和《北史》有传的于提[⑥]。《北史》卷八五《节义传》:

> 朱长生、于提者，并代人也。孝文时，长生为员外散骑常侍，与提俱使高车。既至，高车王阿伏至罗责长生等拜，长生拒之。阿伏至罗乃不以礼待。长生以金银宝器奉之，至罗既受献，长生曰:“为臣内附，宜尽臣礼，何得口云再拜，而实不拜。”呼出帐，命众中拜。阿伏至罗惭其臣下，大怒曰:“帐中何不教我拜，而辱我于大众?”夺长生等献物，内之丛石，兵胁之曰:“为我臣则活，不降则杀汝!”长生与于提瞋目厉声责之曰:“我为鬼，不为汝臣!”阿伏至罗大怒，绝其饮食。从者三十人皆求阿伏至罗，乃给以肉酪。长生与提又不从，乃各分徙之。三岁乃放还。孝文以长生等守节，远同苏武，拜长生河内太守，提陇西太守，并赐爵五等男，从者皆为令长。[⑦]

这个故事的起因见于《北史》卷九八《高车传》:

> (太和)十四年，阿伏至罗遣商胡越者至京师，以二箭奉贡。云:

---

① 《北史》卷九八《蠕蠕传》, 北京: 中华书局, 1974 年, 第 3293 页。

② 山西省考古研究所、灵丘县文物局:《山西灵丘北魏文成帝〈南巡碑〉》,《文物》1997 年 12 期，第 77 页。

③ 《魏书》卷四四《苟颓传》, 第 993 页。

④ 《晋书》卷一二五《乞伏炽磐载记》, 北京: 中华书局, 1974 年, 第 3123 页。

⑤ 《通鉴考异》, 附见《资治通鉴》卷一二一宋文帝元嘉五年二月, 北京: 中华书局, 1956 年, 第 3799 页。

⑥ 《魏书》卷八七原阙, 今本乃后人以某种史钞所补, 文字与《北史》略有不同。请参看中华书局标点本此卷“校勘记”第 1 条, 第 1897 页。

⑦ 《北史》卷八五《节义传》, 第 2845 页。

“蠕蠕为天子之贼，臣谏之不从，遂叛来此，而自竖立，当为天子讨除蠕蠕。”孝文未之信也，遣使者于提往观虚实。阿伏至罗与穷奇遣使者薄颉随提来朝，贡其方物。诏员外散骑侍郎可足浑长生复与于提使高车，各赐绣袴褶一具，杂彩百匹。[①]

在与可足浑长生（即朱长生）正式出使高车之前，于提曾受孝文帝之命前往高车“观虚实”。于提能够多次担负这种特殊的外交使命，或许因为他和北魏末年的于谨一样具备“兼解诸国语”的能力[②]，可惜史书没有保存相关的史料。按照北魏代人姓名汉化或史官追记的习惯，文忸于吴提应简化作于提。而从《魏书》《北史》中于提活动的时代来看，也正在孝文帝前后，与申洪之墓志中的文忸于吴提基本同时。因此，尽管北族同名同姓的情况非常普遍，把于提与文忸于吴提勘同，还是有相当理由的。

现在我们对文忸于和吴提这两个名号的语源作一点大胆的推测。

文忸于（万忸于、勿忸于）的语源，可能是古突厥文碑铭中的mängü/mäŋgü/beŋgü（不朽、永恒）。阙特勤碑南面第11行和第12行都提到beŋgü taš（永久之石）[③]，而翁金碑还记录了它的另一个形式beŋigü[④]，《突厥语大词典》收录了mäŋgü的形式，丹可夫（Dankoff）指出该词具有简单名词和动名词的双重词性[⑤]。克劳森说突厥语的这个词是很早就从蒙古语借入的，而中古蒙古语的形式是möŋke[⑥]。1953年在蒙古国发现的“释迦院碑记”（又称“蒙哥汗碑”）的蒙古文部分，记蒙哥

① 《北史》卷九八《高车传》，第3274页。

② 《周书》卷一五《于谨传》，北京：中华书局，1971年，第244页。

③ Talât Tekin, *A Grammar of Orkhon Turkic,* p. 232. 耿世民：《古代突厥文碑铭研究》，第119—120页。

④ Talât Tekin, *A Grammar of Orkhon Turkic*, p. 256. 耿世民：《古代突厥文碑铭研究》，第190页。

⑤ Mahmūd al-Kāšgari, *Compendium of the Turkic Dialects*（*Dīwān Luγāt at-Turk*）, Edited and Translated with Introduction and Indices by Robert Dankoff, in collaboration with James Kelly, Cambridge, MA: Harvard University, 1982, Part II, p. 343.

⑥ Sir Gerard Clauson, *An Etymological Dictionary of Pre-Thirteenth-Century Turkish,* pp. 350-351.

汗的蒙古语称号是 Mongke Qaγan[①]，可见在中古蒙古语世界里 möngke 曾被用作可汗号，其政治名号的属性是非常明确的。现代土耳其语还保留了 bengi 这个形式。假定这个词作为专名早已在鲜卑社会中行用，而且其最末一个音节的辅音 g- 是弱读甚至不发音的（即土耳其语中的 ğ），那么中间嵌入了一个元音的 beniğü/meniğü 形式，就可以与文忸于（万忸于、勿忸于）对应起来。

如果 -en 作为复合元音从属于词首的辅音 m-/b-，鼻音 -n 不与后面的元音连读，则 ben-i-ğü/men-i-ğü 的形式就会忽略掉汉译中的"忸"音。依据这种读音分析，我们就可以理解，见于《魏书》卷九《肃宗纪》的"凉州幢帅于菩提"[②]，到《北史》卷九六《吐谷浑传》被写作"万于菩提"[③]。这里的万于，并不是万忸于的省写，而是 män-i-ğü 这种形式的确切拟音。正是在这一认识的基础上，我们还要进一步指出，十六国时期出现的没奕于氏（如果"于"字并非"干"字误写的话），以及史料中北魏后期才出现的万俟氏，可能与代北的文忸于（万忸于、勿忸于）氏，都是同一个名号的不同汉译。这种同一姓氏在北魏前后有不同汉译形式却又为史官所忽略的情况，从一个侧面反映了代北传统在洛阳的断裂。

吴提、乌提的语源暂时难有确解，我们在这里斗胆建议一个。

鲁尼文古突厥文碑铭中的 ötükän，唐代译作于都斤、乌德鞬、郁督军等等，岑仲勉先生《外蒙于都斤山考》一文有详细考证[④]。我们也曾经指出，ötükän 这个名号在十六国北朝各鲜卑集团中又被用作人名和部族名，其汉译形式有郁豆眷、逸豆归、于陟斤、越豆眷、壹斗眷、郁都甄等[⑤]。根据我们的分析，和所有中古北族的政治名号一样，ötükän 也是由官称（title）和官号（appellation）两个部分组成的，其中 ötü 是官号，kän（即 qan/kan 的前元音形式）是官称。当然我们已不可能准确地

---

① Yöngsiyebü Rinčen, L'inscription sinomongole de la Stèle en L'honneur de Möngke Qaγan, in: *Central Asiatic Journal,* vol. IV (1959), pp. 130-138; Nicholas Poppe, Notes on the Monument in Honor of Möngke Khan, in: Central Asiatic Journal, vol. VI (1961), pp. 14-23.

②《魏书》卷九《肃宗纪》，第 236 页。

③《北史》卷九六《吐谷浑传》，第 3185 页。

④ 岑仲勉：《外蒙于都斤山考》，原载《国立中央研究院历史语言研究所集刊》第 8 本第 3 分，收入岑仲勉《突厥集史》，北京：中华书局，1958 年，第 1076—1090 页。

⑤ 请参看本书《跋敦煌莫高窟所出北魏太和十一年刺绣发愿文》一文。

了解 ötükän 的语义和语源，虽然后世蒙古语中与 ötükän 有继承关系的 etügen 等都是土地女神之名[①]，但可能是专名借用发生了概念转移。不过，由于《魏书》记“壹斗眷氏改为明氏”，似乎给我们理解 ötükän 的语义提供了一个机会。白鸟库吉指出壹斗眷氏改为明氏，是取其词义而非读音[②]。拓跋集团姓氏汉化中从义不从音的例子还有一些，如“叱奴氏，后改为狼氏”[③]，即取 čina (chino'a) 的词义而非语音。因此，即使岑仲勉先生所谓 ötükän 在语源上有神明之意未必可取[④]，要说 ötükän 或其中的 ötü 与“光明”有关，总是大致可行的。

吴提、乌提，或许就是 ötü 的汉译。尽管目前在唐代及其以前的北族语文资料（主要是古突厥文文献）中找不到 ötü 的用例，但由于它作为官号部分用于 ötükän 这一名号组合中，可以肯定 ötü 是一个古老的名号。从读音上看，用以与吴提、乌提相勘同，似乎是说得过去的。顺便指出，《魏书》记太武帝时期有个“安远将军、广川公乙乌头”[⑤]，这个乌头如果是音译人名的话，大概与吴提、乌提是对同一个名号的异译。而且，代北姓氏中的尉迟氏，极可能也是源于同一个名号。

三、贺赖吐伏延

首先讨论姓氏“贺赖”。《魏书》记“神元皇帝时余部诸姓内入者”之贺赖氏，与“北方贺兰”氏，都改为贺氏[⑥]。姚薇元先生认为“贺赖乃贺兰之异译，二者本一氏也”[⑦]。依此理解，贺赖、贺兰为同一姓氏，本无区别，异译的差异是随机的和偶然的。胡三省虽然也把二者理解为同一姓氏，但对差异的解释不同，他认为之所以会有赖、兰之异，“盖内入者

① 山田信夫:《テュルクの聖地ウトュケエン山——ウトュケエン山に関する覚書 1》，收入山田氏《北アジア游牧民族史研究》，东京：东京大学出版会，1989 年，第 59—71 页。

② 白鸟库吉:《东胡民族考》，收入《塞外民族史研究》上册，东京：岩波书店，1986 年，第 162 页。

③《魏书》卷一一三《官氏志》，第 3013 页。

④ 岑仲勉:《外蒙于都斤山考》，第 1078—1079 页。

⑤《魏书》卷五一《封敕文传》，第 1135 页。

⑥《魏书》卷一一三《官氏志》，第 3007、3013 页。

⑦ 姚薇元:《北朝胡姓考》(修订本)，第 36—43 页。

为贺赖氏,留北方者为贺兰氏。兰、赖语转耳"[①]。这显然是对前述《魏书》"诸姓内人"和"北方贺兰"说法的机械套用。事实上《魏书》的"内人"是指力微时期加入拓跋集团者,而"北方贺兰"也绝不是"留北方者",要知道凡是在太和后期接受了姓氏改革的代人,都是内迁代人,那些滞留在六镇地带的代人大多数都还没有参与进来。

据我的初步印象,《魏书》记北魏迁洛以前的史事,贺兰、贺赖两氏都有,北魏前期的石刻史料记具体姓名时有贺赖无贺兰,而到了北魏末年至北周的史料中,却只有贺兰而无贺赖了。贺赖、贺兰是同一个名号,这一点大概无人否认。可是我们知道,拥有同样名号的不同部族未必有亲缘关系,而且在汉字音译时还会故意以不同汉字加以区别[②]。北魏前期也许分别存在着以贺赖和贺兰为名的部族,才会形成贺兰、贺赖两氏并存的情况。而北朝后期的贺兰氏都是新从北镇南下的,他们选择贺兰而不是贺赖,或许因为贺兰氏为北魏开国时期的著名姻族,名声更为响亮。

但无论如何,贺赖、贺兰应当有共同的语源。《元和郡县图志》解释贺兰山得名之由,云:"山有树木青白,望如驳马,北人呼驳为贺兰。"[③]按杜佑的说法,北人是指突厥人。《通典》记北方诸国之"驳马国"条下有小注云:"突厥谓驳马为曷剌,亦名曷剌国。"[④]《新唐书》记驳马国"或曰弊剌,曰遏罗支,直突厥之北,距京师万四千里"[⑤]。遏罗、曷剌大概是同一个突厥语词。《突厥语大词典》记录乌古斯(Oγuz)方言有关"混合"词义的词根,有 qar-[⑥],音、义都可以与"驳"联系起来。但是我怀疑对贺兰山名语源的解释,是唐人根据突厥语知识而附会出来的,这个解释也许不仅不能用来说明贺兰山得名之由,而且也不宜用以解释北朝的重要名号贺赖、贺兰的语源。

魏晋北朝的贺赖、贺兰应该另有语源,因为这个名号不仅用作部族

---

①《资治通鉴》卷一〇八晋孝武帝太元二十一年十二月胡注,第 3435 页。

② 罗新:《论阙特勤之阙》,原载《中国社会科学》2008 年第 3 期,收入《中古北族名号研究》,第 194—212 页。

③ 李吉甫:《元和郡县图志》卷四,贺次君点校,北京:中华书局,1983 年,第 95 页。

④ 杜佑:《通典》卷二〇〇,王文锦等校点,北京:中华书局,1988 年,第 5493 页。

⑤《新唐书》卷二一七下《回鹘传下》,北京:中华书局,1975 年,第 6146 页。

⑥ Mahmūd al-Kāšgari, *Compendium of the Turkic Dialects*(*Dīwān Luγāt at-Turk*), Part I, p. 326; Part II, p. 57; Part III, p. 128.

名，还用作职官名和人名。东魏时侯景部下有一个将领库狄曷赖[①]，这个用作人名的曷赖与贺赖、贺兰是同一个名号。《南齐书》记北魏孝文帝的黑毡行殿旁边“皆三郎曷刺真”[②]，“曷刺真”之“真”，是蒙古语后缀čin[③]。同书同卷又说北魏“带仗人为胡洛真”[④]，文成帝南巡碑还提到许多斛洛真，胡洛真、斛洛真，当然都“曷刺真”的异译。唐代突厥语族群继承了北朝的这一名号。《通典》记唐代仆骨部有“大酋婆匐俟利发歌蓝伏延”[⑤]，《新唐书》写作“娑匐俟利发歌滥拔延”[⑥]，歌蓝、歌滥当即贺赖、曷刺、贺兰、曷赖之异译。

赖、刺、兰、蓝、滥这几个汉字的中古音分别是 laj^h, lat, lan, lam, lam^h[⑦]，除去音调的差异，这里有四个音，即 laj，lat，lan 和 lam，它们都被用来对拟某个辅音为 r-，元音为 -a，-an，-am 或 -aj 的音。考虑到刺是以 -t 收声的入声字，我感觉原元音最大的可能是 -an（也就是说，贺赖、贺兰的语源或许是 qaran）。这个现象说明，中古时代以汉字音译北族语词时，存在着对 -a，-an，-am 以及 -aj 这些具有不同尾音的元音之间的差异予以忽略的习惯。这一观察对于我们进一步讨论中古汉字音译的北族名号，是有着重要意义的。

接下来我们讨论“吐伏延”这一组被用作人名的名号。这一组名号是由两个部分组成的，即“吐”与“伏延”。这个“吐”，与“吐谷浑”之“吐”一样，对应的是后来突厥文中的 ton，而正是这个 ton，与 yuquq（通常汉译为欲谷）一起组合成著名的“暾欲谷”名号[⑧]。《旧唐书》记西突厥咄陆五啜，其三曰摄舍提暾啜；弩失毕五俟斤，其三曰拔塞干暾沙钵俟斤[⑨]。

---

① 《北齐书》卷二〇《慕容俨传》，北京：中华书局，1972 年，第 280 页。

② 《南齐书》卷五七《魏虏传》，第 994 页。

③ 亦邻真：《中国北方民族与蒙古族族源》，《亦邻真蒙古学文集》，呼和浩特：内蒙古人民出版社，2001 年，第 561 页。

④ 《南齐书》卷五七《魏虏传》，第 985 页。

⑤ 杜佑：《通典》卷一九九，第 5467 页。

⑥ 《新唐书》卷二一七下《回鹘传下》，第 6140 页。

⑦ Edwin G. Pulleyblank, *Lexicon of Reconstructed Pronunciation in Early Middle Chinese, Late Middle Chinese, and Early Mandarin*, pp. 181-182.

⑧ 罗新：《再说暾欲谷其人》，原载《文史》2006 年第 3 期，收入《中古北族名号研究》，第 213—224 页。

⑨ 《旧唐书》卷一九四下《突厥传下》，北京：中华书局，1975 年，第 5186 页。

在这两个例子里，暾（ton）分别是官称啜（Čor）和俟斤（Irkin）的官号。《新唐书》记葛逻禄有“叶护顿毗伽”①，顿也是ton的异译，顿毗伽（Ton Bilgä）是葛逻禄叶护的叶护号。《文苑英华》载张九龄《侍中兼吏部尚书裴光庭神道碑》，记开元中突厥来使为“其相执失颉利发与其介阿史德暾泥熟”②。“暾泥熟”是由暾与泥熟两个名号联合构成的一组名号，其结构形式与暾欲谷完全一样。克利亚什托尔内还指出，西突厥统叶护可汗的可汗号“统叶护”，在吐蕃文献中写成Ton Yabgo③，可见统也是ton（暾）的异译。

伏延就比较简单了。伏延应当就是bayan的音译。这个bayan在北朝隋唐时期又有莫缘、拔延、磨延等异译④。兹不赘述。总之，“吐伏延”实即Ton Bayan之汉文音译。

四、贺赖吐根

贺赖已如上述，现在我们只讨论吐根。北朝史料中以吐根为名者还有两个人，一个是北魏道武帝之孙，一个是北齐时的“安息胡人”。《北史》记道武帝之子“京兆王黎，天赐四年封。薨。子吐根袭，改封江阳王”⑤。吐根，《魏书》作“根”⑥，显然是一个简写。另有北齐时的“安息胡人”安吐根，亦以吐根为名⑦。安吐根虽然出自中亚，但曾祖时已经入魏，他本人多次代表东魏出使柔然，理应精通北族语言。正如下面所要讨论的，吐根乃北族名号，出自中亚的安吐根竟按照北族传统取名，可见北朝时东来的粟特等西域胡人已经融入了鲜卑社会。

和几乎所有常见的北朝北族名号一样，吐根也有许多汉文异译。现

---

①《新唐书》卷二一七下《回鹘传下》，第6143页。

②《文苑英华》卷八八四，北京：中华书局影印本，1966年，4660页。

③ 克利亚什托尔内：《古代突厥鲁尼文碑铭——中亚细亚史原始文献》，李佩娟译，哈尔滨：黑龙江教育出版社，1991年，第26页。

④ 罗新：《虞弘墓志所见的柔然官制》，原载《北大史学》第12辑，收入《中古北族名号研究》，第123—127页。

⑤《北史》卷一六《道武七王传》，第595页。

⑥《魏书》卷一六《道武七王传》，第401页。

⑦《北史》卷九二《恩幸传》，第3047页。

在我们试把这些异译罗列如下：

a. 狄干　　北魏初有贺狄干[①]，与贺赖吐根同名同姓。

b. 地干　　北魏昭成帝第七子名地干[②]，明元、太武时期有尉地干[③]；地干有时被误写作地于，如《北史》记孝文帝初年“时有敕勒部人蛭拔寅，兄地于坐盗食官马，依制命死”[④]，“地于”是“地干”的讹写。

c. 沓干　　北魏道武帝时有“幽州刺史封沓干”[⑤]，太武帝时有宿沓干[⑥]；“沓干”有时被误写作“沓千”，如献文帝时尉元上表提到“子都将于沓千”[⑦]，“沓千”是“沓干”的讹写。

d. 丑归　　北魏初叔孙建“长子俊，字丑归”[⑧]。

e. 度归　　北魏太武帝时有“成周公万度归”[⑨]，在北魏进兵西域的历史上非常重要。

f. 地鞬　　北魏道武帝时有“纥突邻大人屈地鞬”[⑩]。

以上六种汉译形式，极可能都是吐根的异译。此外，根据前面有关汉译时忽略某些元音尾音差异的讨论，我们还想建议，北魏时的北族官称“地河”或“地何”，也可以纳入到这种异译的系列中来。而且，唐代契丹有李吐干[⑪]，这个吐干，应该也是一种异译。

那么，吐根、狄干、地干、沓干、丑归、度归、地鞬等等这些汉译形式，其共同的语源是什么呢？这个问题当然难以获得确解，不过我们在这里打算提供一个假说：后来突厥语世界里常见用作人名的togan/toγan，或

---

①《魏书》卷二八《贺狄干传》，第685—686页。

②《北史》卷一五《魏诸宗室传》，第560页。

③《魏书》卷二六《尉古真传》，第659页。

④《北史》卷八五《节义传》，第2844页。

⑤《魏书》卷二《太祖纪》，第36页。

⑥《魏书》卷三〇《宿石传》，第724页。

⑦《魏书》卷五〇《尉元传》，第1111页。

⑧《魏书》卷二九《叔孙建传》，第705页。

⑨《魏书》卷四下《世祖纪下》，第98页。

⑩《魏书》卷二《太祖纪》，第23页。屈地鞬，《北史》卷九八《高车传》作屋地鞬，见第3276页。案屋、屈二字形近易讹，必有一误，但要判断孰正孰误，则殊为不易。如果作屋，则其语源当为ev，如果作屈，则其语源是kül，二者皆可通。

⑪《资治通鉴》卷二一二唐玄宗开元十二年，第6762页。《旧唐书》卷一九九下《北狄·契丹传》作“吐于”，见第5352页，“吐于”显然是“吐干”的讹写。

许就是上述诸种汉译形式共同的北族语源。

《突厥语大词典》在解释“回鹘”（uyγur）这个词时，提到与作者同时的一个人，全名是 Nizām ad-Din Isrāfil Toγan Tegin[①]，其中 Toγan 作为特勤（Tegin）号的一部分使用。与它前面那些源于伊斯兰教的名号不同，Toγan 是源于阿尔泰语的；至于是来自古突厥语还是古蒙古语，如果我们上面的建议成立的话，那么我们可以说，至少在中国中古的史料中，是两者都可能的。

接下来的问题是：作为名号的 togan 的语源又是什么呢？古突厥文《占卜经》（*Irk Bitig*）在第 4 段、第 44 段和第 64 段提到 togan kuš（隼鸟）[②]，与第 3 段、第 43 段和第 51 段的 kara kuš（鹰）对举[③]，togan 就是隼。因此可以认为，togan 的本义是隼，作为一个美称成为名号，主要是官号和人名。以凶猛的动物名为美称名号，本来就是阿尔泰民族的传统，如虎（bars）、狮（arslan）、狼（böri 和 čina）等等，togan 之成为常用名号，便是源自这一古老的传统。

德福（Gerhard Doerfer）在《新波斯语中的突厥语与蒙古语因素》（*Türkische und mongolische Elemente im Neupersischen*）的第 3 册《新波斯语中的突厥语因素》（*Türkische Elemente im Neupersischen*）中，讨论了波斯语中的طوغان（ṭōġān）一词，对该词的解释是：“鹰隼科猛禽。与蒙古语词 ايلكو 相近。又写作 ṭoγan。”[④] 德福所举的大量证据显示，阿尔泰语言中的 togan/toγan/dogan 一词，还被借入波斯语，成为一个重要的名号。

（原载中国文化遗产研究院编《出土文献研究》第 9 辑，北京：中华书局，2010 年）

① Mahmūd al-Kāšgari, *Compendium of the Turkic Dialects(Dīwān Luγāt at-Turk)*, Part I, p. 139.

② Talât Tekin, *Irk Bitig: The Book of Omens*, p. 8, p. 20, p. 26.

③ Talât Tekin, *Irk Bitig: The Book of Omens*, p. 8, p. 20, p. 22.

④ Gerhard Doerfer, *Türkische und mongolische Elemente im Neupersischen*, band III: *Türkische Elemente im Neupersischen*, Wiesbaden: Otto Harrassowitz, 1965, pp. 351-352. 这条材料是由北大外国语学院西亚系的王一丹教授赐示的，谨此致谢。

十六国北朝的五德历运问题

五德终始的政治学说，发端于先秦，定型于汉代[①]。西汉末年以后，汉居火德，遂成不易之论[②]，此乃文史常识，无待烦言。中古世乱，一统局面被打破，政权转移既速，民族纠葛、华夷之别复掺杂其中。争正朔、明法统，就成了具有现实意义的政治问题。魏以土德承汉，晋以金德继魏。东晋偏在江东，号称正统，南朝四代，遂各以运次相承：宋居水德，齐居木德，梁居火德，陈居土德。这些，都是学者耳熟能详的故实，亦无待考证。问题是，与东晋南朝同时，在北方的十六国北朝，五德循环下的历运行次理论，又以怎样的形式发生着作用呢？

本文以五德历运问题作为一个观察角度，试图概括地连接十六国与北朝历史，观察它们内在的继承性和相关性，为理解中古历史的演进提供一条新线索。

一、前后赵的承汉与承晋难题

正如吕思勉先生所说："行序之说，本谓治法当随时变易，后乃流为空谈，入于迷信……魏晋已后，迷信已淡，而此故事仍存。"[③]"故事仍存"也并非徒具形式，事实上天命转移、德运终始的文化传统，对于社会心理的影响力依然强大，政治家既不能无视其社会影响，自身亦不免深受困扰，遂主动有所响应、有所迁就，以图利用。考察西晋十六国战乱时期诸胡族政权在这一问题上的反应，需要注意到胡族领袖面对这一华夏文化传统时所承担的心理压力。

---

① 饶宗颐：《中国史学上之正统论》，上海：上海远东出版社，1996年，第10—23页。

② 顾颉刚：《秦汉的方士与儒生》，上海：上海古籍出版社，1998年，第79—89页。

③ 吕思勉：《两晋南北朝史》，上海：上海古籍出版社，1983年，第1462页。

晋惠帝永兴元年（304），刘渊所依附的成都王司马颖退出邺城，五部匈奴陷入与洛阳的晋朝廷对抗的境地。为了摆脱这一不利的政治困境，刘渊干脆撕碎了晋臣的面纱，自树旗帜，争取政治上的主动。《晋书》卷一〇一《刘元海载记》载刘渊之言曰：

> 今见众十余万，皆一当晋十，鼓行而摧乱晋，犹拉枯耳。上可成汉高之业，下不失为魏氏。虽然，晋人未必同我。汉有天下世长，恩德结于人心，是以昭烈崎岖于一州之地，而能抗衡于天下。吾又汉氏之甥，约为兄弟，兄亡弟绍，不亦可乎？且可称汉，追尊后主，以怀人望。

怎样理解这一段话呢？

首先，刘渊的五部匈奴，处境并不安全，北有拓跋，东有王浚、司马腾，南有河东、平阳的晋军，刘渊的势力被压制在太原以南及吕梁山地区。既然与洛阳对抗，就只有进攻战胜以图存，偏据并州一角是不可能实现的。这种形势决定了刘渊采取进取的战略，而不是如刘宣等人最初所设想的要“兴我邦族，复呼韩邪之业”。但是，进取的战略，必然以取晋而代之为目标，最低的目标也要如曹魏那样控制北方大部分地区，即所谓“下不失为魏氏”。这样，两个问题便随之出现：其一，仅仅依靠并州五部的力量不足以亡晋，故并州及并州以外的晋人必须争取，“晋人未必同我”的忧虑便是为此[①]；其二，以代晋为目标，同时也就决定了，五部集团的政治组织形式，不能局限于传统的单于台，仿照晋朝建立政权就成为必要。

其次，要建立一个能够号召晋人的华夏式政权，就不可避免地要适应传统政治观念与文化。德运转移的观念早已深入人心，受过良好汉文化教育的胡族上层精英自然是熟悉的[②]。天命必有所自，德运应当与现实政治实际相关。可是，与晋为敌，且晋朝尚在，便无法宣称承晋。五部虽然与魏朝关系很深，而魏晋禅代却是无法忽视的历史事实，承魏之路也被堵死了。刘渊的政治智慧使他求助于更早的汉朝。与汉朝的舅甥

---

① 蒋福亚：《刘渊的“汉”旗号与慕容廆的“晋”旗号》，《北京师范学院学报》1979年第4期，第86—91页。

② 赵翼《廿二史札记》卷八“僭伪诸君有文学”条，王树民：《廿二史札记校证》，北京：中华书局，1984年，第164—165页。

关系的传说，可能一直保存在南匈奴内部，到这时也成了刘渊的政治资源。三国鼎立、蜀汉抗魏的历史，使刘渊否定魏晋成为可能。这样，他就建立了一个延续炎汉、排斥魏晋的法统秩序，为新政权争取到了具有一定历史依据的合法性[①]。

可是，血统和种族的差异，实在难以绕开。据《刘元海载记》，刘渊并没有回避这个问题。他说："夫帝王岂有常哉，大禹出于西戎，文王生于东夷，顾惟德所授耳。"强调了政治现实高于文化观念的信心。虽然他也作了"兄亡弟绍"一类的解释，但这里明显存在着无法弥合的理论缝隙。这一缝隙很可能迫使汉国刘氏进一步对自己的历史作了适应性修订。宋人赵明诚《金石录》卷二十有"伪汉司徒刘雄碑"之跋尾，引碑文曰："公讳雄，字符英，高皇帝之胄，孝宣帝玄孙，值王莽篡窃，远遁边朔，为外国所推，遂号单于，累叶相承，家云中，因以为桑梓焉。"[②]已经把甥舅关系升格为汉室的直系后裔了。刘雄是刘渊之弟，这种修改种姓历史的做法一定不是孤立的[③]，而应当是刘渊称帝之初"绍汉"政策的一部分[④]。对于本非南匈奴单于后裔的屠各刘渊来说[⑤]，一方面要伪称自己为匈奴贵种[⑥]，是匈奴单于挛鞮氏（虚连题氏）的嫡系后裔，另一方面又要制造自己与炎汉皇室的血缘联系，从而把两种互不相容的高贵血统编织在一起[⑦]。

---

① 本文使用合法性一词，有的地方也可置换为"正当性"（Legitimacy），前者强调历运行次规范历史序列的形式意义，后者强调行次理论的道德价值评判。事实上历运理论始终伴随着形式与价值的双重标准，但本文一概使用"合法性"以避免混乱。

② 金文明：《金石录校证》，上海：上海书画出版社，1985年，第374页。又据《资治通鉴考异》所引刘恕之言，此碑出于晋州临汾县嘉泉村。

③ 王仲荦：《魏晋南北朝史》，上海：上海人民出版社，1979年，第253页。

④ 关于刘渊"绍汉"的礼制措施，可参李慈铭《越缦堂读书记》，北京：商务印书馆，1959年，第219页。

⑤ 唐长孺：《魏晋杂胡考》，《魏晋南北朝史论丛》，北京：三联书店，1955年，第382—385页。关于屠各刘氏与并州南匈奴的关系，参看陈勇《并州屠各与南匈奴》，周绍良编：《周一良先生八十生日纪念论文集》，北京：中国社会科学出版社，1993年，第40—52页。

⑥《晋书》卷九七《四夷·北狄传》："其人居塞者……凡十九种，皆有部落，不相杂错。屠各最豪贵，故得为单于，统领诸种。"北京：中华书局，1974年，第2549页。

⑦ Davia B. Honey, Lineage as Legitimation in the Rise of Liu Yuan and Shih Le, *Journal of the American Oriental Society*, Vol. 110, No. 4, 1990, pp. 616-621.

刘渊重塑历史的努力并不顺利，相互矛盾的历史叙述可能使两种高贵血统都遭到质疑。发生在刘聪时期的“国史之狱”[①]，就是汉国使用暴力以压制类似质疑的产物[②]。当然，暴力并不能弥缝上述攀附本来就存在的罅隙，刘氏的胡族背景终究无法掩盖。华夷之别的古老观念，仍然横亘在汉国的合法性与自信心之间。但是，历史从来都是事实而非观念的累积，胡族政权替代华夏政权的历史，毕竟已经由汉国创造出来了。这才是具有深远意义的事实，这个事实本身就构成了对传统观念的颠覆和再造，并且，为此后各个少数族大规模、高强度地汇入华夏政治，开辟了新的历史道路。

然而，掩饰种姓来历、排斥魏晋正统的做法，无论对内（屠各族）对外（其他少数族和晋人），都存在着致命的脆弱性，经不起常识的追问。这个问题，到刘曜时期才得到了解决。《晋书》卷一〇三《刘曜载记》：“以水承晋金行，国号曰赵。牲牡尚黑，旗帜尚玄，冒顿配天，元海配上帝。”《太平御览》卷一一九引崔鸿《十六国春秋·前赵录》，系其事于刘曜光初二年（319），并载刘曜之令曰：

> 盖王者之兴，必禘始祖，我皇家之先，出自夏后，居于北夷，世跨朔漠。光文以汉有天下岁久，恩德结于民庶，故立汉祖宗之庙，以怀民望。昭武因循，遂未悛革。今欲除宗庙，改国号，御以大单于为太祖。[③]

把刘渊（光文）假借汉朝名号、刘聪（昭武）因循未改的历史事实，宣露无遗，进而终于恢复了种姓的本来面目，并且也承认了魏晋的法统地位。这不仅仅是务实主义取得了上风，更由于历史条件已经发生了重大的变化：洛阳、长安的晋朝廷已经覆亡，其在江东的残余暂时已不构成威胁，而主要的敌人换成了从前的盟友、同样出自刘渊汉国的石勒。替代晋朝的目标已经实现，新的目标是消除异己、稳固统治。也就是说，这时的刘曜，有条件作出对国统问题的调整。宣布承晋，意味着晋的结束，从而也从法统地位上否定了江左的东晋。公然以胡族子孙的身份，称王称

① 浦起龙：《史通通释》卷十二“古今正史”篇，上海：上海古籍出版社，1978 年，第 358 页。

② 关于刘聪时期史案的详细情形，请参看本书《从依傍汉室到自立门户——刘氏汉赵历史的两个阶段》一章。

③《太平御览》，北京：中华书局影印宋本，1960 年，第 576 页。

帝，建立华夏式的政权，并且从法统意义上把胡族政权纳入华夏历史序列，在十六国历史中，刘曜是第一人。

刘曜放弃了对于炎汉的攀附，自然也就不再珍惜汉的国号。可是，改国号曰赵，却是现实政治形格势禁的结果[1]。刘曜如此，石勒亦是如此。据《晋书》卷一〇四《石勒载记上》，刘曜即位之初，曾许诺进石勒爵位为赵王，后来反悔了。石勒怒曰："帝王之起，复何常邪！赵王、赵帝，孤自取之。"遂称赵王。而同时刘曜亦改国号为赵。两个赵国并立，是长期以来石勒集团在华北地区扩张实力、其势足以脱离屠各刘氏而自立的结果。石勒据有赵地，故称赵王。而刘曜改国号曰赵，就是要否定石勒割据华北的合法性[2]。受制于这样东西对峙的政治局面，石勒新立的后赵，自然不能尊奉刘氏原有的法统，而被迫另起炉灶。《晋书》卷一〇五《石勒载记下》，晋成帝咸和五年（330），石勒称赵天王，"侍中任播等参议，以赵承金为水德"。承金，就是承晋。虽然这个时候刘曜的后赵已经灭亡，但是石勒称赵王与刘曜称赵皇帝几乎同时，东西敌对的关系也决定了石勒不能认可前赵的合法性。因此，石勒建立的后赵与刘曜的前赵一样，把自己的法统与西晋联系起来。

《晋书》卷一〇四《石勒载记上》，石勒为图幽州，遣舍人王子春等麻痹王浚，谓浚曰："且自古诚胡人而为名臣者实有之，帝王则未之有也。石将军非所以恶帝王而让明公也，顾取之不为天人之所许耳。"这一段话虽然很不诚实，可是提出这样一个理由以动王浚之心，亦足见这的确是当时人一般的认识[3]。不过，王子春说这话的时候，胡人为帝王的先例，早已由刘渊和刘聪创下了，只是王浚心中未加认可而已。到石勒称赵天王的时候，胡人而为帝王，已经不再是什么新奇怪异的事情。然而反映到五德历运问题上，石勒仍然不敢认可刘渊和刘曜，这里面，既有现实政治的格阻，又有深层心理的虚弱。这一点，观察十六国历史的学者，或多或少可以体会到。

① 请参看本书《从依傍汉室到自立门户——刘氏汉赵历史的两个阶段》一章。

②《太平御览》卷一一九引崔鸿《十六国春秋·前赵录》，对于刘曜议改国号有较为详细的记载，第576页。

③ 同样的话，靳准也说过。《资治通鉴》卷九〇晋纪元帝太兴元年（318），靳准控制平阳后，对安定人胡嵩说："自古无胡人为天子者，今以传国玺付汝，还如晋家。"北京：中华书局，1956年，第2862页。

从刘渊依傍汉朝、掩盖种姓来历，到刘曜恢复民族真貌（其实以冒顿配天，显示刘曜虽然放弃了炎汉血统，却仍然不敢放弃南匈奴的招牌），并把胡族建立的前赵纳入汉魏以来的历史序列之中，再到石勒统一北方，建立后赵，历史条件的变化，使支撑胡族政权的社会心理平台渐渐建立起来。也就是说，胡族政权的法统资源，从无到有，并且越来越丰富，于是一个新的阶段也就到来了。

二、燕秦对石赵的继承与五胡次序的建立

刘曜和石勒共同开创了承续魏晋的新传统，影响到慕容鲜卑所建立的前燕。据《晋书》卷一一〇《慕容儁载记》，东晋穆帝永和八年（352），儁称帝，"群下言：'大燕受命，上承光纪黑精之君，运历传属，代金行之后。宜行夏之时，服周之冕，旗帜尚黑，牲牡尚玄。'儁从之"。石赵国势虽盛，却以凶残闻名，慕容氏与赵为敌，南北对峙，颇有年所。因此建国之初，蔑弃石赵法统，远承西晋，可说合理合情。

但是，前燕时期的历史条件毕竟有了很大的变化。胡族在中原建立政权、称王称帝的时间，已经累积了将近半个世纪，这个时间长度足以侵蚀古老的汉魏传统，并把新的因素引入传统之中。慕容儁的时代，支撑胡族政权的社会心理平台已经构筑起来了，他和他的臣子们却不能认可石赵的法统地位，除了感情的因素，也可能仍然残存着心理的虚弱。

这时，具有宽广历史视野的某些政治家，已经认识到否定石赵所带来的政治风险。从逻辑上说，石赵在时间序列上早于前燕，前燕也和石赵一样以华北为基本统治区，如果前燕否定石赵历史地位的合法性，那么，理由只能是两个：其一，石赵政治黑暗，这个理由是表面的；其二，石赵是胡族政权，这个理由可能是深层的。前一个理由来自汉代传统，但是很难操作；而后一个理由，就直接威胁到慕容燕自身了。因此，改弦更张就成为必要。《慕容儁载记》附《韩恒传》：

> （儁）僭位，将定五行次，众论纷纭。恒时疾在龙城，儁召恒以决之。恒未至而群臣议以燕宜承晋为水德。既而恒至，言于儁曰："赵有中原，非唯人事，天所命也。天实与之，而人夺之，臣窃谓不可。……"儁初虽难改，后终从恒议。儁秘书监清河聂雄闻恒言，乃叹曰："不有君子，国何以兴，其韩令君之谓乎！"

韩恒、聂雄都主张燕承石赵为木德，显然是注意到了否定石赵所带来的逻辑上的危害。“后终从恒议”的“后”，并不是在慕容儁时期，而是到了慕容暐建熙五年至七年之间（364—366）。《晋书》卷一一一《慕容暐载记》：“暐钟律郎郭钦奏议以暐承石季龙水为木德，暐从之。”其时慕容恪当政，这个涉及国统的变化应当出于他的定策。

与前燕同时而东西对峙的苻氏前秦，在国统问题上没有直接的史料。可是继前秦而起的姚氏后秦，自称是继承了前秦法统的。《晋书》卷一一六《姚苌载记》：“自谓以火德承苻氏木行，服色如汉氏承周故事。”据此，苻秦承石赵之水德而为木行。钱大昕也说苻氏自居木德，“盖以前后赵为一代当水德也”[1]。我们不清楚苻秦是在何时决定了承赵水德，究竟是早在苻健称帝时，还是迟至苻坚时期，这已经难以考证。当然，苻秦在这个问题上的态度，一定会对前燕有所影响。从情理上说，我认为苻秦作出这一决策应当早于前燕，因为苻氏出于石赵集团，与石赵的政治与情感联系要深厚得多。可是，我们也宁愿存在这样一种情况：那就是前秦和前燕的政治家们对这个国统问题怀有共同的认识，各自独立而不一定是互相影响着选择了对于石赵法统的继承。

无论如何，石赵成了五胡中最早获得后继国家认可法统地位的政权。从十六国北朝历史的角度来观察石赵正统地位的这一变化，可以认为这是一个重要的转折，华夷问题给五胡政权合法性带来的窘境，从此有了一个突破。这给后来相继建立政权的各少数族，树立了榜样。无论如何，前燕和前秦都开创了尊胡族政权为华夏正统的新传统，表面上尊重了时间的连续性和实际政治的世次，不复以功德善恶论德运，本质上却有意识地高举地域标准，从而模糊并忽略了华夷之辨，诚为中古政治文化的新变局。从此，胡族政权纳入到华夏历史序列中，就成为既成事实，是历史而不再仅仅是现实政治。这为北方胡族政权的华夏化，奠定了合法性方面的基础。后秦承前秦之木德为火德，就是这一新传统的健康延续。

大概在十六国中期，出现了“五胡次序”的说法。《晋书》卷一一四《苻坚载记下》，苻坚被姚苌俘虏以后，姚苌向苻坚求传国玺，自称“苌次膺符历，可以为惠”，遭到苻坚叱骂：“……图纬符命，何所依据？五

---

① 钱大昕：《廿二史考异》卷二二，北京：商务印书馆，1958年，第444页。

胡次序，无汝羌名。”胡三省注释，苻坚与姚苌所谈论的，是谶书文字，“姚苌自谓次膺历数，坚故亦以谶文为言”[1]。陈寅恪、周一良先生都认为，“五胡次序”是图纬符命之一种，五胡之中，当然是包括羌族的，只是谶文中并没有姚苌的名字[2]。据此，至迟到前秦时候，社会上流行的谶书中，有一种是讲“五胡次序”的。这就是说，出现了一种预言当时北方各主要少数族都将建立政权并且认可这种政权合法地位的学说。

只有在胡族政权合法性问题得到解决的历史条件下，五胡次序的学说才能广泛流传。这个条件是到了前燕和前秦的时候才成熟的。五胡次序的建立，为胡族政权的合法性寻找到了具有传统学术面貌的新理论，是服从于这一时期历史发展的内在需求的。

从刘渊依傍汉室，到刘曜、石勒自立门户，再到前燕和前秦确立胡族兴替的历史合法性，中原地区本已崩溃的法统秩序终于建立起来了。这是深具历史意义的变化和发展。就是在这个基础上，北魏及随后的北齐、北周和隋朝，才能把北方的历史演奏为中国中古时期的主流历史。

三、北魏国统问题的考察及其意义

北魏肇基于云、代，即在夺取中原之后，仍长期都于平城，以云、代地区为立国根本。北魏建立之初，对于历运行次问题，是什么态度呢？《魏书》卷二《太祖纪》天兴元年十二月：“诏百司议定行次，尚书崔玄伯等奏从土德，服色尚黄，数用五，未祖辰腊，牺牲用白，宣赞时令，敬授民时，行夏之正。”《魏书》卷一〇八之一《礼志一》也说：“群臣奏以国家继黄帝之后，宜为土德。”有学者相信这一说法，径以魏居土德归于黄帝之后这一原因[3]。五行历运学说强调循环次序，仅仅黄帝之后尚不足以构成居位的条件，还要看是否适应了循环次序。既然讨论的是历运行次，便存在五行生胜的问题。依据西汉末年以来的历运行次理论及实践，五行相生才是法统传承的合理轨道。既然北魏自居为土德，火生土，那么北魏之前的正统政权就是火德了。这是指哪一个政权呢？

---

① 《资治通鉴》卷一〇六晋纪孝武帝太元十年八月胡注，第3348页。

② 周一良：《魏晋南北朝史札记》，北京：中华书局，1985年，第113页。

③ 川本芳昭：《关于五胡十六国北朝时代的“正统”王朝》，邓红、牟发松译，《北朝研究》第2辑，北京：北京燕山出版社，2001年，第71—96页。

从《魏书》中找不到直接的说明文字。联系我们前面所讨论的十六国时期的行次情况，现在我们来看看，北魏初年自居土德所继承的政权是哪一个？以我们上文所述，北魏以前居火德者，只有两个：汉（包括西汉、东汉、刘备的蜀汉和刘渊的汉国）、姚氏后秦。案后秦虽然立国称帝早于北魏十余年，但当拓跋珪称帝议国号行次时，两国处于敌对的并立状态。这种情况下，北魏君臣断断乎不可能把自己政权合法性的源头指向后秦。那么，会不会是汉呢？

康乐先生在《从西郊到南郊》一书中说："石赵承晋，为水德，慕容燕承赵，为木德，苻秦承燕，为火德，拓跋魏继秦而起，故为土德。"① 这个说法出自《魏书》卷一〇八之一《礼志一》中高闾的一段话②。

何德章《北魏国号与正统问题》一文③，创造性地指出，拓跋珪天兴时期的"代""魏"国号争论，以崔宏为代表的"汉魏衣冠"之族，力主称魏，居土德，根本上是为了以拓跋魏接续汉晋之间的曹魏。因此，北魏所居的土德，就是曹魏的土德，承续的是汉朝的火德。这篇文章在论述北魏前期的政治形势方面，颇具启发力④。但是，主张拓跋之魏即曹魏之魏，仍嫌证据不足。田余庆先生已经指出拓跋珪以魏为国号，还是基于更为切近的现实利害的考虑⑤。从历运行次的角度，我们也可以对拓跋魏土德即曹魏土德的观点，提出驳正。

《魏书》的《礼志》记载了孝文帝太和十四年（490）八月关于德运行次问题的一场重要讨论⑥。这场讨论是孝文帝一系列激烈改革中的一环。所谓改革，就是抛弃拓跋旧俗中不合于华夏传统的那些东西，使社会发育和文化素质本来较低的拓跋集团及北魏政权，从礼乐形式到政治理念各个方面，都迅速靠拢并融入汉魏传统，"斟酌前王，择其令典，朝章国

---

① 康乐：《从西郊到南郊——国家祭典与北魏政治》，台北：稻禾出版社，1995年，第192页。

②《魏书》卷一〇八之一《礼志一》，北京：中华书局，1974年，第2745页。

③ 何德章：《北魏国号与正统问题》，《历史研究》1992年第3期，第113—125页。

④ 何德章后来又有一文，从史学义例入手继续阐述这一思想，亦多精辟之论，见所著《〈魏书〉正统义例之渊源》，《北朝研究》1996年第2期，第25—27页。

⑤ 田余庆：《〈代歌〉、〈代记〉和北魏国史》，《历史研究》2001年第1期，第51—64页，后收入《拓跋史探》一书，北京：三联书店，2003年，第217—243页。

⑥《魏书》卷一〇八之一《礼志一》，第2744—2747页。

范，焕乎复振”[①]。参与讨论行次问题的各人，自然都多少能够体会孝文帝的这一意图。照理，辩论双方应当围绕着坚持还是放弃拓跋珪时代确定的行次原则而展开，也就是围绕着魏居土德是否合理来发表意见。反对土德的，必须说明拓跋魏并非曹魏的延续；坚持土德的，要说明拓跋魏续于曹魏之后承汉火德的合理性。如果讨论是这样展开的，那么拓跋珪改国号为魏乃是意在直接接续曹魏（如同刘渊之称汉）的主张，就可以成立。如果不是这样，那么，这一主张就很可疑了。

事实上，讨论双方，并没有围绕延续曹魏、承汉火德的合理与否来展开。以高闾为一方，以李彪、崔光为另一方，双方争辩的核心是，是否应当承认西晋之后在北方建立政权的赵、燕、秦的正统地位。很显然，高闾代表的是一个保守观点，即北魏此前居于优势的观点，他承认石赵、慕容燕和苻秦的合法性，主张北魏承苻秦之后。而李彪和崔光却高标汉儒经义，以十六国为僭拟，主张排斥赵、燕、秦，远承西晋之金行为水德。在这一辩论中，高闾继承了前燕以来对于德运世次的理解，强调时间的连续性和空间的特定性。而李彪和崔光对正统的理解，更有回归汉儒的倾向，他们强调法统的价值判断的性质，从汉儒否定秦朝正统的历史经验中汲取力量，并且由此把十六国政权贬入闰位，视同僭窃。

这场辩论的核心，既然集中于认可或否定赵、燕、秦的正统地位，那么，我们可以说，在孝文帝发动这一场辩论以前，压倒性的、官方认可的观点，就是高闾所努力辩护的观点：北魏的世次，排在前秦的后面，前面还有石赵和前燕。高闾说："燕承赵，水生木，故燕为木德；秦承燕，木生火，故秦为火德。……故以魏承秦，魏为土德。"至此，我们可以确认，正如康乐先生所指出的，拓跋珪和崔宏所确立的北魏行次，乃是以继承苻氏前秦为基础的，实与曹魏无涉。高闾所维护的正统运历思想，与燕、秦基本一致。

但是正如前面我们所讨论过的，前秦政权自己在确立德运行次的时候，并没有把自己放在慕容前燕的后面，以火德承燕木德。前秦与前燕是同时存在、互相对峙的政权，前秦通过否定前燕的合法地位而灭燕并夺取华北，自然是直接承赵而自居木德。史料中既然有姚苌“自谓以火德承苻氏木行”，说明苻秦决没有承燕的事实，苻秦自居木德，乃是承赵

---

① 《魏书》卷一〇八之一《礼志一》，第2733页。

之后。虽然前燕灭于前秦，但是苻健称帝与慕容儁同年（352），前秦没有承前燕的理由。这个矛盾如何理解呢？我以为，高闾所说的苻秦继燕，并不是苻秦自己的主张，而是魏人的观点。苻秦直接继赵，置慕容燕于非法地位，对于重视慕容燕历史的拓跋魏来说，可能是无法接受的。高闾所说“燕承赵”“秦承燕”，乃是魏人的观点。如同汉人多次重新排定秦以前的世次历运，北魏前期可能也曾经对十六国时期的中原各政权进行了历运排定，其结论与前秦自己的观点有异，也就不奇怪了。北魏前期重要的文化人，主要来自华北，他们与五燕关系密切，情感深厚，这可能是北魏重新排定北方行次时慕容燕得到照顾的一个重要原因[①]。

如此说来，在孝文帝重议历运以前，十六国历史还没有被全部打入僭伪的冷宫。拓跋魏自觉地把自己排列在十六国的历史序列之后，也就是主动地迁就了“五胡次序”之类的学说。从这个意义上说，北魏是十六国历史的延续。石赵、前燕、前秦、后秦乃至北魏初期，北方正统延续不绝的观点，对于此起彼伏的胡族政权主动把自己纳入华夏历史序列，从而建设中原王朝式的政治文化，无疑具有积极意义，北魏建国之初也从中深深受益。

可是，到孝文改制时候，北方的破碎局面已不复存在，历史已经走到一个新的阶段。在这个阶段，孝文帝不仅要带领拓跋鲜卑迅速华夏化，也要带领北魏国家走出十六国的历史。十六国历史的纷乱和破碎，使其与华夏传统政治理想之间有一道不可逾越的鸿沟。也许，在抱负远大的孝文帝看来，只有走出十六国的历史，北魏国家与拓跋集团才能真正进入华夏正统之中。因此，重新核定正统概念，整顿和排列历史的法统秩序，有利于从意识形态上消除那种把北魏看作十六国的继续的认识。

因此，太和十四年（490）就发生了对于国统问题的辩论。崔光等人主张排斥赵、燕、秦，以水德直接承晋之金行，否定刘、石以来十六国政权的合法性，直以整顿历史、远宗汉儒为标的，“近蠲谬伪，远即神正”。这显然更加符合孝文帝此时的通盘计划，体现了时代的新精神，自然会被采纳。于是，关于五德历运问题的认识，似乎回到了汉魏的传统上，十六国落入僭伪行列。

---

① 关于五燕政权与华北地区华夏旧族的关系，请参看罗新《五燕政权下的华北士族》，《国学研究》第4卷，北京：北京大学出版社，1997年，第127—155页。

可是，孝文帝的改革，绝不是简单的回归，也不是刘知几所讥讽的“高自标举”[①]，这一成果正是建立在前燕、前秦以来对于胡族政权合法性的认可基础上的，是刘渊建汉以来北方胡族政权法统资源长期累积的结果。甚至，也可以说，是北方历史合法性由无而有、由虚而实、由微而著、由弱而强的历史发展的结果。由于汉赵燕秦法统建设的实践与成绩，孝文帝的改革拥有了一个基础厚实的历史平台。

孝文帝既采纳李彪等人所议，北魏遂承晋为水行。东、西魏分立，各以正统自居。东魏禅齐，北齐遂承魏为木行；西魏禅周，北周亦自居于木德。北周禅隋，隋居火德。隋文帝时崔仲方对文帝说：“晋为金行，后魏为水，周为木，皇家以火承木，得天之统。”[②] 其后唐承隋为土德，以北朝历史为线索的新的历史序列就建立起来了。

孝文帝之后，魏以水德承晋金德，作为国家意识形态的一部分，已经深入人心。北魏宣武帝时，御史中尉王显奏称：“自金行失御，群伪竞兴，礼坏乐崩，彝伦攸斁。大魏应期，奄有四海。”[③] 即以晋魏相承，视十六国为僭伪。后来崔鸿表上《十六国春秋》，亦云：“太祖道武皇帝以神武之姿，接金行之运，应天顺民，龙飞受命。”[④] 崔鸿整理十六国史，正是视十六国为北魏的“驱除”。东魏侯景叛附萧梁，慕容绍宗檄梁文云：“自晋政多僻，金行沦荡，中原作战斗之场，生民为鸟兽之饵，则我皇魏握玄帝之图，纳水灵之祉，驾云车而自北，策龙御以图南，致符上帝，援溺下土。……自伪晋之后，刘、萧作慝，擅僭一隅，号令自己。”[⑤] 不仅强调了北魏的正统地位，还否定了东晋南朝的合法性。在这些言论中，可以看到北魏国统承自西晋的观念，已经给北朝人士提供了自信和自尊的力量。北朝墓志中，亦多见类似证据。如北魏元熙墓志称：“金行弛御，玄符继起。”[⑥] 北魏元纯陀墓志称：“金行不竞，水运唯昌。”[⑦] 北齐赫连悦

---

① 浦起龙：《史通通释》卷七“曲笔”篇，第 197 页。

②《隋书》卷六〇《崔仲方传》，北京：中华书局，1973 年，第 1448 页。

③《北史》卷一七《景穆十二王上·广平王洛侯传》附《元匡传》，北京：中华书局，1974 年，第 645 页。今本《魏书》此卷原佚，后人以《北史》补成，亦载王显此奏，见第 453 页。

④《魏书》卷六七《崔光传》附《崔鸿传》，第 1503 页。

⑤《魏书》卷九八《岛夷萧衍传》，第 2179—2180 页。

⑥ 赵超：《汉魏南北朝墓志汇编》，天津：天津古籍出版社，1992 年，第 170 页。

⑦ 同上书，第 262 页。

墓志在肯定晋魏相承之外，还否定了十六国的正统地位：“金行沦圮，水王未袭，聪、勒狂飞，苻、姚鸟集。”[①] 隋唐人观念中，北魏承司马晋已经无可质疑[②]，唯一值得探讨的，是晋魏德运的传递，究竟发生于哪一个时间点上[③]。

这一历史序列，反映了中古历史的内在线索和渊源，而这一序列是由孝文帝整顿北魏国统开始的。在这一序列中，我们已经找不到十六国的地位，十六国真正成了北魏的“驱除”。是孝文帝总结了，从而也结束了十六国的历史，并开启了北方历史的新篇章。

四、小结

十六国历史的一个重要特征，就是少数族各政权，从政治理论到百官制度再到文化倾向，无不以汉魏为榜样，认同华夏传统，并积极以此传统来塑造自己。其部族发育、社会发展虽各有偏短，但认同华夏、脱离原有部族文化与部落组织形式的趋势，却无一例外地存在于所有少数族政权中。作为华夏政治传统的一个重要方面，五德历运的讲求，也同样表现在五胡政权中那些具有宏大政治抱负的胡族精英身上。迭兴于中原地区的胡族政权，惟恐不在正统，又不得不斥江左为非正统，遂各有所居，这一法统建设的实践成为十六国北朝政治文化的重要资源。

作为十六国历史的延续和总结，以拓跋鲜卑为主体民族的北朝历史运动，在历运行次问题上，既体现了对十六国历史成果的继承，也在历史条件发生变化的时候，及时拓宽自己的政治视野，走出了十六国历史

① 赵超：《汉魏南北朝墓志汇编》，第 463 页。

② 据封演《封氏闻见记》卷四“运次”条，唐玄宗时曾接受崔昌上言，否定曹魏至隋的合法性，直接以唐之土德上承汉之火德；而同样的观点最早见于唐初王勃《大唐前年历》，只是“勃言迂阔，未为当时所许”。可见唐前期所继承的北朝德运观点，是相当稳定的。见赵贞信《封氏闻见记校注》，北京：中华书局，1958 年，第 24 页。

③《旧唐书》卷一〇二《元行冲传》：“初魏明帝时，河西柳谷瑞石有牛继马后之象，魏收旧史以为晋元帝是牛氏之子，冒姓司马，以应石文。行冲推寻事迹，以后魏昭成帝名犍，继晋受命，考校谣谶，特著论以名之。”北京：中华书局，1975 年，第 3177 页。元行冲此论今已不传。正是在魏继晋后的观念已经深入人心、无可质疑的情况下，元行冲才孜孜于推证晋魏法统的传递，究竟是在哪个时间点上完成的。照元行冲的意见，完成这个传递并不是在西晋覆亡、拓跋初兴的时刻，而是迟至东晋中期、什翼犍建立代国的时候。

的局限，从而以否定十六国政权合法性的方式，实现了对十六国历史的概括与总结。北魏孝文帝时期所发生的对国统和历运行次的调整，作为一揽子激进改革方案的一部分，为西晋覆亡以后的中国北方历史，建构了新的政治文化框架，确定了历史认识的新秩序，并进而为澄清汉末以来中国政治的纷乱破碎局面，开通了意识形态的道路。

（原载《中国史研究》2004 年第 3 期）

墓志与历史

跋北魏太武帝东巡碑

北魏太武帝东巡碑，碑额原题《皇帝东巡之碑》，郦道元《水经注》卷十一“滱水注·徐水”条称此碑作《御射碑》，盖北魏定州地方官为纪念太武帝拓跋焘结束东巡、回归平城时于路演示神射而立，故碑名可两存之。

史籍最早提到北魏太武帝东巡碑，是郦道元《水经注》。郦书之后，宋代乐史《太平寰宇记》卷六七“易州·满城县”条，也曾提及此碑，称引的内容有溢出郦书者。此后东巡碑湮没无闻将近千年，直到1935年，由徐森玉（鸿宝）先生在河北易县觅得原碑，把20份拓本带回北平，次年傅增湘、周肇祥也前往摹拓，东巡碑才重新现身，为艺林所重[①]。罗振玉、寿鹏飞、傅振伦等，都曾先后据拓录文[②]。但是拓本都仅拓碑阳文字，不及碑阴，而郦道元称“碑阴皆列树碑官名”，文字之繁多，当逾于碑阳。可能当时石碑已风化严重，碑阴文字漫漶难识，无法拓取。

东巡碑立于今易县南管头之南画猫村漕河（古徐水）西岸。2002年3月，我和同事李新峰先生及研究生林鹄、王抒同学，曾结伴前往其地，得知此碑已于20世纪60年代从南画猫移至南管头，下落不明[③]。近年

① 徐森玉发现东巡碑及有关历史问题，见傅振伦《隐而复显的一千五百五十年前的魏碑》，《文物天地》1988年第3期，第27页。但是，傅振伦在另一个地方，又称徐森玉发现东巡碑的时间是1936年春，而不是1935年，见傅振伦《七十年所见所闻》，上海：华东师范大学出版社，1997年，第197页。这条材料承荣新江先生提示，谨此致谢。

② 罗振玉的录文载《石交录》卷三，《罗雪堂先生全集续编》第3册，台北：文华出版公司，1969年，第977—978页；寿鹏飞的录文，载其《易县志稿》，本文转引自林鹏《寻访御射碑记》，《文物春秋》2001年第6期，第71—74页、78页；傅振伦的录文载《隐而复显的一千五百五十年前的魏碑》一文。

③ 罗新：《踏访东巡碑》，《文史知识》2002年第6期，第22—28页。同事李新峰先生，研究生林鹄、王抒同学，参加了对东巡碑的调查及随后对古五回道的考察，对我帮助极大，谨此致谢。

林鹏先生曾托人在南管头一带寻访古碑下落，终于发现了该碑的残片若干块，证实此碑已经破碎[①]。

弄清东巡碑的位置，对于研究北魏时期代北与河北平原的交通路线很有帮助[②]。如果碑阴题名俱在，史料价值就会更大。现存东巡碑碑阳拓本文字不完，各家录文亦颇有参差。今据北图藏拓[③]，参考前人录文，重录东巡碑碑文并略事考订于后。

一、东巡碑碑文

【碑额】皇帝东/巡之碑

1. □□□□□□□□□□□□□□□□□□□□□□□□□□
2. 泽历定冀□□□□□□□□□□□□□□□□□□□□□□
3. 恒山北行而归十有二月□□□□□之崄□□崇□之□峙乃停
4. 驾路隅援弓而射之矢逾于□□三百余步于是爰令左右将士善
5. 射者射之若武卫将军昌黎公丘眷前军将军浮阳侯阿齐中坚将
6. 军蓝田侯代田积射将军曲阳□□□射声校尉安武子□元兴次
7. 飞督安熹子李盖等数百人皆天下□□也射之莫有过崖者或至
8. 峰旁或及岩侧于是群臣内外始知上□□之远□代绝□□咸嗟
9. 叹圣艺之神明虽古有穷蓬蒙之善方之于今□□□□□□□□
10. 遇镇东将军定州刺史乐浪公乞立石□□□□□□□□立铭□
11. 广德美垂之来世三年丁丑功讫会乐浪公去□□刺史征东将军
12. 张掖公宝周初临续赞其事遂刊□□□乃作颂曰

---

① 林鹏：《寻访御射碑记》,《文物春秋》2001年第6期，第71—74、78页。承蒙山西省考古所的张庆捷先生提示，林鹏先生在故乡寻访东巡碑，是受到张庆捷先生成功地清理和研究北魏文成帝南巡碑的启发，因而接受张庆捷先生的委托从事此一调查工作。

② 罗新：《五回道》,《文史知识》2002年第7期，第39—44页。

③ 北图藏东巡碑拓本，据傅振伦《隐而复显的一千五百五十年前的魏碑》一文，“1935年森玉先生在北平图书馆兼职，必以此拓持赠其金石部”，知为徐氏拓本。案东巡碑拓本虽然少见，私人亦间有收藏，见赵新洪《北魏“皇帝东巡之碑”拓片》,《文物天地》1991年第6期，第31页。

13. 思皇神武应期挺生含弘宽大下济光明□仁不□无□不□肃肃
14. 四海远至迩平荡荡圣哉民□能□□□□□天下咸宁
15.（已残）

二、碑文涉及的若干人物

北魏太武帝太延元年（435）十一月，太武帝东巡冀、定，十二月取五回道返回平城，经定州中山郡，进入徐水河谷。徐水出太行山与平原接界的地方，山岩险峭，景观奇丽。对于在平原地区行军一个多月的拓跋君臣来说，眼前景观的明显变化，一定使他们的心情受到特别的刺激。这种情况下，就发生了太武帝的即兴演示射术。据东巡碑，太武帝在今南画猫村徐水东岸雄壮绝险的猫儿岩下演示射术后，随从的善射将士数百人，也纷纷仿效，可是他们没有一个人能够达到太武帝那样的高度，他们的箭都没有射到猫儿岩以上，“或至峰旁，或及岩侧”。碑文特地列举了六个人作为代表，大概他们都是以射术见长的。这六个人中，除了“积射将军曲阳□□□”难以考索之外，都见于史传。下面分别考述之。

武卫将军昌黎公丘眷 《魏书》卷四上《世祖纪上》神䴥三年（430）十一月太武帝亲征赫连定，“诏武卫将军丘眷击之，定众大溃，死者万余人”[①]。卷九五《铁弗刘虎传》，也提到“诏武卫将军丘眷击之，众溃”[②]。《魏书》这两处丘眷，显然与东巡碑提到的“武卫将军昌黎公丘眷”是同一个人。但是，丘眷的姓氏、家世还是很不明确。据《魏书》卷四上《世祖纪上》，延和元年（432）七月，太武帝发动征伐北燕的战争，“八月甲戌，文通使数万人出城挑战，昌黎公元丘与河间公元齐击破之，死者万余人”[③]。此时去太武帝东巡只有三年多时间，封爵的变化相当有限，东巡碑提到的“昌黎公丘眷”，应当就是这个“昌黎公元丘”。可见丘眷为拓跋宗室。孝文帝姓氏改革后，宗室改姓元，多音节的鲜卑语本名要简化成单音节的汉名，丘眷这个鲜卑语本名，提取其比较雅的一个音节为

① 《魏书》卷四上《世祖纪上》，北京：中华书局，1974 年，第 77 页。
② 《魏书》卷九五《铁弗刘虎传》，第 2059 页。
③ 《魏书》卷四上《世祖纪上》，第 81 页。

名。因此，丘眷就成了元丘。同一个人，《魏书》或作丘眷，或作元丘，反映了孝文改革后史臣记录从前史事时未能统一体例，残留着一些代人姓、名的旧貌。东巡碑的碑文，也证实元丘本来作丘眷。

前军将军浮阳侯阿齐 这个阿齐，就是《魏书》卷一四《神元平文诸帝子孙传》和《北史》卷一五《魏诸宗室传》的河间公元齐[①]。两书都记元齐得赐爵浮阳侯，在灭赫连夏之后，征北燕之前；灭北燕之后，“进爵为公”；“后与新兴王俊讨秃发保周，坐事免官爵”；夺取仇池后“复赐爵河间公”[②]。灭北燕在延和元年（432）八月以后，元齐应当是浮阳公。元齐“坐事免官爵”是因为受太武帝之弟新兴王俊的牵连，而新兴王俊得罪在太平真君二年（441）三月[③]。元齐跟随古弼进兵仇池，在太平真君三年（442）[④]。综上，根据《魏书》和《北史》，从延和元年八月到太平真君三月，元齐的爵位应当是浮阳公，而不是浮阳侯，而且元齐之为河间公，在太平真君三年以后。太武帝东巡碑的写刻时间，在太延三年（437），太武帝御射的时间在太延元年十二月（436），东巡碑上却明确地记阿齐的爵位为浮阳侯，而不是浮阳公。可见《魏书》和《北史》关于元齐于灭北燕之后“进爵为公”的记载，是不准确的。如果元齐确曾进爵为浮阳公，也一定在太延元年十二月之后。另外，《魏书》卷四上《世祖纪上》延和元年（432）八月有“文通使数万人出城挑战，昌黎公元丘与河间公元齐击破之”的记载[⑤]，元齐当时的爵位应当是浮阳侯，而不是河间公。东巡碑上的文字，可以作为校勘《魏书》和《北史》的坚强证据。

中坚将军蓝田侯代田 这个“蓝田侯代田”就是豆代田。《魏书》卷三〇《豆代田传》：“豆代田，代人也。太宗时以善骑射为内细射从。攻虎牢，诏代田登楼射贼，矢不虚发。……神䴥中，讨蠕蠕，赐爵关中侯。从讨平凉，击破赫连定，得奚斤等。……改爵井陉侯，加散骑常侍、右卫将军、领内都幢将。从讨和龙，战功居多，迁殿中尚书，赐奴婢六十

① 《魏书》卷一四《神元平文诸帝子孙传》原佚，后人以《北史》卷一五《魏诸宗室传》及《高氏小史》补成，间有与今本《北史》不同者，故一并引据。

② 《魏书》卷一四《神元平文诸帝子孙传》，第362页；《北史》卷一五《魏诸宗室传》，北京：中华书局，1974年，第557页。

③ 《魏书》卷四下《世祖纪下》，第94页。

④ 《魏书》卷二八《古弼传》、卷五一《皮豹子传》，第690—691、1129—1130页。

⑤ 《魏书》卷四上《世祖纪上》，第81页。

口。以前后军功,进爵长广公,加平东将军。"[①]传不及代田曾官中坚将军、爵蓝田侯。从时间上看，豆代田改封蓝田侯，在灭赫连夏之后，灭北燕之前。

射声校尉安武子□元兴 这个“射声校尉安武子□元兴”，就是韩茂。《魏书》卷五一《韩茂传》:“韩茂，字元兴，安定武安人也。……茂年十七，膂力过人，尤善骑射。……后从世祖讨赫连昌……以军功赐茂爵蒲阴子，加强弩将军，还侍辇郎。又从征统万，大破之。从平平凉，当茂所冲，莫不应弦而殪。由是世祖壮之，拜内侍长，进爵九门侯，加冠军将军。后从征蠕蠕，频战大捷，与乐平王丕等伐和龙，徙其居民。”[②]韩茂得列名于东巡碑，就因为他是从驾将领中的善射之士。本传不载韩茂曾爵安武子。

次飞督安熹子李盖 “次飞督”当作“佽飞督”。安熹子李盖，即《魏书》卷八三上《外戚上·李惠传》中李惠的父亲:“李惠，中山人，思皇后之父也。父盖，少知名，历位殿中、都官二尚书，左将军，南郡公。”[③]李盖后以尚武威长公主而骤贵，官至左仆射，死后赠中山王。不过从东巡碑所记李盖曾任佽飞督并擅长射术看，李盖最初得到太武帝赏识，还是因为他在骑射方面有过人之处。李盖在太延元年前后爵安熹子，亦可补史书所阙。

碑文还记录了主持树立东巡碑的前后两位定州刺史，一位是“镇东将军定州刺史乐浪公”，另一位是“刺史征东将军张掖公宝周”。前者已无可考，后者即《魏书》中提到的秃发傉檀子秃发保周，延和元年自沮渠北凉来奔[④]。秃发保周于太延三年任定州刺史,亦不见于史,赖东巡碑而可知。

三、北魏的御射碑问题

为纪念北魏皇帝演示射术而立的所谓“御射碑”，除了太武帝东巡碑以外，还有文成帝南巡碑和宣武帝御射碑。

---

①《魏书》卷三〇《豆代田传》，第 727 页。

②《魏书》卷五一《韩茂传》，第 1127—1128 页。

③《魏书》卷八三上《外戚传》，第 1824 页。

④《魏书》卷四上《世祖纪上》，第 82 页。

文成帝南巡碑虽然额题《皇帝南巡之颂》，但由于同样是为纪念文成帝拓跋濬在灵丘境内的神射而立[①]，故郦道元《水经注》卷十一“滱水注”亦径称《御射碑》[②]。北魏皇帝因射箭而立碑的，还有宣武帝。景明三年（502）十月，宣武帝从邺城返回洛阳，路经河内，也有一次射术表演。《魏书》卷八《宣武帝纪》：“冬十月庚子，帝亲射，远及一里五十步，群臣勒铭于射所。”[③]为纪念宣武帝此次射术表演，“群臣勒铭于射所”，所勒之铭，即御射碑。赵明诚《金石录》卷二一有“后魏御射碑”条，称“在今怀州”，并引碑文“惟魏定鼎迁中之十载”“皇上春秋一十有七”云云[④]。不过宣武帝御射碑，欧阳修《集古录》则定名为《后魏定鼎碑》[⑤]，理由是碑文中有“定鼎迁中”字样，可见御射碑并不是原碑正式名称，后人或以御射名之，或以定鼎名之。

御射碑不是以上三碑的正式额题，它们却都被后人目为御射碑，原因在于立碑的直接理由是为了纪念皇帝的某一次射箭表演。但是生长于代北的拓跋君主，演习骑射乃经常之事，为什么要为某一次的演示特地立碑纪念呢？据文成帝南巡碑碑阳铭文，文成帝从定州到邺城，“禊于衡水之滨，[尝]射于广平之野”，即使在灵丘南唐河谷地的这处山崖，文成帝“兴安二年尝[拉射]于此山”[⑥]。为什么偏偏要为和平二年（461）三月的这次“御射”立碑称颂呢？如果说这一次文成帝有超水平发挥，那么对比他平时的正常水平，这种称颂是不是也存在疑问呢？灵丘之射，是文成帝有计划发动的，他主动“诏群官仰射山峰”[⑦]，随后亲自表演，并立碑纪念。这表明，文成帝有意要把这次射箭游戏发展成为重大的政治事件。

文成帝南巡碑之所谓“南巡”，与太武帝东巡碑之所谓“东巡”一样，都是从平城到邺城，从恒代到河北。对于北魏朝廷来说，以冀州和定州

---

① 关于文成帝南巡碑，请参看山西省考古所、灵丘县文物局《山西灵丘北魏文成帝〈南巡碑〉》，《文物》1997年第12期，第70—79页。

② 杨守敬：《水经注疏》，南京：江苏古籍出版社，1989年，第1048页。

③《魏书》卷八《宣武帝纪》，第195页。

④ 金文明：《金石录校证》，上海：上海书画出版社，1985年，第388页。

⑤ 欧阳修：《集古录》，《石刻史料新编》第24册，台北：新文丰出版公司，1982年，第17871页。

⑥ 山西省考古所、灵丘县文物局：《山西灵丘北魏文成帝〈南巡碑〉》，第72页。

⑦《魏书》卷五《文成帝纪》，第119页。

为中心的河北数州，是“国之基本”，所谓“国之资储，唯藉河北”[①]。其中邺城尤为重要[②]。政治重心与经济、文化重心的分离，使北魏诸帝对河北地区的定期巡视具有重要的政治意义。文成帝的“御射”，与太武帝的“御射”，都发生在结束巡视从邺城返回平城的路上，地点都在离开平原之后，这也不应当是一种巧合。从他们的行军路线看，都是从邺城经定州回平城，很可能具体道路都是一致的，即先后经由五回道和灵丘道[③]。即使和平二年三月这一次文成帝不是走五回道到灵丘的，他此前一定多次经行五回道则毫无疑问。也就是说，文成帝及其随驾群臣，不止一次地经过徐水河岸的太武帝东巡碑，对东巡碑一定是熟悉的。可以这样设想，文成帝在滱水岸边的“御射”，其实就是对于太武帝在徐水岸边“御射”的模仿。正是因为东巡碑之名在先，故文成帝的御射碑只好冠以“南巡”之名。

以御射名碑，强调了碑铭对具体事件和具体人物的纪念意义，从而淡化甚至掩盖了原碑真正的名称中纪念“皇帝东巡”“皇帝南巡”的意义。平城时代，拓跋集团以代北为根据，高屋建瓴地统治河北和其他地区，皇帝的巡视正是这一政治格局必不可少的一个环节。拓跋集团出于代北，以征服者而成为统治者。从道武帝到孝文帝的平城时代，拓跋皇室及其代北集团成功地由征服集团转变为统治集团。这个转变的历史过程，就是逐渐减弱军事征服色彩，而代之以政治统治所必不可少的官僚化与文化控制。在相当长的时间内，一方面是征服者，另一方面又是统治者，这构成拓跋集团的身份二元性。御射碑的多次出现，集中体现了这种二元性。御射碑是北魏皇帝完成巡视转身离去时，对此行的一个政治总结。

今所知的太武帝东巡碑，是定州地方机构所立，是否出于太武帝本意，还比较难说。郦道元《水经注》卷十一“滱水注·徐水”条：“徐水三源奇发，齐泄一涧，东流北转，迳东山下。水西有御射碑。徐水又北流西屈，迳南岩下，水阴又有一碑。徐水又随山南转，迳东岩下，水际

---

① 《北史》卷一五《魏诸宗室传》，第 572 页。元晖此疏，虽然发表于迁洛以后，但也符合平城时代的财政布局。

② 牛润珍：《魏晋北朝邺城初探》，中国魏晋南北朝史学会编：《魏晋南北朝史研究》，成都：四川省社会科学院出版社，1986 年，第 123 页。

③ 罗新：《五回道》，第 39 页。

又有一碑。”[1] 在徐水离开太行山区进入河北平原的这一小段路程中，竟有三碑。《太平寰宇记》卷六七“易州·满城县”条，称此三碑皆北魏所立[2]。这三碑之间是否有某种联系，已无从考证。但认为定州地方机构竖立东巡碑，符合太武帝的政治意图，并且对后来的北魏君臣产生了影响，还是可以成立的。

北魏孝文帝“少而善射，有膂力”，但为了率导文治，“至年十五，便不复杀生，射猎之事悉止”[3]。尽管如此，他也曾因巡视而留下碑铭。欧阳修《集古录》有“后魏孝文北巡碑”，跋引碑文云“太和二十一年，修省方之典，北临旧京”[4]。赵明诚《金石录》历代金石目录中，亦收“后魏北巡碑”及“后魏北巡碑阴”，自注“太和二十年四月”，当有脱字[5]。孝文北巡碑，应当是孝文帝于太和二十一年（497）北巡平城（恒州）和盛乐（云中）之后所立。这次北巡，是孝文帝迁都后第一次回到代北，也是在刚刚发生反对迁都政策的严重政治危机之后，孝文帝所进行的一次重大政治活动。虽然北巡碑今已不存，但此碑关系当时政治甚深，当无可怀疑。从孝文帝北巡碑可知，北魏皇帝出巡并且立碑，决不是孤立的和偶然的事件，应该从当时政局的复杂背景中寻求理解。宣武帝的“御射”，发生在他结束巡视邺城、返回洛阳的路上。很显然，这也是一次政治活动。

《太平寰宇记》卷六七“易州·满城县”条提到东巡碑时，称“中山安喜贾聪书”[6]，这应当是前列东巡碑碑文第十五行文字。贾聪不见于史，大概是定州僚佐。

（原载《北大史学》第11辑，北京：北京大学出版社，2005年）

① 杨守敬：《水经注疏》，第1083页。

② 乐史：《太平寰宇记》卷六七，台北：文海出版社影印本，1962年，517页。

③《魏书》卷七下《孝文帝纪下》，第187页。

④ 欧阳修：《集古录》，《石刻史料新编》第24册，第17871页。

⑤ 金文明：《金石录校证》，第32页。

⑥ 乐史：《太平寰宇记》卷六七，第517页。

北魏太武帝东巡碑的新发现 *

一、过去的调查与研究

北魏太武帝东巡碑，即郦道元《水经注》卷十一“滱水注·徐水”条所记的《御射碑》。关于此碑所立的处所，各项记录都过于简略。现代学者最早发现并拓印东巡碑的，可能是徐森玉。傅振伦先生在《七十年所见所闻》中说：“1936 年春，故宫博物院古物馆馆长徐鸿宝（字森玉）发现之于易县西南 80 公里画猫儿村（今猫儿岩公社），石高 6 尺，广 2 尺 3 寸有余，额刻‘皇帝东巡之碑’，字多泯没，不可辨。”① 但是，傅振伦在另一个地方，又称徐森玉发现东巡碑的时间是 1935 年春，而不是 1936 年，立碑地点仍作“狼牙山逋猫儿岩”②。

郦道元《水经注》是现存最早提到北魏太武帝东巡碑的史籍，郦书之后，宋代乐史《太平寰宇记》卷六七“易州·满城县”条，也曾提及此碑，称引的内容有溢出郦书者。此后东巡碑湮没无闻近千年，直至徐森玉等人前往易县调查。据傅振伦所记，徐森玉初拓数量不多，见者有限，1936 年傅增湘、周肇祥“重游易水，始招拓工冀国瑞再拓之”。傅、周再拓之后，东巡碑的拓本才广为传布，今国家图书馆所藏传为周肇祥本③。

---

* 本文原由罗新与李泉汇合写，经李泉汇同意，收入本书。

① 傅振伦：《七十年所见所闻》，上海：华东师范大学出版社，1997 年，第 197 页。

② 傅振伦：《隐而复显的一千五百五十年前的魏碑》，《文物天地》1988 年第 3 期，第 27 页。

③ 北图藏东巡碑拓本，据傅振伦《隐而复显的一千五百五十年前的魏碑》一文，“1935 年森玉先生在北平图书馆兼职，必以此拓持赠其金石部”，知可能为徐氏拓本。案东巡碑拓本虽然少见，私人亦间有收藏，见赵新洪《北魏“皇帝东巡之碑”拓片》，《文物天地》1991 年第 6 期，第 31 页。

罗振玉、寿鹏飞、傅振伦等，都曾先后据拓录文[①]。过去对东巡碑拓本文字进行研究考释的学者很多，其中最重要的是罗振玉和施蛰存。罗振玉断定这一碑刻，就是郦道元在《水经注》"徐水"条下所提到的太武帝御射碑，并说该碑"数年前易州猫儿洼出"[②]。施蛰存在一篇写于1973年4月的跋文中追述该碑拓本来历时，进一步明确说"民国初年河北易县西南八十里猫儿洼出土"[③]。猫儿岩、猫儿洼，应该指的是同一个地点。

无论猫儿岩、猫儿洼指的是今天哪个具体的自然村，可以肯定是隶属于今易县管头镇的。太原老书法家林鹏先生是易县管头镇（今狼牙山镇）人，出于关心乡邦文献，曾委托在管头的亲属寻觅东巡碑的碑石。据林鹏先生说，他的家乡亲属竟然于20世纪末找到了东巡碑的半截残石。林先生推论此碑断裂于1938年，1939年发洪水时被淤。照此理解，此碑原立于南管头村的漕河河岸一带。这个理解的出发点是，东巡碑本来就在南管头，并不是从他处移来的[④]。承蒙山西省考古所的张庆捷先生提示，林鹏先生在故乡寻访东巡碑，是受到张庆捷先生成功地清理和研究北魏文成帝南巡碑的启发，因而接受张庆捷先生的委托从事此一调查工作。

回到《水经注》的记载上来。《水经注》卷十一"滱水"（今唐河）之支流"徐水"（今漕河）条，如此记录御射碑："徐水三源奇发，齐泻一涧，东流北转，迳东山下。水西有御射碑。徐水又北流，西屈迳南岩下。水阴又有一碑。徐水又随山南转，迳东岩下，水际又有一碑。凡此三铭，皆翼对层峦，岩障深高，壁立霞峙。石文云：皇帝以太延元年十二月，车驾东巡，迳五回之险邃，览崇岸之竦峙，乃停驾路侧，援弓而射之，飞矢逾于岩山，刊石用赞元功。夹碑并有层台二所，即御射处也。碑阴皆列树碑官名。"[⑤]

---

① 罗振玉的录文载《石交录》卷三，《罗雪堂先生全集续编》第3册，台北：文华出版公司，1969年，第977—978页；寿鹏飞的录文，载其《易县志稿》，本文转引自林鹏《寻访御射碑记》，载《文物春秋》2001年第6期，第71—74页、78页；傅振伦的录文见前引《隐而复显的一千五百五十年前的魏碑》一文。

② 罗振玉：《后丁戊稿》，见《罗雪堂先生全集续编》第2册，第457—459页。

③ 施蛰存：《北山集古录》，成都：巴蜀书社，1989年，第48页。

④ 林鹏：《寻访御射碑记》，《文物春秋》2001年第6期，第71—74页、78页。

⑤ 杨守敬：《水经注疏》，南京：江苏古籍出版社，1989年，第1083—1084页。

按照郦道元的说法，在徐水（今漕河）将要进入华北平原之前，流经太行山东麓山地的一小段距离内，立有纪念太武帝御射事件的三座碑刻。自徐森玉以来所有的调查，都只提到一碑。而关于立碑的地点，徐森玉、罗振玉、施蛰存和傅振伦都说是猫儿岩或猫儿洼，林鹏则说是在比猫儿岩或猫儿洼更靠南也更靠近平原的南管头。现代政区地图上，易县西南四十公里左右的地名中，有个猫儿岩。在比例尺为十万分之一的现代军事地图上，猫儿岩写成“毛儿泥”。近代以来有关在猫儿岩或南管头发现东巡碑的线索，应该与郦道元所说的三碑有直接的联系，也就是说，至少是三碑之一。

那么，另外两碑在哪里，太武帝所射的岩石具体地点何在？弄清这些问题，对于北朝史最基本的意义当然首先是提供和整理原始史料，但更加要紧的是可以说明北魏前期从代北的平城到河北诸州（其中最重要的是定州、冀州和相州）之间主要的交通路线。太武帝往返，都是经由徐水谷地，越五回岭，然后经滱水（今唐河）峡谷北归平城。太延元年十二月，他从定州北返，在今天的管头进入徐水谷地，沿徐水向五回岭进发。从管头开始，也就进入了山地，河谷由开阔而陡然紧缩。太武帝“御射”之地，就在入山之后不久的某个地方。

如果确定了东巡碑的位置，也就确定了太武帝一行返回平城所走的路线，即溯发源于五回岭南坡的徐水而至五回岭，翻越五回岭，再循发源于五回岭北坡的拒马河支流（流经今涞源县兰家庄、杨家庄，在浮图峪以北注入拒马河）下山，到浮图峪以后，折而西行，就到了广昌镇（今涞源县城）。这一段路，就是狭义的五回道。在广昌休整之后，西发灵丘，从灵丘越恒山回平城，这一段史称“灵丘道”。太武帝延兴元年从定州返回平城，先走五回道，再走灵丘道。

据殷宪先生《盖天保墓砖考》一文所记，近年山西大同郊区出土一方有太和十六年明确纪年的墓砖，墓铭文字有“太和十六年二月廿九日积弩将军盖天保丧，三月十七日葬在台东南八里坂上，向定州大道东一百六十步”等[①]。对于墓砖铭文中前所未见的“定州大道”一词，殷宪先生在前揭文中考证说：“定州大道，应该就是现今由大同市东南进入河北境内的 203 转 382 省道。这条道路的走向从北魏平城时期至今

① 殷宪：《盖天保墓砖考》，《晋阳学刊》2008 年第 3 期，第 25—34 页。

1500多年基本未变，即从大同向东南取道浑源、灵丘，然后沿太行山东麓南下直达定州，从代（蔚州）向东北则可经上谷（怀来）连接幽燕蓟辽，向东南可通青齐诸州以至再转河南和淮河流域，是贯通代北和山东的经济命脉，同时也是与南朝宋、齐往来聘问的必由之路。在史籍中，这条道路的名称有飞狐道、直道、莎泉道、灵丘道等，这些名称大抵都是分段修筑时形成的。据我所知，像盖天保墓砖这样总称其为定州大道在以往还不曾见过，因而就显得十分重要。”

盖天保墓砖铭文以“定州大道”作为盖天保墓的定位主要参数，可知在平城的对外交通网络里，通向河北诸州的主要道路被称作“定州大道”。对于北魏朝廷来说，以冀州、相州和定州为中心的河北数州，是“国之基本”，所谓“国之资储，唯藉河北”[①]。定州大道可谓国家之生命线。也许，从平城向南前往晋阳并分别延伸至洛阳和长安的道路被称作“并州大道”，从平城向西前往盛乐并分别延伸至武川、怀朔、沃野、统万和高平诸镇的道路被称为“朔州大道”，可惜至今我们还没有见到记有这些名称的任何文献和出土史料。盖天保墓砖铭文所记的“定州大道”暗示了北魏平城时期可能的确存在过这样一个交通网络的命名系统。而太武帝东巡碑所在的五回道，就是定州大道东端较为重要的一段，与灵丘道、莎泉道等互相连接，联合起来形成所谓的定州大道。

我们对东巡碑的考察始于八年前。2002年3月4日，本文作者之一的罗新偕北大同事李新峰教授等，来到管头镇以北的南、北画猫村和甘河一带进行调查[②]。首先我们到了猫儿岩。猫儿岩是易县管头镇(今狼牙山镇）的一个村（大队），在狼牙山西麓，漕河西岸。令人失望的是，猫儿岩这里是一片相当开阔的河谷盆地，东西山地都比较舒缓，没有悬崖峭壁，自然也就没有《水经注》所描写的那种地貌景观。和村里人攀谈，他们对大石碑之类的东西，全无所知，而且说，三四年前，有几个考古的来调查过。这大概是指山西考古所所长张庆捷教授所委托的河北同行来调查过。当然，和我们一样，他们看见的猫儿岩村，与郦道元的描述全不相符，而且调查似乎没有什么结果。我们对猫儿岩以南的南画猫

① 《北史》卷一五《魏诸宗室传》，北京：中华书局，1974年，第572页。

② 罗新：《踏访东巡碑》，《文史知识》2002年第6期，第22—28页。又请参看罗新《从东巡碑说五回道》，收入罗新《杀人石猜想》，北京：中华书局，2010年，第137—158页。

村产生了兴趣，原因是南画猫村东傍徐水，河东岸就是高逾百米的悬崖峭壁，景色极佳，与郦道元所说"岩障深高，壁立霞峙"颇为相合。我们综合当地人的各种说法得知，南画猫村东山的那片悬崖上，有一大块峭壁，其上有石头隐起若猫状，恰似画上去一般，画猫之名或得于此。而"猫儿岩"一词，本来也是指这一块石壁的。这一片悬崖，恰恰是猫儿岩这个河谷小盆地的南端。我们由此得出结论，不能把旧时所说的地名猫儿岩，固执地理解为今天的猫儿岩村，而应当包括南北画猫两个村庄在内。这么考虑之后，我们认定南画猫村，很可能就是太武帝"御射"之所，也应当就是立碑之所。

在南画猫村对村民的采访更加证实了我们的想法。村民说原先河边有一个大石碑，20 世纪 60 年代送到南管头的面粉加工厂，可能做石磨了；剩下一个大大的碑座，后来平整农田给崩（炸）掉了。在北画猫村村口桥头上，村中最年长的老太太（89 岁）告诉我们，南画猫村那个大碑所在的地方，过去人们称为"王子坟"。御射碑立于河岸阶地，隆起如坟状，加上有御射大碑，后人疑为大墓，倒也可以理解。他们所指的原来立碑的地方，在漕河西岸阶地上。如今麦苗青青，下临河床，高大的柿子树亭亭如盖。对面就是壁立如削的"画猫儿岩"。

这次调查使本文作者之一的罗新相信，林鹏先生在南管头所见到的东巡碑碎片，本来是从南画猫村移去的，迁移的时间，大约是 20 世纪 60 年代。东巡碑所立地点，应该在南画猫村东临徐水（漕河）的西岸阶地（如今已成麦地），对岸就是著名的"画猫儿岩"，或简称"猫儿岩"。在此基础上，罗新所写的几篇调查报告及研究东巡碑内容的论文，都强调了南画猫村是东巡碑的立碑之地，南画猫村东侧的山崖就是太武帝"御射"的标靶[①]。

然而，这次调查并没有获得任何坚实的证据证明南画猫村就是御射碑的立碑地点，如果原碑的确早已移走，那么体型不会很小的碑座即使被炸裂也应该存有部分碎石。郦道元所说"碑阴皆列树碑官名"，到目

① 请参看本书《跋北魏太武帝东巡碑》一章。

前也没有材料可以说明[①]。更重要的是，郦道元所说的徐水三碑中的另外两碑，一点踪迹也没有找到，似乎也不合情理。可以说这次调查是未完成的。

二、2009—2010年的新发现

然而，2009年冬至2010秋，本文作者之一的李泉汇对东巡碑所进行的几次调查，使这一研究获得重大突破。这个阶段的主要成绩是寻找到郦道元所说的徐水三碑中的另外两碑的碑座（其中一座已经破碎），以及碑身的部分碎片，碑阳和碑阴的部分文字可以辨识，由此确认了两碑的立碑地点是在狼牙山镇的口头村东侧漕河（古徐水）河谷。

2009年冬，李泉汇在书法同好蒋晓淼先生家里见到几块刻有文字的碎石，初步判定为北朝石刻文字。蒋晓淼先生慷慨以诸石相赠，并说这些残石是他几年前去易县狼牙山写生时，在口头村的老乡家院中发现并带回保定的。李泉汇感觉其与东巡碑文字近似，就请教了熊任望先生和施安昌先生，与所收藏的东巡碑拓本比较后，惊奇地发现不仅残存文字内容基本相符（排列顺序略有不同，后详），而且从书法角度看书丹者也应是同一个人。

于是，李泉汇与蒋晓淼先生一起来到口头村进行实地调查。口头村位于漕河北岸，周围山势雄奇壮丽，河岸多处悬崖壁立。进村后来到曾存放残石的老乡家。这位老乡名叫赵振民，原是村里的赤脚医生，爱好书法，写得一手好字。据赵振民老人讲，残石是他几年前在同村人建房时发现的。村里人常到河边采石用以建房，但当地习俗以为用有文字的石头建房不吉利，所以这些残石就这样发现并保存下来的。关于石碑，赵振民老人介绍说，村东漕河公路桥的桥下曾经有古碑，毁于"文革"前后，碑座至今还在。然后带路到漕河公路桥桥头，说桥西漕河北岸有

① 《太平寰宇记》提到东巡碑时，称"中山安喜贾聪书"，见卷六七"易州·满城县"条，王文楚等点校本，北京：中华书局，2007年，第1363页。我们曾怀疑原属东巡碑碑文第十五行文字，见前揭罗新《跋北魏太武帝东巡碑》一文。不过据郦道元"碑阴皆列树碑官名"一语，那么可能这一句本出现在碑阴。从《太平寰宇记》引碑文明显不是袭自《水经注》来看，宋人对东巡碑是熟悉的，也许是因为宋人与辽对抗时，五回岭一代曾是重要前线。参看罗新《五回岭踏查追记》，收入《杀人石猜想》，第159—166页。

碑座，桥东漕河南岸也有残石。大家先下到桥西北岸，只见碎石遍地，杂草丛生，找了一阵，不见碑座踪影，但赵振民老人坚持说就在这里。由于天色已晚，改到桥东漕河南岸寻访。赵振民老人说，这里就是发现有字石头的地方。果然在靠近公路的岸边发现了一大块残石，有明显人工雕凿的痕迹。

这次调查印证了郦道元《水经注》所记东巡碑不止一碑的记载，而且依据碑身残石铭文，可以肯定各碑文字相同，但刻写格式略有差异。而且，残石铭文还保存有碑阴文字，也是重要的新发现。2010 年春，李泉汇带着残石铭文的拓片和前此调查的照片，来到北大中国古代史研究中心，与本文另一位作者罗新一起讨论这些新发现，并在北大“魏晋南北朝石刻史料研究”课上做了专题报告。两人都认为，残石属于东巡碑三碑之一，在口头村所发现的有明显人工雕凿痕迹的大石，应当就是东巡三碑之一的碑座的一部分。由于赵振民老人说所获碑身残石即出于该碑座残石附近，可见所有目前发现的碑身和碑座残石都属于同一座东巡碑，与传世东巡碑拓本所据的那一座东巡碑并列，即郦道元所说的御射三碑中的两碑。

2010 年中秋，赵振民老人在电话里告知李泉汇，他已经找到了上次未能找到的在桥西的那个大碑座。李泉汇立即与好友周溯夫妇一起，从保定再次来到易县狼牙山镇口头村，在前次调查过的桥西漕河北岸的杨树林边，由赵振民老人带领，终于见到虽颇有损泐，但还算基本完整的碑座。这一完整的碑座与先前发现的残石相比，风化程度一致，均为青紫色，石质相同。根据赵振民老人判断，这种石头非本地所产。极有可能，这个碑座属于郦道元所说的御射三碑中已知两碑之外的第三碑。

这次调查中，赵振民老人还从家中取出一张写有毛笔字的白纸。纸上是老人已故好友李书田抄录的一段残石文字。这位李书田原在军队担任文书，因故被处理回乡，被老乡称为疯子，独自在漕河岸边的悬崖下山洞（当地人称为“鸽子洞”）里生活了多年[①]。而非常凑巧的是，前次调查发现碑身和碑座残石的那个位置，正与李书田生活的那个悬崖隔河相对。也就是说，白纸上的文字，可能就是他抄录的残损之前东巡碑上

---

① 赵振民老人在鸽子洞口的石崖上写有一首题为《悼李书田》的诗：“苦人离世已经年，黄崖依旧也无言。想来多少蹊跷事，时时常常颠倒颠。”

的文字。当然李书田所抄写的二十个字似有错误，难成句子，但“大飧冗从官”“祭崖之东”这样的话，似乎又不可能是他自己可以杜撰的。

李泉汇回到保定后立即把这次调查的收获告知罗新，二人共同认为东巡碑的调查至此已经取得实质性的重大突破。2010年11月6日，罗新偕同北京相关专家一行九人来到易县狼牙山镇口头村，这些专家包括：中国社会科学院历史研究所吴玉贵、胡宝国、陈爽研究员，中华书局徐俊教授，北大历史学系李新峰教授，北师大出版社雷仕伟编辑等。与李泉汇等汇合后，在口头村的村口见到了赵振民老人已经从桥东河岸搬来的两大块碑座残石。明显的榫口和古老的装饰图案，说明这一定属于三碑之一的一个碑座。

接下来我们考察了桥西漕河北岸那个完整的大碑座。在金黄色的白杨树林北侧，靠近河岸台地梯田的田埂上，出露了一个大碑座的大部分，榫口和碑座的浮雕都十分清晰。毫无疑问这不是一个现代制造品。从石质、雕刻风格、石头表面风化程度几个方面看，这个碑座与前面所见已经残裂的碑座是同时期和同类型的作品。也就是说，它们分别属于御射三碑中的两座碑。在这座碑的河对岸，就是一片壁立如削的悬崖。赵振民老人说，山崖左近，过去常有人捡拾到铜铁箭头。于是，有关这片山崖是否就是太武帝演示御射的那片山崖的问题，就很自然地浮现在每一个人的脑际。当然，在这个时刻和这个地点，历史的想象几乎会超越证据的限制。

我们还再次考察了桥东河岸上发现碑身和碑座残石的地点。这里地势较高，俯临漕河，面对鸽子洞所在的山崖。郦道元《水经注》说“夹碑并有层台二所”，乐史《太平寰宇记》记东巡碑碑文有“定州刺史乐浪公乞文于射所造亭立碑”，可见立碑处本有亭台一类的建筑，只是现在已全无踪迹了。此处还留有一块碑座的残石，与已移至河口村的那两块残石合起来，基本上可以复原碑座的主体。越过野生花椒树的遒劲枝干和摇曳生风的白杨树叶，可以看到对岸山崖和崖下清澈的河水，李书田曾度过其人生中最艰难岁月的那个鸽子洞，因失火已烧成一片黑色。

当天晚上，来自北京的各位专家还在保定李泉汇家里，仔细看了蒋晓淼先生从河口村带回保定的那几块碑身残石。残石一共九块，大小不等，没有一块是既保存有碑阳一面又保存有碑阴一面的，也就是说，现在无法确知原碑身的厚度。不过由于最厚的一块残石厚达24厘米，可以肯定原碑的碑身厚度大于24厘米。属于碑额的残石共两块，无字，有雕刻图案的残迹。存有文字的残石中属于碑阴和碑阳的各三块。碑阳残石一（A1）存字迹五行，可辨识十二字；碑阳残石二（A2）存字迹三行，可以辨识四字；碑阳残石三（A3）存字迹三行，可辨识五字；碑阴残石一（B1）存字迹二行，可辨识四字；碑阴残石二（B2）存字迹一行，可辨识二字；碑阴残石三（B3）存字迹一行，可辨识二字（参见文末附图图2—图5）。

下面分别列出各残石可辨识之字（□为不可辨识之字，外带方框者为字迹虽不完整，尚可勉强辨识之字）：

A1　行一：余 □
　　行二：前 军 将
　　行三：罗 丰 射 声
　　行四：天 下 □ □
　　行五：[外] [始]
A2　行一：□ □ 命
　　行二：军 浮 阳
　　行三：□ □ □
A3　行一：[校] [尉] □
　　行二：也 射 之
　　行三：□ □ □
B1　行一：□ 孤
　　行二：男 步 大
B2　行一：汗 叱
B3　行一：奴 孤

从碑阳文字看，很显然三块残石在原碑上是相互连接的，应该在原碑的下部偏右的位置，是原碑铭文的第四至第八行，而且A1与A2上下相连，A3与A1左右相连。如果复原这三块残石的相互关系，则残石字迹的排列关系是：

行一（原碑第四行）：余 □ □ □ □ 命
行二（原碑第五行）：前 军 将 军 浮 阳

行三(原碑第六行): 罗 丰 射 声 [校] [尉] □
行四(原碑第七行): 天 下 □ □ 也 射 之
行五(原碑第八行): [外] [始] □ □ □

这样就可以肯定，现存这三块有字迹的碑阳残石本来是从一块分裂为三块的。

存有字迹的碑阴三块残石也是这种情况，B1、B2 和 B3 本来应该是上下相互连接的，其复原面貌应该是：

行一: □ 孤
行二: 男 步 大 汗 叱 奴 孤

某男爵名“步大汗叱奴孤”者，应该就是郦道元所说“碑阴皆列树碑官名”中的一个。

这样，对太武帝东巡碑持续多年的调查终于取得了突破性的进展，不仅获得了有关立碑地点的确切证据，而且还找到了一个完整的碑座和另一碑座的主要残石，以及一方碑身的部分残石（参见文末附图图 6—图 8），根据这些碑身残石，我们还可以复原部分碑阳和碑阴的铭文。

三、对徐水御射三碑的进一步思考

分析发现于口头村的东巡碑残石铭文，可以发现该碑碑阳铭文与徐森玉先生拓自“狼牙山逋猫儿岩”或“画猫儿村”的东巡碑铭文是一致的。然而，对比国家图书馆藏东巡碑碑阳拓本，又可以肯定徐先生发现的东巡碑与口头村发现的东巡碑并非同一座碑，因为从铭文格式看两碑每行的字数不一样。徐先生发现的东巡碑共 15 行，行 26 字，而口头村的东巡碑可能每行只有 25 字。我们作出此一判断，依据是把前文对残石铭文的复原与“画猫儿村”所出东巡碑铭文所进行的对比。根据我们以前对东巡碑所做的录文，原碑第四至第八行的铭文是[1]：

驾路隅援弓而射之矢逾于岩山三百余步于是复命左右将士善
射者射之若武卫将军昌黎公丘眷前军将军浮阳侯阿齐中坚将

① 请参看本书《跋北魏太武帝东巡碑》一文。

> 军蓝田侯代田积射将军曲阳侯罗丰射声校尉安武子韩元兴次
> 飞督安熹子李盖等数百人皆天下□□也射之莫有过崖者或至
> 峰旁或及岩侧于是群臣内外始知上□□之远□代绝□□咸嗟

两相对比，口头村东巡碑的行款格式明显不同，只有在每行少一字的情况下，才会出现前述复原后的排列面貌。可见口头村东巡碑每行应是25字而不是26字。这是否会影响全碑行数的变化，尚不得而知。

由两碑铭文内容一致而行款格式略有不同，可以推知郦道元所说的徐水御射三碑中的另外一碑也属于这种情况，即碑文内容一致而行数及每行的字数会略有不同。为什么同样内容的碑文要分立三处呢？从口头村东巡碑的碑阴残石铭文仅有两行（即两个人名）、文字较为疏朗且空白较多来看，原碑阴的铭文并非我们原先猜想的那么繁多，换句话说，如文成帝南巡碑那样碑阴群官姓名的文字远远多于碑阳正文的情况，似乎并没有发生在太武帝东巡碑身上。因此我们对徐水御射三碑有这样一个猜测：三碑的碑阳内容相同，而碑阴的内容各不相同，因为三碑由不同官员树立，郦道元所说"碑阴皆列树碑官名"就是指每座碑的碑阴各写树立该碑的定州官员的官爵姓名。

既然都是为了纪念太武帝演示神射技艺这同一个事件而立碑，碑文内容又完全一样，那么三碑为什么要分别立在不同地点呢？这的确是一个难以理解的问题。也许，在徐水岸边竞赛射箭的游戏并非仅仅发生了一次，而且地点也不限于一处悬崖。北魏诸帝经由五回道往返平城与河北诸州的随行人马是数量庞大的，在狭窄的徐水河谷中行军时，整个队伍一定拉得非常长，而且宿营地前后也一定拖得相当开。考虑到代北军人的骑射传统，可以设想在太武帝表演神射之后，竞赛射箭的行为可能在其他地点也发生过。御射三碑分立于三个不同的地点（参见文末附图图 1），或许是因为这三个地点都曾是重要的竞赛地，而且不难想象，这三个地点一定都有壁立如削的悬崖作为演射标靶，而射箭的地点都在与悬崖相对的徐水对岸。口头村东的两处东巡碑立碑地点，都具备这种地形特征。

如果我们把口头村东头漕河公路桥以西保存有完整碑座的地点的原碑称作徐水御射三碑中的第一碑，把桥西保存有碑身和碑座部分残石的立碑地点的原碑称作第二碑，那么郦道元所说的御射三碑的第三碑（即徐森玉先生所见到的东巡碑）又立于何处呢？按照前文所述，历来有关徐森玉拓取东巡碑的记载，都说是猫儿岩或猫儿洼，而根据我们过去的调查，只有南画猫村一带的地形地貌符合第一碑和第二碑那样的特征。但是第一碑与第二碑相距较近，何以第二碑与第三碑相距如此之遥呢？这的确是一个难以索解的问题。如果南画猫村的确存在过一个大碑的话，那么它应该就是徐森玉先生所见到的东巡碑，也就是御射三碑的第三碑。当然，要确定这一点还有待较为切实的证据。

有关北魏太武帝东巡碑的调查和研究至此告一段落。在发现第一碑的碑座和第二碑碑身即碑座部分残石的基础上，可以基本划定这两座御射碑（东巡碑）立碑地点的范围。而且我们还认为文物部门应当对现有遗迹进行清理，确认立碑地点，并作为北魏为数不多的重要遗址加以保护。

最后，根据我们过去所整理的第三碑碑阳铭文，以及近年来校读拓本的新认识，加上参考新发现的第二碑残石铭文，提供新的北魏太武帝东巡碑录文如下：

碑额：皇帝东巡之碑

1. □□□□□□□□□□□□□□□□□□□□□□□□□□□□
2. 泽历定冀□□□□□□□□□□□□□□□□□□□□□□□□
3. 恒山北行而归十有二月□□□□□□之崄□□崇□之□峙乃停
4. 驾路隅援弓而射之矢逾于岩山三百余步于是复命左右将士善
5. 射者射之若武卫将军昌黎公丘眷前军将军浮阳侯阿齐中坚将
6. 军蓝田侯代田积射将军曲阳侯罗丰射声校尉安武子韩元兴次
7. 飞督安熹子李盖等数百人皆天下□□也射之莫有过崖者或至
8. 峰旁或及岩侧于是群臣内外始知上□□之远□代绝□□咸嗟
9. 叹圣艺之神明虽古有穷蓬蒙之善方之于今□□□□□□□□□
10. 遇镇东将军定州刺史乐浪公乞立石□□□□□□□□□立铭□
11. 广德美垂之来世三年丁丑功讫会乐浪公去□□刺史征东将军
12. 张掖公宝周初临续赞其事遂刊□□□乃作颂曰
13. 思皇神武应期挺生含弘宽大下济光明□仁不□无□不□肃肃
14. 四海远至迩平荡荡圣哉民□能□□□□□□天下咸宁
15.（已残）

附图：

图 1　徐水河谷御射三碑分布示意图

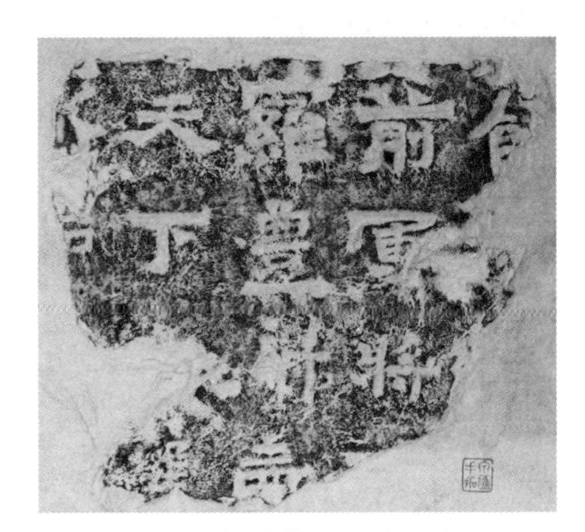

图 2　御射碑第二碑碑阳残石
铭文拓片之一

图 3　御射碑第二碑碑阳残石
铭文拓片之二

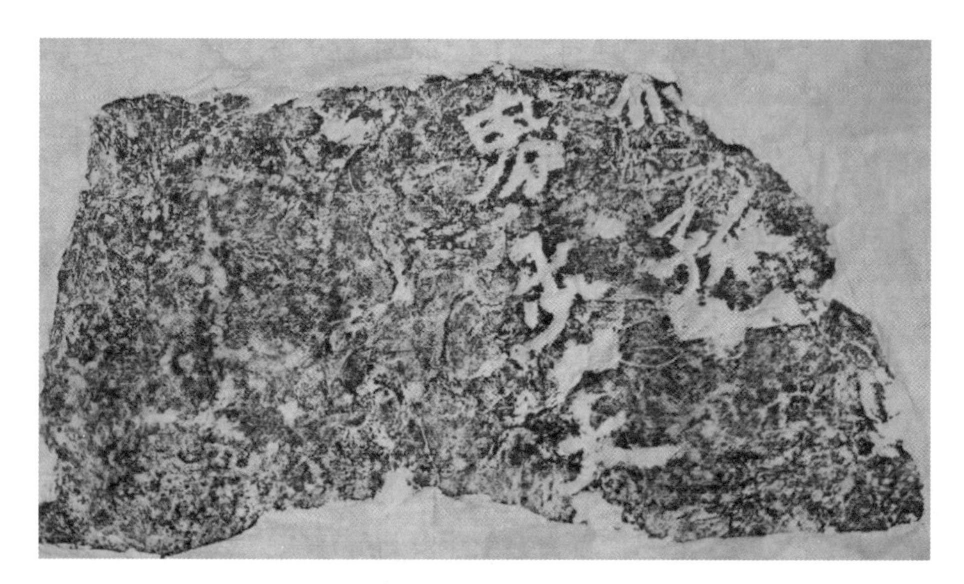

图 4 御射碑第二碑碑阴残石铭文拓片之一

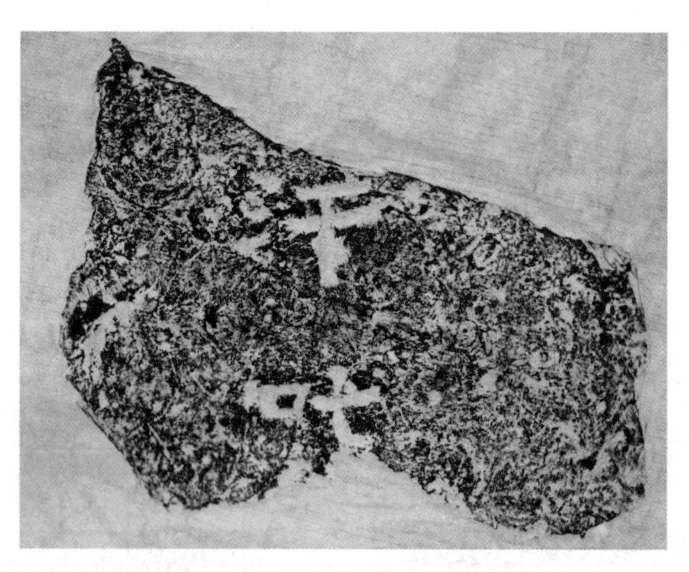

图 5 御射碑第二碑碑阴残石铭文拓片之二

图 6 御射碑第一碑碑座

图 7 御射碑第二碑碑座残石之一

图 8　御射碑第二碑碑座残石之二

（原载《中国国家博物馆馆刊》2011 年第 9 期）

十六国北朝时期的乐浪王氏

自汉武帝元封三年（前108）置乐浪郡，至西晋灭亡（316），四个多世纪的时间内，今朝鲜半岛北半部，一直比较稳定地隶属乐浪郡境。西汉时期的情况，据《汉书·地理志》，乐浪郡，属幽州，辖朝鲜、遂成等二十五县[①]。东汉时，据《续汉书·地理志》，幽州乐浪郡，辖朝鲜、遂城等十八城（县）[②]。三国仍汉之旧。到西晋时，分乐浪地置带方郡，据《晋书·地理志》，平州乐浪郡，统朝鲜、屯有、浑弥、遂城、镂方、驷望等六县，并谓遂城为"秦筑长城之所起"[③]。

如此漫长的中原王朝的统治，给这一地区的土著和新徙入人民，带来了哪些政治、经济特别是文化方面的影响，当然是一个令人感兴趣的课题。本文考察乐浪遂城王氏在十六国北朝时期的活动，借以观察乐浪土著大族在中原历史浪潮中的面貌及其痕迹。文献史料的限制使我们甚至难以注意到历史上这一乐浪土著大族的存在，幸而近代以来地不爱宝，中古墓志纷纷出土，其中竟颇有关于乐浪王氏的资料。今整理墓志资料，结合文献记载，可以略略考见乐浪王氏的历史遗迹。

一

文献中关于乐浪王氏的史料，就我阅读所及，只有《资治通鉴》中的一条和《周书》卷二十的《王盟传》。北魏墓志中的相关材料一共有以下几条：

甲、《给事君夫人王氏墓志》，入葬时间是北魏宣武帝水平三年（510）

---

①《汉书》，北京：中华书局，1962年，第1627页。

②《后汉书》，北京：中华书局，1965年，第3529—3530页。

③《晋书》，北京：中华书局，1974年，第427页。

冬，1925年出土于洛阳城北徐家沟村东北，曾归于右任收藏[①]，拓片藏北京图书馆，图版见赵万里《汉魏南北朝墓志集释》，赵超《汉魏南北朝墓志汇编》有录文[②]。

乙、《王祯墓志》，入葬时间是宣武帝延昌四年（515）三月，1929年出土于洛阳城北西山岭头之东三里护驾庄，曾归于右任收藏[③]，北图藏拓，赵万里书有图版[④]，赵超书有录文[⑤]。

丙、《王基墓志》，入葬时间是孝明帝正光四年（523）十月，1927年洛阳城东山岭南三里出土，亦曾归于右任收藏[⑥]，北图藏拓，赵万里书有图版[⑦]，赵超书有录文[⑧]。

丁、《王舒墓志》，葬于孝庄王永安三年即长广王元晔建明元年（530）[⑨]，出土于洛阳，砖质，曾归吴兴徐森玉收藏[⑩]，北图藏拓，赵超书有录文[⑪]。墓志中称王舒是"乐梁□城人"，据赵万里先生考证，乐梁即乐浪，□城即遂城[⑫]。

案除以上墓志外，还有几方墓志，表面看也与乐浪王氏有关，如《王晓墓志》和《王温墓志》[⑬]。但是王温出自乐浪乐都，与我们所要讨论的乐浪遂城的王氏不同[⑭]。《王晓墓志》更是一个赝品，是抄袭《王基墓志》

---

① 王壮弘、马成名：《六朝墓志检要》，上海：上海书画出版社，1985年，第71页。

② 赵超：《汉魏南北朝墓志汇编》，天津：天津古籍出版社，1992年，第56—57页。

③ 王壮弘、马成名：《六朝墓志检要》，第89页。

④ 赵万里：《汉魏南北朝墓志集释》第4册，北京：科学出版社，1956年，图版217，第130页。

⑤ 赵超：《汉魏南北朝墓志汇编》，第80页。

⑥ 王壮弘、马成名：《六朝墓志检要》，第126—127页。

⑦ 赵万里：《汉魏南北朝墓志集释》第4册，图版235，第142页。

⑧ 赵超：《汉魏南北朝墓志汇编》，第138—139页。

⑨ 案永安三年十月改元建明，而王舒入葬在九月，故志文仍称永安年号。

⑩ 王壮弘、马成名：《六朝墓志检要》，第186页。

⑪ 赵超：《汉魏南北朝墓志汇编》，第272页。

⑫ 赵万里：《汉魏南北朝墓志集释》第2册，第115页。

⑬ 洛阳市文物工作队：《洛阳出土历代墓志辑绳》，北京：中国社会科学出版社，1991年，第36、54页。

⑭ 张乃翥：《北魏王温墓志纪史勾沉》，《中原文物》1994年第4期，第88—93页。

而造伪的结果[①]，今人不察，竟编入书册[②]。有趣的是，前面我们举出的《给事君夫人王氏墓志》，竟然也曾被当作底本伪造成《给事君夫人韩氏墓志》，我曾撰文加以辨别[③]。

现在我们就依据这些墓志及文献资料，粗略地梳理十六国北朝时期乐浪遂城王氏的历史面貌如次。

二

首先我们看乐浪遂城王氏，到底是土著还是迁入者。前面提到的《王温墓志》，追溯乐浪乐都王氏的祖先，曰：

> 启肇自姬文，命氏分于子晋。汉司徒霸、晋司空沉之后也。……昔逢永嘉之末，高祖准，晋太中大夫，以祖司空幽州牧浚遇石氏之祸，建兴元年自蓟避难乐浪，因而居焉。

如果这里把乐都王氏溯源至太原王氏的说法真的可靠[④]，那么王温一族就属于迁入户，而不是汉武帝开乐浪郡以前箕氏朝鲜或卫氏朝鲜的土著民。可是本文所要讨论的乐浪遂城的王氏，我认为就是箕氏朝鲜或卫氏朝鲜的土著。

《王祯墓志》叙其族源曰：

> 殷有三人，周访九畴；只族王家，藉胄鲜侯。

---

① 要检验这一点毫不困难，只需要简单地对比二志即可，除了必要的志主姓名的改动外，还改动了王氏的父祖姓名，但却不改官爵，其为伪造，确是一目了然。

② 前引《洛阳出土历代墓志辑绳》一书，我仅仅粗读其中北朝部分，便发现两方伪志，一方是《王晓墓志》，另一方则是第37页的《大魏段公（峻德）墓志》，都是以北魏墓志为底本伪造的。因此，使用墓志资料必须谨慎，除了要了解必要的墓志出土情况外，还要对墓志内容进行审查。

③ 罗新：《北大馆藏拓本〈给事君夫人韩氏墓志〉辨伪》，《文献》1996年第1期，第253—255页。

④ 我感觉王温一族溯源至王浚，颇为可疑。理由是作为清华上族的太原王氏，入魏之后为什么仍然保留其乐浪籍贯呢？从王温父祖官履看，主要担任平州或乐浪地方官（平州刺史、乐浪太守等）。张乃翥先生在前揭文中强调王温一族虽然先“占籍乐浪”，入魏后即“移贯代京”，这是不对的。移家代京（平城）并不等于把籍贯郡望也都搬到平城。最坚强的证据是《王温墓志》首句所言：“燕国乐浪乐都人。”这才是当时法律意义上的籍贯和郡望。

《王基墓志》则曰：

> 其先出自有殷，周武王克商，封箕子于朝鲜，子孙因而氏焉。

这里都相当直接地说明，乐浪遂城的王氏家族，并不是武帝开乐浪郡以后来自中原的迁入户，而是乐浪土著。

乐浪王氏可能本来就是土著中的上层家族，并在魏晋时期成为影响较大的地方代表。《给事君夫人王氏墓志》云："乐浪名邦，王氏名宗。"乐浪王氏在乐浪郡的影响和地位，当西晋末年慕容鲜卑与高句丽争夺乐浪与带方的时候，得到了证明。晋愍帝建兴元年（313），西晋统治遭到匈奴刘氏摧毁性的打击，天下分崩，高句丽的势力趁机向北推进。《资治通鉴》卷八八①：

> 辽东张统据乐浪、带方二郡，与高句丽王乙弗利相攻，连年不解。乐浪王遵说统帅其民千余家归（慕容）廆，廆为之置乐浪郡，以统为太守，以遵为参军。

从上引文看，这一年之后，高句丽就控制了西晋的乐浪、带方二郡，慕容廆所置的乐浪郡，是一个侨郡。清人洪亮吉已经指出，前燕的乐浪郡"皆非汉乐浪郡旧地也"②。侨置乐浪郡，是为了安顿张统所率领来归的乐浪、带方二郡"千余家"，但是置乐浪而不置带方，乐浪王氏所起的作用还是相当明显的。此后历北燕、前秦、后燕、北燕和北魏，一直侨置乐浪郡，虽然郡境及郡址变动较大，乐浪郡的行政地位却迄未丧失。

乐浪王氏家族之中，王遵是我们所能知道的最早的一位成员。他在乐浪郡遭受高句丽攻击的时候，选择离开家园，去投靠慕容鲜卑。从此乐浪王氏加入了慕容集团。我们只能从《资治通鉴》前引文中知道，王遵担任过参军一职，他后来在前燕的情况，限于史料，付之阙如。从墓志资料及《周书·王盟传》看，北朝时期乐浪王氏各支系的后人，在追溯祖先时，都没有提到王遵，大概是由于王遵在前燕的官位比较一般。

北朝的乐浪王氏后人，在追溯祖先时，都提到了其六世祖王波。《给事君夫人王氏墓志》：

---

① 《资治通鉴》卷八八晋愍帝建兴元年四月，北京：中华书局，1956年，第2799页。

② 洪亮吉：《十六国疆域志》卷三，《二十五史补编》第3册，北京：中华书局，1955年，第4120页。

> 夫人王氏，乐浪遂城人也，燕仪同三司武邑公波之六世孙，。

《王祯墓志》：

> 君讳祯……燕仪同三司武邑公波之六世孙。

《王基墓志》：

> 六世祖波，燕仪同三司武邑公。

《周书·王盟传》[①]：

> 其先乐浪人，六世祖波，前燕太宰。

看来，北朝的乐浪王氏都把王波看作其祖先。墓志中王波官至仪同三司，爵封武邑公。《周书·王盟传》称王波官至太宰，是不确的，前燕为太宰者只有慕容恪一人[②]，当以墓志为准。这个王波活动于十六国时期，却不见于史籍。后赵石虎时期有个王波，曾为中书令，被石虎害死，其时代和官履均与乐浪王波不合，并不是同一个人。王波与王遵的关系无从考证，但可以推测，王波应当是王遵的子侄辈。

乐浪王氏在慕容诸燕的仕宦情况，可以考知的很少。《王祯墓志》：

> 高祖礼班，散骑常侍、平西将军、给事黄门侍郎、晋阳侯。

《王基墓志》同，唯高祖的名字作班，而不是礼班。现在还不能解释这个差异。王班或王礼班在燕朝的地位似乎较其父王波要高，爵位也高一些。

三

乐浪王氏自燕入魏，在王波的孙辈。《王基墓志》叙曾祖以下，曰：

> 曾祖定国，圣朝库部给事、冠军将军、并州刺史、博平男；祖唐成，广武将军、东宫侍郎、合肥子；父光祖，宁远将军、徐州长史、淮阳太守、司州中正、晋阳男。

---

①《周书》卷二十，北京：中华书局，1971年，第333—335页。

② 万斯同：《伪燕将相大臣年表》，《二十五史补编》第3册，第4041—4043页。

《王祯墓志》内容同，只是记其曾祖定国的官爵为“圣朝库部给事中河内太守博平男”，王定国官并州刺史也许是夸大了，河内太守较可信。王祯与王基为亲兄弟，王祯比王基大五岁，王基是王光祖第三子，可能王祯是长子，所以他继承了父亲的爵位。

根据《给事君夫人王氏墓志》，王氏的父亲王道岷，是北魏“幽营二州刺史、广阳靖侯”。

《周书·王盟传》：

> 祖珍，魏黄门侍郎，赠并州刺史、乐浪公；父黑，伏波将军，以良家子镇武川，因家焉。

从王道岷任幽营二州刺史、王珍赠乐浪公来看，王氏一家作为乐浪大族的背景一直没有被忽视。

据《周书·王盟传》，王盟一家以六镇镇民的身分，参与了北魏末年的六镇起兵，后又加入宇文泰集团，成为关陇集团的重要一员。王盟在北周官至太傅、开府仪同三司，“位居师傅，礼冠群后”。其子侄数人在北周均位居显要，隆盛一时。

从《王祯墓志》和《王基墓志》得知，王祯兄弟一家住在洛阳永康里。而《给事君夫人王氏墓志》的主人，即王道岷的第三女，嫁给了安定王元休的第三子元愿平，这大概也足以表明乐浪王氏的家族地位非同一般。但是，依据《魏书·安定王传附子愿平传》[①]，这个夫婿是非常糟糕的：

> 悖恶日甚，杀人劫盗，公私成患……坐裸其妻王氏于其男女之前，又强奸妻妹于妻母之侧。

此外，我们依据墓志资料，还可以略知乐浪王氏在北魏时期的婚姻圈子。据《给事君夫人王氏墓志》，王氏的外祖父是昌黎韩麒麟，可知王道岷娶昌黎韩氏。又据《王舒墓志》，王舒妻慕容氏，当是诸燕宗室之后。这仅有的一点资料，在说明乐浪王氏入魏以后的社会生活面貌方面，非常宝贵。无论是昌黎韩氏还是慕容氏，都是原慕容集团的重要成员。入魏以后的乐浪王氏，尽管也开始与北魏宗室结姻，但是在保持其原有的慕容集团姻亲关系方面，还是比较明显的。

---

① 《魏书》卷十九，北京：中华书局，1974 年，第 519 页。

乐浪王氏，作为原箕氏朝鲜或卫氏朝鲜的土著酋豪，经汉魏西晋的发展，变成认同中原文明的地方大族；由于加入慕容集团，参加了十六国时期华北的历史运动，遂发展成为颇有中原风格的世族；最后，经历了北魏、北周的种种历史风雨，竟成为在隋唐时代极其显赫荣耀的关陇集团的一员。

考察两汉以来中原文明对周边地区及民族，在政治、经济和文化方面的辐射影响，乐浪王氏当然只是一个个案，但我们还是可能在这一个案中，看到某种典型性和代表性。

（原载《韩国学论文集》，北京：新华出版社，1997 年）

跋前秦梁阿广墓志

前秦梁阿广墓志（图 1），2000 年从宁夏彭阳县新集乡征集，藏宁夏固原博物馆[①]。该墓志为碑形，带座，额题“墓表”，可能本来是立于墓室之内，与时代接近的吕他、吕宪墓志形制基本一致[②]。墓志阴面有双行刻字“碑表及送终之 / 具于凉州作致”。阳面刻字九行，行八字。现据墓志照片录文如下：

秦故领民酋大牙门 /
将袭爵兴晋王司州 /
西川梁阿广以建元 /
十六年三月十日丙 /
戌终以其年七月岁 /
在庚辰廿二日丁酉 /
葬于安定西北小卢 /
川大墓茔内壬去所 /
居青岩川东南卅里 /

图 1　梁阿广墓志

前秦苻坚建元十六年（380）三月丁丑朔，十日为丙戌，而七月乙亥朔，廿二日当为丙申，廿三日才是丁酉，疑廿二乃廿三之误。又六月朔丙子，廿二日恰好是丁酉，不知七月是否为六月之误。

据墓志，志主梁阿广的籍贯是“司州西川”。司州，是指前秦的司隶校尉部。《晋书》记苻坚时“分司隶为雍州”[③]，《资治通鉴》系其事于苻坚

① 固原博物馆：《固原历史文物》，北京：科学出版社，2004 年，第 113—114 页。

② 李朝阳：《吕他墓表考述》，《文物》1997 年第 10 期，第 81—82 页；路远：《后秦〈吕他墓表〉与〈吕宪墓表〉》，《文博》2001 年第 5 期，第 62—65 页。亦请参看罗新、叶炜《新出魏晋南北朝墓志疏证》，北京：中华书局，2005 年，第 28—30 页。

③《晋书》卷一四《地理志上》，北京：中华书局，1974 年，第 431 页。

甘露元年（360）[①]。苻坚建元六年（370）灭前燕，《资治通鉴》于这一年下记："秦省雍州。"胡三省注曰："秦置雍州于安定，今省雍州入司隶校尉。"[②] 梁阿广墓志刻写于建元十六年（380），时安定复隶司隶校尉已经十年，墓志所称司州，自然是指司隶校尉部。可见当时司隶部亦称司州。西川是安定郡的属县。西晋雍州安定郡领七县，中有西川。史籍不载西川置县的时间，我以为应在西晋时，是由西川都尉改置而来。而西川都尉的设置，在魏齐王芳正始初年（240），史籍中常常误作"西州都尉"。据《三国志》："凉州休屠胡梁元碧等，率种落二千余家附雍州。（郭）淮奏请使居安定之高平，为民保障，其后因置西川都尉。"各本多作"西川都尉"，标点本却径改为"西州都尉"[③]。《晋书》载傅玄上疏，建议"宜更置一郡于高平川，因安定西州都尉募乐徙民，重其复除以充之，以通北道，渐以实边"[④]。其实以上"西州"都是"西川"之讹。旧说有认为西川是曹魏改东汉三水县名而来[⑤]，也是没有根据的。谭其骧主编的《中国历史地图集》在曹魏和西晋的雍州地图中，把西川县标在郡境最东端，其地略当于今陕西旬邑底庙一带，不知有什么依据，恐怕是不准确的[⑥]。梁阿广墓志的出土地点，即前秦西川县所在，自然也是魏晋西川都尉所在。《元和郡县图志》"原州·百泉县"条下记"后魏孝明帝于今县西南阳晋川置黄石县，隋炀帝改为百泉县"[⑦]。《太平寰宇记》更精确地把黄石县置县时间记为"后魏正光五年"[⑧]，正是魏末秦陇诸族暴动以后引起关西州郡行政区划大调整的时候。百泉县的位置，与梁阿广墓志所出的彭阳新集非常接近，可知北魏黄石县的前身应当是西川县。唐宋时代的阳晋川，即今洪川河，为泾河的支流之一，发源于六盘山东北麓。从墓志文字来

---

①《资治通鉴》卷二三，北京：中华书局，1956年，第3179页。

②《资治通鉴》卷二四，第3241页。

③《三国志》卷三〇《魏书·郭淮传》，北京：中华书局，1959年，第735页。

④《晋书》卷四七《傅玄传》，第1322页。

⑤ 王先谦：《后汉书集解》，北京：中华书局影印1915年虚受堂刊本，1984年，第1286页；卢弼：《三国志集解》，北京：中华书局影印1957年古籍出版社排印本，1982年，第609页。

⑥ 谭其骧主编：《中国历史地图集》第3册，北京：中国地图出版社，第15—16页、43—44页。

⑦ 李吉甫：《元和郡县图志》卷三，贺次君点校，北京：中华书局，1983年，第59—60页。

⑧ 乐史：《太平寰宇记》卷三三"关西道·九原州"条，影印文渊阁《四库全书》本，史部地理类，台北：商务印书馆，1986年，第469册，276页。

看，前秦时洪川河的名称是“小卢川”。这条河自西北向东南流经安定郡治所在的临泾县，对于安定郡来说，是西来的河流，“西川”或即由此而得名。

曹魏西川都尉之设置，是为了镇抚新迁入的二千余家休屠胡。因此，西川都尉所在，即梁元碧所统休屠胡被安置的地方，其地本属高平县，西晋时从都尉区改置为县。墓志称梁阿广是“功门将”“袭爵兴晋王”，显然出自部族首领之家。因此，如果把梁阿广与梁元碧联系起来，应当是没有什么问题的。也就是说，我们相信梁阿广是曹魏时期迁徙到西川来的那一批休屠胡的后裔。墓志说他的埋葬地点“去所居青岩川东南卅里”，可见墓在梁阿广部族居地的东南，其部族居地青岩川更靠近六盘山的东北缘山地。中古时期六盘山前后地区的农业化程度不高，畜牧业比重很大。前秦在此设有“建忠高平牧官都尉”[①]，唐代监牧的最高官员都监牧使由原州刺史兼任，所属四大监牧使中，有两个寄治原州城内[②]。高平川及其左近，是中古前期民族问题最为复杂的地区之一。梁阿广所属的休屠胡部族，只是这一地区众多从塞外徙入的部族中的一支。

休屠胡，一般认为是“休屠各胡”的省称，中古史料中常常写作屠各。对于休屠与屠各的关系，屠各的民族属性，学界还没有一致和明晰的意见，此处亦不加讨论。在梁元碧从凉州徙入雍州以前，高平这一带是有屠各活动的。《三国志》记载夏侯渊于建安十九年（214）进兵陇上，“转击高平屠各，皆散走，收其粮谷牛马”[③]。高平屠各积有粮谷、放牧牛马，可见这一支屠各已经不再处于游牧状态。定居在西川的梁元碧部休屠胡及其后裔，大概就属于这种情况，虽然以畜牧为主，但也有一定的种植业，正因如此，才能维持该部族在同一地区的长期存在。

研究者常常把其他北族的梁氏以及华夏旧有的梁氏与安定西川休屠胡梁氏混淆起来。《魏书》记内入诸族改姓，有“拔列氏改为梁氏”，标点本“校勘记”认为“拔列氏”当作“拔列兰氏”[④]。姚薇元把拓跋集团

---

①《晋书》卷一一五《苻丕载记》，第2946页。

② 李吉甫：《元和郡县图志》卷三，第59页。

③《三国志》卷九《魏书·夏侯渊传》，第271页。

④《魏书》卷一一三《官氏志》，北京：中华书局，1974年，第3007、3019页。

的这一支拔列兰氏与安定休屠胡联系起来[①],陈连庆遽从其说[②],都是缺乏依据的。魏晋安定郡的望族中本有梁氏，东汉灵帝时曾任选部尚书的梁鹄，就是安定人。《晋书》称“安定梁景、敦煌刘肃，并以门胄，总角与(张)天锡友昵”[③]。这个梁景，既称“门胄”，必是安定旧门无疑，与休屠胡全无瓜葛。史籍中提到安定梁氏人物，往往指的是出于这一望族的梁氏，或者是其人自称出自安定旧门。比如《周书》记梁御“其先安定人也，后因官北边，遂家于武川，改姓为纥豆陵氏”[④]。梁御所谓安定梁氏，当然是指安定望族梁氏，必不肯自承其族出于休屠胡梁氏。姚薇元却把他的郡望与休屠胡联系起来，并断言纥豆陵为拔列兰之误，也是不对的[⑤]。当然,安定郡恰好有望族梁氏,这对西川休屠胡梁氏在北朝的社会变动中逐渐隐藏其真实部族面貌，攀附高门梁氏，并因此加速其华夏化进程，应当是一个有利的条件。但目前还缺乏说明这一过程的材料。

墓志记梁阿广的身份是“故领民酋大、牙门将、袭爵兴晋王”，其中领民酋大是过去没有见过的前秦时期的制度名词。前秦的领民酋大制度则是值得重视的问题。在前秦立界山石祠碑题名中，有酋大、部大和大人三种身份,凡六十余见[⑥]。马长寿先生注意到,其中称酋大者主要是西羌的酋帅,称部大者多系氐酋和杂胡的酋帅[⑦]。过去认为,部大或酋大都是对少数族小型政治体首领的一般称谓，其间并无显著的分别。胡三省说“胡人一部之长，呼为部大”[⑧]，又说“当时戎狄酋长，皆谓之大”[⑨]。《宋书》说“羌之酋豪曰大”[⑩]。把酋大、部大和大人理解为各部族政治团体内部产生的制度或称谓，从起源意义上说，当然是有其合理性的。但是随着政治体发育的内外环境的变化和发展，制度化的结果必定要求秩

---

① 姚薇元:《北朝胡姓考》, 北京: 中华书局, 1962 年, 第 60—62 页。

② 陈连庆:《中国古代少数民族姓氏研究》, 长春: 吉林文史出版社, 1993 年, 第 47—48 页。

③《晋书》卷八六《张轨传》附《张天锡传》, 第 2251 页。

④《周书》卷一七《梁御传》, 北京: 中华书局, 1971 年, 第 279 页。

⑤ 姚薇元:《北朝胡姓考》, 第 60—61 页。

⑥ 马长寿:《碑铭所见前秦至隋初的关中部族》, 北京: 中华书局, 1985 年, 第 12—38 页。

⑦ 同上书, 第 27 页。

⑧《资治通鉴》卷八六, 2731 页。

⑨ 同上书, 2738 页。

⑩《宋书》卷九八《氐胡传》, 北京: 中华书局, 1974 年, 第 2412 页。

序和统一。从立界山石祠碑题名称衔看，酋大与部大的区别是非常明显的，酋大高于部大。马长寿先生似乎倾向于把这种区别看成不同民族传统的产物，但是他自己也已指出，称酋大的并不全是西羌，还有“龟兹”，后者在冯翊地区应属杂胡，而杂胡似乎又多称部大。梁阿广墓志证实，同样被称为杂胡的休屠胡梁阿广，也是酋大而不是部大。因此，称部大还是称酋大，与部族来历无关。在我看来，酋大和部大的制度早已被纳入前秦国家的政治体制之内，因而也就被整合进了前秦官僚制度的秩序中，具有了反映官阶、权力、利益和合法性的政治功能。酋大、部大和大人的区别应当从这个角度去理解。从梁阿广墓志所谓“领民酋大”的官衔看，前秦邓太尉祠碑和立界山石祠碑里的酋大和部大，很可能分别是“领民酋大”与“领民部大”的省称。唐代的酋领、渠领或许也都属于这类情况。

前秦的领民酋大很可能与北魏的领民酋长制度颇有渊源。自从周一良先生对领民酋长制度进行研究以后，相关的历史问题已经受到中古史学界的广泛注意[①]。北魏时期那些未曾离散的部落，即那些保持部落体制和游牧生活形态的北方部族，通常属于拓跋集团的外围部族，仍然维持旧有的政治和社会结构，部落酋长的传统权利得到北魏朝廷的尊重和承认，这便是“领民酋长”一称的来历。值得注意的是，部落酋长本来是部落政治的传统和事实，北魏朝廷在尊重部落传统与既有事实的同时，却以授予部落酋长以“领民酋长”“领民庶长”等政治职务的方式，把部落的传统政治体制纳入北魏国家政治体制之内，从而使部落政治权力的来源发生变化。这是北魏国家体制华夏化过程中的伴生物，还是游牧部族政治体发育过程中本来就有的一个环节？还有待将来进一步的研究。

正是在这一意义上，梁阿广墓志中的“领民酋大”一职，透露了非常重要的历史信息。很显然，前秦国家有“领民酋大”的制度，该官职授予的对象，就是梁阿广这样的某一部族的传统首领，这种部族长期据有某一地区，维持了传统的部落结构，保持着旧有的经济和生活方式。梁阿广获得这一职务，意味着前秦国家承认他对于西川休屠胡的传统领导权，但同时他也因此加入前秦的国家体制，接受国家的封爵，承担国

---

① 周一良：《领民酋长与六州都督》,《魏晋南北朝史论集》，北京：中华书局，1963 年，第 177—198 页。

家的义务。长远地看,梁阿广及其后继者统治西川休屠胡部族的合法性,将不再来自该部族的传统,而来自前秦国家。在国家框架内,不同历史传统的政治单元就是经过这一过程,最终被吸收进新的、统一的历史传统中。考虑到西晋崩灭后中国北方严重的的政治破碎与社会分裂,对相关问题的思索就是非常有价值的。这便是领民酋长、领民酋大制度所可能反映的历史内容。在这里,我们看到北魏领民酋长制度与前秦领民酋大制度的一致性。

接下来的问题是:前秦领民酋大制度与北魏领民酋长制度之间,是否有某种连续性、某种继承关系呢?前秦灭代国后,曾经短暂地把拓跋集团纳入前秦统治体系之内。后来拓跋珪复国,整顿北魏的五行历运时,以北魏承前秦之火德为土德,完全认可了前秦政权的历史合法性①。那么,北魏在政权组织方式上部分地学习前秦,继承前秦的某些制度,是完全可能的。因此,认为北魏的领民酋长制度是承续自前秦的领民酋大制度的观点,极有可能是成立的。

这也提示我们注意,在研究北魏的一些显然带有北族特征的制度时,除了从拓跋鲜卑的部族传统寻找源头,还要在包括前秦在内的十六国历史中去寻找可能的联系。

(原载中国文物研究所编《出土文献研究》第 8 辑,上海:上海古籍出版社,2007 年)

【补记】此文写作于 2006 年春,在投稿给中国文物研究所古文献研究室编的《出土文献研究》(2007 年 11 月出版)之后,得读日本学者町田隆吉先生《前秦建元十六年(380)梁阿广墓表试释》,该文发表在《桜美林大学“国际レヴュー”》第 18 号(2006 年 3 月),第 93—105 页。町田先生对墓志的形式与内容的考证着力甚多,令人钦佩。可惜当时此文已经投出,因而文中未能反映町田先生的成绩,十分遗憾。今小文收入本书,借此机会,特别向町田先生表示歉意,并提示对梁阿广墓志有兴趣的读者应参考町田先生的大作。

---

① 请参看本书《十六国北朝的五德历运问题》一文。

跋北魏辛凤麟妻胡显明、辛祥及妻李庆容墓志

北魏辛祥及妻李庆容夫妇墓，1975 年由山西省文物工作委员会在太原南郊东太堡砖厂清理发掘，两人的墓志即出土于该墓。1973 年在同一区域还曾发现一座北魏辛凤麟夫妇墓，可惜资料已不完整，仅存辛凤麟妻胡显明墓志的拓片一份。这三方墓志的拓片图版及出土情况，均见代尊德《太原北魏辛祥墓》一文[①]。代文虽然发表于 1981 年，但似乎一直没有引起北朝墓志研究者的注意，赵超《汉魏南北朝墓志汇编》没有收这三方墓志，而我们在编写《新出魏晋南北朝墓志疏证》时也未能补入。兹以小跋一篇，介绍辛凤麟妻胡显明（图 1）、辛祥及妻李庆容墓志（图 2、图 3），先逐录这三方墓志志文，并略加考订于后，以见其史料价值之一斑。

一、辛凤麟妻胡显明墓志

魏故东安太守陇西辛君夫人胡氏之墓志铭

夫人讳显明安定临泾人也其先盖出自陈胡公 / 缔构绵邈业绪蝉联芳猷世载有闻前篆祖中书 / 考宣侯或升麟阁或践凤池并尤文默当世称焉 / 夫人温恭洁静言行无择既笄而归于辛氏率蹈 / 礼容克谐妇德匪唯庆结两门抑亦誉流三族而 / 螽斯徒咏嘉祚弗繁了卒未旬而东安府君薨衔 / 悲茹苦既厘且独哀毁内侵沉痾遂积自婴此疾 / 垂卅年春秋七十有四以魏之正光三年六月十 / 三日薨于洛阳永年里第其年

---

① 代尊德:《太原北魏辛祥墓》,《考古》编辑部编:《考古学集刊》第 1 集，北京：中国社会科学出版社，1981 年，第 197—202 页。

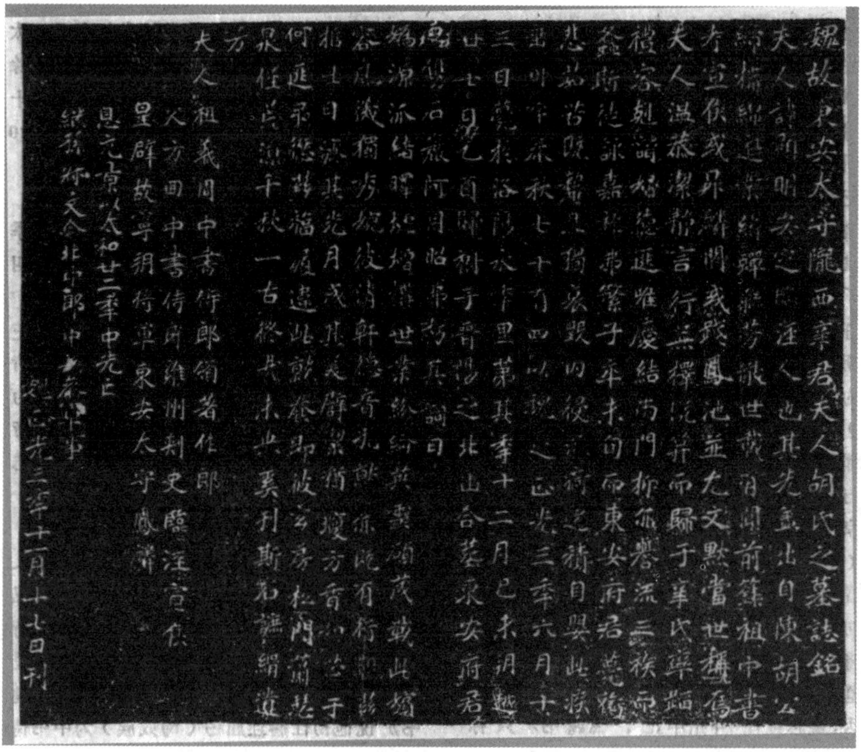

图 1 辛凤麟妻胡显明墓志

十二月己未朔越 / 廿七日乙酉归祔于晋阳之北山合葬东安府君 / 乃镌石巖阿用昭弗朽其词曰 /

妫源汎绪曎墟增构世业纷纶英灵硕茂载此嫔 / 容风仪独秀婉彼清轩德音孔就亦既有行观兹 / 哲士日济其光月成其美譬洁犹琼方香如芷于 / 何匪吊愆兹福履违此就养即彼玄房松门萧瑟 / 泉径荒凉千秋一古悠哉未央奚刊斯石謶缉遗 / 芳 /

夫人祖义周中书侍郎领著作郎 /

父方回中书侍郎雍州刺史临泾宣侯 /

皇辟故宁朔将军东安太守凤麟 /

息元景以太和廿二年中先亡 /

继孙叔文今北中郎中兵参军事 /

魏正光三年十一月十七日刊

二、辛祥墓志

魏故征虏安定王长史义阳太守辛府君墓志铭

君讳详字万福陇西狄道人也长源缅邈峻绪婵联辛甲以正谏归文世为卿尹有瘳/以明监先识再美春秋左军英烈飞鸿声于前汉酒泉忠款扶王业于中兴固以事炳/丹青义光图史自兹以降轩冕世袭七世祖怡晋幽州刺史有名前代祖以宽明莅政/缉民誉于下邳考以清纯乐古澹丘园于止足君禀灵树庆含仁挺质孝友著于绮年/和裕彰于早岁忠敬泛爱之德发自天识温恭信义之行实资怀抱是以宗族揖其风/乡党怀其惠弱冠举司州秀除司空行参军俄迁主薄后转冀州征东赵王功

图2 辛祥墓志

曹参军/事未之官超补并州太傅属于时妙简才良盛兹府望君充其选甚收高誉及绥瘼畿/甸司武北蕃枹鼓寝于未朞毗风播于日用后行并州事美化甚著逮荆郢内属岳司/首临朝廷以物情未安博求良贰复举君为郢州龙骧长史义阳太守君惠兹新附翼/彼初蕃远至迩安人情悦穆永平中国家多难悬瓠构戾齐苟儿纵横陈汝郢民既叛/马仙琕复陷楚城自淮及颍非复国民惟义阳孤镇单危独守兼兵微势弱敌寇四冲/上下相猜人无固志虽罗献悬守巴东未为孤迥郝照重围窘迫方此非危终能摧葛/蔓之师覆金山之众安郢蕃之土还叛逆之民实君之功也虽荀程之全东郡杨赵之/复西州论节比奇实未为喻复行郢州事边境怀之后迁华州征虏安定王长史君宽/中博容好施广济至于振穷周急援纳招引未曾以优劣致高卑踈昵成厚薄座每盈/宾樽无竭酒流连情赏爱重襟期莫不曲尽人欢备收物志是以冠盖者竞游羁贫者/忘返方当羽翼太阶升降帏扆怀金佩组光国荣家而惊川弗舍高绩未酬春秋五十/有五神龟元年八月十三日卒于洛阳永年里宅朝野痛惜僚故兴悲越三年四月甲/辰朔卅日癸酉迁葬并州太原郡看山之阳夫舟壑易徙金石难雕乃勒铭幽扃沉芳/泉路乃作铭曰/

遥源浚镜增峤邈峙积刃靡穷重瀾不已爰诞若人清风载起纂德隆家实惟夫子爰/初有立业尚弥宣栖情柔惠秉志塞渊率言可范蹈礼无愆宽中若海重义犹山尔既/从仕播此朝徽入华台幕出冠蕃闱仁敷并甸义肃京畿狱平赋简化恰民归惟昔永/平遘兹多难节显郢蕃威陵淮汉嘉绩既昭酬庸方焕远业未崇奄辞高馆一去皇邑/言窆旧岗方从地久永谢天长冥冥大夜悠悠未央陵谷有徙金石无忘/

曾祖父渊骁骑将军
曾祖亲冯翊郭氏父雅西都令
祖父绍先下邳太守赠使持节冠军将军

祖亲酒泉马氏父隣西海太守
父凤达并州中正
母武功苏氏父元达杨烈将军允街男
弟季仲给事中
妻太原王氏父翔济州刺史

长息琨字怀玉
第二息岳字怀仁
并州刺史晋阳惠侯
第三息贲字叔文
第四息烈字季武
第五息匡字季政
一女字孟兰适河
东柳季和
神龟三年四月廿八日

三、辛祥妻李庆容墓志

魏故义阳太守辛君命妇墓志铭陇西李氏

夫人讳庆容秦州陇西郡狄道县都乡和风里/人也凉武昭王之玄孙仪同宣公之孙秦州使/君襄武惠侯之元女春秋卌有二魏永平三年/岁在庚寅闰六月辛未朔二日壬申卒于华州/镇之洛曲里冬十二月戊辰朔十七日甲申迁/并州太原郡都乡唐坂里之北山/

昌源缅邈鸿绪绵联德谟恭己道赞则天槐途/袭彩仁路踵贤业隆岐陇庆衍河瀍日钟嘉祐诞/载瑶玑霜华渊洁桂馥兰辉絺绤在室苹藻言/归瞻齐侣孟望宋畴姬郁穆妇容婉娩女德四/教丽仪七行照则率

图3 辛祥妻李庆容墓志

礼无违履道不忒彪炳畐/经优游辞默积善虚文余庆空诰谓仁必寿如/何不吊谋龟既筮先远已蹈组佩收华兰膏罢/耀愀怆杨隧深瑟松门幽扃夜洌泉堂昼昏年/来世去人谢道存敢扬休迹式铭金言

（案：第九行“仁路踵贤”之“贤”字为补刻，置于“踵”“业”二字之间的右侧）

辛祥及其家族的情况，见于《魏书》卷四五《辛绍先传》。根据《辛绍先传》，辛祥一家虽然源出陇西狄道，但入魏以后“家于晋阳”，已经著籍于太原郡晋阳县了。辛祥墓志称其父凤达官至“并州中正”，辛祥夫妇与辛祥的叔父辛凤麟夫妇都归葬晋阳，更证明了辛氏的这一支早就以晋阳为家。北朝的陇西辛氏还有若干支系，因十六国以后的历史动荡而流徙异乡并就地著籍。比如，尽管辛雄仍保持着旧籍（为“秦州大中正”[①]），辛雄的从父兄辛纂则“侨属洛阳，太昌中，乃为河南邑中正”[②]，而辛雄的从祖辛昙护为“并州州都”[③]，辛雄的族叔辛珍之为“广州大中正”[④]，同一家族著籍于不同地区。这种世家大族流徙异乡各自分土著籍的情况，在十六国北朝应当是相当普遍的。可是这种离散状况，会如何影响家族成员对于族源和故乡的认同意识，不同居地的家族支系成员之间的联系会发生哪些变化，这些问题在今后的个案及整体研究中，应当得到更为充分的注意。

《辛绍先传》记“五世祖怡，晋幽州刺史”，而辛祥墓志亦称“七世祖怡，晋幽州刺史”。《晋书》卷九四《隐逸传》：“辛谧，字叔重，陇西狄道人也。父怡，幽州刺史，世称冠族。”[⑤]《辛绍先传》和辛祥墓志一样，在辛怡之后，就直接叙述辛怡的曾孙辛渊了。据《辛绍先传》，辛渊为西凉骁骑将军，受重于李暠与李歆，蓼泉之战，李歆军败失马，“渊以所乘马援歆，而身死于难，以义烈见称西土”[⑥]。辛祥墓志径称“曾祖父渊骁骑将军”，没有

①《魏书》卷七七《辛雄传》，北京：中华书局，1974年，第1698页。

②《北史》卷五〇《辛纂传》，北京：中华书局，1974年，第1821页。

③《魏书》卷七七《辛纂传》，第1700页。

④《魏书》卷七七《辛珍之传》，第1702页。

⑤《晋书》卷九四《隐逸传》，北京：中华书局，1974年，第2447页。

⑥《魏书》卷四五《辛绍先传》，第1025页。案此处“援”字疑当作“授”，援、授二字形近易讹，如《北史》卷一九《文成五王传》记齐郡王简子祐“字伯授”，而元祐墓志“授”作“援”，中华标点本《北史》未出校，参看《魏书》卷二〇“校勘记”第6条，第532页。

标明是西凉"私署"的骁骑将军。可是辛渊的这个官职可能是有疑问的，因为与辛渊同时的李暠之子李翻恰好为骁骑将军[①]。

辛祥墓志记"弟季仲，给事中，妻太原王氏，父翔，济州刺史"。《辛绍先传》附《辛祥传》："祥弟少雍，字季仲……迁给事中……少雍妻王氏……子元植，武定中，仪同府司马。"有趣的是，这个辛元植在《北史》中被放置在《辛雄传》的附传里，而不是放置在他的曾祖辛绍先传记的附传里，显然《北史》的编纂者在这里犯了一个错误。而辛元植对于辛绍先这一支系能够在《魏书》里立传并且占据这么大篇幅，是起了决定性作用的。辛绍先及其子孙在北魏历官都不高，也都没有像样的表现，更没有留下重要的文字，何以能够在《魏书》中立传呢？细读《辛绍先传》及所附子孙小传，可以看出传文重在表彰，表彰的内容却虚多于实。特别是这个辛少雍，几乎全无事迹，却有一篇近二百字的佳传。这要感谢辛少雍之子辛元植。辛元植受魏收延揽，参与了《魏书》的编纂，见《北史》卷五六《魏收传》和《魏书》卷一〇四《序传》。据《魏收传》，魏收请来协助修《魏书》的几位人士，包括辛元植在内，"并非史才"，"全不堪编辑"，对于具体的修纂工作贡献甚微，只是魏收为了避免掣肘才"唯取学流先相依附者"[②]。当然这些人也并非备员而已，他们影响了修史并在《魏书》中留下了痕迹。据《魏收传》："修史诸人，宗祖姻戚，多被书录，饰以美言。"[③] 另一个参与修史的史官刁柔，"在史馆未久，逢勒成之际，志存偏党，《魏书》中与其内外通亲者并虚美过实，深为时论所讥焉"[④]。周一良先生说《魏书》"发凡起例虽在伯起，而列传之修撰亦经众手"，因此其"芜冗之处固不应收一人独尸其咎矣"[⑤]。辛绍先及其子孙得列于《魏书》，当然是辛元植的功劳了。

由此我们可以理解《魏书》有关辛祥的纪事难免和辛祥墓志一样"虚美过实"。举一个例子，辛祥最值得夸耀的事迹是他参与了义阳保卫战，可是对于他的作用无论是墓志还是本传都有吹嘘失实之嫌。墓志云："终能摧葛虏之师，覆金山之众，安郢蕃之士，还叛逆之民，实君之功也。

---

①《魏书》卷三九《李宝传》，第 885 页。

②《北史》卷五六《魏收传》，第 2031 页。

③《北史》卷五六《魏收传》，第 2031 页。

④《北齐书》卷四四《儒林传》，北京：中华书局，1972 年，第 587 页。

⑤ 周一良：《魏收之史学》,《魏晋南北朝史论集》，北京：中华书局，1963 年，第 237 页。

虽荀程之全东郡，杨赵之复西州，论节比奇，实未为喻。”本传云：“……众情大惧，祥从容晓喻，人心遂安……州境获全。论功方有赏授，而刺史娄悦耻勋出其下，闻之执政，事遂不行。”娄悦身为郢州刺史，是义阳城最高将领，辛祥是娄悦的龙骧将军府长史，带义阳太守，直接隶属娄悦。如果说守卫义阳有功，那么娄悦之功当然在辛祥之上。《魏书》卷六一记薛怀吉受中山王元英派遣先赴义阳，“怀吉与郢州刺史娄悦督厉将士，且守且战，卒全义阳”[①]。事实上战后封赏人员中连娄悦也没有，原因在于北魏朝廷认为正是娄悦的失误造成了郢州的叛乱，是应当追究责任的。辛祥作为娄悦的主要助手，自然也要承担一定责任。可是如果只读墓志和辛祥本传，就会错误地相信辛祥是义阳保卫战的最大功臣，并且他的功劳还被忌妒的上级给埋没了。《资治通鉴》卷一四七袭用了本传的说法[②]，至少是对《魏书》这一条史料的来历缺乏足够的警惕。

根据《魏书》，辛少雍死后其妻王氏“与其从子怀仁同居，怀仁等事之甚谨，闺门礼让，人无比焉”[③]。据辛祥墓志，辛祥死于孝明帝神龟元年（518），年五十五，则其生年在文成帝和平六年（464）。而辛少雍本传称少雍正始中卒，年四十二，其生年虽不能确知，不过比辛祥晚不了太多。看起来，辛少雍死后，王氏便和辛祥一家一起生活，辛祥死后，仍然与辛祥诸子住在一起。怀仁是辛祥第二子，以字行，所以辛祥本传漏记其名，据墓志知其名当作岳。《魏书》说王氏与怀仁同居，却不提辛祥的长子辛琨，看来辛琨早死。王氏与怀仁同居期间，辛元植当然是和他母亲在一起的。这可以解释辛元植与辛祥之间不是普通的伯侄关系，辛祥传的“虚美过实”就顺理成章了。

辛祥本传提到“咸阳王禧妃即祥妻妹”，而咸阳王元禧娶陇西李辅之女，出于孝文帝的安排[④]。辛祥妻李庆容墓志称“凉武昭王之玄孙，仪同宣公之孙，秦州使君襄武惠侯之元女”。凉武昭王即李暠，仪同宣公即李宝，秦州使君襄武惠侯即李辅。李庆容死于孝明帝永平三年（510），年四十二，则其生年当在献文帝皇兴三年（469）。李辅长子李伯尚因卷入咸阳王禧谋反案，死于宣武帝景明二年（501），年二十九，则其生年

---

① 《魏书》卷六一《薛安都传》附《薛怀吉传》，第 1358 页。

② 《资治通鉴》卷一四七梁武帝天监七年，北京：中华书局，1956 年，第 4588 页。

③ 《魏书》卷四五《辛绍先传》附《辛少雍传》，第 1027 页。

④ 《魏书》卷二一上《献文六王传上》，第 535 页。

当在孝文帝延兴三年（473）。可见李庆容是李辅子女中最年长的。李伯尚四个弟弟中，李仲尚坐兄事被赐死，李季凯等与母亲一起徙边，“久之，会赦免，遂寓居于晋阳，沉废积年”[①]。李季凯一家流放遇赦，不是返回洛阳（陇西李氏很可能聚居在洛阳晖文里[②]），而是“寓居于晋阳”，极可能是投靠李庆容了。

辛凤麟妻胡显明墓志对于弥补辛祥家族的谱系是相当重要的。该墓志之末称“继孙叔文，今北中郎中兵参军事”，而辛祥第三子辛贲字叔文，所指应当是同一个人。辛祥之父名凤达，与凤麟之名相应。因此很可能辛凤麟是辛绍先之子，辛凤达之弟。据胡显明墓志，胡显明的儿子辛元景死于孝文帝太和二十二年（498），不久其夫辛凤麟也去世了。胡显明本人死于孝明帝正光三年（522），年七十四，则其生年在太武帝太平真君十年（449）。从太和二十二年到正光三年的二十五年间（墓志称“垂卅年”），胡显明“既厘且独”，当然只有依靠丈夫的兄弟了。从她以辛祥的第三子叔文为继孙来看，她晚年是和辛祥一家一起生活的，这和辛少雍的妻子王氏情况一样。不一样的是王氏有子，而胡显明没有子息，这大概是她的丈夫辛凤麟不见载于《魏书》的主要原因。

胡显明墓志称：“祖义周，中书侍郎，领著作郎；父方回，中书侍郎、雍州刺史、临泾宣侯。”《魏书》卷五二《胡方回传》：“父义周，姚泓黄门侍郎。”[③]不言其为中书侍郎领著作郎。本传只说胡方回赐爵临泾子，不言其曾官雍州刺史。胡显明墓志关于父、祖官爵的记录，如果不是出于夸饰，就可能都是赠官。据《胡方回传》，胡显明有兄弟胡始昌，位至南部尚书。

《辛祥传》说辛祥死后十一年，即永安二年（529），被赠冠军将军、南青州刺史。这是为什么呢？我推测，这和辛祥诸子在永安时期的境遇有关。辛祥第三子，即胡显明的继孙辛叔文，“建义初，修起居注”；辛祥第五子辛匡，“永安初，释褐封丘令，加威烈将军”[④]。这兄弟二人都在尔朱荣发动河阴事变之后为朝廷所用，应当不是偶然的，而与辛祥一家长期居住晋阳的背景有关。晋阳是尔朱荣的大本营，也是北朝后期足以

① 《魏书》卷三九《李宝传》附《李辅传》，第 893 页。

② 请参看本书《跋北魏郑平城妻李晖仪墓志》一文。

③ 《魏书》卷五二《胡方回传》，第 1149 页。

④ 《魏书》卷四五《辛绍先传》附《辛祥传》，第 1027 页。

与洛阳或邺城相提并论的新的中心城市，这一变化过程对晋阳士族，特别是其中那些长期被排斥在边缘地位的士族，会有什么样的影响呢？投靠并居住在辛家的李季凯，就参与了尔朱荣南下的策划，“肃宗崩，尔朱荣阴图义举，季凯预谋”[①]。李季凯如此，晋阳辛氏恐怕也不能置身事外。因为家于晋阳，所以与尔朱氏有比较多的联系，这和辛叔文兄弟在孝庄帝时期的政治发展应当是有关联的。这也提示我们注意，北魏后期的政治纠葛中，由地域因素造成的某种松散的政治同盟单元，也是应当深入研究的。

（原载《纪念西安碑林九百二十周年华诞国际学术研讨会论文集》，
北京：文物出版社，2008 年）

---

① 《魏书》卷三九《李宝传》附《李辅传》，第 893 页。

跋北魏郑平城妻李晖仪墓志

北魏郑平城妻李晖仪墓志（图 1），2002 年出土于河南省郑州市北，现藏郑州市友石斋。墓志长 72 厘米、宽为 74 厘米，29 行，行 33 字，首题曰“魏故假节、督南青州诸军事、征虏将军、南青州刺史郑使君夫人李氏墓志铭”。墓志中提到李氏长子为郑伯猷，据《魏书》卷五六《郑羲传》附郑羲五兄各房支郑氏人物列传，郑伯猷的父亲是郑平城，“赠征虏将军、南青州刺史”[1]，知志主李晖仪的丈夫应是郑平城。李晖仪墓志既是新出北魏墓志，志文涉及魏末史事不少，其墓铭部分更是魏收所撰，值得治北朝史者重视。今迻录墓志文字，试加标点，并略作疏证于后。

魏故假节督南青州诸军事征虏将军南青州刺史郑使君夫人李氏墓志铭

夫人讳晖仪，陇西狄道人，帝高阳氏颛顼之裔也。庭坚言惠以命氏，伯阳隐道以无名。/ 自汉丞相蔡，逮乎凉武照王暠，或缉熙帝载，或拨乱一匡，年逾数百，世历三代，风流并 / 轨，儒雅继及。祖宝，仪同、燉煌宣公，履顺含柔，礼穷八命。父承，雍州刺史、姑臧穆侯，怀灵 / 挺秀，见贵一时。三昆龙光，并据台鼎，旁枝继别，各服衮衣，虽栾范之羽仪霸晋，季孟之 / 冠盖王鲁，无以尚也。夫人少秉幽闲之操，幼洁琬琰之姿，身苞六行，体兼四德。若其端 / 一诚庄之节，仁□明道之叡，莫不禀自性灵，取之怀抱。组紃之暇，专习经书，访弟谘兄，/ 不舍昼夜，故以贻讯博士，见号诸生。年十有三，初执箕帚，配德哲人，主兹中馈，已乃仪形素里，模范闺房。夫人娣姒之中，于袟为小，上奉舅姑，旁事同室，廉让敬恭，谦柔忠爱，/ 愔愠不形于色，得失无概于心，仁恕宽和，泯然无际。又识用渊长，聪明微密。普泰奄有 / 万国，冠带百神，长女上太妃，小

---

① 《魏书》卷五六《郑羲传》，北京：中华书局，1974 年，第 1244 页。

图 1　北魏郑平城妻李晖仪墓志

宗之嫡，实唯君母。主上屡使家人传辞，欲崇以极号。/夫人以权疑在朝，虑生猜祸，苦加诲约，不令顺命。太妃亦深鉴倚伏，固而弗许，所以蹈/此危机，终保元吉者，柳亦夫人之由。及大息伯猷由散骑常侍而为国子祭酒，时论以/外戚相拟，咸谓此授为轻。夫人闻之，唯恐更有迁换，戒厉殷勤，千绪万牒，每昏定晨省/之际，未尝不以之为言。是以诸子樽节，莫冀通显，或降阶出守，或仍世不移，或盘桓利/居，匪期招命。斯固夫人之志，物议所不知，其杜渐防萌，皆此类也。魏太昌元年冬十一/月四日，送亡嫂故司徒孝贞公夫人崔氏祔葬先茔，时隆寒哀恸，因感旧疾，自斯大渐，/弥历岁时。而天地不仁，福谦无象，至永熙二年岁次癸丑春三月己丑朔十二日庚子/夜人定，薨于洛阳之修文里舍，春秋七十一。以其年夏五月戊子朔九日丙申启途，十/五日壬寅祖引，越廿二日己酉，祔窆于荥阳之敖山之阳。哀嗣伯猷等擗摽永慕，穷叫/靡追，贪及余喘，略撰遗行，然书不尽言，无能万一。友人中书侍郎钜鏕魏收，虽年在雁/行，而义均同志，后来之美，领袖辞人，托其为铭，式传不朽。其辞曰：/

虞谋似马，孔叹如龙，修哉世业，郁矣民宗。丞相亹亹，德在歌锺，武昭赫赫，道被笙镛。皇/祖烈考，乃公惟牧，同株别干，台居衮服。连镳杨氏，并驱素族，崱彼曾峰，秀兹桥木。阴祇/纳祉，徽猷萃止，观图问传，言诗访史。外映琼瑶，傍霑兰芷，有行谁配？高名贵仕。清晖素/誉，俄焉在斯，六列咸序，四教无亏。再宣嫔德，重贻母仪，二耻齐契，三徙同规。邦家忻戚，/安危实有，抱虚斯应，持坚而守。去益存谦，居薄推厚，小休靡逸，遘屯九咎。诜诜履训，扇/此风流，拟龙苞爽，类虎兼彪。仓仓并驱，宛宛俱游，方申家庆，遽即泉幽。徒闻上寿，如何/下世？东龟告谋，西輀迈辙。坟埏暂启，山门行闭，颓陵可期，雕金永晰。

1. “自汉丞相蔡，逮乎凉武照王暠”

李晖仪墓志追溯陇西李氏的先世，从“帝高阳氏颛顼”到高阳氏八子之一的庭坚，再到老子李耳，直接西汉丞相李蔡，再从李蔡到西凉武昭（墓志作照）王李暠。这个谱系与通常可见的陇西李氏的家世谱系基本相同，但略有区别，即李晖仪墓志把李蔡当作李暠的祖先，而我们一般可见的史料，都说李暠是李广的十六世孙。李蔡是李广的从弟，见《史记》卷一〇九《李将军列传》：“（李）广从弟李蔡亦为郎，皆为武骑常侍。”[①] 李蔡为丞相，见《汉书》卷六《武帝纪》：“（元狩）五年春三月甲午，丞相李蔡有罪，自杀。”[②] 李广、李蔡同源而异流。《太平御览》引崔鸿《十六国春秋·西凉录》：“李暠，字玄盛，陇西狄道人也，汉前将军广十六世孙。”[③] 这应当是北朝通行的看法，《晋书》亦同[④]。《元和姓纂》也只叙李广

---

① 《史记》卷一〇九《李将军列传》，北京：中华书局，1959 年，第 2867 页。

② 《汉书》卷六《武帝纪》，北京：中华书局，1962 年，第 179 页。

③ 《太平御览》卷一二四，北京：中华书局影印宋本，1960 年，第 601 页。

④ 《晋书》卷八七《凉武昭王李玄盛传》，北京：中华书局，1974 年，第 2257 页。

一支为李唐皇室所出，不及李蔡[1]。

除李晖仪墓志以外，李宝的子孙见于北魏墓志者，还有李蕤墓志、元勰妻李媛华墓志和李遵墓志。其中李媛华墓志追溯先世曰："远胄高阳，遥源姬水，蕴无名于柱下，播奇功于塞上。"[2] 柱下指老子，塞上应当是指李广。李遵墓志亦云："伯阳以神权应物，戎俗从化；郎中以果毅标名，节彰竹素。"[3] 这里的郎中，同样应该是指李广。李晖仪墓志这种溯祖至李蔡而不是李广的观点，看起来是比较孤立的。这也许反映了北魏后期，陇西李氏编造先祖谱系的工作尚未最后完成。

2.“祖宝……父承”

李暠的后人入魏以后贵显发达的情况，具见《魏书》卷三九《李宝传》和卷五三《李冲传》。魏收在《魏书》中称李氏“遂为当世盛门”[4]，又在李晖仪墓志的铭辞中称李氏“连镳杨氏，并驱素族”，把陇西李氏之隆盛，比之于弘农杨氏[5]。据《李宝传》，李承死于孝文帝延兴五年（475），年四十五岁，则其生年当在太武帝神䴥四年（431）。李承生长于河西，十四岁时始随父李宝入魏。李承四子依次为李韶、李彦、李虔、李蕤。李虔死于孝庄帝永安三年（530），年七十四，则其生年当在文成帝太安三年（457）。李蕤墓志称李蕤死于宣武帝正始二年（505），四十二岁[6]，则其生年当在文成帝和平五年（464）。而李晖仪墓志称李晖仪死于孝武帝永熙二年（533），七十一岁，其则生年当在文成帝和平四年（463）。可见李晖仪是李虔的妹妹、李蕤的姐姐。

墓志提到李晖仪之所以染病，是因为“送亡嫂故司徒孝贞公夫人崔氏祔葬先茔，时隆寒哀恸，因感旧疾”。这里的“故司徒孝贞公”，是指

---

① 林宝:《元和姓纂》卷一，附岑仲勉校记本，郁贤皓、陶敏整理，北京：中华书局，1994年，第1页。

② 赵超:《汉魏南北朝墓志汇编》，天津：天津古籍出版社，1992年，第149页。

③ 赵超:《汉魏南北朝墓志汇编》，第164页。

④《魏书》卷三九《李宝传》，第898页。

⑤ 魏收对弘农杨氏极为推崇，我过去以为是因为他在北齐时与杨愔关系亲密，多次得到杨愔帮助。现在从李晖仪墓志铭辞之“连镳杨氏”一语看，《魏书》之《杨播传》原文有所谓“有魏以来，一门而已”八字，本是他一贯的观点。请参看《北史》卷五六“校勘记”第32条，北京：中华书局，1974年，第2053页。

⑥ 赵超:《汉魏南北朝墓志汇编》，第48页。

李晖仪的二兄李彦。《李宝传》称李彦于孝明帝正光五年（524）时，在秦州刺史任上，为莫折大提领导的叛军所杀，“永安中，追赠侍中、骠骑大将军、司徒公、雍州刺史，谥曰孝贞”[①]。所谓“先茔”，不是李宝、李承在平城的墓地，而是指李冲在邙山的墓地。据李蕤墓志，李蕤死后，即“窆于覆舟之北原，祔葬季父司空文穆公神茔之左”。司空文穆公就是李冲，《李冲传》称李冲“葬于覆舟山，近杜预冢”[②]。据《嘉庆重修大清一统志》，杜预冢“在偃师县西北二十里山上”[③]。今偃师杜楼村北，有“晋当阳侯杜预之墓”。郭玉堂记录李蕤墓志出土情况曰：“民国二十年十一月洛阳城东北四十里省庄东俗名御史冢出土，有冢，地在偃师西北，同时所出陶器极精。”[④] 其地当在今偃师市邙岭省庄一带。李冲既葬于此，李氏遂以为家族茔地，故李蕤祔葬于此，李彦夫妇“祔葬先茔”，亦当在此。

李承去世早，所以在李承子女迁洛以后的生活中，李冲可能占有中心地位。据李蕤墓志，李承的夫人是太原王慧龙之女。这应当是李承随父入魏后，被安排的政治联姻。而李蕤本人，娶王叡长女。《魏书》记“叡女妻李冲兄子延宾”[⑤]，延宾即李蕤之字。李蕤墓志也记“君夫人太原王氏，讳恩荣，封晋阳县君，合葬君墓。父洛成，太宰中山宣王”[⑥]。王叡贵达之后把郡望从中山改为太原[⑦]，本非王慧龙那样的“贵种”，但权势烜赫，李、王联姻其实是权势集团的内部结合，出自李冲的安排。据李冲的女儿、李晖仪的堂妹李媛华的墓志记录，李冲的几个女儿，大女长妃，嫁荥阳郑道昭；二女仲玉，嫁荥阳郑洪建；三女令妃，嫁范阳卢道裕；四女媛华，嫁孝文帝的弟弟彭城王元勰；五女稚妃，嫁清河崔勗；六女稚华，嫁孝文帝的曾孙元季海；李冲本人，娶荥阳郑德玄之女[⑧]。从这个婚姻关

---

① 《魏书》卷三九《李宝传》，第 889 页。

② 《魏书》卷五三《李冲传》，第 1188 页。

③ 《嘉庆重修大清一统志》卷二〇八《河南府三》，北京：中华书局影印本，1986 年，第 12 册，第 10197 页。

④ 郭玉堂：《洛阳出土石刻时地记》，气贺泽保规校勘并解说，明治大学东洋史资料丛刊第 2 号，东京：汲古书院，2002 年，第 23 页。

⑤ 《魏书》卷九三《恩倖传》，第 1990 页。

⑥ 赵超：《汉魏南北朝墓志汇编》，第 48 页。

⑦ 陈爽：《世家大族与北朝政治》，北京：中国社会科学出版社，1998 年，第 126—133 页。

⑧ 赵超：《汉魏南北朝墓志汇编》，第 148—149 页。其中仲玉之名，赵超误作“伸王”。同一个墓志中，赵超还把李媛华的女儿元季瑶的名字，误作“季望”。

系可以看到李冲为加入华北世族网络、巩固李氏社会地位所作的努力。在这个意义上，可以认为李蕤娶王叡之女，自是出自李冲的安排。李晖仪墓志称李晖仪嫁给郑平城时，才十三岁，当在孝文帝延兴五年（475），与李承去世同年，按理她出嫁时李承还在世。

3.“夫人娣姒之中，于袟为小”

李晖仪嫁给郑平城时，年才十三，但是所谓“于袟为小”，不是指年龄，而是指班辈次序。据《魏书》，郑羲次兄小白有二子，长子为胤伯，次子为平城[①]。李晖仪“于袟为小”，应当是指她在小白儿媳之中排序居末。

李晖仪的丈夫郑平城，《魏书》说他“性清狂使酒，为政贪残”[②]，大概死得也很早。郑平城生有四子：伯猷、仲衡、辑之、怀孝，应该主要都是李晖仪所生。郑伯猷死于东魏孝静帝武定七年（549），年六十四，则其生年当在孝文帝太和十年（486）。可见李晖仪虽然十三岁就出嫁，却是在结婚十年之后才生育长子郑伯猷。

4.“普泰奄有万国，冠带百神，长女上太妃，小宗之嫡，实唯君母”

普泰是节闵帝（即前废帝）元恭的年号。孝庄帝既杀尔朱荣，尔朱世隆、尔朱兆等乃立元恭以代替庄帝。元恭是孝文帝之弟广陵王元羽的儿子。《魏书》记郑平城事迹时说“广陵王羽纳其女为妃”[③]，由李晖仪墓志知元羽之妃郑氏即李晖仪的长女。虽然元恭并非郑妃所生，但据说他对郑妃很尽孝：“前废帝，讳恭，字修业，广陵惠王羽之子也，母曰王氏。少端谨，有志度，长而好学，事祖母嫡母以孝闻。”[④]元恭被拥立为帝以后，史料中未曾见到他如三年前孝庄帝那样大肆追尊自己的父兄。如果他这样做，元羽就会被追尊为皇帝，仍然健在的郑妃就应当被尊为皇太后。从李晖仪墓志看，“主上屡使家人传辞，欲崇以极号”，也就是节闵帝是想要尊郑妃为皇太后的。墓志说李晖仪劝说她的大女儿不要接受这个尊号，“夫人以权疑在朝，虑生猜祸，苦加诲约，不令顺命”。而且“太妃亦深鉴倚伏，固而弗许”。在高欢废杀元恭以后，郑妃及其亲族的这种

① 《魏书》卷五六《郑羲传》，第1243—1244页。

② 同上书，第1244页。

③ 同上。

④ 《魏书》卷一一《废出三帝纪》，第273页。

低调也许有助于他们不会卷入太深，墓志称“所以蹈此危机，终保元吉者，柳亦夫人之由”(柳字显然是“抑”字之误)。同样的道理，节闵帝时期，李晖仪的几个儿子，都应当算作节闵帝的外家舅舅，政治上可以享受优遇，但很明显他们都没有获得这一外戚待遇。墓志云：“及大息伯猷由散骑常侍而为国子祭酒，时论以外戚相拟，咸谓此授为轻。”墓志对此的解释，是李晖仪特意保持低调，不愿意儿子们由于这层外戚关系而在政治上受益：“夫人闻之，唯恐更有迁换，戒厉殷勤，千绪万牒，每昏定晨省之际，未尝不以之为言。是以诸子樽节，莫冀通显，或降阶出守，或仍世不移，或盘桓利居，匪期招命。”

5.“薨于洛阳之修文里舍”

修文里不见于史。北魏洛阳城东，有晖文里，郑道昭的家宅即在晖文里。杨衒之《洛阳伽蓝记》卷二“秦太上君寺”条：“……所谓晖文里，里内有太保崔光、太傅李延寔、冀州刺史李韶、祕书监郑道昭等四宅。”[①]一般地说，家族近亲往往聚居于一里。比如崔光宅于晖文里，其从父弟崔猷亦住晖文里，见崔猷墓志[②]。李韶、李延寔均宅于晖文里，意味着李冲与李承两家都在晖文里。李蕤墓志称李蕤死于“洛阳之城东里”，其实是“洛阳城东之里”的意思,并不是说洛阳有一个“城东里”[③]。郑道昭与郑平城为从兄弟，郑道昭既住晖文里，按理郑平城也应当住在晖文里。可是李晖仪墓志明明说“薨于洛阳修文里舍”，是修文里而不是晖文里，这是为什么呢？我怀疑这里的修文里是墓志写作者改窜的，因为李晖仪的名字中有“晖”字，故墓志文字改晖文里为“修文里”以避其讳。如果这个推测成立，那么李晖仪出嫁之后，夫家也还是在晖文里，与自己的兄弟子侄同在一里。这大概也能解释何以她以高龄之身，还要“送亡嫂故司徒孝贞公夫人崔氏祔葬先茔”，因为她与陇西李氏的主要家庭同住

---

① 范祥雍:《洛阳伽蓝记校注》，上海：上海古籍出版社，1978年，第94页。

② 淄博市博物馆、临淄区文管所:《临淄北朝崔氏墓地第二次清理简报》,《考古》1985年第3期，第216—221页。又可见赵超《汉魏南北朝墓志汇编》，第66—68页。

③ 张金龙在《北魏洛阳里坊制度探微》一文中，缕举已知洛阳里名，依据李蕤墓志，列城东里。恐怕是不对的。见张金龙《北魏政治与制度论稿》，兰州：甘肃教育出版社，2003年，第300—327页。同书所收《北魏迁都后官贵之家在洛阳的居住里坊考》称陇西李氏之李韶、李延寔住永和里，显然也是错误的，见339页。

一里，相去不远，应当参与李氏家族的丧葬事务。

6. “友人中书侍郎钜鏕魏收”

魏收生于宣武帝正始三年（506），比郑伯猷小二十岁。墓志说“友人中书侍郎钜鏕魏收，虽年在雁行，而义均同志，后来之美，领袖辞人”云云，就是强调魏收虽然年龄小些，却具备写铭辞的资格。《北史》卷五六《魏收传》两次提到一个“荥阳郑伯”，显然比魏收大许多，同时又比较亲近。“郑伯”为名颇近不伦不类，疑有脱讹。从李晖仪墓志所反映的魏收与郑伯猷的关系看，我怀疑“荥阳郑伯”其实就是“荥阳郑伯猷”。

魏收为郑伯猷母亲写铭辞，极尽美言，而他在《魏书》里为郑伯猷作传，也明确记录其不光彩的一面，记郑伯猷为地方官时，“专为聚敛，货贿公行，润及亲戚。户口逃散，邑落空虚。乃诬良民，云欲反叛。籍其资财，尽以入己，诛其丈夫，妇女配没。百姓怨苦，声闻四方”[1]。这一定是郑伯猷生前没有想到的。

（原载《中国历史文物》2005年第6期）

①《魏书》卷五六《郑羲传》附《郑伯猷传》，第1244—1245页。

跋国家博物馆所藏北魏元则、元宥两墓志

国家博物馆所藏的北魏墓志中，有两方同属乐安简王拓跋良之孙的宗室墓志，一方题名为“魏故齐州平东府中兵参军元君墓志铭”（图1），另一方题名“魏故征北将军相州刺史元君之墓志铭”（图2），志主分别是元则和元宥，都不见于《魏书》和《北史》。据郭玉堂《洛阳出土石刻时地记》，元则墓志出土于民国十八年三月初三（1929年4月12日），元宥墓志出土于民国十八年五月初一（1929年6月7日），地点都在洛阳安驾沟，而且两墓都“无冢”[①]。看来两墓早就被盗掘过，封土亦因耕地取土而渐次消失。元宥墓志曾见于罗振玉《松翁未焚稿》[②]。赵万里《汉魏南北朝墓志集释》卷三收有这两方墓志[③]，录文可见赵超《汉魏南北朝墓志汇编》[④]。为了说明元则、元宥墓志的史料价值，先录两墓志的铭文如次，然后略加考释。

一、元则墓志

魏故齐州平东府中兵参军元君墓志铭

君讳则，字庆礼，河南洛阳人也。 大宗明元皇帝第/二子、乐

---

① 郭玉堂：《洛阳出土石刻时地记》，气贺泽保规校勘并解说，明治大学东洋史资料丛刊第2号，东京：汲古书院，2002年，第41、44页。

② 罗振玉：《松翁未焚稿》“相州刺史元孝公墓志跋”条，收入《辽居杂著乙编续》，载《罗雪堂先生全集初编》第7册，台北：文华出版公司，1968年，第2749—2750页。

③ 赵万里《汉魏南北朝墓志集释》卷三，北京：科学出版社，1956年，第73—74页；两墓志的拓片图版号分别是87和89号。

④ 赵超：《汉魏南北朝墓志汇编》，天津：天津古籍出版社，1992年，第200、236—237页。

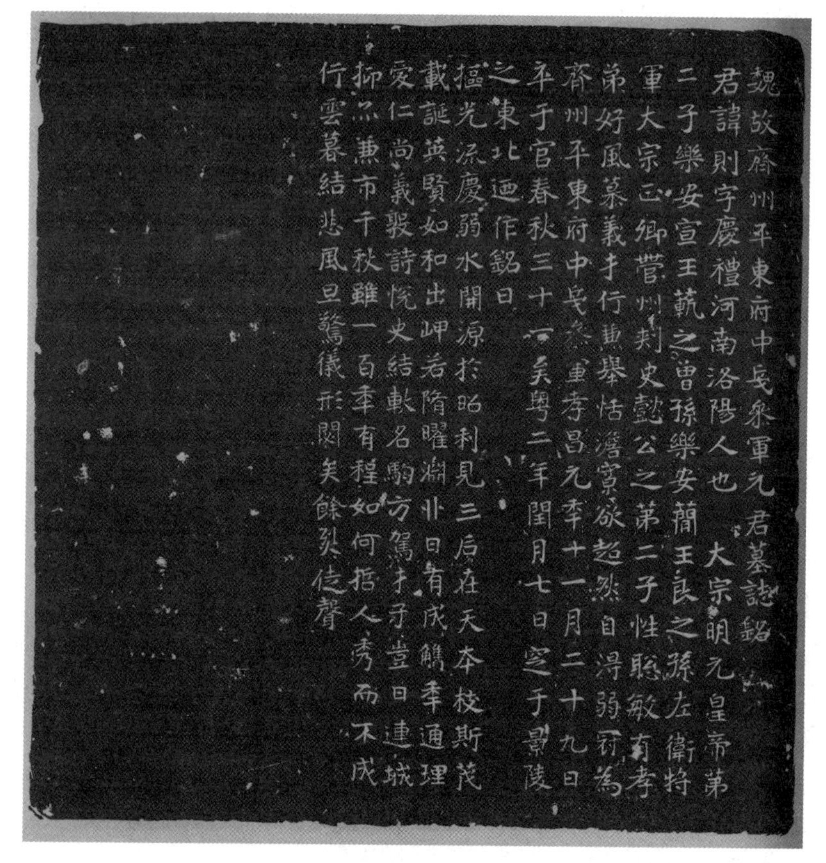

图1　元则墓志

安宣王范之曾孙，乐安简王良之孙，左卫将/军、大宗正卿、营州刺史懿公之第二子。性聪敏，有孝/弟，好风慕义，才行兼举，恬澹寡欲，超然自得。弱冠为/齐州平东府中兵参军。孝昌元年十一月二十九日，/卒于官，春秋三十一矣。粤二年闰月七日窆于景陵/之东北。乃作铭曰:/

枢光流庆，弱水开源，于昭利见，三后在天。本枝斯茂，/载诞英贤，如和出岬，若隋曜渊。卝日有成，觽年通理，/爱仁尚义，敦诗悦史。结轶名驹，方驾才子，岂曰连城，/抑亦兼市。千秋虽一，百年有程，如何哲人，秀而不成。/行云暮结，悲风旦惊，仪形阙矣，余烈徒声。

二、元宥墓志

魏故征北将军相州刺史元君之墓志铭

君讳宥，字显恩，河南洛阳人也。魏太宗元皇帝之玄孙，/乐安宣王之曾孙，乐安简王之孙，巴州景公之元子也。/若夫分源巨壑，析本高林，拖玉鸣鸾，传华弈世，固无得/而称焉。君资神特挺，禀质瑰奇，孝友幼成，忠贞匪习。肇/自 文皇，迄于 明帝，爰历三朝，光荣骤履。未年转前/将军、武卫将军，当时之名进也。君既职奉严凝，位邻/日月，虽宠望稍崇，而志弥挹损。至于闺门之训，时人觖/其无简，事君之节，朝士仰其高山。方将鼎翼 皇家，流/功 帝藉，而天不报善，歼此名器。以孝昌四年正月丁/重忧，遂寝伏苫土。其居丧之礼，虽曾颜无以过焉。春秋/五十四，以武泰元年夏四月

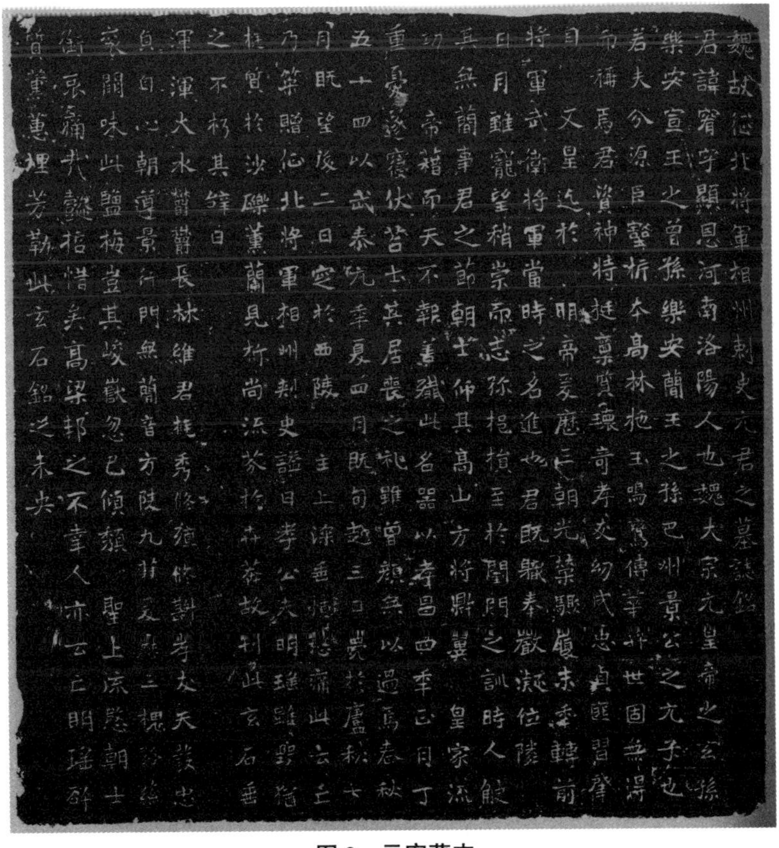

图 2 元宥墓志

既旬越三日，薨于庐。秋七/月既望后二日，窆于西陵。主上深垂悼愍，痛此云亡，/乃策赠征北将军、相州刺史，谥曰孝公。夫明瑶虽毁，犹/挺质于沙砾；薰兰见折，尚流芬于卉莽。故刊此玄石，垂/之不朽。其辞曰:/

浑浑大水，郁郁长林，维君挺秀，攸殖攸斟。孝友天发，忠/贞自心，朝遵景行，门无简音。方陵九棘，爰历三槐，弥兹/衮阙，味此盐梅。岂其峻岳，忽已倾颓，圣上流愍，朝士/衔哀。痛哉懿哲，惜矣高梁，邦之不幸，人亦云亡。明瑶碎/质，薰蕙埋芳，勒此玄石，铭之未央。

据墓志文字，元则死于孝昌元年（526），年三十一，则其生年当在太和二十年（496）。元宥死于河阴之难（528），年五十四，则生年当在孝文帝延兴五年（475）。虽然元宥比元则年长21岁，但两人却是堂兄弟。元则墓志称他是“大（太）宗明元皇帝第二子、乐安宣王范之曾孙，乐安简王良之孙，左卫将军、大宗正卿、营州刺史、懿公之第二子”，元宥墓志说元宥是“魏太宗元皇帝之玄孙，乐安宣王之曾孙，乐安简王之孙，巴州景公之元子也”。乐安宣王范与乐安简王良，见《魏书》卷一七《明元六王传》[①]。据本传，拓跋范是明元帝第四子[②]，为慕容夫人所生，泰常七年封乐安王，因为与太武帝同母，故极受亲宠，镇守长安，位至卫大将军，“后刘洁之谋，范闻而不告，事发，因疾暴薨”[③]。看来让他死是太武帝的意思。据《魏书》卷四下《世祖纪下》，拓跋范死于太平真君八年（447）八月[④]。拓跋范未能善终，虽非显诛，太武帝却未必给他赐谥，或虽赐谥也绝非佳谥，故史籍不载谥号。元则、元宥两墓志均称范谥宣，这样的佳谥应当是后来文成帝时代的追谥。也正是因此，拓跋良虽然少时极得太武帝宠爱，“亲抚养之”，但拓跋范死后这种宠爱恐怕立即烟消

① 《魏书》卷一七《明元六王传》自宋时已阙，唐长孺先生主持点校的《魏书》有“校勘记”，认为“此卷以《北史》卷一六《明元六王传》补，间有溢出字句，当出于《高氏小史》”，北京：中华书局，1974年，第416页。今对校《乐安王范传》，《魏书》今本优于《北史》，故本文引据《魏书》。

② 元则墓志称拓跋范为明元帝第二子，后引元华光墓志又称其为第三子，当是后人写墓志时不大了解实情致误。

③ 《魏书》卷一七《明元六王传》，第414—415页。

④ 《魏书》卷四下《世祖纪下》，第102页。

云散，所以他袭乐安王之爵要等到文成帝时期。尽管拓跋良到太和元年四月才死[①]，但本传叙其事迹才寥寥数语，可见他后来也没有特别的际遇。《魏书》和《北史》记拓跋范一支，到拓跋良就再无下文，虽然《元和姓纂》有所补充，但如果要了解拓跋范支系的更多情况，最重要的资料乃是北魏墓志，元则、元宥墓志就是其中非常独特的两方。元则墓志称元则之父是“左卫将军、大宗正卿、营州刺史懿公”，即赠左卫将军、大宗正卿、营州刺史、谥懿；元宥墓志称元宥之父为“巴州景公”，即赠巴州刺史、谥景。可见元则与元宥的父亲虽然同为拓跋良之子，但显然不是同一个人。

《元和姓纂》关于拓跋良一支的记录虽多，但错讹不少，兹节钞于下[②]：

> 明元帝晃(当作嗣)生范，乐安王，生良。良生法益、滕、忻。法益，梁侍中；生愿达，梁州刺史。愿达生神力、神俨、(善微、)神威、律师。神力，蒲州总管。神俨，右卫郎将。善微，右领军将军。神威，杭州刺史。律师，左骁卫大将军。滕，安乐王、吏部尚书，生荣。荣生康、慎。慎生端。端生钦、志俭。钦，荆州刺史，元孙彦英、蒖。……忻孙通，隋魏州刺史，生雄、纯。雄生元敬，襄州刺史。纯，邛州刺史。

完全没有提到元则和元宥。岑仲勉指出“法益，梁侍中；生愿达，梁州刺史”一句当作“法益生愿达，梁侍中、湘州刺史”[③]。《梁书》说元愿达“亦魏之支庶也，祖明元帝，父乐平王”[④]。不过据《梁书》，愿达卒于梁武帝大同三年（537），年五十七，则其生年当在北魏孝文帝太和五年（481），时拓跋范已死去三十四年，拓跋良也已死去四年多了，元愿达绝无可能是明元帝之孙，也不可能是曾孙，《梁书》明显有严重的错误。因此《元和姓纂》的说法或许更合理一些，然而也存在一些疑问。参照现在已知的北魏墓志中相关诸志，可以肯定《元和姓纂》存在错误。比如，从墓

---

① 《魏书》卷七上《高祖纪上》，第144页。

② 林宝：《元和姓纂》卷四，附岑仲勉四校记本，郁贤皓、陶敏整理，北京：中华书局，1994年，第425页。

③ 林宝：《元和姓纂》卷四，第425—426页。

④ 《梁书》卷三九《元愿达传》，北京：中华书局，1973年，第555页。

志中知道拓跋良之后袭乐安王爵的两代人中，绝没有“滕”，生了元荣的人应是元腾而不是元滕，元腾也没有嗣王爵。由此可以断定，要重新清理拓跋范、拓跋良家世支系，《元和姓纂》的参考价值是相当有限的。幸赖有数量可观的邙洛墓志出土，这方面的工作才能获得坚实的依据。

元魏宗室墓志在洛阳出土的北魏墓志中占有很大比例，明元帝子孙（不算太武帝一支）的墓志至少有十多方，墓主全都是拓跋范之后，而且绝大多数都属拓跋良一支[①]。这当然反映了明元帝子孙中实际上只有太武帝和拓跋范二人的后裔数量较多且状况较好，何以会如此还有待研究，不过这样的局面势必造成魏收《魏书》的《明元六王传》篇幅较小；或许篇幅过小与其早早佚失之间也有一定关系。下面列举拓跋良后裔的墓志文字以明其行辈次序——

1）元绪墓志：“大魏征东大将军大宗正卿洛州刺史乐安王墓志铭。君讳绪，字绍宗，河南洛阳人也。明元皇帝之曾孙。仪同宣王范之正体，卫大将军简王梁之元子。”[②]元绪是拓跋良嫡长子，故得袭王爵。元绪死于正始四年（507），年五十九，生年当在太武帝太平真君十年（449）。

2）元斅墓志：“君讳斅，字普乐，河南洛阳人也。乐安简王之季子，乐安宣王之孙，大宗明元皇帝之曾孙也。”[③]元斅死于正光三年（522），年六十，则其生年当在文成帝和平三年（463）。志称斅为拓跋良第三子，那么在元绪与元斅之间还有一子。

3）元仙墓志：“君讳仙，字延生，河南洛阳人也。大宗明元皇帝之曾孙，使持节、侍中、都督秦雍泾梁益五州诸军事、卫大将军、雍州刺史、内都大官、开府仪同三司、苌安镇都大将、乐安宣王之孙，使持节、侍中、都督秦雍泾梁益五州诸军事、卫大将军、开府仪同三司、苌安镇都大将、内都大官、使持节、侍中、都督冀定幽相四州诸军事、开仪同三司、定州刺史、乐安简王之第四子也。”[④]元仙

① 唯一逸出拓跋良一支的是元朗墓志，“太武皇帝之母弟乐安宣王范之孙，处士苌生之仲子”，知元朗是拓跋良之弟拓跋苌生之第二子。见赵超《汉魏南北朝墓志汇编》，第201—202页。

② 赵超：《汉魏南北朝墓志汇编》，第52页。

③ 同上书，第136页。

④ 同上书，第133页。

是拓跋良第四子，元绪、元敷之弟。元仙死于正光二年（521），年五十，则其生年当在孝文帝延兴二年（472）。

4）元腾及妻程法珠墓志："城门校尉元腾，字金龙，司州河南嘉平里人也。太宗明元皇帝之曾孙，使持节、都督秦雍泾凉益五州诸军事、开府仪同三司、卫大将军、雍州刺史、乐安宣王范之孙，使持节、都督秦雍泾凉益五州诸军事、开府仪同三司、卫大将军、雍州刺史、乐安简王良之第八子也。"[1] 元腾是拓跋良第八子，元绪、元敷、元仙之弟。

5）元宥墓志："君讳宥，字显恩，河南洛阳人也。魏太宗元皇帝之玄孙，乐安宣王之曾孙，乐安简王之孙，巴州景公之元子也。"元宥生于孝文帝延兴五年（475），是已知拓跋良孙辈中生年最早的。

6）元悦墓志："魏故益州刺史乐安哀王墓志铭。王讳悦，字庆安，河南洛阳人也。太宗明元皇帝之玄孙。"[2] 元悦是元绪之子，袭王爵。元悦晚于元宥[illegible]年出生，是元宥的堂弟。与元悦墓志同出的还有其妻冯季华墓志。

7）元弼墓志："君讳弼，字思辅，河南洛阳人也。明元皇帝之玄孙，卫大将军、开府仪同三司、乐安王范之曾孙，卫大将军、开府仪同三司、内都大官、乐安王良之孙，张掖太守、治书侍御史静之子。"[3] 元弼之父元静，是拓跋良之子，元绪、元仙、元腾的兄弟。元弼四十岁时死（529），其生年当在太和十四年（490），因此他是元宥和元悦的堂弟。

8）元华光墓志："故金城郡君，姓元，字华光，河南洛阳嘉平里人也。光明元皇帝第三子乐安王范之曾孙，城门腾之女，瓜州荣之第二妹。"[4] 元华光为元腾之女，其兄为瓜州刺史元荣。任瓜州刺史之元荣，即《魏书》中孝庄帝时被封东阳王之元荣。与莫高窟关系密切的元荣，就是元腾之子，元华光之兄，对此宿白先生有翔实之

① 赵超：《汉魏南北朝墓志汇编》，第109页。

② 同上书，第63页。

③ 同上书，第279页。

④ 同上书，第165页。

考证[①]。元华光死于孝昌元年（525），年三十七，则当生于孝文帝太和十三年（489）。由此可知，元荣于永安二年被封东阳王时，年龄必在四十二岁以上。元华光是元宥、元悦、元弼的堂妹。

9）元均之墓志："君讳均之，字仲平，河南洛阳人也。大宗明皇帝之玄孙，使持节、侍中、都督秦雍泾梁益五州诸军事、开府仪同三司、卫大将军、雍州刺史、乐安简王之孙，河涧太守昭之中子也。"[②]元均之的父亲元昭是拓跋良之子，元绪、元仙、元腾和元静（另外还有元宥和元则的父亲）的兄弟。元均之死于河阴之难，年三十八，可见生于太和十五年（491）。元均之是元宥、元悦、元弼、元华光的堂弟。

10）陆孟辉墓志："魏故大宗明 皇帝之玄孙，使持节、安东将军、营幽二州刺史元懿公之元子妻陆夫人孟晖墓志铭。"[③]元则墓志称元则为"左卫将军、大宗正卿、营州刺史懿公之第二子"，可见陆孟辉的丈夫是元则之兄。"懿公"在两墓志中官衔不一致，可能是赠官与历官的差别，也可能是由于后期再追赠而造成的。

11）元则墓志："君讳则，字庆礼，河南洛阳人也。大宗明元皇帝第二子、乐安宣王范之曾孙，乐安简王良之孙，左卫将军、大宗正卿、营州刺史懿公之第二子。"元则死于孝昌元年（526），年三十一，则其生年当在太和二十年（496）。他是元宥、元悦、元弼、元华光和元均之的堂弟。

12）元恩墓志："君讳恩，字子惠，河南洛阳人也。……太宗明元皇帝玄孙之子，高祖孝文皇帝之族弟，征虏将军、夏州刺史静侯之孙，抚军将军、新兴侯之元子也。"[④]元恩之父为"抚军将军、新兴侯"，似乎应当是元弼，因为元弼墓志说弼"转南兖州刺史，使持节、智武将军、新兴县开国侯"。同一时期新兴侯除弼外不应再有别人。元弼墓志称弼父"张掖太守、治书侍御史静"，元恩墓志称其祖父"征虏将军、夏州刺史静侯"，官衔的差别可能是不同时期追赠的结果。

---

① 宿白：《东阳王与建平公》，北京大学中国中古史研究中心编：《敦煌吐鲁番文献研究论集》第4辑，北京：北京大学出版社，1987年，第38—57页。

② 赵超：《汉魏南北朝墓志汇编》，第225页。

③ 同上书，第271页。

④ 同上书，第266页。

如果元恩确是元弼之子，那么元弼墓志之"静"字下夺一字(公或侯)，静不是名字而是谥号。不过两墓志间存在一些疑问，如元弼墓志称弼"俄迁侍中、使持节、征北大将军、尚书右仆射、司州牧、新兴王，食邑一千户"，在元恩墓志中竟得不到反映。又元弼死于永安二年七月二十一日，比元恩晚死不足二十天，而两人墓志中，都未能有所反映。且元弼早已为新兴王，元恩墓志亦未见标出。不过元恩比元弼晚一辈则是无疑的。元恩死于永安二年（529），年二十五，则当生于宣武帝正始二年(505)。

13)元尚之墓志："高祖明元皇帝。曾祖乐安王范，太武皇帝第二弟……谥曰宣王。祖乐安王良……谥曰简王。父仙，简王之季子，为员外散骑常侍、镇远将军、前军将军，薨，赠冠军将军、正平太守。"[①] 墓志称元仙是"简王之季子"，其实是第四子。元尚之是元仙之子。

根据以上墓志，我们对拓跋良子孙情况的了解已经远远多于《魏书》和《北史》了。罗振玉20世纪20年代撰写《魏书宗室传注》时，墓志是他的重要凭借，序称"近年洛阳出元魏宗室墓志数十，每得墨本，辄取史传比勘"，而且他也意识到"方今中州古刻日出不穷，剞劂之事，意犹有待"[②]。他到那个时候为止搜罗到的北魏墓志数量毕竟有限，以其书卷四所注《明元六王传》为例，他仅仅使用了元绪墓志和元悦墓志，可见他还没有见到上引该家族的其他十多种墓志，而元则、元宥等墓志当时还没有出土呢。到陈直写《南北朝王谢元氏世系表》时，所能看到的新出墓志已经很多，所以其《北朝元氏世系表》大量引据墓志，使元魏宗室世系的内容大大丰富[③]。但陈直未能参考元则墓志、元敷墓志、陆孟辉墓志和元尚之墓志，而且把元仙列入第四辈也是错误的。

元腾墓志称元腾是"司州河南嘉平里人也"，元腾的女儿元华光的墓志也说她"河南洛阳嘉平里人也"。另外，陆孟辉墓志称孟辉"终于善止乡嘉平里第"，陆孟辉是元则的长嫂，既然陆孟辉家于嘉平里，那么元

---

① 赵超:《汉魏南北朝墓志汇编》，第141页。

② 罗振玉:《魏书宗室传注十二卷表一卷》，1924年天津排印本。

③ 陈直:《南北朝王谢元氏世系表》，收入陈直《摹庐丛著七种》，济南：齐鲁书社，1981年，第508—622页。有关拓跋范支系的内容见580—582页。

则应当也住在嘉平里。据陆孟辉墓志，嘉平里属于善正乡。可是元恩墓志称元恩“终于崇仁乡嘉平里第”，以嘉平里属崇仁乡，被疑为元恩之父的元弼墓志则称元弼“卒于孝义里宅”。其他诸墓志都没有说明乡里所在。可见拓跋良子孙中，住在嘉平里的人为数不少[①]。嘉平里的位置已不可考，不过如果元弼与元恩确有血亲关系，那么他们两人的居地应当相去不远，也就是说，孝义里与嘉平里可能是相邻的。孝义里的位置据《洛阳伽蓝记》在“出青阳门外三里御道北”[②]，嘉平里或许就在附近。迁都洛阳的时候拓跋良已经去世，当时的乐平王是元绪。也许拓跋良诸子便以元绪为中心被安顿在嘉平里了。

前面说过，据郭玉堂《洛阳出土石刻时地记》，元则、元宥两墓志都出土于洛阳安驾沟，元则墓志称“窆于景陵之东北”，元宥墓志称“窆于西陵”。景陵是宣武帝的陵墓，西陵在北魏墓志中通常概指孝文帝的长陵和宣武帝的景陵，因为景陵和长陵都在汉魏洛阳城以西略偏北。安驾沟在今孟津县朝阳镇，位于元魏宗室墓志出土最密集的地带。洛阳的北魏墓葬通常以大家庭为单位，相当集中，拓跋良子孙在洛阳的墓葬同样如此。地位最高、去世最早的是元绪，墓志称元绪“葬于洛阳城之西北，祔茔于高祖孝文陵之东”。郭玉堂《洛阳出土石刻时地记》记载其墓地就在安驾沟[③]。据元绪嗣子元悦的墓志称元悦“葬其考靖王陵之左”，元悦妻冯季华墓志说“合窆于长陵之东”。《洛阳出土石刻时地记》则说元悦墓志出土于“洛阳城北徐家沟村东南”[④]。徐家沟亦属孟津县朝阳镇，位置就在安驾沟村西略偏北，两村紧紧相邻。既然元悦“葬其考靖王陵之左”，可见元绪的墓葬在安驾沟以西，徐家沟以南。其南相邻的村子是后李村。因此，拓跋良子孙的墓地便以元绪墓为中心集中分布于安驾沟村、徐家沟村与后李村之间。根据墓志，元敷“窆于瀍涧之滨”，元腾与妻程法珠“合窆于长陵之东北，皇宗之兆”，元华光“卜窆于景陵之东，龙岗之西”，元仙“葬于景陵之东阿”，其子元尚之“卜窆于景陵之东阿”，元弼“迁于于芒山之阳”，元恩“迁葬于长陵之左”，元均之“葬于长陵之

---

① 张金龙亦据墓志资料指出这一事实，见所著《北魏迁都后官贵之家在洛阳的居住里坊考》，收入其论文集《北魏政治与制度论稿》，兰州：甘肃教育出版社，2003 年，第 331 页。

② 范祥雍:《洛阳伽蓝记校注》卷二，上海：古典文学出版社，1958 年，117 页。

③ 郭玉堂:《洛阳出土石刻时地记》，第 24 页。

④ 同上书，第 25—26 页。

东”，描述都比较笼统。据《洛阳出土石刻时地记》，元腾与妻程法珠墓志出土于“徐家沟东北”，元敷墓志“洛阳城北后李村出土”，元尚之墓志“安驾沟村西出土”，元华光墓志则在“洛阳城西北六里出土，地在徐家沟北、安驾沟村南、明伊定王冢之西”，元均之墓志则是“洛阳北徐家沟、安驾沟人于两村中间共掘得之”，元恩墓志“洛阳安驾沟村出土”，元弼墓志由“刘宗汉于洛阳安驾沟村掘得之”[①]。以上诸志都出土于一个非常狭小的范围内，显然是拓跋良子孙围绕元绪墓而展开的家族墓地。唯一的例外是陆孟辉，她的墓志出土于“洛阳城北北陈庄”[②]。陆孟辉既是元则的长嫂，理应与元则葬地相近，但陆孟辉墓志没有提到她与丈夫合葬，也许她和元华光一样是葬在娘家的墓地里？这还需要再研究。

以上以拓跋良支系为例，略略疏解了墓志资料对扩展北魏宗室谱系知识所具有的巨大功效。最后我们回到元则、元宥两墓志上面来。

元则墓志称元则死于“齐州平东府中兵参军”任上，所提到的府主齐州刺史、平东将军，应当是元欣。《魏书》卷二一上《献文六王上》广陵王羽传，羽子欣“字庆乐。……出为冠军将军、荆州刺史。转征虏将军、齐州刺史。欣在二州，颇得人和。又为征东将军、太仆卿”[③]。元欣在齐州时间很长，本传不言其曾为平东将军，然而自征虏至征东，理应有过加平东的阶段。元则墓志证实了这一点。元则墓志称其“弱冠”开始仕于元欣幕府，直到三十一岁。可见元欣在齐州年久，其间必有将军号之升进，元则亦随而升进。

元宥墓志说元宥生前为武卫将军，职在禁旅，于朝廷动荡之际算是要害职务。墓志说他“薨于庐”，如果不是讳言其死于河阴，则极可能除了河阴暴力之外，尔朱氏还派人在洛阳有针对性地进行了诛杀。拓跋良子孙中死于河阴之难的还有元均之，他并不像元宥那样因为位置要紧而被尔朱氏特别注意到，他赶上这一惨剧似乎完全是偶然的。元均之本在元世遵幕府，世遵于孝昌元年死，元均之随丧回到洛阳暂住，等候新的任命，就在这个时候恰好赶上了河阴之变。当然拓跋良子孙中也有从河阴之变中得了好处的，如元腾的儿子元荣，就在尔朱荣为河阴惨剧所实

---

① 郭玉堂:《洛阳出土石刻时地记》，第 31、34、35、37、45、50、52 页。

② 同上书，第 51 页。

③《魏书》卷二一上《献文六王上》，第 551 页。

行的补偿措施中，被封为东阳王，可以说是意外之喜。元宥、元均之、元荣这三个堂兄弟在同一历史事件中遭遇如此之不同，大概并不能用他们个人的政治立场、思想观点来解释，我们看到起作用的主要是历史的偶然性和随机性。

（原载《中国历史文物》2007年第2期）

跋北齐可朱浑孝裕墓志

近年出土的北齐可朱浑孝裕墓志一合（图 1），现收藏于河南许昌民间，尚不为学界所知，其内容颇可证史补史。2000 年夏，我经朋友介绍，对墓志作了拓片和录文。志石长 68 厘米、宽 68 厘米，24 行，行 24 字，其第 12 行有两字漫漶不可识；不计空格，凡可辨识者 557 字。志盖有篆文 4 行，行 4 字，凡 16 字，曰："齐故仆射 / 司空公扶 / 风王可朱 / 浑墓志铭。" 兹迻写志文于下，并对志文有关问题稍作考释于后。

齐故尚书右仆射司空公可朱浑扶风王墓志铭

王讳　字孝裕，太安郡狄那县人也。昔夏后御天，大启磐石，本 / 枝旁秀，遂雄朔野。周图汉策，韫耀腾华；魏钟晋鼎，重金累绂；克 / 复大风，古今一也。祖买奴，魏仪同三司，朔夏二州诸军事，朔州 / 刺史。父道元，假黄钺、太宰、太师、司空公、司徒公、并州刺史、扶风 / 王。王龙种凤毛，幼而表异，雄姿雅略，直置高远。物议所归，时无 / 二论。以勋门之胤，释褐员外散骑侍郎。雍容省闼，独标俊美。寻 / 除若曷直荡第二副都督、直斋，食南营州新昌县幹。河清元年 / 十二月中，袭　扶风郡王。振曜羽仪，实光朝望。又除直阁将军。/ 天统四年二月中，除仪同三司。其年五月，进位开府。既偕槐棘，/ 宾卫盈门，邓骘之荣，我为嗣美。寻别封胶州东武县开国侯，食 / 邑八百户。茅社之锡，朝野荣之。□□除武卫大将军，食晋州南 / 绛郡幹。武平四年五月中，除右卫大将军。爰处禁戎，兼督骁武，/ 英杰之气，足冠时雄。俄尔江湖不静，伧楚放命。爰命虎臣，扬旌 / 讨扑。王披坚执锐，亲率旗鼓，萁张翼舒，左婴右拂，思欲顾盼而 / 平陇蜀，欬唾而荡荆扬。时不利兮，奄同遂古。以大齐武平五年 / 五月十一日薨于扬州之地，春秋年卅八。神骸不反，魂气空归。/ 群帅怀温明之德，一人愍勤王之効，诏赠使持节都督常、

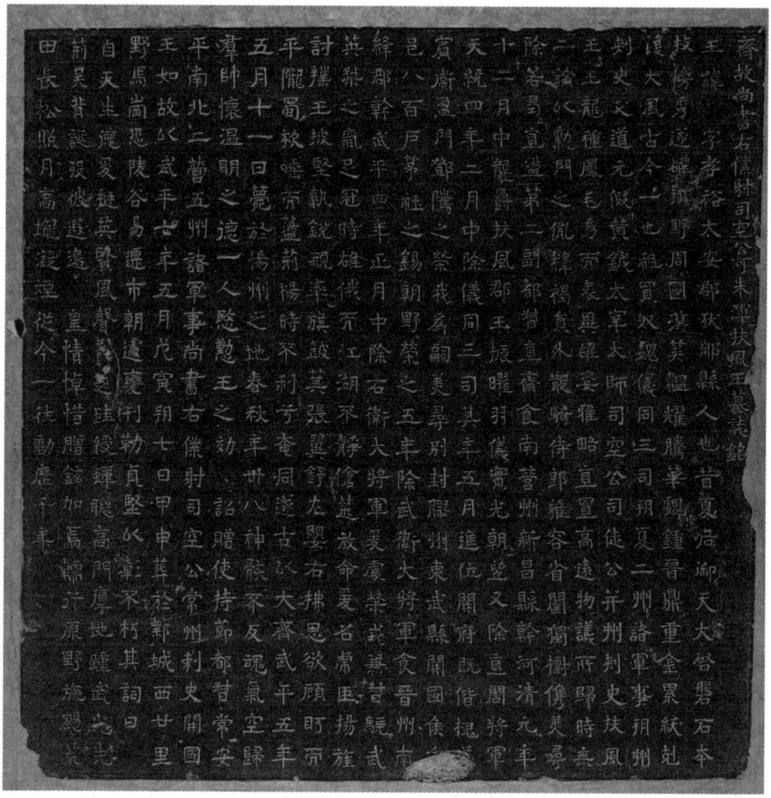

图 1　可朱浑孝裕墓志

安、/ 平、南北二营五州诸军事，尚书右仆射，司空公，常州刺史，开国 / 王如故。以武平七年五月戊寅朔七日甲申，葬于邺城西廿里 / 野马岗。恐陵谷易迁，市朝递变，刊勒贞坚，以彰不朽。其词曰：/

自天生德，爰挺英贤。风声郁起，珪绶蝉联。高门厚地，踵武光先。/ 荆吴背诞，殁彼遐边。　皇情悼惜，赠铉加焉。輴行原野，旐扬荒田。长松照月，高垅凝烟。从今一往，动历千年。

一、关于可朱浑氏

可朱浑孝裕，两见正史[①]，而志文仅存其字，可见当日以字行[②]。其父道元，《北齐书》与《北史》都有传[③]，旧《北齐书》各本“道元”多有误作“通元”者[④]，今得此墓志，足为铁证。墓志文字虽然简略，却可与史籍参互发明。

墓志称可朱浑孝裕“太安郡狄那县人也”。《元和姓纂》卷六“可朱浑氏”条：“出自代北，又居怀朔，随魏南徙河南。”[⑤]而《北史》与《北齐书》之《可朱浑元传》，都说他“自云辽东人”。一云代北，一云辽东，何者为正？这需要我们对这一姓氏略作考察。

《太平御览》引崔鸿《十六国春秋·前燕录》，慕容暐建熙十年（369）

---

① 可朱浑孝裕因寿阳之战被俘而见载于史：《陈书》卷九《吴明彻传》，北京：中华书局，1972年，第162页；《北史》卷三〇《卢潜传》，北京：中华书局，1974年，第1085页。《资治通鉴》卷一七一陈宣帝太建五年十月作“可朱浑道裕”，北京：中华书局，1956年，第5328页。《册府元龟》卷三六八《将帅部·攻取一》引吴明彻克寿阳城（北京：中华书局影印明本，1960年，第4381页），同《陈书》与《北史》，《陈书》卷九之“校勘记”第13条据此疑《通鉴》“未知何据”，见第167页。今《可朱浑孝裕墓志》既出，正误遂明。

② 学者注意到北朝多以字行，解释不一。钱大昕以为“当时风俗敦朴，不以称字为嫌也”，见《廿二史考异》卷三一，北京：商务印书馆，1958年，第596页。他举出的例子，包括了胡、汉多种情况。但是，不嫌称字，而名、字兼备，对于内入胡族，特别是对于魏末内入的六镇军民，还具有更深层的动机：六镇鲜卑化各族人士本来只有胡名，以军功提高社会地位、登上政治舞台以后，不得不卷入到汉化的潮流中，而认同华夏传统的表现之一，就是取华夏名、字；遂以原有胡名为字，从胡名中提取一个字音作名，如可朱浑道元之道元，当是胡名，提取“元”作名，从而名、字兼备；由于习惯的力量，新的汉名使用一定不及原有胡名普遍和经常，以字行便是这样一种历程的曲折反映。同样的例证，如万俟普字普拨，万俟洛字受洛干，刘丰字丰生，等等。

③《北齐书》卷二七《可朱浑元传》，北京：中华书局，1972年，第376—377页。《北史》卷五三《可朱浑元传》，第1900—1901页。今本《北齐书》之卷五三，既非李百药旧貌，又与《北史》不同，钱大昕疑“似经后人删改，或百药书亡，而以《高氏小史》补之乎”，见《廿二史考异》卷三一，第593页。对比两书之《可朱浑元传》，互有详略，“以《高氏小史》补”《北齐书》缺卷的说法，是有道理的。

④《北齐书》卷九之“校勘记”第2条，第380页。

⑤ 林宝：《元和姓纂》，附岑仲勉四校记本，郁贤皓、陶敏整理，北京：中华书局，1994年，第965页。

四月，“立贵妃可朱浑氏为皇后”[①]。《晋书》的《慕容儁载记》和《慕容暐载记》都提到慕容儁的皇后（慕容暐之母）是可足浑氏[②]，崔鸿书亦同[③]。《魏书·官氏志》叙内入诸姓，有“渴烛浑氏，后改为味氏”[④]。而《元和姓纂》“渴烛浑”条云“改为朱氏”[⑤]；《广韵》引《后魏书》“北方渴独氏，后改为朱氏”[⑥]（案独当为烛字之误）。据此知今本《魏书》“味”字为“朱”字之误[⑦]。《古今姓氏书辩证》“渴足浑”姓下，谓“渴足浑，改为朱氏，望出河南”[⑧]。这些姓氏字异音近，故《元和姓纂》云，“渴烛浑、可足浑，疑并与可朱浑同，随音转耳”[⑨]。郑樵《通志·氏族略》“代北三字姓”下“渴烛浑氏”条，也认为“渴烛浑、可足浑，疑与可朱浑同，而音转矣”[⑩]。把可朱浑、可足浑、渴烛浑、渴足浑看作同音异译的观点，得到近人姚薇元、陈连庆的支持[⑪]，当可成立。

因此，可朱浑氏首先见于史籍，是在十六国时期的慕容诸燕。慕容儁、慕容暐皆以可朱浑氏为后，可见可朱浑氏是慕容氏的姻族，在慕容集团中居于重要地位。《元和姓纂》引《前燕录》，谓前燕有散骑常侍可足浑恒，后燕有城阳太守新汲侯可足浑健，健子谭，新平公[⑫]；宋王应麟《姓氏急就篇》卷下，亦举燕有可足浑谭[⑬]；《魏书》提到北燕有大将渴烛

---

① 《太平御览》卷一二一，北京：中华书局影印本，1960年，第585页。

② 《晋书》卷一一〇《慕容儁载记》，北京：中华书局，1974年，第2834—2835页；同书卷一一一《慕容暐载记》，第2847、2848、2853页。

③ 《太平御览》卷一二一，第584页。

④ 《魏书》卷一一三《官氏志》，北京：中华书局，1974年，第3014页。

⑤ 林宝：《元和姓纂》，第1544页。

⑥ 《宋本广韵》入声卷五之十二曷韵，北京：中国书店影印本，1982年，第463页。

⑦ 《魏书》卷一一三《官氏志》之“校勘记”第43条，第3023页。

⑧ 邓名世撰，邓椿年编：《古今姓氏书辩证》卷三七之十二曷韵，影印文渊阁《四库全书》本，台北：商务印书馆，1986年，第922册，第359页。

⑨ 林宝：《元和姓纂》，第965页。

⑩ 郑樵：《通志略》，上海：上海古籍出版社，1990年，第89页。

⑪ 姚薇元：《北朝胡姓考》，北京：科学出版社，1958年，第226—229页；陈连庆：《中国古代少数民族姓氏研究》，长春：吉林文史出版社，1993年，第68—69页。

⑫ 林宝：《元和姓纂》，第965页。案郑樵《通志·氏族略》谓前燕有散骑常侍可足浑常，此可足浑常与可足浑恒，应当是同一个人。

⑬ 王应麟：《姓氏急就篇》卷下，影印文渊阁《四库全书》本，第948册，第697页。

通[①],即渴烛浑通之省。可朱浑氏在慕容集团中的这种地位,说明其与慕容氏一样,本属于辽东鲜卑[②],故《北齐书》和《北史》之《可朱浑道元传》叙族氏渊源,称其“自云辽东人”,最为准确。

关于可朱浑氏在北朝以后的情况,《元和姓纂》“可朱浑”条保存着较为重要的线索:“出自代北,又居怀朔,随魏南徙河南。后魏都官尚书、乐陵公可朱浑昌;生道元,北齐太傅、太师、扶风忠烈王,生孝裕、长威。孝裕,北齐大将军,生贵公。贵公生君招,长威生定远,唐右领军、右常侍、怀州刺史,生怀俨、怀敏。”[③] 鉴于这段材料的重要性,下面分句略加诠解。

1.“出自代北” 可朱浑氏既出自辽东鲜卑之慕容集团,其进入代北拓跋集团自然在北魏灭后燕、北燕以后。据前引《魏书》,太武帝时北燕尚有人将渴烛通,因此,可朱浑氏之入魏,至迟当在太武帝太延二年(437)灭北燕之时。《北齐书·可朱浑元传》:“世为渠帅,魏时拥众内附。”既附拓跋,遂成代北集团成员,即所谓“出自代北”。入魏的可朱浑氏也的确有被目为代人的例子。《魏书·高车传》:“诏员外散骑侍郎可足浑长生复与于提使高车。”[④] 这个可足浑长生,据姚薇元先生考证,就是《魏书·节义传》里的朱长生[⑤]。《节义传》:“朱长生及于提,并代人也。”[⑥] 可见可朱浑氏当孝文帝时还被视作“代人”。

2.“又居怀朔” 《北齐书·可朱浑元传》:“曾祖护野肱,终于怀朔镇将,遂家焉。”《北史·可朱浑元传》:“曾祖护野肱,为怀朔镇将,遂家焉。”可朱浑护野肱戍守六镇中的怀朔镇,可能是可朱浑元这一支

---

① 《魏书》卷四上《世祖纪上》太延元年:“三月癸亥,冯文通遣大将渴烛通朝献,辞以子疾。”第84页。

② 辽东鲜卑之名,屡见于《后汉书》,而《晋书》卷一〇八《慕容廆载记》及汤球辑本《十六国春秋》卷二三《前燕录》,不言慕容氏为辽东鲜卑。《宋书》卷九六《吐谷浑传》称吐谷浑“辽东鲜卑也”,《魏书》卷一〇一《吐谷浑传》亦谓吐谷浑“本辽东鲜卑徒河涉归子也”,《周书》卷五〇《吐谷浑传》云吐谷浑“本辽东鲜卑慕容廆之庶兄也”,皆明确指称慕容鲜卑为辽东鲜卑。《慕容廆载记》云:“曾祖莫护跋,魏初率其诸部入居辽西……父涉归,以全柳城之功,进拜鲜卑单于,迁邑于辽东北。”辽东鲜卑之号,当溯源于涉归之迁辽东,而此一名号之确立,或在拓跋鲜卑兴盛于代北之后,也许是拓跋部的观点。

③ 林宝:《元和姓纂》,第965—966页。案岑校本在“南迁”与“河南”间分句,误。

④ 《魏书》卷一〇三《高车传》,第2310页。

⑤ 姚薇元:《北朝胡姓考》,第227—228页。

⑥ 《魏书》卷八七《节义传》,第1892页。

可朱浑氏著籍怀朔的开始。

3. "随魏南徙河南" 根据可朱浑道元的历史，他这一支，既家怀朔，当无机会借迁洛的机会离开北边，但并不排斥可朱浑氏的其他各支有此可能。比如前面提到的可足浑长生（即朱长生），立功受爵，在孝文帝时南迁而著籍河南郡，也是有可能的。

4. "后魏都官尚书、乐陵公可朱浑昌" 姚薇元先生考证，可朱浑昌就是在《魏书》卷八〇有传的朱瑞[①]。陈连庆先生深以为然[②]。但是,《朱瑞传》明确说瑞字元龙，虽封乐陵公，却不曾官都官尚书，其生前历官、死后赠官也都高于都官尚书[③]。《元和姓纂》既说可朱浑昌是可朱浑道元的父亲,《朱瑞传》载瑞子弟却不提道元，尤其可疑。朱瑞在北魏末年位势显赫,《北齐书》与《北史》之《可朱浑元传》，亦绝口不提，更加奇怪。因此，把可朱浑昌与朱瑞联系起来，是没有任何有力证据的。事实上，这个可朱浑昌，据《可朱浑孝裕墓志》，应当就是可朱浑买奴，昌为雅名，买奴是其本名，后称为字。可朱浑孝裕墓志："祖买奴，魏仪同三司，朔夏二州诸军事，朔州刺史。"知可朱浑道元之父，本名可朱浑买奴。《广韵》卷三上声三十三哿"可"字下，举《后魏书》人名例，"又并州刺史男可朱浑买奴"[④]。今本魏收《魏书》不见可朱浑买奴，其名亦不见于两种《可朱浑元传》，当以官位不显。而《可朱浑孝裕墓志》与《广韵》提到的买奴官衔，应该是东魏末年可朱浑道元贵显之后追赠的，其乖互不合，亦无足怪。此外,《元和姓纂》既称可朱浑昌为"乐陵公"，令人联想可朱浑道元这一支，也曾经卷入到攀附华夏姓族郡望的潮流中。《魏书·朱瑞传》载瑞先后改籍青州乐陵和沧州乐陵，因为两个乐陵都有朱姓。改汉姓，附会郡望，是北朝胡族华化的一个重要途径。从孝文帝以后，可朱浑氏既对应汉姓之朱氏，则攀附行为势必不少。道元得势之时，邺城政权追封其父买奴爵乐陵公，用意正与朱瑞相同。

5. "生道元，北齐太傅、太师、扶风忠烈王，生孝裕、长威" 《北史·可朱浑元传》："虆……子长举袭。"长举与长威相应，应当是名。墓志无名，称孝裕为字，因此，很有可能，长举就是孝裕的名，而以字

① 姚薇元:《北朝胡姓考》，第228页。

② 陈连庆:《中国古代少数民族姓氏研究》，第68页。

③《魏书》卷八〇《朱瑞传》，第1769—1770页。

④《宋本广韵》，第284—285页。

行。太傅、太师是可朱浑道元生前最高官职，死后赠假黄钺、太宰、太师、录尚书。墓志称道元“假黄钺、太宰、太师、司空公、司徒公、并州刺史、扶风王”，则是把生前历官与死后赠官混合杂举。道元谥忠烈，仅见《元和姓纂》。

现在，来看看墓志中可朱浑孝裕的正式籍贯问题。两种《可朱浑元传》不载籍贯，只说道元“自云辽东人”，因曾祖护野肱为怀朔镇将，“遂家焉”。而墓志说孝裕是“太安郡狄那县人也”，这一差异如何理解？案北魏孝明帝于正光五年（524）八月颁布诏书，改镇为州[①]。可是，由于北边形势发展太快，这一改镇为州的政策，事实上无法推行到六镇去。“（孝明帝）遣兼黄门侍郎郦道元为大使，欲复镇为州，以顺人望，会六镇尽叛，不得施行。”[②]因此，六镇改州，只能在书面上实施。有趣的是，其后六镇故地沦于柔然，镇民南迁，改镇为州的措施却并未中止，而是贯彻于对内迁的六镇镇民的管理之上。北魏末年和东魏时期，于并、肆、汾三州界内侨治恒、朔、云、显等州，“永安以后，禁旅所出，户口之数，并不得知”[③]。其中唯有最重要的朔州，其所领郡县的置废时间，却缺乏明确的记录。揆以情势，朔州郡县之侨置，至迟应当在孝武帝永熙以前。郡县名的来历，或取自故怀朔镇的各戍旧名，或取自侨治地的传统地名。太安郡狄那县，王仲荦先生谓“当治怀朔镇城”[④]，此说不确。设置狄那县时，已无怀朔镇[⑤]，朔州侨治并州寿阳城[⑥]。狄那显然是胡名音译，可能是原怀朔镇的一个戍名，在寿阳城西侨置太安郡时，使用了侨人熟悉的

---

① 《魏书》卷九《肃宗纪》，第 236—237 页。

② 《魏书》卷 18《广阳王深（渊）传》，第 430—431 页。

③ 《魏书》卷一〇六上《地形志上》，第 2504 页。

④ 王仲荦：《北周地理志》，北京：中华书局，1980 年，第 1087 页。

⑤ 钱大昕：《廿二史考异》卷三一《北齐书》之“步大汗萨传”条，谓“太安、神武、广宁皆六镇改州所置之郡”，第 599 页。

⑥ 证实朔州侨治寿阳的铁证，是 1973 年出土于山西寿阳的北齐厍狄回洛及其妻妾墓志，志文明确说北齐时朔州侨治并州寿阳城。参看山西省文物工作委员会《北齐厍狄回洛墓》，《考古学报》1979 年第 3 期，第 377—402 页；山西省考古研究所：《山西碑碣》，太原：山西人民出版社，1997 年，第 23—25 页；赵超：《汉魏南北朝墓志汇编》，天津：天津古籍出版社，1992 年，第 415—416 页。

旧成名，遂置狄那县[①]。从《北史》《北齐书》及北朝墓志看，东魏、北齐把内迁六镇镇民都以侨州郡的形式严格管理起来了，连那些显贵勋臣也不例外。这是一种户籍簿录的管理，北齐禁军兵源主要依赖这一体制，当然部分上层人员的实际居住地可能并不受此限制[②]。可朱浑道元虽贵，却仍然要编入侨州郡的管理体系中，其本传含混地说家于怀朔，并不符合北齐制度，其子可朱浑孝裕墓志中所谓“太安郡狄那县人也”，才是比较规范的说法。

综上，我们知道可朱浑氏起自东部鲜卑的慕容集团，入魏以后至少有一支因戍六镇而家于怀朔，可朱浑道元便出于这一支。可朱浑道元的父亲是可朱浑昌，字买奴。可朱浑道元的儿子有长举、长威，长举即墓志中的可朱浑孝裕。这一家在北齐的六州（或曰九州）勋人侨州郡的体系中，被编入朔州太安郡狄那县。

二、北齐政治中的可朱浑孝裕家族

《北齐书·可朱浑元传》：“北边扰乱，遂将家属赴定州……元既早

① 朔州领五郡，据《元和郡县图志》，其神武郡故城在寿阳县北三十里，见卷十三河东道二，贺次君点校本，北京：中华书局，1983 年，第 369 页。嘉庆重修《大清一统志》卷一四九山西省平定州古迹门寿阳县“神武故城”条，考证东魏北齐之朔州五郡县名，各有痕迹保留于寿阳县地名中，曰：“按《魏书·地形志》，神武郡首领尖山县，今有尖山在县北；又太安郡首领狄那县，今有太安镇及狄那寨在县西；又广宁郡首领石门县，今有石门在县东；又太平郡首领太平县，今有太平乡太平村在县东。盖一州五郡，皆侨置县境，不独神武矣。”“广牧故城”条：“《魏书·地形志》附化郡有广牧县，后废。”均见北京：中华书局影印本，1986 年，第 6976 页。此书所录“浮化水”“浮化山”，当与附化郡有关。同书同卷关隘门“太安驿”条：“在寿阳县西五十里太安镇，即后魏太安郡地。”见第 6981 页。这是非常坚实的研究，不仅由此可以推论出朔州侨治寿阳，而且，朔州郡县几乎都在寿阳城四周。这一带应当是朔州籍六镇内迁人员的集中地区。太安驿，至今仍为寿阳一大镇。

② 著籍朔州的内迁人士，其葬地不同，或反映其家庭住址的不同。比如，前举《厍狄回洛墓志》云回洛“朔州部落人”，比《北齐书》与《北史》之《厍狄回洛传》“代人也”的说法要准确，可惜也并未交代其著籍于朔州何郡何县。墓志说回洛死于邺，窆于晋阳，而葬于朔州城南（即寿阳城南）。这很有可能是由于厍狄回洛一家居住在朔州城内。而可朱浑孝裕一家虽然著籍于朔州太安郡狄那县，其安葬地却在邺城附近，盖由于可朱浑家住在邺城。这个时期，大多数的内迁镇民即“九州勋人”的家都在侨州郡所在的并、肆、汾等州，许多勋贵如厍狄回洛也不例外，这才是高氏政权重晋阳甚于邺都的原因。

被高祖知遇，兼其母兄在东，尝有思归之志…… 兄弟四人先在并州者，进官爵。”从这里我们可以作以下推论：一、道元之父买奴早死，也许在六镇反乱以前已死；二、道元一家随着镇民内入的潮流，较早进入河北，其落脚点是定州，定州英雄城后来成为镇民聚居地，想道元一家在东魏北齐之际也定居定州英雄城一带[①]；三、道元有兄有弟，其家至少有兄弟五人活动于魏齐之际。

《北史·可朱浑元传》记道元弟有天元、天和。《北齐书》卷三四《杨愔传》附有可朱浑天和的小传，称天和为“道元季弟也”，与《北史》合。《资治通鉴》却说天和“道元之子也”，《通鉴考异》谓“《典略》云道元弟，今从《北齐书》”[②]。北宋时《北齐书》此卷已缺，所补者与今本又不同[③]，《资治通鉴》误。就是这个可朱浑天和，在北齐政治中一度发挥了作用，对可朱浑氏家族产生了影响。

《北齐书·可朱浑天和传》：“以道元勋重，尚东平公主。累迁领军大将军，开府。济南王即位，加特进，改博陵公，与杨愔同被杀。”可朱浑天和在高洋死后，与杨愔、燕子献、宋钦道、郑子默等人合力扶持太子高殷（废帝）继位，与高演、高湛对抗，被后者发动政变而杀害。详见《北史·杨愔传》。这场权力斗争中，废帝一派以杨愔为核心，二王（常山王演、长广王湛）一派以高演为核心，而在具体的军事较量中，两位掌握禁军领导权的人物具有决定性作用，即可朱浑天和与高归彦。

高归彦在文宣帝天保间任领军大将军，直至废帝即位[④]。接替高归彦

---

① 《北史》卷五三《薛修义传》，沙苑之败，高欢徙秦（案疑秦当作泰）、南汾、东雍三州人于并州，又欲弃晋，以遣家属向英雄城，修义谏曰：“若晋州败，定州亦不可保。”见第 1918 页。据此，定州英雄城是六镇镇民的聚居地之一，其传统肇始于鲜于修礼之时。可朱浑道元家在定州，却著籍朔州太安郡狄那县，由此可知实际居住地与著籍地之间并不严格挂钩。

② 《资治通鉴》卷一六八陈文帝天嘉元年二月，第 5197 页。

③ 中华书局点校本《北齐书》卷三四“校勘记”第 1 条谓此卷之《杨愔传》可能抄自《北史》，而附传四种，似非本于《北史》，“疑仍是采取某种史抄”，见第 461 页。所论甚是，可惜点校者没有举出《资治通鉴考异》这一条，特赘于此。

④ 据万斯同《北齐将相大臣年表》，高归彦于天保五年开始任领军，见《二十五史补编》，北京：中华书局，1955 年，第 4674 页。万斯同把高归彦任职的时间，一直延伸到武成帝河清元年，这是不对的。归彦在杨愔被杀以后，复为领军，中间曾一度解任。《北史》卷五一《高归彦传》载归彦“以讨侯景功，别封长乐郡公，除领军大将军，领军加大，自归彦始也”。这里，在长乐郡公后应当句断。

的，就是可朱浑天和。高归彦既受文宣厚遇，又与杨愔、燕子献、郑子默同受遗诏辅政，本来是同心奉戴废帝的。《北史·高归彦传》："乾明初，拜司徒，仍总知禁卫。"司徒当作司空[①]。"仍总知禁卫"，并不是仍为领军，这句话是说在几个辅政大臣中，他分工"总知禁卫"，是禁军事务的最高负责人，地位与权力都在领军之上。所以，从理论上说，接替他为领军的可朱浑天和，应当也接受他的领导。当然，这只是一个口头的约定，并不是制度要求。事实上，高归彦对禁军的领导权已经被取消了。

高归彦脱离废帝阵营而倒向高演，据《北史·高归彦传》，是由于杨愔从应当随废帝到邺城的从驾宿卫禁军中，抽取了部分兵力留守晋阳，却不使归彦知悉，造成归彦的怨愤。这件事反映出杨愔对归彦的不信任，由此可以理解此前领军职务的易人，可能也是杨愔的有意安排。可朱浑天和显然是杨愔一派的铁杆，他曾建议诛杀二王，在禁军指挥上自然与杨愔同心。杨愔留从驾禁军五千于晋阳，事涉机密，可以瞒住被架空的高归彦，却不可能绕过禁军的统帅可朱浑天和。因此，可以说，还在晋阳的时候，高归彦就被废帝集团暗暗疏忌了。这样，到邺城后，高归彦遂加入二王一派。

二王政变，所依靠的并非禁军，而是京畿军。《北史·齐本纪中·孝昭纪》载杨愔等欲斥远二王，以"长广王湛为大司马、录并省尚书事，解京畿大都督"。可见此前高湛为京畿大都督。京畿大都督是北魏末年以来都城地区的军事首脑[②]，与禁军各成系统，所领都是六镇系统的精兵[③]，戍防范围不同。所以二王政变成功以后，置换禁军人员，"以京畿军入守门阁"[④]。但是，没有禁军的支持，宫廷政变是不可能成功的。要攻入皇宫，就会遇到禁军的抵抗，而这时，长期担任领军职务的高归彦凭借他的威信及与禁军将士的关系，帮助二王顺利地消除了禁军的阻

---

① 据《北史》卷七《齐本纪中》，乾明元年二月，以归彦为司空，与《高归彦传》异。归彦解领军，当在此时。

② 最早置京畿大都督，可能在尔朱荣时。荣既诛洛阳朝官，亦不复信任洛阳禁军，所以在改造禁军的同时，也设置京畿大都督来安置自己的心腹军队。史书所见最早为京畿大都督者，是尔朱度律，见《魏书》卷七五《尔朱度律传》，第1672页。

③《魏书》卷一一三《官氏志》："天平四年夏，罢六州都督，悉隶京畿，其京畿大都督仍不改焉。立府置佐。"见第3004页。

④《北史》卷七《齐本纪中·孝昭纪》，第269页。

力[1]。同时，身为禁军统帅的可朱浑天和却由于大意而为二王所擒。政变由此完成。

可朱浑天和在废帝与二王之间的政治选择，是北齐权力斗争中派别划分的实例之一。这个问题我们拟另文探讨，此处不赘。可朱浑道元在文宣一朝特受恩遇，这决定了可朱浑家族对文宣帝及其继承人的政治态度，所以，可朱浑天和被杨愔挑选来替代高归彦掌握禁军。这和后来孝昭帝以斛律丰洛代替厍狄伏连为领军以抑制武成帝高湛[2]，是一样的道理。正是因此，政变成功以后，二王集团对废帝阵营的打击就格外严厉，可朱浑家族遭遇空前的危机。

《北史·杨愔传》记录了政变以后二王对废帝阵营的处置："于是乃以天子之命，下诏罪之，罪止一身，家口不问。寻复簿录五家，王晞固谏，乃各没一房，孩幼尽死，兄弟皆除名。"五家，指杨愔、燕子献、可朱浑天和、郑子默和宋钦道。"簿录五家"显然是把全体家族牵连进来了，"簿录"，就是抄家并且逮捕家口；而减轻为"各没一房"，抄家和逮捕家口的范围缩小到五人各自的一房，不涉及兄弟各房；"孩幼尽死"，是指这一房中，尽被刑戮，孩幼亦不例外；"兄弟皆除名"，虽然"簿录"不及同产各房，但其政治权利要被剥夺。可朱浑道元的几个兄弟，自然都因此被"除名"了。

据此，可朱浑天和被杀以后，其家族受到很大影响。在《可朱浑孝裕墓志》中，也保存有这一影响的痕迹。墓志说孝裕"河清元年十二月中袭扶风郡王"，而这距其父道元之死已有三年之久。可朱浑道元之死，应当在天保末。《北齐书·可朱浑元传》："皇建初，配享世宗庙庭。"则道元卒于孝昭帝皇建二年（561）以前。《北齐书·文宣帝纪》：天保八年（557）四月，以"前大将军、扶风王可朱浑道元为太傅"；天保九年十二月戊寅（559年年初）"以太傅可朱浑道元为太师"。天保十年（559）十月文宣帝死后，到废帝乾明元年（560）八月二王政变为止，大臣官爵有许多变动，却不见有提及贵为三师的可朱浑道元者，合理的解释只能是，他已经不在了。所以我认为，可朱浑道元死于天保十年，即公元559年。

---

① 《北史》之卷七《齐本纪中·孝昭纪》，第268页；卷四一《杨愔传》，第1505页；卷五一《高归彦传》，第1856页。

② 《北史》卷五一《高元海传》，第1852—1853页。

墓志说可朱浑孝裕袭扶风王在武成帝河清元年十二月中（563年年初），这中间，除了文宣帝死所造成的延宕，主要是受了可朱浑天和的连累。

虽然孝昭帝以可朱浑道元配享世宗（文襄）庙，而且两年之后武成帝允许可朱浑孝裕袭封扶风王，但经过可朱浑天和丧败的打击，这一家族政治、经济、社会地位等，都被削弱了。重振家声，除了需要优秀的年轻一代，还应当有其他因素。墓志称"邓骘之荣，我为嗣美"，便是指此。邓骘，邓禹之孙，邓训之子，和熹邓皇后之兄，东汉外戚之英[①]。志文援邓骘以比孝裕，则知孝裕姊妹有在武成帝宫掖者。孝裕之贵，或由于此。

墓志叙可朱浑孝裕历官，起家员外散骑侍郎，为集书省散官，此后全都是在禁军供职。从若曷直荡第二副都督、直斋之禁军中级军官[②]，历经直阁将军、武卫大将军这样的禁军高级将领，最后做到右卫大将军，已经是仅次于领军的禁军统帅了。东魏北齐特重禁军，禁军兵源依靠所谓"九州勋人"，即六镇内迁的镇民。墓志说可朱浑孝裕"爰处禁戎，兼督骁武，英杰之气，足冠时雄"，这其实是多数六镇后裔共同的人生之旅。照理，六镇后裔生长内地，也应当有一个文化面貌上的变化过程，进而影响到他们的人生道路，即淡化武人色彩。但是，周、齐和陈三国间的对抗与战争，使北齐和北周的内迁镇民被长时期纳入军事管理体制，变化甚微。

而可朱浑孝裕本人，就以禁军将领的身份，参加了对陈的战争，寿阳之役兵败被俘，死于建康。

三、关于可朱浑孝裕之死

可朱浑孝裕墓志云："俄尔江湖不静，伧楚放命。爰命虎臣，扬旌讨扑。"这是指陈将吴明彻所领导的对北齐淮南地区的北伐，时间是陈宣帝太建五年、北齐后主武平四年（573）。《陈书》卷五宣帝本纪："（太建

---

① 《后汉书》卷十六《邓骘传》，北京：中华书局，1965年，第612—617页。

② "若曷"不得解，待考。直荡，属禁卫军系统的左右卫府。《隋书》卷二七《百官志中·左右卫府下》，有御仗、直荡、直卫、直突、直阁等，是直荡为左右卫所领之一营。直荡属官，"有直荡正副都督、直入正副都督、勋武前锋正副都督、勋武前锋五藏等员"。以上见《隋书》，北京：中华书局，1973年，第758页。案东魏北齐有中军副都督、亲信副都督，皆营府有副都督之证。此墓志之第二副都督，为史书所未见。

五年）三月壬午，分命众军北伐，以镇前将军、开府仪同三司吴明彻都督征讨诸军事。……己丑……北讨大都督吴明彻统众十万，发自白下。”[①]这是一场旨在争夺淮南的战役，要改变军事上的穷蹙被动局面，陈就需要把防线从长江北推至淮河，在淮南建立战略纵深带，恢复齐梁时候的南北态势。因此，战事一开始，陈军就从上游的郢州到下游的瓜步，全线渡江，克城拔戍。

根据墓志，可朱浑孝裕为右卫大将军，在武平四年“五月中”。这一年五月朔丙寅[②]，而五月上旬，瓦梁城（己巳）、庐江郡城（甲戌）都已经为陈军所克，随后，沿江重镇历阳（丙子）、齐昌（乙酉）也先后失落，战局一边倒[③]。这个时候孝裕升迁，其背景应当是北齐的一次援救行动。墓志说：“王披坚执锐，亲率旗鼓，其张翼舒，左婴右拂，思欲顾盼而平陇蜀，欬唾而荡荆扬。”可朱浑孝裕大概属于较早的援军，故得入寿阳城。墓志文字显示，孝裕及其所部还没有投入到淮南战场上，就被围困在寿阳城内。吴明彻大军于七月攻克寿阳外城，此后，围困寿阳城两个半月，十月乙巳日，城溃，“生禽王琳、王贵显、扶风王可朱浑孝裕、尚书卢潜、左丞李騊駼，送京师”[④]。墓志说“时不利兮，奄同遂古”，就是指孝裕做了俘虏、未能生还的事实。

寿阳俘虏中，王琳被杀于淮南，后枭其首于朱雀航。其余诸人，命运各不相同。关于寿阳被俘的北齐文武官员，以《北史·卢潜传》记载最为清楚：“寿阳城中青黑龙升天，城寻陷。潜及行台仆射王贵显、特进巴陵王王琳、扶风王可朱浑孝裕、武卫将军奚永乐、仪同索景和、仁州刺史郦伯伟、霍州刺史封子绣、秦州刺史高子植、行台左丞李騊駼等督将五十八，军士一万皆没焉。陈人杀王琳，余皆囚于东冶。”[⑤]与《陈书·吴明彻传》比较，多出了很多，这是因为《北史》所记，包括了淮南战役中各个战场的被俘人员，如仁州刺史郦伯伟、霍州刺史封子绣、秦州刺史高子植，都是在各自的州城陷落时被俘的。这些俘虏到了建康之后，都被关押在东冶。

---

① 《陈书》卷五《宣帝纪》，第 83 页。

② 陈垣：《二十史朔闰表》，北京：中华书局，1962 年，第 79 页。

③ 《陈书》卷五《宣帝纪》，第 84 页。

④ 《陈书》卷九《吴明彻传》，第 162 页。

⑤ 《北史》卷三十《卢潜传》，第 1085—1086 页。

墓志说可朱浑孝裕“以大齐武平五年五月十一日薨于扬州之地，春秋年卅八”，但是没有交代是怎么死的。如果是如卢潜那样“闭气而死”，杀身成仁，那么照理墓志会有所奖饰。我怀疑可朱浑孝裕是被“明正典刑”杀掉的。寿阳被俘诸人，以王琳位望最高，其次便是扬州刺史王贵显、右卫大将军可朱浑孝裕、行台尚书卢潜。这四个人，王琳早就被杀，其余三人都被送到建康。卢潜以北朝士族高门的身份，似乎还受到一定的礼遇，但他很快就死了。王贵显既是侯景旧将[1]，很可能也是鲜卑化的北镇胡族，这一背景使陈朝君臣对他不会有好感。可朱浑孝裕官爵高于王贵显，鲜卑族背景更突出。陈宣帝如果要在某种仪式上杀俘祭刀，这两个人最难逃脱。可朱浑孝裕死于武平五年五月十一日，已在被俘七个月之后。案吴明彻“(太建)六年，自寿阳入朝”[2]。很可能，在吴明彻入朝之时或稍后，建康举行了某种仪典，可朱浑孝裕就死在这个时候。

被俘诸人，多数没有被杀，其中有些人还有机会逃走。《北史·卢潜传》：“时李騊駼将逃归，并要潜。”这是逃得比较早的，还有被俘四五年以后，才找到机会北逃的。《北齐书·封隆之传》，隆之子子绣，“陈将吴明彻侵略淮南，子绣城陷被送扬州。齐亡后，逃归。隋开皇初，终于通州刺史”[3]。案卢潜、郦伯伟、封子绣这些人，都出自华北旧族，这一背景对于他们在建康的遭际，或许是有帮助的。

墓志说可朱浑孝裕“神骸不反，魂气空归”，是指孝裕的尸体未能北返，这个墓只是个衣冠冢。据《北史·卢潜传》，卢潜“于是闭气而绝，其家购尸归葬”，其尸体是回到北方了的。可朱浑孝裕身为贵族，可朱浑氏必定也出力“购尸”，未能成功的原因，大概是由于死亡方式不同。这里也可以看出，南朝政权对待华夏旧门和对待鲜卑人，是有区别的。

墓志：“诏赠使持节、都督常安平南北二营州五州诸军事、尚书右仆射、司空公、常州刺史。”齐置常州不见于史。我怀疑为齐末所置，升常山郡而为常州。常山郡本属定州。由于六镇内迁镇民进入华北后，最先屯聚于定州，其后定州英雄城更成为镇民世居之地，东魏、北齐有六镇背景者视定州刺史为佳选，生前乐为其职，死后愿得荣赠。在这种情况

---

① 侯景叛乱时，王贵显身为侯景的中军大都督，留守寿春，见《南史》卷八十《侯景传》，北京：中华书局，1975 年，第 1998 页。

②《陈书》卷九《吴明彻传》，第 163 页。

③《北齐书》卷二一《封隆之传》，第 306 页。

下，从定州中分出常州，可能也是为了要适应这一需要。

根据墓志，可朱浑孝裕“葬于邺城西廿里野马岗”。野马岗的位置，在邺城以西偏南的高垅上。《北史》记载魏废帝（安定王）元朗死后，“葬于邺西南野马岗”[①]。孝裕衣冠冢营葬的时间，是“武平七年五月戊寅”，距孝裕之死已有两年。这两年间，可朱浑家可能期望能得到他的尸体。可是“神骸不反，魂气空归”，只好以衣冠下葬。野马岗这一带，也许是可朱浑家族墓地，诚如是，将来还有望看到可朱浑道元、可朱浑天和等人的墓志。

武平七年（576），也就是隆化元年。这一年十月，周武帝发动了灭齐的战争。到年底，齐后主禅位皇太子，改元隆化。改元后不到一个月，周师入邺，北齐灭亡了。可朱浑孝裕衣冠冢营葬的时候，去北齐崩溃只有半年了，然而从墓志看，一切似乎都很正常，没有任何特殊的迹象。

（原载《北大史学》第 8 辑，北京：北京大学出版社，2001 年）

---

① 《北史》卷五《魏本纪》，第 169 页。

新见北齐薛丰洛墓志考释

2000年夏，我有机会见到三合北齐墓志，现场作了录文和拓片。根据墓志志文，这三合墓志应当都出土于河北省临漳县与河南省安阳市之间的地带，现收藏在河南省许昌市民间。从志石、文字及墓志内容分析，不是伪造品。除个别文字漫漶无法识读外，基本清晰可辨。这里谨介绍其中之薛丰洛墓志。

薛丰洛墓志一合（图1），志盖无字，志石长65厘米、宽65厘米，凡25行，行25字。由于志盖无字，志文首行也不似一般墓志有正式称呼，仅称志主名洛字丰洛，衡以史事，知这个丰洛就是高澄时的监厨苍头薛丰洛[①]。据墓志，薛丰洛以五十七岁卒于北齐武成帝河清三年（564），则其生年当在北魏宣武帝正始四年（梁武帝天监六年，507）。当六镇颠覆、北魏土崩之时，薛丰洛正值二十岁左右，加入南行的六镇大军，这正是东魏、北齐时统治集团所依赖的力量。

谨迻录并标点薛丰洛墓志志文于下，并对志文中的某些问题稍作考释于后。

> 公讳洛，字丰洛，云中云阳人也。黄帝之基苗，清阳之后裔。畐天启/式，托日月以弘明；写地开符，带川河而作固。胙土丹青之录，建德/金玉之章，缣素存焉，科条备矣。祖大，叡识早闻，英风夙举。父宁，堂/构克隆，道光熙盛。公诞应雷雨之气，禀自川岳之精，神策播以无/穷，雄图迈而弥远。弱冠，为文襄皇帝辟为亲信都督，委以河带，公/受寄焉。复除使持节都督北华州诸军事、北华州刺史。洎水德革/命，木运应图，除领左右大将军，封启宁

---

① 《北史》卷六《齐本纪·世宗文襄帝纪》，第235页；《北齐书》卷三《文襄帝纪》，第37页。其事又见《北史》卷五五《陈元康传》，第1985页。薛丰洛至文宣时仍为亲信之臣，见《北史》卷二四《王昕传》，第884页。

图1　薛丰洛墓志

县开国伯，食邑五百户，威/而不猛，怀远以德；肃而不残，招携用礼。又转使持节都督汾州诸/军事、汾州刺史，加车骑大将军、仪同三司。公劳多齿凤，干举才雄，/轩盖所临，威恩昭著。除骠骑大将军、开府仪同三师、中领军，进爵/启宁县开国侯，俄迁使持节都督晋州诸军事、晋州刺史。帝以公/志略坚明，气尚沉果，思藉心膂，追为内任，除中领军，别封寿昌县/开国公，并领护军将军。善练八阵之机，尤通六奇之术。威加荒裔，/声慑戎夷。除肆州诸军事、肆州刺史。政绩未融，奄焉遇疾，以河清/三年闰九月十五日薨抡晋阳，春秋五十有七。朝野兴亲戚之悲，/皇上有衷悼之泣。诏赠使持节都督定、瀛、沧、幽、安五州诸军事，本/将军，定州刺史，司徒公，尚书令，品、爵如故，窆抡邺城西南廿里。若/夫地久天长，河山易竭，刊功铭德，金石难雕，幸缀徽猷，以传芳懿。/其词曰：/

应符两地，启德参天，图镕作范，发系伊川。收罗七政，总驭八埏，有/国有家，金镜长悬。乃祖乃父，王质弘宣，唯公诞圣，应精雷雨。九功/作文，七德为武，礼苞姬旦，仁兼尚父。帝曰钦哉，加锡茅土，忠同四/友，勋侔九命。黼黻貂蝉，重辉叠映，分符制锦，兴歌起咏，民俗以康，/遐迩称庆。乌飞易度，兔走难留，悬光垂景，顿尽山丘。岂图兰懿，沦/没泉幽，将经寒暑，方历春秋。故镌金石，式播芳猷。

1.“云中云阳人也”

据《魏书·地形志》“朔州”与“云州”条[①]：怀朔镇于北魏孝明帝孝昌间改镇为朔州[②]，改原朔州为云州以避免朔州之名重出的情况。六镇兵乱，北边沦弃，孝武帝永熙间（532—534）侨置朔州、云州于并州界。原朔州州治即在云中郡[③]。《魏书·地形志》云中郡领延民与云阳二县。

①《魏书》卷一〇六上《地形志上》，第2498—2500页。

② 案孝明帝改镇为州的诏书，实颁行于正光五年（524）八月，见《魏书》卷九《肃宗纪》，第236—237页。然而，改镇为州的政策，事实上没有推行到六镇去。《魏书》卷十八《广阳王元深（渊）传》：“（孝明帝）遣兼黄门侍郎郦道元为大使，欲复镇为州，以顺人望，会六镇尽叛，不得施行。”见第430—431页。其后六镇乱民在柔然的压迫下南迁，六镇故地遂沦弃而不复置有郡县。

③ 关于北魏始置朔州的时间，旧说以为在孝文帝迁洛以后。杜佑《通典》卷一七九《州郡典》九“朔州”条，称“及迁洛后，遂于郡北三百余里置朔州”，见王文锦等点校本，北京：中华书局，1988年，第4743页。李吉甫《元和郡县图志》卷十四《河东道三》“朔州”条，亦云“孝文帝迁洛之后，又于定襄故城置朔州”，见贺次君点校本，北京：中华书局，1983，第407页。后之学者遂执此论而不疑。《资治通鉴》胡注引宋白曰：“后魏孝文帝于唐朔州北三百八十里定襄故城置朔州。”见卷一五〇梁武帝普通五年四月，北京：中华书局，1956年，第4684页。《辽史》卷四一《地理志五》亦云“元魏孝文帝始置朔州，在今州北三百八十里定襄故城”，北京：中华书局，1974年，第513页。事实上，朔州并不是孝文帝始置，至迟太武帝时候就已经置有朔州。王仲荦先生据《魏书》卷三七《司马楚之传》《司马金龙传》等正史和墓志材料，指出朔州应当置于太武帝时期。见王仲荦《北周地理志》，北京：中华书局，1980年，第1070—1071页。《魏书·司马楚之传》载楚之于世祖时官“云中镇大将、朔州刺史”，在任二十余年，第857页。可见，太武帝时已经有朔州，而且州治就在云中，即北魏旧都盛乐城，故司马楚之得身兼云中镇大将与朔州刺史两职。楚之死后，其嗣子司马金龙亦曾官云中镇大将、朔州刺史，时间当在献文帝时期（《魏书》卷三七《司马金龙传》，第857页），至迟也在孝文帝初年。除王先生已经指出的这些证据外，1965年出土于山西省大同市的司马金龙夫妇合葬墓，有其夫妇墓志各一，也是有力证据。金龙死于太和八年（484），其妻则葬于十年前的延兴四年（转下页）

延民为州、郡治，明元帝永兴（409—413）间置，其地即西汉定襄郡城、北魏前期的首都盛乐城[①]，城址在今内蒙和林格尔县下土城乡之上土城村[②]。云阳县则迟至北魏末年孝武帝永熙（532—534）间始置，地不详，王仲荦先生说在今内蒙托克托县[③]，未知何据。永熙之时，由于六镇反乱和柔然的压迫，魏朔州、云州之地几乎沦为空荒，原居民或投身六镇叛乱，或裹胁其中，尽皆内迁。难以设想此时会在比盛乐城更西，甚至已经无法维持元魏军政存在的地方设置一个云阳县。所以我认为王先生的说法不能成立。案北魏末年稽胡刘蠡升所居曰云阳谷[④]，黄河以东的稽胡（山胡）主要活动于汾州，即今吕梁山及其以西地区。云阳谷应当就在汾州境内[⑤]。这个云阳谷与云阳县有没有关系呢？我推测，云阳县可能就是为了安置内迁的云州（原朔州）云中郡流民而设的侨县，属于同时侨置于并、肆、汾三州的六州（恒、燕、云、朔、蔚、显）郡县的一部分。据《元和郡县图志》，侨置于并州的云州故城，在祁县西二十里[⑥]，其地为今文水县城以东的云周村[⑦]。如果云阳县的得名确与云阳谷有关，则其地当在云州城以西，进入汾州境内了，即今吕梁山中部，正是山胡渊薮。从薛丰洛此例可知，内迁六州人民，按照侨郡县著籍。

2.“黄帝之基苗，清阳之后裔”

中古时期的内入各少数族，先后卷入到逐步认同华夏文明及其历史传统的潮流中。其表现之一，便是自己追溯祖先时，多溯至炎、黄。司马迁作《史记·匈奴列传》，谓“匈奴，其先祖夏后氏之苗裔也，曰淳

（接上页）（474），俱远在迁洛（太和十八年，494）以前。根据金龙妻墓志，延兴四年金龙官“使持节、侍中、镇西大将军、朔州刺史”。见山西省大同市博物馆等《山西大同石家寨北魏司马金龙墓》，《文物》1972年第3期，第20—33页；又参见赵超《汉魏南北朝墓志汇编》，第35页。

① 宿白：《盛乐、平城一带的拓跋鲜卑——北魏遗迹》，《文物》1977年第11期，第28—46页。

② 刘溢海：《盛乐考》，《北朝研究》1991年上半年刊（总第4期），第97—99页。

③ 王仲荦：《北周地理志》，第1079页。

④《北史》卷六《齐本纪上》、卷九六《稽胡传》，第224、3194页；《北齐书》卷二《神武纪下》，第18页；《周书》卷四九《异域上·稽胡传》，第896页。

⑤ 马长寿：《北狄与匈奴》，北京：三联书店，1962年，第139页。

⑥ 李吉甫：《元和郡县图志》卷十三，第371页。

⑦ 王仲荦先生误置云周村于文水县西南，见《北周地理志》，第1149页。

维"[①]。这究竟是战国以来中土的传统认识，还是匈奴接触了秦汉文化以后的发明？尚待研究。魏晋北朝建立过政权的部族，大多自溯其始祖至于五帝。《晋书·载记》的史源主要是崔鸿《十六国春秋》，而崔鸿书则主要依赖各政权之霸史。凡霸史有成者，其溯祖的倾向大多保留在今本《晋书》中。如匈奴刘渊继承西汉以来匈奴溯祖的传统，"先夏后氏之苗裔，曰淳维"[②]。慕容氏谓"其先有熊氏之苗裔，世居北夷"[③]。有熊氏即黄帝。氐人苻氏自谓"其先盖有扈氏之苗裔，世为西戎酋长"[④]，有扈氏灭于夏启。羌人姚氏则自称"其先有虞氏之苗裔"[⑤]，有虞氏即虞舜(舜生姚墟，以为姚姓)。赫连勃勃"自以匈奴夏后氏之苗裔也，国称大夏"[⑥]。建立了西秦政权的陇西鲜卑乞伏氏，其后代到北齐时自溯其祖先曰"其先盖夏禹之苗裔"[⑦]。后起之拓跋鲜卑则溯其先至昌意之少子[⑧]，昌意为黄帝子。宇文氏则追溯至于炎帝，"其先出自炎帝神农氏，为黄帝所灭，子孙遁居朔野"[⑨]。不仅这些建立政权的北来部落氏族要如此标举，那些较小的部族也表现出对华夏传统的认同、靠拢和皈依。比如长期活动于陇山中部(秦州略阳郡)的屠各胡王氏，也称"实轩辕之裔，后稷之胄"[⑩]，"盖黄帝之所出，后稷之枝裔矣"[⑪]。与拓跋鲜卑同起于草原的尉迟

① 《史记》卷一〇〇《匈奴列传》，北京：中华书局，1982 年，第 2879 页。

② 《太平御览》卷一一九引崔鸿《十六国春秋·前赵录》，北京：中华书局影印宋本，1960 年，第 574 页。

③ 《晋书》卷一〇八《慕容廆载记》，北京：中华书局，1974 年，第 2803 页。《太平御览》卷一二一引崔鸿《十六国春秋·前燕录》，溯慕容氏之祖至于高辛氏少子厌越，见第 583 页。

④ 《晋书》卷一〇二《苻洪载记》，第 2876 页。

⑤ 《晋书》卷一一六《姚弋仲载记》，第 2959 页。

⑥ 《晋书》卷一三〇《赫连勃勃载记》，第 3202 页。

⑦ 《北齐乞伏保达墓志》，见赵超《汉魏南北朝墓志汇编》，第 450 页。

⑧ 《魏书》卷一《序纪》，第 1 页。

⑨ 《周书》卷一《文帝纪》，第 1 页。

⑩ 秦明智、任步云：《甘肃张家川发现"大赵神平"二年墓》，《文物》1975 年第 6 期，第 85—88 页。陈仲安：《王真保墓志考释》，《魏晋隋唐史论集》第 2 辑，北京：中国社会科学出版社，1983 年，第 138—148 页。

⑪ 《东魏王悦及夫人郭氏墓志铭》，载赵超《汉魏南北朝墓志汇编》，第 310 页。

部，改姓尉以后，犹自称“发颛顼之遐源，资有夏之苗裔”[①]。薛丰洛墓志谓薛氏为黄帝子清阳之后裔。清阳是黄帝子少昊的字[②]，典籍中多作青阳，少昊又名玄嚣。青阳与昌意都是黄帝与其正妃嫘祖所生，为黄帝二十五子中之最贵者[③]，其后裔亦最显赫。前举各内入少数部族，溯其始祖，多循昌意一脉。而溯祖至于青阳者，以我阅读所及，仅此一例。

3.“弱冠，为文襄皇帝辟为亲信都督”

案薛丰洛以五十七岁卒于北齐武成帝河清三年（564），生年当在北魏宣武帝正始四年（507）。而高澄生于北魏孝明帝正光元年（520），于安定王元朗中兴元年（532）始立为世子[④]，辟亲信都督，不得早于此年。其年薛丰洛已二十五岁，不应称为“弱冠”。此前他以“六州军士”身份，入高欢阵营有年，“弱冠”盖略叙其事。“亲信都督”一职，见于北魏末年及东、西魏之际，可能是统领“亲信”的武官。胡三省说：“亲信都督，魏末诸将擅兵，始置是官，以领亲兵。”[⑤]胡氏这样解释亲信都督，是就其性质与实际状况而言，自然不误，但是未能阐清此一制度的渊源。兹略加辩证，以明其源流。

亲信，是高级官员与贵族所配备的护卫亲兵。《隋书·百官志》：“王公已下，三品已上，又并有亲信、帐内，各随品高卑而制员。”[⑥]而北魏末年权贵得配置亲信的制度，可能是从南朝学来的。作为恩渥优礼的待遇，“给亲信”虽然最早见于西晋[⑦]，只是到了南朝才形成制度。《南齐书·百官志》：“诸大夫官，皆处旧齿老年，重者加亲信二十人。”[⑧]所谓“重者”，

---

① 《北齐厍狄回洛妾尉孃孃墓志铭》，参前引山西省文物工作委员会《北齐厍狄回洛墓》；赵超：《汉魏南北朝墓志汇编》，第407页。尉氏即尉迟氏所改，参姚薇元《北朝胡姓考》，北京：科学出版社，1958年，第189—198页。

② 《后汉书》卷五九《张衡传》，张衡作《应闲》，李贤注引《帝王纪》曰：“少昊字清阳。”北京：中华书局，1965年，第1903页。

③ 《史记》卷一《五帝本纪》，第10页。

④ 《北史》卷六《齐本纪上》，第232页。

⑤ 《资治通鉴》卷一五五梁武帝中大通三年十月，第4815页。

⑥ 《隋书》卷二八《百官志下》，北京：中华书局，1973年，第782页。

⑦ 《晋书》卷六〇《孟观传》，第1634页。案西晋时期给亲信或称给恩信，见《晋书》卷四三《王戎传》，第1232页。可见给亲信之制尚未确立。

⑧ 《南齐书》卷十六《百官志》，北京：中华书局，1972年，第317页。

由南朝史书中“给亲信”“加亲信”的记载来看，这种恩典绝大多数都是加给左、右光禄大夫和金紫光禄大夫的[①]。南朝的亲信，大概主要从事厮役，并非兵士。“给亲信”和“给扶”，在南朝都是对耆年大臣的优渥制度。北魏后期可能学习了这一制度，也有了类似的“给亲信”[②]和“给扶”[③]。重臣得配亲信，由此成为一个制度。可是，最初所配的“亲信”，应当与南朝接近，并非武装人员，大概主要是厮役供养之徒，至多不过是仪卫性质。

北魏末年，“亲信”一变而为武士。从史料分析，这一转变的契机，应当是尔朱荣建立心腹武装“亲信”组织。高欢曾任尔朱荣亲信都督[④]，另外綦连猛曾被尔朱荣“征为亲信”[⑤]。我推测，尔朱荣利用了重臣得配亲信的现有制度，把亲信改造成为贴身的武装侍卫。亲信的性质由此而变。高欢出自尔朱集团，继承了这一制度。东魏时期，高氏霸府继续改造“亲信”制度，扩大“亲信”的组织规模，把亲信变成霸府的一种相当于皇朝禁卫亲军的武装力量，亲信都督遂成为一个重要的中级武官。正史中这期间历官亲信都督的，有尉兴庆、段韶、斛律光、厍狄盛、元景安[⑥]。石刻材料中也颇有人担任此职[⑦]。亲信作为一个军事组织，有都督，也有副都督，皮景和、鲜于世荣曾任高欢亲信副都督[⑧]。入齐以后，未再见此职，大约已归并到领军系统的禁军中去了。亲信制度在西魏和北周

---

① 关于诸光禄大夫之品秩高下，请参看周一良先生《魏晋南北朝史札记·〈宋书〉札记》“金紫光禄大夫”条，北京：中华书局，1985年，第129—130页。

②《北史》卷十九《献文六王传·高阳王雍传》，第699页。

③《北史》卷四一《杨播传》附《杨椿传》，第1489页。

④《北史》卷六《齐本纪上》，第211页。

⑤《北齐书》卷四一《綦连猛传》，第540页。

⑥ 尉兴庆见《北史》卷六《齐本纪上》，第228页；段韶见《北齐书》卷十六《段荣传》附《段韶传》，第208页；斛律光见《北齐书》卷十七《斛律金传》附《斛律光传》，第222页；厍狄盛见《北齐书》卷十九《厍狄盛传》，第255页；元景安见《北齐书》卷四一《元景安传》，第542页。

⑦ 张金龙：《北朝都督制的演变与禁卫武官都督的形成》，《北朝研究》第1辑，北京：北京燕山出版社，2000年，第14页。

⑧ 皮景和见《北齐书》卷四一《皮景和传》，第537页；鲜于世荣见同书同卷《鲜于世荣传》，第539页。《北史》卷五三《鲜于世荣传》谓世荣为亲信都督，第1930页。案今本《北齐书》卷四一保存李百药旧貌，当从之。

得到了进一步的发展，亲信成为起家官之一[①]，西魏也见有“亲信都督”[②]，大概同样源于尔朱氏。后来北周和隋的“领亲信”都是由此派生的。

4.“使持节都督北华州诸军事、北华州刺史”

北华州，据《魏书·地理志》：“太和十五年置东秦州，后改，治杏城。”[③]志文简约，语焉不详。《隋书·地理志》“上郡条”与“扶风郡·汧源县”条，对此有比较细致的说明。其“上郡条”曰：“后魏置东秦州，后改为北华州。西魏改为敷州。大业二年改为鄜城郡，后改为上郡。”[④]其“扶风郡·汧源县”条曰：“又有西魏东秦州，后改为陇州，大业三年州废。”[⑤]《元和郡县图志》“坊州”条：“刘、石、苻、姚时，于今州理西七里置杏城镇，常以兵守之。后魏孝文帝改镇为东秦州，孝明帝改为北华州，废帝改为鄜州。”[⑥]由以上所引，我们知道，孝文帝十五年改杏城镇为东秦州，到孝明帝时又改东秦州为北华州，北华州治杏城，属中部郡中部县，即今陕西省黄陵县境内。关于孝明帝改东秦州为北华州的时间，亦可考知。《太平寰宇记》：“孝明正光三年，分泾州岐州之地，兼置东秦州于故汧城，领陇东、安夷、汧县三郡。”[⑦]据此，孝明帝正光三年（522）在岐州平秦郡雍县的汧城（今陕西省陇县西南）设置了另一个东秦州。这一时间，也应当是以杏城为中心的东秦州改名北华州的时间。甚至可以说，之所以要改名为北华州，是因为东秦州的名字另有用处。原东秦州以南是华州，以此为基准，遂改名北华州。但是，为什么要在汧城另置东秦州呢？这是由当时陇右和陇南地区的政治形势决定的。孝明帝正光二

---

① 如《周书》卷二九刘雄传谓雄“大统中，起家为太祖亲信”，第503页；同书卷三三《赵文表传》谓文表“起家为太祖亲信”，第581页。

②《周书》卷十九《豆卢宁传》附《豆卢永恩传》，永恩为宇文泰右亲信都督，第310页。亲信而分左右，可见宇文泰扩大了亲信机构。亲信分为左右的制度一直沿用到北周末，《隋书》卷六四《李圆通传》，圆通于北周末年“授相国外兵曹，仍领左亲信”，第1507页。

③《魏书》卷一〇六下《地形志下》，第2627页。

④《隋书》卷二九《地理志上》“上郡”条，第810页。

⑤《隋书》卷二九《地理志上》“扶风郡”条，第810页。

⑥ 李吉甫：《元和郡县图志》卷三“关内道三·坊州”条，第72页。案此处鄜州当作敷州，隋炀帝始改敷州为鄜州。

⑦ 乐史：《太平寰宇记》卷三二“关西道八·陇州”条，影印文渊阁《四库全书》本，史部地理类，台北：台湾商务印书馆，1986年，第469册，第276页。

年年初，南秦州氐人反，魏廷命邴虬讨叛[①]；邴虬往而无功，到年底，更大规模、更大地区的氐人卷入了反乱，河间王元琛也遭遇惨败[②]。可以说，南秦州氐人的反乱，是北魏末年边镇大反乱的先声。这一形势对陇右和关中造成了很大的威胁。我怀疑，这正是魏朝廷要在汧城设置一个“东秦州”的原因——招抚反乱地区流迸出来的流民，并策划进一步的用兵。因此，前引《隋书》谓汧城的东秦州置于西魏的说法，是错误的。杨守敬《隋书地理志考证》已经予以澄清，他并指出《魏书·地形志》不提汧城的东秦州也是一个遗漏[③]。

杏城地区在十六国北朝时期，以部族成分复杂、各部族叛服无常而著名，其中尤以卢水胡为多[④]。前、后秦时代，杏城的战略价值由于其靠近长安而凸显出来。《太平寰宇记》谓“杏城镇，姚苌置”[⑤]，就反映了从前秦以来杏城地区部族形势对于全局影响力的提高。岭北地区部族复杂、易动难安的局面，经后秦、赫连夏至于北魏，非但没有好转，似乎变本加厉，更趋严重了。孝文帝迁洛以前，杏城地区经常发生部族叛乱，动辄危及渭河以南的长安地区乃至黄河以东的并、汾地区[⑥]。从部族熔冶化合的立场看，这个时期以杏城为中心的岭北各少数族，正在发生深刻的社会变迁，各部族正在逐渐失去原有的部族形式和特征，而纷纷融汇到“稽胡化”“杂胡化”的历史潮流中。历史地看，这正是中古时期民族大融合的趋势，表现在黄河两岸地区各部族中的曲折途径之一。孝文帝改杏城镇为东秦州，应当就是为了以更有效的政治手段处理这一地区的部族纷争问题。在此我们要面对这一问题：孝文帝为什么要把这一地区设置为东秦州呢？也就是说，东秦州是如何得名的？秦州远在陇右，其间隔着雍、泾、豳、岐等州，这一现象如何理解呢？

在雍州境内设置东秦州，并非始于北魏孝文帝，而始于一度占领了关中的刘裕。东晋安帝义熙十三年（417）秋，刘裕灭后秦，控制了关

---

① 《魏书》卷九《肃宗纪》，第231页。

② 同上书，第232页；同书卷二〇《文成五王传·河间王若传》附《元琛传》，第529页。

③ 杨守敬：《隋书地理志考证附补遗》卷一，《二十五史补编》本，北京：中华书局，1955年，第4715页。

④ 马长寿：《碑铭所见前秦至隋初的关中部族》，第18页。

⑤ 乐史：《太平寰宇记》卷三五“关西道十一·坊州·中部县”条，第469册，第300页。

⑥ 马长寿：《北狄与匈奴》，第127—128页。

中的岭南大部分地区。同年冬，刘裕返回江东，留子义真镇长安。《宋书·武三王·刘义真传》："乃以义真行都督雍凉秦三州司州之河东平阳河北三郡诸军事、安西将军、领护西戎校尉、雍州刺史。……寻除正，加节，又进督并东秦二州、司州之东安定新平二郡诸军事，领东秦州刺史。时陇上流人，多在关中，望因大威，复得归本。及置东秦州，父老知无复经略陇右、固关中之意，咸共叹息。"[①]《资治通鉴》叙其事曰："裕以次子桂阳公义真为都督雍梁秦三州诸军事、安西将军、领雍东秦二州刺史。……（毛）德祖领秦州刺史。"[②] 可见，刘裕在关中既置有秦州，复置有东秦州，两个秦州之间，东秦州显然更重。《南齐书·州郡志》："（义熙）十四年，置东秦州，刘义真为刺史。"[③] 十四年当作十三年。案刘裕大军入关，西才至槐里，北不能逾岭，其秦州当置于武功，则东秦州必在渭北冯翊境。自西晋末年以来，历刘、石、苻、姚之变，秦州流民源源下陇，东徙而屯聚雍州者最众。刘裕置秦州，遥领陇右，仅仅具有政治姿态的意义，所以由排名约在第五、六位的毛德祖任刺史；而置东秦州，则是管理流徙屯聚于雍州界内的秦陇流民，这是具有现实意义的职官，就须由留在关中的统帅刘义真亲自兼任刺史了。因此，雍州东部在刘裕时候设置东秦州，就是可以理解的事情了。

然而，北魏孝文帝在杏城置东秦州，并不是直接受七十多年前的刘裕的影响。最直接影响了孝文帝的，是继承了刘裕成果的赫连勃勃。刘裕所置东秦州，并不在杏城地区。此时的杏城为赫连勃勃所据，成为赫连勃勃经略关中的跳台和基地。勃勃攻取长安、全有关中地区之后，未曾改变其以鄂尔多斯中南部为政治中心的战略，仅在长安置南台，以子赫连璝镇长安。对于赫连夏的政区地理，史料阙乏，我们所知甚少。《晋书·地理志》有一段极简洁的记录："置幽州牧于大城……以朔州牧镇三城，秦州刺史镇杏城，雍州刺史镇阴密，并州刺史镇蒲坂，梁州刺史镇安定，北秦州刺史镇武功，豫州牧镇李闰，荆州刺史镇陕，其州郡之名并不可知也。"[④] 这一条材料所反映的州镇设置，时间上应当不是平行

---

① 《宋书》卷六一《武三王传·庐陵孝献王义真传》，北京：中华书局，1974 年，第 1634 页。

② 《资治通鉴》卷一一八晋安帝义熙十三年十一月，第 3713 页。案此处胡注曰："时裕未得天水，东秦州即毛德祖所领。"混淆了两个秦州，误。

③ 《南齐书》卷十五《州郡志下》"秦州"条，第 296 页。

④ 《晋书》卷十四《地理志上》"雍州"条，第 432 页。

的。清人洪亮吉早就指出，雍州刺史镇阴密，本是在赫连勃勃夺取长安以前的情况,夺取长安以后,赫连璝便以雍州牧镇长安了[①]。洪氏在这个问题上的意见是正确的。但是他接着对“秦州刺史镇杏城”，提出了同一思路的质疑，因为在夺取长安的一年多以前，勃勃就攻克了后秦的秦州。如果要置秦州，也只有置于天水上邽才合理，怎么会让“秦州刺史镇杏城”呢？所以,他认为,这也是较早时期的情况[②]。其实,对待《晋书》的这条材料，还需要批判和怀疑。

赫连夏的这些州镇中，雍州和朔州是实地实州。侨置各州中，于大城（今内蒙古伊克昭盟）置幽州、于蒲坂置并州，明显是针对拓跋魏的，既有政治需要，又有军事价值。而豫州、荆州之设，自然针对东晋。其余三州，我们先把秦州搁置一边，来分析梁州和北秦州。自义熙三年东晋假仇池氐王杨盛以“使持节、北秦州刺史”的官号以后[③]，南朝各代，率以仇池氐杨氏之首领为北秦州刺史，遂视仇池国为北秦州。北秦州之得名,由于其在侨置于汉中(属梁州)的南秦州之西北。同样是仇池地区，前秦于其地置南秦州,后秦当亦因之[④],其得名盖由于地在秦州以南。东晋于梁州侨置南秦州之后，很少任命秦州刺史，史书一般说到秦州，其实是指南秦州。刘裕既至关中，形势已变，以毛德祖为秦州刺史，显然是针对已经控制陇右地区的赫连勃勃。刘裕在关中最西的重镇是武功，所以其秦州应当设在武功。勃勃据有关中以后，向结好江左的仇池国做出姿态，作为相应的政策，在武功也侨置北秦州；这从制度渊源上说与前秦、后秦的南秦州也有一定的关系，但主要还是直接继承了刘裕的措置。这便是镇武功的北秦州刺史的由来。至于梁州，同样继承的是前、后秦的传统,同时又针对江左政权所实际控制的汉中地区。明白了这些，我们该知道，勃勃于关中的各项兴革，既是继承前、后秦，又刻意针对刘裕已有的措施。那么，刘裕十分重视因而特别设置的东秦州，也理应得到勃勃的类似反应。所以，我认为,《晋书》“秦州刺史镇杏城”一语，本应当是“东秦州刺史镇杏城”，史书脱一东字。如果这一推测成立，首先在杏城设置东秦州的，便是赫连夏了。

---

① 洪亮吉:《十六国疆域志》卷十六“夏国 · 雍州”条,《二十五史补编》本，第 4206—4207 页。

② 同上书,“秦州”条，第 4207 页。

③《宋书》卷九八《氐胡传》，第 2405 页。

④ 洪亮吉:《十六国疆域志》卷四“前秦 · 南秦州”条、卷五“后秦 · 南秦州”条，第 4137、4158 页。

北魏孝文帝改杏城镇为州时，自然会尊重当地已有的传统，以“东秦州”作为其州名了。这样，我们就了解了东秦州地名产生的曲折过程。其实，这一时期很多地名都处在急剧变动中，乍看相当混乱，深入考察之后，能够看到其中变迁的线索与逻辑。变化的地名，也反映着变化中的社会与政治[①]。

墓志称薛丰洛为“使持节都督北华州诸军事、北华州刺史”，时间应当在东魏孝静帝武定年间（543—550）。这时汾水下游和黄河以西，都在西魏控制之下，杏城地区当然更加不能容高氏集团染指了。可是，薛丰洛仍然得任北华州刺史。这是对立政权间从政治合法性上否定对手的一个重要手段。仅仅在《北齐书》中，我们就可以随意找到许多类似的任官实例，如厍狄回洛为夏州刺史、张保洛为西夏州刺史、斛律羌举为东夏州刺史、袁洪猛为灵州刺史、鲜于世荣为河州刺史[②]，等等。

5.“泪水德革命，木运应图”

北魏肇基于云、代，即在夺取中原之后，仍长期都于平城，以云、代地区为立国根本。北魏建立之初，对于历运行次问题，是什么态度呢？《魏书·太祖纪》天兴元年十二月：“诏百司议定行次，尚书崔玄伯等奏从土德，服色尚黄，数用五，未祖辰腊，牺牲用白，宣赞时令，敬授民时，行夏之正。”[③]《魏书·礼志》也说：“群臣奏以国家继黄帝之后，宜为土德。”[④]既然讨论的是历运行次，便存在着一个五行生胜的问题。依据西汉末年以来的历运行次理论及实践，五行相生才是法统传承的合理轨道。既然北魏自居为土德，火生土，那么北魏之前的正统政权就是火德了。这是指哪一个政权呢？从《魏书》中我们找不到直接的说明文字。让我们对汉魏以来的历运行次略作回顾。

案五德终始的政治学说，成于汉代。西汉末年以后，汉为火德，遂

---

① 关于孝文帝太和中改置州郡的历史背景，可参看何德章《北魏太和中州郡制改革考释》，《武汉大学学报》1995年第3期，第27—30页。

② 厍狄回洛事见《北齐书》卷十九《厍狄回洛传》，第255页；张保洛事见同书同卷《张保洛传》，第257页；斛律羌举事见同书卷二〇《斛律羌举传》，第266页；袁洪猛事见同书卷十二《文宣四王传·范阳王绍义传》，第156页；鲜于世荣事见同书卷四一《鲜于世荣传》，第539页。

③《魏书》卷二《太祖纪》，第34页。

④《魏书》卷一〇八之一《礼志一》，第2734页。

成不易之论[①]，此乃文史常识，无待繁言。中古世乱，丧失一统局面，政权转移既速，民族纠葛、华夷之别复掺杂其中。争正朔、明法统，就成了具有现实意义的政治问题。魏以土德承汉，晋以金德承魏。东晋偏在江东，号称正统，南朝四代，遂各以运次相承：宋居水德，齐居木德，梁居火德，陈居土德。这些都是学者耳熟能详的故实，亦无待考证。问题是，与东晋南朝同时，在北方，历运行次的政治理论，又以怎样的形式发生着作用呢？特别是在北魏之前，即五胡十六国时期，历运问题是不是就不存在了呢？

十六国历史的一个重要特征，就是少数族各政权，从政治理论到百官制度再到文化倾向，无不以汉魏为榜样，认同于华夏传统。其部族发育、社会发展虽各有偏短，但认同华夏、脱离原有部族文化与狭隘组织的趋势，却无一例外地存在于所有少数族政权中。作为华夏政治传统的一个重要方面，历运行次的讲求，也同样体现在五胡政权中那些具有宏大政治抱负的胡族精英身上。迭兴于中原地区的胡族政权，惟恐不在正统，又不得不斥江东为非正统，遂亦各有所居。

刘渊建汉，上承刘备，居炎汉之火德，并魏晋而排斥之。这种否认传统、罔顾现实的做法，到了刘曜时候就被放弃了。刘曜改国号曰赵，承晋为水德[②]。石赵既与刘曜为敌，亦承晋为水德[③]。慕容前燕最初以水承晋[④]，后乃以木德承石赵之水德[⑤]。同时与燕东西分立的苻秦，也同样承赵为木行。《晋书·姚苌载记》："自谓以火德承苻氏木行。"[⑥]这说明，苻秦承石赵为木行，恰与前燕一致，同样认可了石赵的正统地位。故石

---

① 顾颉刚：《秦汉的方士与儒生》，上海：上海古籍出版社，1998年，第79—89页。

②《晋书》卷一〇三《刘曜载记》："以水承晋金行，国号曰赵。"第2685页。《太平御览》卷一一九引崔鸿《十六国春秋·前赵录》，对于刘曜议改国号有较为详细的记载，第576页。

③《晋书》卷一〇五《石勒载记下》："侍中任播等参议，以赵承晋为水德。"见第2746页。

④《晋书》卷一一〇《慕容儁载记》，"群下言：'大燕受命，上承光纪黑精之君，运历传属，代金行之后。……'儁从之。"第2834页。

⑤《晋书》卷一一〇《慕容儁载记》附《韩恒传》，载韩恒之言曰："赵有天命，非唯人事，天所命也。天实与之，而人夺之，臣窃谓不可。"主张燕承石赵为木德。"儁初虽难改，后终从恒议。"见《晋书》第2843页。又《晋书》卷一一一《慕容暐载记》："暐钟律郎郭钦奏议以暐承石季龙水为木德，暐从之。"见第2851页。据此，慕容儁可能终究没有听从韩恒的意见，只有到了慕容暐时，才认可了石赵的正统，改水为木。

⑥《晋书》卷一一六《姚苌载记》，第2967页。

赵为五胡中最早获得法统认可的政权。

从十六国历史的角度来观察石赵正统地位的这一变化，可以认为这是一个重要的转折，华夷问题给五胡政权合法性带来的窘境，从此有了一个突破。这给后来相继建立政权的各少数族，树立了榜样。这一情况的出现与分立的秦燕之间争夺政权合法性的斗争有什么关联，尚有待今后的进一步研究。钱大昕说苻氏自居木德，“盖以前后赵为一代当水德也”[①]，可能混淆了当时人面临此一选择时，其法理思想与现实政治需求间的窘迫处境。无论如何，前燕和前秦都开创了尊胡族政权为华夏正统的新传统，表面上尊重了时间的连续性和实际政治的世次，不复以功德善恶论德运，本质上却有意识地以地域标准取代了华夷之辨，诚为正统学说史的重大变局，从此为北方胡族政权的华夏化奠定了合法性方面的基础。后秦承前秦之木德为火德，就是这一新传统的健康延续。

现在我们回过头来看看，北魏初年自居土德所继承的政权是哪一个？依我们上文所述，北魏以前居火德者，只有两个：汉（包括了西汉、东汉、刘备的蜀汉和刘渊的汉国）、后秦。案后秦虽然立国称帝早于北魏十余年，但当拓跋珪称帝议国号行次时，两国处于敌对的并立关系。这种情况下，北魏君臣断断乎不可能把自己政权合法性的源头指向后秦。那么，会不会是汉呢？

何德章著《北魏国号与正统问题》一文[②]，创造性地指出，拓跋珪天兴时期的“代”“魏”国号争论中，以崔宏为代表的“汉魏衣冠”之族，力主称魏，居土德，根本上是为了以拓跋魏接续曹魏。因此，北魏所居的土德，就是曹魏的土德，承续的是汉朝的火德。这篇文章在论述北魏前期的政治形势方面，颇具启发力[③]。但是，主张拓跋之魏即曹魏之魏，稍嫌操切，证据不足。田余庆先生已经指出拓跋珪以魏为国号，还是基于更为切近的现实利害的考虑[④]。从历运行次的角度，我们也可以对拓跋魏土德即曹魏土德的观点，提出驳正。

---

① 钱大昕：《廿二史考异》卷二二，北京：商务印书馆，1958年，第444页。

② 何德章：《北魏国号与正统问题》，《历史研究》1992年第3期，第113—125页。

③ 何德章后来又有一文，从史学义例入手继续阐述这一思想，亦多精辟之论，见所著《〈魏书〉正统义例之渊源》，《北朝研究》1996年第2期，第25—27页。

④ 田余庆：《〈代歌〉、〈代记〉和北魏国史》，原载《历史研究》2001年第1期，后收入《拓跋史探》，北京：三联书店，2003年，第217—243页。

《魏书·礼志》记载了孝文帝太和十四年（490）八月关于德运行次问题的一场重要讨论[①]。这场讨论是孝文帝一系列激烈改革中的一环。所谓改革，就是抛弃拓跋旧俗中不合于华夏传统的那些东西，使社会发育和文化素质本来较低的拓跋集团及北魏政权，从礼乐形式到政治理念各个方面，都迅速靠拢并融入汉魏传统，"斟酌前王，择其令典，朝章国范，焕乎复振"[②]。参与讨论行次问题的各人，自然都多少能够体会孝文帝的这一意图。照理，辩论应当围绕着坚持还是放弃拓跋珪时代确定的行次原则而展开，也就是双方围绕着魏居土德是否合理来发表意见。反对土德的，必须说明拓跋魏并非曹魏的延续；坚持土德的，要说明拓跋魏续于曹魏之后承汉火德的合理。如果讨论是这样展开的，那么拓跋珪改国号为魏乃是意在直接接续曹魏（如同刘渊之称汉）的主张，就可以成立。如果不是这样，那么，这一主张就很可疑了。

事实上，讨论双方并没有围绕延续曹魏、承汉火德的合理与否来展开辩论。以高闾为一方，以李彪、崔光为另一方，双方争辩的核心是，是否应当承认西晋之后在北方建立政权的赵、燕、秦的正统地位。很显然，高闾代表的是一个保守观点，即北魏此前居于优势的观点，他承认石赵、慕容燕和苻秦的合法性，主张北魏承苻秦之后。而李彪和崔光却高标汉儒经义，以十六国为僭拟，主张排斥赵、燕、秦，远承西晋之金行为水德。在这一辩论中，高闾继承了前燕以来对于德运世次的理解，强调时间的连续性和空间的特定性。而李彪和崔光对正统的理解，更有回归汉儒的倾向，他们强调法统的道德评判，从汉儒否定秦朝正统的历史经验中汲取力量，并且由此把十六国政权贬入闰位，视同僭窃。——这场辩论的核心，既然集中于认可或否定赵、燕、秦的正统地位，那么，我们可以说，在孝文帝发动这一场辩论以前，压倒性的、官方认可的观点，就是高闾所努力辩护的观点：北魏的世次，排在前秦的后面，前面还有石赵和前燕。高闾说："燕承赵，水生木，故燕为木德；秦承燕，木生火，故秦为火德。……故以魏承秦，魏为土德。"至此，我们认为，拓跋珪和崔宏所确立的北魏行次，乃是以继承苻氏前秦为基础的，实与曹魏无涉。其正统运历思想，与燕、秦基本一致。

---

① 《魏书》卷一〇八之一《礼志一》，第2744—2747页。

② 同上书，第2733页。

然而，高闾说苻秦继燕为火德，与我们前面所提到的后秦时的说法不同。姚苌既明确“自谓以火德承苻氏木行”，说明苻秦决没有承燕的事实，苻秦自居木德，乃是承赵之后。虽然前燕灭于前秦，但是苻健称帝与慕容儁同年（352），前秦没有承前燕的理由。这个矛盾如何理解呢？我以为，高闾所说的苻秦继燕，并不是苻秦自己的主张，而是魏人的观点。苻秦直接继赵，置慕容燕于非法地位，对于重视慕容燕历史的拓跋魏来说，可能是无法接受的。高闾所说“燕承赵”“秦承燕”，乃是魏人的观点。这就如同汉人复位秦以前的世次历运，北魏前期可能也曾经对十六国时期的中原各政权进行了历运排定，其结论与前秦自己的观点有异，也就不奇怪了。

如此说来，在孝文帝重议历运以前，十六国历史还没有被全部打入僭伪的冷宫。前燕、前秦、后秦乃至北魏初期，北方正统延续不绝的观点，对于此起彼伏的胡族政权的华夏化，是具有积极意义的。到孝文改制的时候，北方的破碎局面已不复存在，重新核定正统概念，有利于从意识形态上消除那种把北魏看作十六国的继续的认识，对于拓跋集团的深入汉化，无疑是有益的，影响也是深远的。因此，崔光等人主张排斥赵、燕、秦，以水德直接承晋之金行，否定刘、石以来十六国政权的合法性，直以整顿历史、远宗汉儒为标的，“近蠲谬伪，远即神正”。刘知幾讥北魏“高自标举”[①]，还是没有深入理解这个问题对于中古历史的真正意义。这是继承华夏文化精神的更高境界，显然更加符合孝文帝此时的通盘计划，自然会被采纳。于是，关于历运问题的认识，似乎回到了汉魏的传统上，十六国落入僭伪行列。可是，孝文改革的意义远远大于简单的回归。这一成果正是建立在前燕、前秦以来对于胡族政权合法性的认可基础上的，是历史成果的累积，虽然表面上存在着否定。

孝文帝既采纳李彪等人所议，北魏遂承晋为水行。东、西魏分立，各以正统自居。东魏禅齐，北齐遂承魏为木行；西魏禅周，北周亦自居于木德。薛丰洛墓志谓“洎水德革命，木运应图”，便是指魏齐禅代，时在东魏孝静帝武定八年、北齐文宣帝天保元年，即公元550年。

---

① 浦起龙：《史通通释》卷七“曲笔”篇，上海：上海古籍出版社，1978年，第197页。

6.“除领左右大将军”

领左右大将军，北齐禁军官职。据《隋书·百官志》，北齐禁卫系统的最高指挥官是领军将军，下辖左右卫府、领左右府和护军府等等，“领左右府，有领左右将军、领千牛备身，又有左右备身正副都督、左右备身五职、左右备身员。又有刀剑备身正副都督、刀剑备身五职、刀剑备身员。又有备身正副督、备身五职员”[①]。领左右将军为从三品，次左右卫将军一级，与武卫将军同[②]。

关于北齐禁军制度,《隋书》的记载有含混不清的地方。《隋书·百官志》谓北齐之领军府“朱华阁外，凡禁卫官，皆主之”[③]，明确把禁军长官领军将军的权限划定在宫门朱华阁以外，也就是说，禁军不负责宫中宿卫，宫内保安另有主者。可是，依据史料，领左右将军及其属官千牛备身等，正是皇帝的贴身侍卫，宿卫宫中。领左右府属领军府指挥，怎么可以说领军不负责宫内侍卫,而仅仅主朱华阁外的禁卫官呢？我认为，这是北魏末年禁卫制度的变化在《隋书》中留下了变化前后的各种印痕造成的。《隋书》关于领军制度的描述，只是对北魏、东魏制度字面上的因袭，与北齐的政治实际并不符合。

我推测，北齐禁军系统的领左右府，是从北魏后期门下省系统的领左右局发展而来。北魏后期的门下省领左右局制度，到北齐仍然保留着痕迹，虽仅具文而已，却有助于我们认识北魏的相关制度[④]。《隋书·百官志》叙北齐门下省之六局，“领左右局，领左右各二人，掌知朱华阁内诸事，宣传已下，白衣斋子已上，皆主之”[⑤]。胡三省说：“北齐禁中有朱华阁。”[⑥]朱华阁应当就是朱华门，或门上有阁，或阁字为阁字之讹写。

---

①《隋书》卷二七《百官志中》，第759页。

② 同上书，第765—766页。

③ 同上书，第758页。

④ 祝总斌先生分析《隋书·百官志》北齐门下省资料时，也认为：“从现有材料看来，北魏门下大抵也是如此。”见所著《两汉魏晋南北朝宰相制度研究》，北京：中国社会科学出版社，1990年，第295页。

⑤《隋书》卷二七《百官志中》，第753页。

⑥《资治通鉴》卷一六八陈文帝天嘉元年二月胡注，第5199页。

朱华门位于邺都南城太极殿与昭阳殿之间[①]，是区隔和联系内外朝的重要门户。高洋死后，高演、高湛兄弟发动宫廷政变，由云龙门（外朝东门）突入，至朱华门，高演入内，与济南王及皇太后、太皇太后见于昭阳殿，留高湛等率政变精兵于朱华门外，以为声势[②]。朱华门有此军事意义，故成为禁卫军队划分权责的标志。

北魏孝文帝改革制度以后，仿南朝刘宋后期及南齐制度，门下省既掌政事，又掌殿内生活供奉[③]。这是对北魏前期内朝、外朝混乱制度的重要变革，从而把过去名为内朝官的大量职事推到外朝，内朝与外朝，遂真正由宫禁与殿省区别开来。这是拓跋鲜卑皇权制度化的重要一环。此后，内朝事务，几乎全在侍中及中侍中权限之内，其中就包括了内朝特别是皇帝贴身的保安系统，即领左右局，这个系统并不属于禁军。北魏前期的幢将、内三郎系统，分别割属领军府的左右卫和门下省的领左右局，是这一变化的关键。有趣的是，由于领左右局职责的特殊性，虽然其品秩不高（北齐时领左右为第五品[④]），却颇为当权者重视，宁愿以高位而兼领此职。元叉既解领军，以门下长官侍中的身份，兼门下六局之一的领左右局小职，“虽去兵权，然任总内外，殊不虑有黜废之理也”[⑤]。侍中得值宿禁中，领左右控制禁中武装，故越是宫廷政争激烈的时刻，领左右便越受重视。北魏后期的领左右，似乎已经如后来北齐的领左右将军一样，统辖千牛备身等皇帝贴身的武官了。奚康生既任禁军重职右卫将军，复“领左右”，其子奚难则为千牛备身[⑥]。领左右一职就是在这种形势下变得重要了。后来尔朱荣入洛，其获授的官衔依次是：使持节、侍中、都督中外诸军事、大将军、尚书令、领军将军、领左右[⑦]。尔朱荣

---

① 明崔铣辑《嘉靖彰德府志》卷八《邺都宫室志》所引《邺中记》，见《天一阁藏明代方志选刊》第45册，上海：上海古籍书店影印本，1964年。崔铣所引，又被今人黄惠贤辑入《邺中记》辑校本中，载刘心长、马忠理主编《邺城暨北朝史研究》，石家庄：河北人民出版社，1991年，第368—440页。

②《北史》卷四一《杨愔传》，第1505页。

③ 祝总斌：《两汉魏晋南北朝宰相制度研究》，第295页。

④《隋书》卷二七《百官志中》，第766页。

⑤《魏书》卷十六《元叉传》，第406页。

⑥《魏书》卷七三《奚康生传》，第1632页。

⑦《魏书》卷一〇《孝庄纪》，第255页；卷七四《尔朱荣传》，第1647页。

暴死禁中，这个事实一定对后来尔朱兆、高欢等人重新配置禁中武装有很大影响。

东魏北齐不见史载有谁任“领左右”，相应地，“领左右大将军”一职却屡见。我推测，高氏霸府考虑到控制禁中的需要，对北魏的禁中保安制度作了调整，把原来的“领左右局”从门下省转移到领军府辖下，使邺都宫城的保卫体系单一化了，这样，外朝的左右卫和内朝的领左右，都直属领军府，领左右局升格为领左右府，长官改称将军，品秩也大大提高。因此，前举《隋书·百官志》所谓领军府“朱华阁外，凡禁卫官，皆主之”的说法，仅仅是北魏的情况，东魏北齐的领军既然下辖领左右府，自然也把朱华阁内当作自己的权限了。明乎此，《隋书·百官志》有关叙述的舛互矛盾，就可以纳入这一理解中加以厘清了。

北齐禁军，领军为帅，其下左右卫府与领左右府平行同列，而左右卫班次在前。武卫将军属于左右卫下辖最高级武官，其班次又在领左右之后。皮景和历官领左右大将军，此前任武卫大将军[①]；綦连猛先任武卫大将军，迁领左右大将军，再迁右卫大将军，终至中领军、领军[②]。

薛丰洛墓志谓其于魏齐禅代之后任领左右大将军，这可能与其先任高澄亲信都督的背景有关。高洋称帝，霸府原有的亲信营自然直接转化为内朝禁卫军，改名领左右府。薛丰洛既有任亲信都督的经历，担任领左右大将军，似乎是容易理解的。后来他迁任中领军，也应当与这一背景有关。

西魏前期继承北魏制度，领左右仍属门下。王励“大统初，为千牛备身直长，领左右”，励弟懋“历尚食典御、领左右”[③]。隋文帝改制，禁军制度基本上继承北齐，而更趋复杂，兹不赘。

7.“封启宁县开国伯，食邑五百户”

孝文帝以后，北魏封爵制度发生了变化，有所谓实封与虚封，实封即“开国五等”，虚封即“散五等”[④]。北齐继承并发展了这一制度。薛丰

---

①《北齐书》卷四一《皮景和传》，第537页。

②《北齐书》卷四一《綦连猛传》，第541页。

③《周书》卷二〇《王盟传》附《王励传》《王懋传》，第334—335页。

④ 张维训先生有两篇论文讨论这个问题：《试论北魏的食邑制度》，《厦门大学学报》1979年第4期，第116—137页；《略谈北魏后期的实封与虚封》，《史学月刊》1984年第2期，第23—26页。

洛封启宁县开国伯，为第三品[①]。墓志后文谓其进爵启宁县开国侯，又别封寿昌县开国公，皆不著食邑户数。案薛丰洛本爵既为县开国侯，其别封却为县开国公，是别封未必不能高于本封的显例，高敏先生说别封的爵等都低于本封的爵等，看来失之偏颇了[②]。关于北朝后期封爵制度的演变，特别是这一演变所包含的意义，我认为今后还有再探讨的余地。

启宁县，据《魏书·地形志》，属夏州金明郡[③]，其地当在今陕西省延安地区境内（王仲荦先生谓在今陕西安塞县西北[④]）。这个地区在齐、周对峙时期，属于北周之延州境，非高齐势力可及，因此这种分封，是象征性的遥封。案北魏夏州及其以南杏城马兰山地区，即今鄂尔多斯高原之南缘，在北朝中后期，完全成为步落稽的渊薮，汉末魏晋以来居住、流徙于这一地区，以卢水胡为主体的各种少数族，与黄河东岸、吕梁山以西、以南匈奴遗民为主体的各种少数族，经过长期的熔融、化合，共同形成了新的民族，即步落稽。《周书》描述稽胡主要的区域曰："自离石以西，安定以东，方七八百里，居山谷间，种落繁炽。"[⑤]当齐、周对峙之时，稽胡既是东西两个政权同有的内患，又为两个政权所利用以彼此削弱。我们看薛丰洛历官，在内则为禁军将领，在外则活动于稽胡区域（北华州刺史、汾州刺史、晋州刺史），其封爵又遥封于稽胡活动的腹心地带，那么，这是不是在暗示薛丰洛与稽胡有某种联系呢？前面我们说云阳县可能与云阳谷有关，也就是在探讨薛丰洛与稽胡之间的关系问题。

8."除骠骑大将军、开府仪同三师"

北齐之开府仪同三师，不见载于史。这一官职首创于北魏末节闵帝时。《魏书·前废帝纪》普泰元年（531）七月："庚寅，以侍中、太保、开府、尚书令、乐平王尔朱世隆为仪同三师，位次上公。"[⑥]同书《尔朱世隆传》："世隆寻让太傅，改授太保，又固辞。前废帝特置仪同三师之官，

①《魏书》卷一一三《官氏志》，第2995页；《隋书》卷二七《百官志中》，第765页。

② 高敏：《西魏、北周与东魏、北齐的封爵制探讨》，《北朝研究》1991年上半年刊，第1—13页。

③《魏书》卷一〇六下《地形志下》第2629页。

④ 王仲荦：《北周地理志》卷一关中，第126页。

⑤《周书》卷四九《异域传上》，第896页。

⑥《魏书》卷十一《前废帝广陵王纪》，第277页。

次上公之下，以世隆为之。”由于尔朱世隆让太傅，辞太保，有意避三师之位而不居，节闵帝遂特为创置仪同三师之官以优宠世隆。案三公为第一品中，仪同三司为第一品下，在同品诸官中班次最先[①]。按照这个原则，三师既是第一品上，仪同三师便是第一品中，且位次应当比同为第一品中的三公要高，仅次于第一品上的三师二大（三师二大便是所谓上公）。尔朱世隆之为仪同三师，如同尔朱荣为天柱大将军，都是制度上的出格现象。北齐官爵猥滥，仪同三师因而复用。北齐官制，三师、王、二大、三公，都是第一品；开府仪同三司、开国郡公，为从一品，骠骑、车骑二将军加大者，也入从一品，班次在开国郡公后[②]。案骠骑、车骑品秩虽同，班次却有先后，骠骑高于车骑。薛丰洛先为车骑大将军、仪同三司，已经是从一品，但是班次居后。再累资劳升迁，遂由车骑进为骠骑，班次靠前了；仪同三司进为开府仪同三师，虽然仍是从一品，却在从一品中班次最高。开府仪同三师在墓志材料中也另有例证，如前举厍狄回洛墓志，回洛“天保之季，改开府三司为三师”[③]。看来，北齐很早就捡拾起了尔朱时代的这一发明，居其位者，决不会只有薛丰洛与厍狄回洛二人而已。可能到唐代整理北齐史料时，仪同三师一职因为不典，且易于与仪同三司混淆，就被写史者剔除掉了。

（原载殷宪主编《北朝史研究》，北京：商务印书馆，2004 年）

①《魏书》卷一一三《官氏志》，第 2977 页。

②《隋书》卷二七《百官志中》，第 765 页。

③ 赵超：《汉魏南北朝墓志汇编》，第 415 页。

北齐韩长鸾之家世

向来论北齐衰亡原因者，无不极言北齐统治阶层内部的深刻分裂与严重内耗[①]，其中犹以六镇集团与中原士族间的激烈冲突最被注意[②]。每涉此题，则韩长鸾仇疾汉人文官的言语，必在举证之列。韩长鸾多次斥骂“汉儿”“汉狗”，是北齐权贵中敌视中原士人最为恣肆、最为鲜明的一个。而文献中有关韩长鸾家世的史料又过于简略，使得对这位著名“恩倖”权贵的认识只能停留在他的片段言辞上。这篇小文根据“文革”期间出土的韩裔墓志，重新整理韩长鸾家世背景，意在为理解韩长鸾的文化及政治立场增加新的思想素材，并对北齐后期所谓“反汉化”问题提供一点新认识。

韩长鸾事迹，主要见于《北史》卷九二《恩幸传》。虽然钱大昕认为今本《北齐书》卷五〇《恩倖传》“系百药元本”[③]，但唐长孺先生怀疑“此卷仍出《高氏小史》之类史钞”，基本上是删略《北史》而成[④]。今从唐说。据《北史》，韩长鸾名凤，以字行，“父永兴，开府、青州刺史、高密郡公”[⑤]。韩永兴其人，仅两见于《北史》：一是北齐文宣帝天保元年（550）十一月，韩永兴在建州抵御宇文泰部将侯莫陈崇[⑥]；二是当郭遵为建州别驾时，“会韩长鸾父永兴为刺史”[⑦]，也就是说韩永兴曾经任建州刺史，与第

---

① 吕春盛：《北齐政治史研究——北齐衰亡原因之考察》，台湾大学文史丛刊之七十五，台北：台湾大学出版委员会，1987年，第189—264页。

② 缪钺：《东魏北齐政治上汉人与鲜卑之冲突》，《读史存稿》，北京：三联书店，1963年，第78—94页。

③ 钱大昕：《廿二史考异》卷三一，北京：商务印书馆，1958年，第593页。

④《北齐书》卷五〇“校勘记”第1条，北京：中华书局，1972年，第695页。

⑤《北史》卷九二《恩幸传》，北京：中华书局，1974年，第3051页。

⑥《北史》卷五三《潘乐传》，第1922页。

⑦《北史》卷八一《儒林传上》，第2736页。

一个材料似乎很有关联。

“文革”中在山西祁县白圭镇发现了一座北齐墓，1973 年春考古工作者对此墓进行清理，出土墓志一合，由墓志知墓主是北齐骠骑大将军、青州刺史韩裔（图 1）。该墓清理情况、墓志图版与录文，具见陶正刚《山西祁县白圭北齐韩裔墓》[1]。韩裔墓志，又收入赵超《汉魏南北朝墓志汇编》[2]。两种录文虽偶有错误[3]，但都可用，对于理解墓主韩裔身世有很高价值。陶正刚就是依据墓志文字，判断韩裔即韩贤之子、韩长鸾之父。这个判断是非常正确的，试为申论如次。

图 1　韩裔墓志

① 陶正刚：《山西祁县白圭北齐韩裔墓》，《文物》1975 年第 4 期，第 64—73 页。

② 赵超：《汉魏南北朝墓志汇编》，天津：天津古籍出版社，1992 年，第 435—437 页。

③ 如“征侯景于涡阳”句之“涡阳”，陶、赵俱误为“渦阳”；“忽祭彤之守辽东”句之“祭彤”，陶误作“祭彤”，赵误作“粲彤”；“腾声河外”句之“腾”，陶、赵俱误作“胜”。

韩贤、韩长鸾两人虽然在《北齐书》中分别有传，但两人的祖孙血缘关系却未曾交待，多亏韩裔墓志，把这个家庭祖孙三代的谱系建立起来了。《北齐书》卷一九《韩贤传》："韩贤，字普贤……赠侍中、持节、定营安平四州军事、大将军、尚书令、司空公、定州刺史。子裔嗣。"① 可见韩贤之子是韩裔。韩裔墓志记其父祖的情况是："祖冠军将军，鼎贵一时，德充寰宇；父大司空公，畜价怀宝，声高海内。"墓志称志主韩裔的父亲是"大司空公"，而《韩贤传》记韩贤赠官中最高的官是"司空公"，而且其嗣子名裔，可以肯定地说，韩贤之子韩裔，即墓志志主韩裔。韩裔墓志云："君讳裔，字永兴……进封高密郡开国公。"又记韩裔曾为建州刺史，并死于青州刺史任上。而前举《北史》记韩长鸾"父永兴，开府、青州刺史、高密郡公"，及长鸾父永兴曾官建州刺史等，与韩裔墓志恰相契合。可见，韩裔正是韩长鸾的父亲，以字行，史书所见韩永兴是也。这样，可以把韩贤、韩裔（永兴）、韩凤（长鸾）祖孙三代的家世关系明确建立起来了。

《北齐书》卷一九《韩贤传》："韩贤，字普贤，广宁石门人也。壮健有武用。初随葛荣作逆，荣破，随例至并州，尔朱荣擢充左右。……尔朱度律用为帐内都督……高祖入洛，尔朱官爵例皆削除，以贤远送诚款，令其复旧。太昌初，累迁中军将军、光禄大夫，出为建州刺史。武帝西入，转行荆州事。天平初，为洛州刺史。民韩木兰等率土民作逆，贤击破之，亲自按检，欲收甲仗。有一贼窘迫，藏于死尸之间，见贤将至，忽起斫之，断其胫而卒。"② 从这个简单的小传里，可以看出韩贤以下主要经历：1. 出于怀朔镇，作为六镇流民参加了怀朔镇将葛荣领导的反魏大军；2. 尔朱荣破葛荣后，与葛荣流民大军中的其他流民一起，被强制迁徙到并州；3. 六镇流民武装为尔朱荣所用时，韩贤进入尔朱氏亲卫军队；4. 尔朱荣被北魏孝庄帝杀死后，韩贤又追随尔朱世隆；5. 高欢与尔朱氏分裂，韩贤倾向于靠拢同样出于怀朔、领导着六镇流民武装的高欢，因此高欢胜利后，韩贤亦得重用；6. 高欢与孝武帝分裂，韩贤坚决站在高欢一边，帮助击溃了孝武帝的军队；7. 孝武帝西投关中，韩贤率军渡河，并被高欢任命为行荆州事，显然是主持对洛阳以南可能来犯的关中军队的防

---

①《北齐书》卷一九《韩贤传》，第 247—248 页。

② 同上。

御；⑧ 高欢迁都于邺，任命韩贤继元弼之后为洛州刺史，委以驻守洛阳、西御宇文泰之重任，韩贤在击败受到西魏支持的韩木兰起兵之后[①]，亦被刺身亡。从这个经历，我们看到韩贤无疑属于高欢统治阶层中核心的怀朔集团，他在孝武帝西奔前后的位任与表现，尤其反映了他与高欢之间的紧密联系。

韩贤死于洛州刺史任上，时间应在天平四年（537）十月[②]。没有材料可以推知他的年龄。据韩裔墓志，韩裔死于天统三年（567），年五十四，则其生年当在北魏宣武帝延昌三年（514）。韩贤死时，韩裔已经二十四岁。墓志记载韩裔在天平四年以前的经历，云："释［褐］宣威将军、给事中。逮魏失其鹿，中原鼎沸，赤县之内，豆剖瓜分。我神武皇帝，握玄女之兵，得黄人之祉，驱熊罴于朔野，蒸生民于涂炭。陈平裸身亡楚，孙通削迹辞秦，千载一时，见机而作。遂托身奔走，中分麾下，真将军也。好出奇兵，以功除冠军将军、中散大夫、帐中领民正都督、秦州武阳县伯。"韩裔的武阳县伯爵位，墓志称是"以功"获封，可是《北齐书》记韩贤死后"子裔嗣"，却不记韩贤生前的爵位，墓志中亦全不见有嗣爵的记录。我怀疑这里的武阳县伯，就是韩裔在韩贤死后所嗣之爵，也就是说，韩贤生前的爵位就是武阳县伯。

韩裔墓志记录韩裔此后历官，略云："元象年，除假节、督西荆州诸军事、本将军、西荆州刺史，寻安东将军、银青光禄大夫、宁州诸军事、宁州刺史，寻除中军将军、故城都督。……以公为南道都督，征侯景于涡阳。……还除骠骑将军、仪同三司、临泾县开国公、故城大都督。天保元年，除开府仪同三司，别封康城县开国子。使持节、凉州诸军事、凉州刺史，迁三角领民正都督，又迁新城正都督，除使持节、建州诸军、本将军、建州刺史。……进封高密郡开国公，迁东朔州刺史，食并州乡

---

① 韩木兰名雄，其起兵与韩贤争战事，亦见《周书》卷四三《韩雄传》，北京：中华书局，1971 年，第 776 页。《周书》中有误写韩贤名字的情况，如卷二二《柳庆传》附《柳带韦传》称"韩贤素为洛州刺史，召为主簿"，见第 373—374 页，"校勘记"第 26 条已指出韩贤素当作韩贤，见第 379 页。

②《北齐书》没有韩贤卒年的记载。《北史》卷五《魏本纪·东魏孝静帝纪》天平四年十月条："己酉，西魏行台宫景寿、都督杨白驹寇洛州，大都督韩贤大破之。西魏又遣其大行台元季海、大都督独孤信逼洛州，刺史广阳王湛弃城归阙，季海、信遂据金墉。"在韩贤死后，东魏立即任命元湛为新的洛州刺史。韩贤破敌与元湛弃城都发生在十月，可知韩贤必死于此月。

郡斡。天统元年,除特进、使持节、青州诸军事、骠骑大将军、青州刺史。"韩裔在青州刺史任上凡三年,病死。

单从经历上看,这是北齐六镇子弟(所谓"九州勋人"贵族子弟)典型的人生之路。但韩裔的情况还自有特点,他的成长可能还得到了高欢及其诸子格外的关照。据《北史》卷四一《杨愔传》附《燕子献传》:"神武旧养韩长鸾姑为女,是为阳翟公主,遂以嫁之,甚被待遇。"韩长鸾之姑,即韩贤的女儿。可能韩贤死时,她还年幼,高欢养以为女,是替韩贤抚养遗孤的意思。阳翟公主应当是韩裔的妹妹而不是姐姐。韩裔当时既然已经二十四岁,不需要由高欢抚养了,但他与高欢家庭却会因此建立特别的联系,他此后的政治前程,也必定会得到照应。从这个意义上说,韩裔已经不是普通的六镇人士,而跻身贵游子弟之列了。韩裔的儿子韩长鸾,正是在这样的家庭环境中成长起来的。

《北史》卷九二《恩幸传》:"凤少聪察,有膂力,善骑射,稍迁乌贺真、大贤真正都督。后主居东宫,年尚幼,武成简都督三十人,送令侍卫,凤在其数。后主亲就众中牵凤手曰:'都督,看儿来。'因此被识,数唤共戏。袭爵高密郡公,位开府仪同三司。"[①] 乌贺真、大贤真不见于他处,其意难明,疑即所谓帐内领民、帐内亲信之类。韩长鸾作为勋贵子弟,以武艺出身,早早就进入宫廷服务,因此得与北齐后主建立友谊,这种友谊正是他后来在北齐宫廷内掌握权势的基础。

韩裔的妹妹是高欢养女,韩裔本人的成长得到高氏父子照顾,这个背景使韩长鸾之得势,不能仅仅看成是"恩倖政治"的产物[②]。韩裔的妻子鲜于氏,也应当出自怀朔集团。《北史》卷九二《恩幸传》:"凤母鲜于,段孝言之从母子姊也。"[③] 段孝言是段荣第二子。据《北齐书》卷一六《段

① 《北史》卷九二《恩幸传》,第 3052 页。

② 吕春盛在《北齐政治史研究——北齐衰亡原因之考察》一书中提出北齐武成帝时期有所谓"恩倖政治",这个提法显然是受到传统史学观念的影响。其实深入研究,每一个"恩倖"人物,都自有其成长的深厚背景,并不是纯粹靠媚惑君主才获得权力。比如和士开,一向被误认为出自西域商胡,其实他是北魏代北集团之后,见罗新《北朝墓志丛札(一)》,《北大史学》第 9 辑,北京:北京大学出版社,2003 年,第 359—369 页;《说〈文馆词林〉魏收〈征南将军和安碑铭〉》,《中国史研究》2004 年第 1 期,第 118 页。

③ 《北史》卷九二《恩幸传》,第 3053 页。

荣传》:“荣妻，皇后姊也。”[①] 可见段孝言的母亲，即高欢妻娄氏的姐姐，高欢实是段孝言的姨父，段孝言与高澄兄弟为姨表兄弟。段孝言的从母子姊嫁给韩裔，很可能也是出于高欢的安排。如果这一推测成立，高欢为韩裔娶妻，抚养韩裔的妹妹并将她嫁人，算是尽到了为韩贤抚养遗孤的责任。这样一来，韩贤的后人自然也就完全被整合进高氏的核心集团了。韩裔的妻子鲜于氏，又可能与鲜于世荣有关系。《北齐书》卷四一《鲜于世荣传》载，世荣父宝业，怀朔镇将[②]。鲜于世荣与高欢、段荣、韩贤一样，都出自怀朔，有共同的家世背景。怀朔集团内部的婚姻联系，在北齐历史中的特殊作用，今后还有再探讨的余地。

最后，我们来看看史书中韩贤与韩长鸾的籍贯问题。《北齐书》卷一九《韩贤传》:“韩贤，字普贤，广宁石门人也。”而《北史》卷九二《恩幸传》:“韩凤字长鸾，昌黎人也。”为什么会有这个差别呢？

广宁郡属朔州。《魏书》卷一〇六上《地形志上》“朔州”条有广宁郡，领石门、中川二县。这个朔州，据《地形志》，是由怀朔改镇为州而来:“延和二年置为镇，后改为怀朔，孝昌中改为州。后陷，今寄治并州界。”[③] 魏收说朔州“今寄治并州界”，就是指北齐时的朔州侨治于并州。1973 年出土于山西寿阳的北齐库狄回洛及其妻妾墓志，明确说北齐时朔州侨治并州寿阳城[④]。朔州所领五郡，也都侨治在寿阳附近。据《元和郡县图志》，其神武郡故城在寿阳县北三十里[⑤]。嘉庆重修《大清一统志》卷一四九山西省平定州古迹门寿阳县“神武故城”条，考证东魏北齐之朔州五郡县名，各有痕迹保留于寿阳县地名中，曰:“按《魏书·地形志》，神武郡首领尖山县，今有尖山在县北；又太安郡首领狄那县，今有太安镇及狄那寨在县西；又广宁郡首领石门县，今有石门在县东；又太平郡首领太平县，今有太平乡太平村在县东。盖一州五郡，皆侨置县境，不

---

① 《北齐书》卷一六《段荣传》，第 207 页。

② 《北齐书》卷四一《鲜于世荣传》，第 539 页。

③ 《魏书》卷一〇六上《地形志上》，北京：中华书局，1974 年，第 2498—2499 页。

④ 山西省文物工作委员会:《北齐库狄回洛墓》,《考古学报》1979 年第 3 期，第 377—402 页；山西省考古研究所:《山西碑碣》，太原：山西人民出版社，1997 年，第 23—25 页；赵超:《汉魏南北朝墓志汇编》，第 415—416 页。

⑤ 李吉甫:《元和郡县图志》卷十三“河东道二”，贺次君点校，北京：中华书局，1983 年，第 369 页。

独神武矣。”“广牧故城”条：“《魏书·地形志》附化郡有广牧县，后废。”[①] 此书所录“浮化水”“浮化山”，当与附化郡有关。同书同卷关隘门“太安驿”条：“在寿阳县西五十里太安镇，即后魏太安郡地。”[②] 不仅朔州侨治寿阳，而且，朔州所有郡县，几乎都在寿阳城四周。这一带应当是朔州籍六镇内迁人员的集中地区。

原六镇内迁人民，在北魏末年和东魏初年，都著籍于改镇为州之后的郡县。韩贤既著籍于“广宁石门”，说明他原为怀朔镇民，其本来戍地，可能名叫石门戍。按理说，韩贤著籍朔州广宁石门之后，其后嗣都应当遵而不改。可是韩长鸾却变成了“昌黎人也”，这是为什么呢？

韩氏改变籍贯，是从长鸾父韩裔开始的。韩裔墓志称韩裔为“齐国昌黎宾屠人”，齐国，即所谓大齐；昌黎郡，魏、晋、北魏、北齐皆置；宾屠不见于史，当是宾徒的误写。宾徒，汉晋旧县，东汉属辽东属国，晋属昌黎郡。《晋书》记慕容垂奔前秦，苻坚封他为宾都侯[③]。而《资治通鉴》记作宾徒侯[④]。因此中华标点本《晋书》“校勘记”认为宾都乃宾徒之误。我认为慕容前燕时既以柳城为龙城，更改昌黎诸县县名，如改宾徒为宾都，不仅是可能的，而且也是非常合理的[⑤]。其后北魏平北燕，对和龙郡县名当另有更置，《魏书》不见宾都或宾徒县。

北魏末年侨置南营州于定州英雄城，领昌黎、辽东等五郡，北齐时南营州只留昌黎一郡，领新昌、永乐二县，没有宾都县。[⑥] 既然北齐的昌黎郡不领宾徒县，韩裔墓志所谓“昌黎宾屠”就不是实指著籍，而有可能是虚指郡望。韩贤究竟是北族出身还是鲜卑化的汉人，当然已无可考。对于韩贤来说，出身于怀朔集团才是最有意义的，在怀朔上百年的居住使他们早就以怀朔为家。可是，到韩贤的儿子韩裔这一代，情况已经发生变化，很多怀朔或六镇其他各镇出身的贵族，在继续保持北镇社会关系的同时，也开始改造自己的家世谱系，攀附华夏传统的郡望。北

---

①《嘉庆重修大清一统志》卷一四九，北京：中华书局影印本，1986 年，第 6976 页。

② 同上书，6981 页。

③《晋书》卷一二三《慕容垂载记》，北京：中华书局，1974 年，第 3078 页。

④《资治通鉴》卷一〇二晋海西公四年，北京：中华书局，1956 年，第 3223 页。

⑤ 后燕、北燕与北魏的历史上不复见有宾徒或宾都，我猜想是后燕重建和龙时，省并了宾都或宾徒县。北燕与北魏均沿后燕。

⑥ 王仲荦：《北周地理志》，北京：中华书局，1980 年，第 1002 页。

齐皇室高氏伪造自己出自勃海高氏的谱系,就是其中一个显例[①]。《北齐书》卷一六《段荣传》称段荣出自武威段氏，卷四一《鲜于世荣传》称鲜于世荣出自渔阳，都有攀附旧门郡望的嫌疑。而韩贤、韩裔父子标举籍贯的差异,更是一个明确的证据。十六国北朝以来昌黎韩氏人物众多[②],使昌黎成为韩氏的重要郡望。韩裔墓志称韩氏出于“齐国昌黎宾屠”,既举出明确的“齐国昌黎”，又举出当时并不存在的“宾屠(徒)”县，这种攀附郡望的行为，虚虚实实，似远似近，反映出改造家族谱系者某种复杂的心态。我甚至怀疑部分六镇贵族改造家族谱系的工作，不仅得到东魏北齐政权的支持，有些可能还从属于某种统一的计划。当然，这个问题还需要今后进一步研究。

这给我们一个启示。无论攀附郡望、改造谱系的行为出于自发还是受到政策的推动，六镇勋贵的这一动向十分耐人寻味。学界关于北齐统治集团“胡化”倾向的研究，关于六镇勋贵“反汉化”的讨论，当然是有根据的，能够得到史料的支持。但是，我们也知道，历史运动是复杂的、多方向的，单一时期、单一侧面的观察，不足以得出全面的结论，也不足以概括历史运动的实际。从上面有关部分六镇勋贵攀附华夏郡望的讨论来看，北齐统治者多多少少接受了华夏传统的影响，并多多少少地向这种传统低头。无论是居于统治集团最顶端的高氏，还是普通勋贵之家的韩氏，都以改造家族谱系的行为，实际上表达了向华夏传统认同的态度。这意味着，无论北齐统治集团多么不情愿放弃他们的六镇传统，但进入中原之后，接受华夏传统的影响，逐渐改造自己的文化面貌，都成为不可回避的历史方向。

韩长鸾仇视汉族文士，以鲜卑自居；北齐宫廷中长期弥漫着六镇风味，北齐晚期西域粟特胡的文化影响也很明显。这些当然是事实。但是，六镇的鲜卑并不是拓跋珪建立北魏时期的鲜卑，进入中原的六镇人民也不可能保持他们六镇时代的生活方式和文化面貌。一切都在变化

① 谭其骧先生较早注意到高欢一家“伪托世系”，其实可能出自高丽或辽东高氏，见缪钺《东魏北齐政治上汉人与鲜卑之冲突》文末所附谭其骧信函,《读史存稿》,第93—94页。吕春盛《北齐政治史研究——北齐衰亡原因之考察》一书，专章讨论高欢族属问题，罗列历来有关此一问题的研究甚备，见第14—29页。

② 关于十六国时期的昌黎韩氏，请参看罗新《五燕政权下的华北士族》，载《国学研究》第4卷，北京：北京大学出版社，1997年，第127—156页。

中。固然存在着对变化的抵抗,但也存在着主动的适应。韩长鸾痛斥“汉儿”“汉狗”的同时,他的头上却悬着“昌黎韩氏”的假招牌。这就是这个时期历史丰富性的一个例证。韩长鸾也许真的把自己当作鲜卑人看待,但他这个鲜卑人,已经离从前的鲜卑人很远了,如果一定要比较的话,他应当是离他所痛诋的汉人更接近些。身处北齐反汉化运动中的那些六镇勋贵,事实上都无法脱离这样的困境:更大的、汉化的历史浪潮裹挟着他们,尽管从局部看他们也许正朝着相反方向努力移动。

(原载《北京大学学报》2006 年第 1 期)